麥 田 人 文

王德威／主編

布赫迪厄
社會學面面觀

An Invitation to
Reflexive Sociology

By Pierre Bourdieu、Loïc Wacquant

皮耶・布赫迪厄　華康德 著　　王德威 主編

黃厚銘 (國立政治大學社會學系助理教授) 導讀
李猛、李康 譯
鄧正來、高宣揚 校閱

目次

導讀
反身社會學的實踐　　　　　黃厚銘　　　　　　　　　7
——布赫迪厄的「社會學面面觀」

前言一　　　　　　　　　皮耶・布赫迪厄　　　　　15

前言二　　　　　　　　　華康德　　　　　　　　　19

邁向社會實踐理論　　　　華康德　　　　　　　　　27
——布赫迪厄社會學的結構和邏輯

反思社會學的論題　　　　皮耶・布赫迪厄／華康德　107
（芝加哥研討班）

反思社會學的實踐　　　　皮耶・布赫迪厄　　　　　321
（巴黎研討班）

附錄一
如何閱讀布赫迪厄　　　　華康德　　　　　　　　　377

附錄二
引用及參考書目　　　　　華康德　　　　　　　　　383

反身社會學的實踐
——布赫迪厄的「社會學面面觀」

黃厚銘（國立政治大學社會學系助理教授）

　　前一陣子，有幸接受陽明大學素有傳統的醫學人文營之邀，擔任幹部訓練課程的其中一名講師。到了現場意外發現，即使是晚上六點半的演講，教室裡卻還是人氣十足，約莫四十位同學出席。除了學生參與的踴躍程度讓我吃了一驚之外，這群課業負擔理應比其他學院沉重的醫學院同學們，在演講之後還會進行小組討論，議題曾涵括基因科技的倫理爭議、自由廣場更名的轉型正義等。看著他們，不禁懷疑，要是敝系舉辦類似的演講或討論活動，能否出現同樣盛況？回到課堂向同學提出我的疑問，他們果然給了否定的答案。而依我長期以來的觀察，即使是傑出系友座談，邀請系友回娘家介紹畢業生未來就業狀況的講座，參加的學生亦是寥寥無幾。

　　我不敢斷言這現象反映了台灣各大學社會系學生的現況。但想起我的大學時期，社會運動與學生運動風起雲湧，校園裡傳散著各式各樣的社刊與出版品、老師親自上場針對憲政體制問題進行激辯，校外各類說明會與政治人物之間的統獨大辯論場子更是場場爆滿。社會學儼然是當時校園內的顯學，嘴邊若不隨時掛個「批判」、「宰制」或是「韋伯」這些炫辭，就不免有落伍之嫌。在學生面前我亦從不諱言，自己當年也是基於趕流行的心態，從大家眼

中的熱門科系轉到社會學系。而身邊更不乏從各類組頂尖科系轉系或插班的學長學弟，乃至於升大四的理工科系學長自願插班從社會學系大二開始讀起的實例。相較之下，今日的社會學作為社會科學的一支，似乎越見邊緣化，自忖科學化的程度不及自然科學，而缺乏自信地俯首一旁。上焉努力以自然科學的量化客觀性為目標而苦苦追趕，下焉則自棄於不知所學為何，出路茫然無所倚的困境。兩者姿態雖大異其趣，卻皆根源於對自然科學之優越性的深信不疑，因此只要有機可乘，便設法擺脫社會學在校園與學術界的次等地位。

　　但對我來說，相對於自然科學，社會學乃至於社會科學絕非劣等的次級品，甚且具備以人為研究對象之不可取代的特色。人類之所以迥異於大多數自然科學的研究對象之處，就在於人類行動的意識與意志。這使得人類能夠認知到自己的處境，此中包括了自身的行動究竟受哪些因素影響，從而以其意志決定持何種態度看待這些限制與影響行動的因素。亦即，人類作為社會學或社會科學的研究對象，可以也可能對社會學與社會科學的研究成果提出詰問：這些發現對我有何意義與用處？舉一個簡單的例子：當社會學或政治學的研究指出國人的投票行為與政黨偏好及省籍背景密切相關時，我們可以也可能藉由探問這研究發現的意義，來合理化既有行為模式或是決心改變。而所謂人類行動的反身性（reflexivity），即於此刻展現。也因此，社會學家莫頓（R. K. Merton）指出，社會研究中有自我實現的預言或自殺預言等特殊現象。換言之，人們可能因為得知某個研究成果，例如股市可能崩盤，從而選擇放空手中持股，使得股市可能崩盤的研究發現得以在實務上獲得證實。然實則我們無以確定，究竟是預言正確，還是在預言的暗示下使事態循此路徑發展。反之，人們亦可能故意違逆預言而行，以破解此一預言的效力。在此，我所要表達的是，正是基於人類行為的意識與意志，因

果法則在社會學與社會科學中的地位，並不同於在自然科學裡所扮演的決定性角色；並非因為社會學或社會科學還不夠進步，以至於無法建立普遍有效的因果法則。甚至，就社會學對於結構與行動之間關係的看法，有時還鼓勵社會學的學習者設法擺脫這些普遍有效之影響因素的限制，進而跳脫既有的行為模式。譬如說，不再理所當然地接受從出生、命名的那一刻就操弄著每一個人的性別角色規範，或擺脫省籍出身對投票行為的影響等。循此，社會學或社會科學絕非自然科學的次級品，也就無須以普遍有效、科學客觀的標準自我捆縛。至少，社會學與社會科學應該基於前述特色，更有自信地建立自己的科學性質，而在此所謂的科學，自不應以自然科學的定義馬首是瞻。

　　用社會學的術語言之，社會學確實是以研究影響個人行動的結構因素為對象，然其目的卻不僅僅在於發現這些結構因素並據此接受這些因素的影響，而是試圖從中發現人類行動可以不受這些結構因素限制的可能性。這也就是個人與社會、個人與制度，或是行動與結構之間關係的社會學基本問題。直言之，個人當然並非完全自由、不受集體或結構因素控制，但個人卻也不是毫無自由、全無能動性的。忽視結構的存在等於否定社會學因素在人類行動上的影響與重要性，但無視人類能動性則又幾近否認人類行動的可能性、意志在其中的地位與社會學、社會科學的特殊性。因而，對社會學而言，研究個人與社會以及行動與結構之間的關係，並不是要指出不變的規律，而是在認識規律以後尋求超越這些規律的可能性——這恰是社會科學與自然科學不同之處。

　　更有甚者，社會學與社會科學有別於自然科學的特色還在於，正因為研究對象是人類，由此而來的研究發現與描述同樣也適用於亦為人類一員的研究者自身，乃至於還適用於這個描述之上。例如，馬克思主張存在決定意識，個人的思想主張反映其階級位置，

於是身為讀者的我們自然不免懷疑，那麼馬克思著作裡的思想與主張又是反映了馬克思自身的何種階級位置，進而質疑他致力於為無產階級發聲的誠意與真實性，甚且還可能反身而弔詭地重新評價這個存在決定意識之見解的可信度。在此，本文不擬繼續深究此問題的正解為何，寧可為有興趣進一步了解馬克思思想的讀者保留自行探討的空間。只是企圖藉此例說明，前述研究發現適用於研究者甚或研究發現自身的自我指涉現象，即為社會學與社會科學蘊含的反身性所在。

　　循此，我所要主張的是，社會學原本就是一門反身性的學科。而布赫迪厄的反身社會學（reflexive sociology）則是社會學反身性的極致表現。

　　　　首先，布赫迪厄的反身社會學處理的就是結構與行動之間關係的問題。他構想的社會世界是由許多不同的場域（field）構成，每個場域就像個遊戲（game），由遊戲規則界定出遊戲的賭注（illusio）、正當的求勝手段與判定勝負的準則，進而確立出各個遊戲的特殊性。因此，社會世界有著以權力作為主要資本的政治場域、以財富作為主要資本的經濟場域、以知識作為主要資本的學術場域等。各個場域之間存在相對自主性，也就是說，原則上是根據不同的遊戲規則而有各自的獨立性，但仍無法排除某個場域的資本會在有所耗損的情形下轉譯為另一個場域的資本，而削弱了場域之間的自主性。例如，官大學問大、富人擁有較豐厚的資源參與選舉，以及學者從政，或是政治人物介入商業交易等現象。但無論如何，這些轉譯皆會有所耗損，甚至無法明目張膽、公開為之。

　　而根據這些資本占有的多寡與組成，可以將每個人定位於一個結構位置，此一結構位置則決定了人們的慣習（habitus）。布赫迪厄之所以採用這個不尋常的字眼，目的在於強調慣習與習慣（habit）的差異。習慣是固定的，但慣習雖是根植於身體的秉性系統

（system of disposition），卻有著無窮的創發性。也因此，布赫迪厄自稱其理論是發生結構論（genetic structuralism, generative structuralism）。亦即，受結構位置所限，個人的行動並非全然清明，而有許多被視為理所當然的常識（doxa），但個人卻也不是毫無意識、判斷力與能動性的。正如熟練的守門員，在不斷練習中將行動策略深植為身體的反射動作，但在行動的當下卻會因局勢的不同而有著千變萬化的可能性。循此，本文前述的遊戲規則，就如同下棋、運動的規則一般，無以預測個人的行動，反而是為個人所運用，甚至會訴求遊戲規則的修改以改變資本結構與資本轉譯的比例，此一過程也經常變成鬥爭的標的。由此可見，布赫迪厄對結構與行動之間關係的理論，一方面揉合了馬克思的唯物論思想對經濟資本的強調，同時還賦予資本概念多元性，另一方面也納入了韋伯（Weber）的理解社會學對行動意識與意義的重視，卻又考慮了社會現象學或俗民方法學中被視為理所當然的常識在社會行動裡所具有的地位。換言之，布赫迪厄以其特有的方法介入了社會學有關結構與行動、社會與個人、集體與個體之間關係的討論，而自成一家之言。

其次，從前述提及的學術場域一詞，聰明的讀者應該不難推論，強調反身性思考的布赫迪厄必然會以前述的理論架構，來分析他所處的社會學界或是整體學術界的運作。其中最為人津津樂道者，當然是他在法國學苑以「一場論演說的演說」為題發表就職演說時，開宗明義指出社會學主要是研究個人與制度之間可被意識到與無法被意識到的關係，進而以就職演說的制度，乃至於以社會學與學術體制為對象，開展其反身社會學實踐的例示。而實際上，從《人：學術者》到他去世前後在英語世界接連出版的《巴斯卡沉思》、《實踐理性》與《科學之科學與反觀性》等書，布赫迪厄還明確地從學術（scholar）的字源意義——閒暇——著手，指出學術

研究與學術理性的社會經濟條件，據此凸顯學術理性在研究俗民實作理性時的限制。簡言之，正因為學者作為有閒階級與俗民之間的地位差距，學術研究無法名正言順主張自居於旁觀者清的有利位置，相反的，地位差異反而可能使得學者將自身的思考與實作邏輯錯誤地投射到俗民身上，導致誤解俗民的實作理性。此外，更重要的是，學者自身也有其資本結構所定位出的結構位置，因而有其慣習與視為理所當然的常識，甚至也有其在遊戲中的利益。也就是說，學術體制或是社會學作為布赫迪厄筆下的一種制度或遊戲，當然也適用於以前述的理論架構來進行分析。社會學家不該理所當然認為自身可輕易跳脫結構位置的限制，否則就是否定了社會學知識的有效性，但卻可藉著反身社會學的實踐，讓自己的研究朝向更為科學的目標前進。而此一見解也完全合乎布赫迪厄對結構與行動之間關係的主張。無奈的是，在台灣只見主流社會（科）學者，舉著提升學術水準的大纛，自認大公無私實則毫無自省地，企圖以各式所謂科學客觀的評鑑制度，由上而下整頓學界，並以此自以為是的輕率態度，否定了社會學中關於結構與行動間複雜關係之見解──階級位置對思想行為的影響──的有效性，以及邊陲或後進學者無視行動與反叛的空間，犬儒接受速成追求卓越的病態風潮與制度規訓。

自我步入社會學的殿堂以來，由有些盲目地追隨風潮的年少時代到開始質問自己社會學是什麼，再到成為教師傳授社會學知識，甚至替學生焦慮不知社會學所學為何的現在，社會學知識裡所蘊含的反身性逐漸成為我信奉的人生哲學。驀然回首才恍然大悟，社會學知識對我們那一代學生的吸引力，正在於它為許多生命中的困惑指引出一條明路。除了作為社會批判與分析的工具以外，有些人在馬克思與馬克思主義的思想中找到實踐的熱情，有些人則受到韋伯對理論與實踐、學術與政治之間關係討論的啟發，縱身躍入思想汪

洋，自在悠游。

　　然而，在高中生就讀大學比例超過百分之百以及經濟蕭條、謀職困難與勞動條件惡劣的此刻，我卻不忍苛責學生們過於現實的心態，或是對社會學知識的無心與敷衍。畢竟相較於過去那個頂著大學（國立大學尤甚）畢業的光環，就等於拿到理想工作入場券的年代，我的學生們不再享有無憂無慮探索知識瀚海的餘裕，只能汲汲營營於累積資歷、考取證照或是準備種種升學就業考試，以提升所謂的競爭力。但即便如此，還是不免為他們感到無奈與惋惜，在以升學為目的而讀書的高中歲月，到以專業、學術訓練為根本的研究所階段之間，他們錯失了一段能夠重新認識自己，乃至於好好認識社會學知識的美麗時光。同時，我卻也忍不住私自盼望著，他們其中的某些人能夠在這樣的結構限制下，找到些許行動的自由。

　　自由的可能性來自反思。在此誠摯歡迎各位接受這場社會學與反身社會學的邀約，見證布赫迪厄社會學的實踐。

前言一

皮耶・布赫迪厄

　　本書肇始於我在芝加哥大學與一群研究社會學、人類學和政治學的博士生之間的交流。這些博士生組織了為時一學期的研討班，由華康德（Loïc Wacquant）負責指導，來討論我的作品。我與這些博士生的交流就是在這個研討班上進行的。當我1988年春抵達芝加哥時，他們先交給我一個長長的單子，上面全是精心設計的、清晰準確和有根有據的問題、意見和詰難。然後，我們就在非常融洽的氣氛中，對這些在我看來是自己的研究中最基本的問題逐一進行了詳盡討論。後來，在芝加哥和巴黎，我與華康德——他總是既窮究不捨又善解深意——花了幾個月的時間，以訪談和對話的方式繼續並擴展了這些問答。

　　起初有人提出將這些談話的改寫文字彙編成書（其中的一些部分已經陸續在許多刊物上發表了），我起初有些猶豫不定：以現有的形式將這些半即興的陳述和並未充分考慮成熟的反省拿去出版，豈不是有些太過狂妄嗎？不過同時，我也感覺到，這些內容廣泛的對話，成功地解決了我在相當長時間內一直面對的一個問題，對這個問題我始終沒有找到一種好辦法來協調其間所涉及的各種相互牴觸的限制條件。這個問題就是：如何既系統全面又深入淺出地總結

我的研究的核心意圖和研究成果？當然，這個問題的成功解決，尤
其應歸功於華康德對此所做的文字組織工作和提供的大量註腳。隨
著對話的進行，我們逐漸創造出一種混合文體，它將簡潔的闡述、
口頭論述的自由發揮，以及嚴格確定的一系列註腳融合成一個整
體；這些註腳採自書面著作，從而把其中的一些關鍵因素與口頭論
述聯繫起來。我相信，這種文體使我們得以對我的那些基本概念及
其相互關係提供一個系統性的畫面，而同時又不致囿於思想的學術
陳規。因此，本書並不是一個片面簡化的理論講解；相反的是，就
那些對此感興趣的讀者來說，這本書應該能夠提供一種方式，引導
他們直接領會一個著作體系的生成原則，而這一著作體系無論就其
對象還是方法都頗為複雜多樣；而且可以坦誠地說，它也並不總是
「板起面孔教訓人」的。

　　本書中那些向我提出的問題，曾激起過整個歐洲大陸的激烈反
對和嚴厲批評。與美國社會科學最先進的研究者進行的友善論辯，
迫使我闡明和澄清觀點中的許多預設。而以往，法國情況的特殊性
曾允許我讓這些預設始終隱含在論述的背後而毋須闡明。這些論辯
給了我一個機會，使我能更充分地展現學說的理論目標。出於一種
科學的高傲和謙虛（hauteur etpudeur）兼而有之的心態，我在此之
前，於某種程度上一直將這些目標置於著作的背景之中。此次訪
美，我在幾所大學都與美國學者進行了論辯，這些論辯既非咄咄逼
人又非伏首貼耳，雙方以誠相待，彼此都有所啟發。這樣的論辯正
是當下的法國大學所極缺乏的。這些論辯對我而言，是一種特別的
激勵，促使我反思自己的著作。更具意義的是，它們幫助我去克服
那些自己深惡痛絕的傾向，亦即當下巴黎時興的唯理論主義者
（theoreticist exhibitionism）的表現癖之多如牛毛的「表演」；而且
正是我對這種傾向的厭惡，促使我對那些試圖解決宏大的理論問題
和認識論問題的「宏大」理論和「宏偉」話語，採取一種準實證主

義的拒絕態度。

　　最後，我必須請求讀者寬恕談話體裁所造成的一種效果——無疑地，這是一種非常令人不快的效果：一個人，作為被提問的對象，就像我們用法語所說的，是「被盤問」（sur la sellette）的，他構成了注目的焦點，不可避免地受著趾高氣揚和自鳴得意的誘惑。支離零散的陳述，專橫獨斷的發言，過於簡化的評價，所有這些都是談話的場景所賦予的自由的伴隨物。這些問題也許不可避免，但如果談話的自由能夠促使我直陳或暴露隱藏在許多科學選擇背後的某些弱點，那麼它也就發揮了應有的功用。

　　對於那些最初參與了在芝加哥大學舉行的研討班的學生：Daniel Breslau, Josh Breslau, Carla Hess, Steve Hughes, Matthew Lawson, Chin See Ming, Janet Morford, Lori Sparzo, Rebecca Tolen, Daniel Wolk 和 Eunhee Kim Ti，我謹向他們表達我熱忱的謝意。

前言二

華康德

　　本書很可能會令那些習慣於標準化理論產品的「消費者」困惑不解，也會令那些急於尋覓布赫迪厄著作一個公式化之簡譯本——一本「布赫迪厄基本思想手冊」——的讀者失望。本書並不是布赫迪厄社會學的一個全面性摘要，也沒有對他理論的概念結構做逐一評註；本書既不是入門指南，也不是一次建構（後設）理論的嘗試。本書毋寧是這樣一種努力，即它力圖透過闡明那些支持布赫迪厄的科學實踐之原則，向讀者提供理解布赫迪厄著作的內在理路和廣博體系的線索。

　　本書的前提是：布赫迪厄從事的事業具有持久的重要意義，這一重要意義並不在於他所提出的一些個別概念、某些實質理論、幾條方法論規定或一些經驗性的考察結果，而在於他用以產生、使用這些概念、理論、方法論和經驗材料，並使之相互關聯的方式。借用布赫迪厄所偏愛的對立概念來說，正是他的社會學之「做法」（modus operandi），而非「完工的作品」（opus operatum），才最充分地確定了此一社會學的獨創性。本書的主旨——也是支撐本書獨特結構的理由——就是以各式各樣的例子來說明：布赫迪厄作為韋伯（Max Weber）所謂的「一個以不同尋常的方式進行思考的研究

者和導師」所具有的「通常習慣」，從而使我們能體會他那「積極活動著的心靈」（Weber 1949: 41）。

　　本書的形式是一份「口述出版品」，[1] 包含了一組主題對話和一段針對研討班所做的提綱挈領之口述導論，這種形式的設定乃是為了實現上述主旨。作為一種學術交流的媒介，交談具有大量眾所周知的缺陷。[2] 它不僅冒著將那些轉瞬即逝的言論付諸印行的危險，並且還必須考慮到談話各方迴避問題、運用詭辯和隨便轉移話題的可能性。但是，如果交談者能共同努力來避免這些潛在危險，交談方式也具有幾點獨特的優越之處。首先，在交談中，有可能提出一些臨時性的說法，從不同的角度對同一個問題做出分析，並且嘗試以不同的方式使用同一個概念，而這些不同的方式可以作為橋梁，幫助我們對它們在使用意圖和涵義方面的複雜性和彼此差異有更充分的理解。其次，它有助於在對象領域和對對象的研究工作之間建立起快捷、有效且具有啟發性的和諧關聯、類比乃至對比關係；而科學工作的常規體制則往往趨向於將這些關係拆散，使對象領域與研究相互分離。當我們所考察的思想像布赫迪厄的理論一樣，不僅涵蓋了大量經驗問題，而且還淵源於許多彼此分離、毫無聯繫的學術傳統，那麼上面這一點就尤其有價值。第三，同那種頤指氣使、

---

1 莫頓（Merton 1980: 3）認為，「以演講、討論課、教學、實驗課、研討會和各種類似安排的形式出現的口述出版品」有很高的認識價值。

2 在美國的社會學界中，科學監督體制的（實證主義）「教規」強烈壓制了自我質詢和被認為更具「文學色彩」的學術表現管道（參見Wacquant 1989c）。對於法國的學術界來說，交談（至少就其傳記形式而言）則比美國社會學界要常見得多。例如，雷蒙‧艾宏（Raymond Aron 1981）、李維史陀和埃里篷（Claude Lévi Strauss and Didier Eribon 1991）和杜梅澤爾（Georges Dumézil 1987）都已經發表了他們各自的思想自傳。在英語文本方面，傅柯（Foucault 1977b, 1980, 1988）和哈伯瑪斯（Habermas 1986）也都以交談的方式討論了他們的作品。布赫迪厄本人（Bourdieu 1980b, 1987a）也已出版了兩本包含大量訪談和口述文字的論文集。

獨斷橫行的標準學術獨白（柏拉圖 [Plato]《智者篇》[*Sophist*] 中
「大道」[macros logos]）的說教模式相決裂，交談容許他者性
（otherness）、批判，進而容許對白真正地進入文本的核心：透過迫
使該思想家對體現在交談者身上（當交談者所插入的問題恰巧與讀
者要提出的問題有所共鳴時，讀者就可能把相應的發言者看作自己
的化身）的他人之思想做出回應，交談的方式便能迫使他拒絕將自
己封閉在某種具有歷史局限性的語言和學術傳統之中，從而將他置
於一個更為廣泛的語義空間（semantic space）。第四，也是最重要
的一點，對話可以使讀者感知作者何以達致他的立場的心智歷程，
特別適於把握實際運作的社會學方法。總之，分析性交談引起人們
對研究方式本身的關注，並使作者和讀者能夠以一種不受常規學術
交流固有的監督、審查、限制的方式彼此溝通，從而弱化了作者的
權威地位和讀者的被動地位。

　　本書並非一種總結或概述，相反，它是一種「邀請」或「導引」
（invitation），亦即邀請或導引讀者與布赫迪厄一起思考，來（再）
思考布赫迪厄本人。借用柏格在《社會學導引》一書開篇的一句話
（Peter Berger 1966: 7），這意味著本書「意在被閱讀，而非被研
究」。它「勾畫出了讀者正在被導引或被邀請進入的那個世界，不
過很明顯，讀者如果打算嚴肅對待這一邀請或導引，就必須超越這
本書」。本書是進入布赫迪厄著作的一個跳板，因此，如果把它視
為對布赫迪厄其他著述的指南或視作提出和解決各種社會學問題的
「工具箱」（tool box，維根斯坦語），那麼它將最富裨益。

　　本書由三個獨立部分組成，但它們相互補充。第一部分是詮釋
性的或評註性的，第二部分基本上是分析性的，而第三部分則以更
為具體的社會學訓練的問題為出發點。第一部分，透過勾勒出布赫
迪厄有關知識、實踐和社會的理論結構及其學術圖景的輪廓，向讀
者提供了理解布赫迪厄著作的廣博體系和內在理路的線索。在這一

部分，我剖析了布赫迪厄提議用來克服客觀主義和主觀主義——社會物理學和社會現象學——的二元對立，並用以構建有關符號權力（symbolic power）及其多種多樣的形式和機制的生成性人類學（generative anthropology）的策略。我透過強調布赫迪厄對個人和社會的二元對立的拒棄，闡明了他在方法論上的關係主義（methodological relationalism），這種方法論上的關係主義揭示出布赫迪厄對社會結構與認知結構的辯證關係進行概念化的整個過程，並確定了他對社會理論與經驗研究之間的紐帶關係的理解。在第一部分的結尾，我強調指出了布赫迪厄的「認識上的反思性」（epistemic reflexivity）概念所具有的獨特內涵，並展示了這一概念與布赫迪厄對理性、道德和政治的看法——簡言之，就是支撐他實踐的有關知識分子使命的調控性觀念（regulative idea）——之間的內在關聯。

第二部分主要反映芝加哥大學研討班的成就，其間包含了一組精心構思的對話。在這組對話中，布赫迪厄澄清了他的理論研究實踐和經驗研究實踐中的全部要害之處，並以坦白直率和深入淺出的方式對他在這兩方面的實踐進行了反思。這部分的各個章節回顧了他在本世紀八〇年代發表的主要研究成果，並且突出了其著作所產生的一系列認識移置（epistemic displacemeots）：其中包括，從學院式的社會學到社會學眼光的社會學（sociology of sociological eye）；從結構到場域（field）；從規範和規則到策略和慣習（habitus）；從利益和理性到幻象（illusio）和「實踐感」（practical sense）；從語言和文化到符號權力；從超驗的科學理性觀念到歷史主義的科學理性觀念，後者旨在使社會科學的各種手段為知識分子自由的政治學服務。總之，這一部分澄清了布赫迪厄所關注的那些核心問題，澄清了他對社會學與哲學、經濟學、歷史學和政治學之間關係的看法，以及他的智識努力中的那些獨特的主張和意圖。

　　這一部分會談的內容是三年以來我們與布赫迪厄在芝加哥和巴黎（分別用英語和法語）進行的一系列討論，它的核心部分則來自布赫迪厄對芝加哥大學博士研究生在「布赫迪厄研討班」上所提出的問題做出的回應。芝加哥大學博士生的跨學科研討組，利用了1987學年至1988學年的整個冬季的時間來研究布赫迪厄的著作。我透過與布赫迪厄的書面交流，進一步有條理地擴展和補充了這些最初的討論（甚至重寫了其中的一些部分），並將其編輯成一部統一的文稿。

　　在闡明那些組成此部分對話的疑難問題和議題時，我力圖既剖析居於布赫迪厄社會學核心地位的概念和理論環節，又考慮它在法國以外讀者那裡所經常遇到的批評和反對意見。因此我也有意將布赫迪厄和我的交談設計成這樣一種形式：使布赫迪厄的關鍵論點與那些在英美社會科學中處於顯著地位的立場和問題相互對照。在我撰寫的注釋中，包含了我對布赫迪厄觀點的深入闡釋、對以往說法的限定、對某些概念理論的佐證，以及對布赫迪厄其他主要著述（特別是他在《秀異》（*Distinction*）之後的著作，其中的大部分尚未譯成英文）的援引；這些注釋補充了正文的論述。

　　第三部分以巴黎研討班的討論為基礎。這是一份經過粗略編輯的改寫文字，出自1988年春季布赫迪厄在法國社會科學高等研究中心為研究生討論課所做的導論。這樣的年度討論課往往有二十至三十名來自不同學科（因此，在具體敘述中經常涉及語言學和歷史學）的學生和研究者參加，還包括一批為數不少的國外學者──每年都有這樣的國外學者來到巴黎與布赫迪厄一起研究和工作。以往曾參加過討論課的成員定期在課堂上介紹他們的研究成果，並且擔任新來的參與者的非正式導師。

　　在這一討論課上，布赫迪厄所追求的，不是去灌輸某個確定的理論或一組有限的概念，而是強調一種產生社會學創造力的一般性

傾向。他透過顛覆那些業已被接受的教學秩序來實現此目的：他的
教學從實踐到告誡（axiometics），從應用返回原理，在他討論社會
學對象所依憑的這一「運動過程」中說明支配社會學對象構建的基
本認識論規則。3 為了對抗學術訓練情境中固有的唯智主義
（intellectualist）偏見（並與他的反唯智主義實踐哲學保持一致），
討論課從對社會學理性原則的實踐理解逐漸提升到對它們的話語把
握（discursive mastery）。布赫迪厄宣導並採納了一種總體性的自我
指涉的（self referential）教學法，這種教學法堅決反對將理論研究
和經驗操作割裂成相互分離的活動和領域，因為這種割裂只不過有
助於再生產今天已經被接受的——並被強制推行——科學工作的分
工而已。

　　雖然我作為此對話的參與者和編輯，在本書的第二部分扮演了
一個非常活躍的角色，但在第三部分，我則十分忠於原文，以保留
布赫迪厄教學實踐的講解風格和實質內容。我對法文原文只做了些
微的改動，以盡可能傳達布赫迪厄力圖透過他自己的口頭表述和道
德立場來呈現的全部科學態度，並使讀者可以身臨其境地體驗布赫
迪厄的教學過程。在本書的整個敘述中，「社會學家」一詞都用來
寬泛地意指不同的專業化社會科學學科的實踐者。我們盡可能交替
使用男性和女性的人稱代詞，但具有潛在性別歧視的語言並未能完
全清除，因為那樣做不免會加重翻譯的負擔，並且增加本書定稿後
在行文風格上的困難。

---

3 這一「運動」（的方向）與《社會學的技藝：認識論基礎》（*The Craft of Sociology:
　Epistemological Foundations）一書（Bourdieu、Chamboredon和Passeron 1973，
　英譯本，1991）所產生的觀點正好相對，本書在許多方面補充和修正了《社會學
　的技藝》一書（參見布赫迪厄在《社會學的技藝》英譯本的跋中對此問題所做的
　評論）。

一種真正新穎的思維方式，即生成性的思維方式，其標誌之一就是它不僅能超越最初被公諸於世時受各種因素限定的學術情境和經驗領域，從而產生頗有創見的命題，而且還在於它能反思自身，甚至能跳出自身來反思自身。布赫迪厄的著作並非沒有矛盾、缺漏、張力、困惑乃至未解決的問題，其中許多都是布赫迪厄公開承認的，並且隨著本書的展開，它們也許會不斷被強調指出。不過，我們對這些問題的討論絕不是要敦促對社會學的思考進行規範化（normalize）。

布赫迪厄一心一意地反對那種為知識正統開路而將思想教條化的做法。反思社會學力圖「促使更多的人拿起反抗符號支配（symbolic domination）的武器」（Bourdieu 1980b: 13）。它不可能去要求一種思想的封閉，因為這將導致它的自我毀滅。因此，邀請（或導引）讀者與布赫迪厄一起思考，也就必然是邀請（或導引）他們超越布赫迪厄去思考，並在需要的時候透過反對布赫迪厄的觀點去思考。如果本書能被讀者用作適合於他們自身具體分析的目的之工作工具（instrument of work），它就達到了它的目標。這意味著，讀者不要怕去「使用它，不要怕使它變形，不要怕讓它發出呻吟和抗議」，一如傅柯（Michel Foucault）針對尼采（Friedrich Wilhelm Nietzsche）的思想所表示的那種態度（Foucault 1980: 53-54）。

邁向社會實踐理論
——布赫迪厄社會學的結構和邏輯

華康德

洞見或透識隱藏於深處的棘手問題是艱難的，因為如果只是把握這一棘手問題的表層，它就會維持原狀，仍然得不到解決。因此，必須把它「連根拔起」，使它徹底地暴露出來；這就要求我們開始以一種新的方式來思考。這一變化具有決定意義，打個比方說，這就像從鍊金術的思維方式過渡到化學的思維方式一樣。難以確立的正是這種新的思維方式。一旦新的思維方式得以確立，舊的問題就會消失；實際上人們會很難再意識到這些舊的問題。因為這些問題與我們的表達方式相伴隨的，一旦我們用一種新的形式來表達自己的觀點，舊的問題就會連同舊的語言外套一起被拋棄。

—— 維根斯坦（Ludwig Wittgenstein），

《札記》（*Vermischte Bemerkungen*）

在過去三十年裡，布赫迪厄撰寫了大量著作。這些著作涉及的範圍十分廣泛，已經躋身於戰後時代最具想像力和最富成果的社會理論和經驗研究之列。經歷了一段漫長的潛伏期後，其影響迅速上升，並穩定地擴展到許多學科中，從人類、社會學、教育研究到

歷史學、語言學、政治科學、哲學、美學和文學研究。從地域上
看，這些著作的影響從法國的歐陸鄰國擴展到東歐、北歐、亞洲、
拉美和美國。[1] 布赫迪厄接近於百科全書式的全部著作，[2] 完全不
拘泥於學科的界線，兼及非常廣泛的專業研究領域（從對農民、藝
術、失業、教育、法律、科學、文學的研究到對親密關係、階級、
宗教、政治、體育、語言、居住狀況、知識分子以及國家的分
析），並且能夠將許多不同的社會學體裁揉合在一起（從細緻入微

1 對布赫迪厄著作進行闡釋或批判性研究的著作，已經有法語（其中有Snyders
　 1976, Accardo 1983, Collectif' Révoltes Logiques' 1984, Caillé 1987和Ansart
　 1990）、德語（Eder 1989, Bohn 1990, Gebauer and Wulf 即將出版）、西班牙語
　 （Sanchez de Horcájo 1979）、日語（Yamamoto 1988）、瑞典語（Broady 1990）和
　 英語（Harker, Mahar, and Wilkes 1990; Robbins 1991; Calhoun, LiPuma, and Moishe
　 1992；此外還有其他幾本英文著作正在準備出版）。過去兩年，在美國、日本、
　 墨西哥和德國都舉行了有關布赫迪厄作品的跨學科討論會。布羅迪和珀松
　 （Broady and Persson 1989）透過對文獻進行統計，證明布赫迪厄在美國的讀者從
　 八〇年代起有了顯著的增長。有關布赫迪厄對不同學科的影響的說明，可以參
　 見：林格（Ringer 1991）、雷貝里尤（Rébérioux 1988）和夏蒂埃（Chartier
　 1988b），他們分別討論了布赫迪厄對思想史、社會史、文化史的影響；漢克斯
　 （Hanks 1990）、伍拉德（Woolard 1985）和柯森（Corson 1991）討論了布赫迪厄
　 對人類學語言學的影響；奧特納（Ortner 1984）和羅薩爾多（Rosaldo 1989）討論
　 了布赫迪厄對人類學的影響；博恩和施邁爾（Bon and Schemeil 1980）以及多布
　 里（Dobry 1986）討論了布赫迪厄對政治科學的影響；沙茨基（Schatzki 1987）、
　 德希達（Derrida 1990）和德雷福斯（Dreyfus 1991）討論了布赫迪厄對哲學的影
　 響；岡博尼（Gamboni 1983a, 1989）、舒斯特曼（Shusterman 1989）和培德・布爾
　 格（Bürger 1990）討論了布赫迪厄對美學的影響；特迪曼（Terdiman 1985）和維
　 亞拉（Viala 1988）討論了布赫迪厄對文學理論的影響。
2 布赫迪厄撰寫了大約25本書，近260篇文章（這還不包括十幾種語言的譯本和文
　 集，從匈牙利語、阿拉伯語和日語到芬蘭語、荷蘭語和塞爾維亞－克羅地亞
　 語）。本書最後的附錄選取了他發表的主要作品，重點是以英文形式出現的文
　 本。

的人類學[3] 描述到統計模型、再到抽象的後設理論和哲學論述），所有這些都從許多方面對社會科學現行的學科分工和已被接受的思維方式提出了挑戰。

　　不過更具有深遠意義的是，布赫迪厄的整個工作之所以如此不拘一格，正在於他始終孜孜以求，力圖超越某些導致社會科學長期分裂的根深柢固的二元對立。這些二元對立包括看起來無法解決的主觀主義與客觀主義知識模式間的對立，符號性分析與物質性分析的分離，以及理論與經驗研究的長期脫節（Bourdieu 1973c, 1977a, 1990a）。而且，在這一探索過程中，布赫迪厄透過逐漸摸索出一套能夠消解上述二元對立的概念工具和方法論手段，逐步拋棄了另外兩個近年來占據理論討論中心舞台的二元對立，一個是結構與行動作用（structure and agency）的對立，另一個則是微觀分析與宏觀分析的對立。[4] 布赫迪厄不為變幻莫測的學術時尚所動，堅定地認

3 譯註：在歐洲大陸，ethnography一詞的涵義與英美的anthropology一詞的涵義十分相近，在本書中，作者一直交替使用這兩個詞，在本書一律譯作「人類學」。

4 參見紀登斯（Giddens 1984）、亞歷山大（Alexander 1988）、塞通卡（Sztompka 1991: 5-27）、塞維爾（Sewell 1992）、布魯貝克和華康德（Brubaker和Wacquant即將刊載）對結構／能動作用問題的討論；並參見藍道·柯林斯（Collins 1981b和1987）和亞歷山大等（Alexander et al. 1987）對微觀／宏觀難題的討論。透過下文的進一步闡述，我們將發現，像明希（Münch 1989: 101）和威利（Wiley 1990: 393）那樣將布赫迪厄歸入「結構化理論」的宣導者是錯誤的。正如「結構化理論」的先驅紀登斯（Giddens 1990a: 310）所指出的，「結構化理論」主要關注的是社會本體論和概念化的問題；而布赫迪厄理論發展背後的動力始終是想要把握新的經驗對象，他對於提煉一套概念圖式則很少表現出什麼興趣。再者，布赫迪厄的實踐理論在時間上比紀登斯的結構化理論（Giddens 1979, 1984）至少要早十年，並根植於一套不同的哲學問題（不過近年來紀登斯 [1986a] 也開始關注作為布赫迪厄理論綱領核心的主觀主義和客觀主義的對立問題）。在布赫迪厄的兩本書中（Bourdieu 1980d和1981c）中，他言簡意賅地論述了用來消除微觀／宏觀、能動／結構的兩難命題的慣習與場域，或位置與傾向的辯證關係。卡普（Karp

為有可能建構起一門有關實踐——特別是有關符號權力——的統一的政治經濟學（unified political economy of practice）。這種政治經濟學可以有效地將現象學的分析角度和結構性的分析角度結合成為一體化的社會研究方式，既在認識論上做到邏輯貫通，又具有普遍的適用性，即一門康德（Immanuel Kant）意義上的「人類學」。但同時，布赫迪厄的理論又是獨具特色的，因為它明確地將那些對他人實踐進行理論說明的分析者的活動也納入其範圍之內（Bourdieu 1982a, 1988a）。

　　不過頗為矛盾的是，這一成果雖然在範圍和內容上都十分廣泛和有系統，但卻明顯是以一種「零敲碎打」（bits and pieces）的方式被理解和接納的。加漢姆和威廉斯（Garnham and Williams 1980: 209）曾提醒人們注意，「對一個內容豐富、完整統一的理論體系和跨越許多領域的相關經驗研究，如果採取零碎片面的方式加以吸收……那只會導致對該理論的嚴重的誤讀」。他們的告誡現在看來頗有先見之明。如果說布赫迪厄理論中一些被挑選出來的概念（例如文化資本的概念）已經被那些在特定的經驗研究和理論領域工作的美國社會科學家所廣泛使用，並且已經產生了頗為豐碩的成果，[5]那麼布赫迪厄的著述作為一個整體（in globo）仍在被廣泛地誤解，

1986: 132-34）、米勒和布蘭森（Miller and Branson 1987）、柯爾楠（Coenen 1989）、哈克等（Harker et al. 1990）以及塞維爾（Sewell 1992）比較了紀登斯和布赫迪厄之間的異同。

5 在英美運用「文化資本」概念最出色的學者包括：Alvin Gouldner（1979）、Randal l Collins（1979, 1987）、Cookson 和 Persell（1985a）、Ivan Szelenyi（1988），並參見 Martin 和 Szelenyi（1987）、Paul DiMaggio（1982）、Mike Featherstone（1987a, 1987b），以及 John Urry（1990）。最近的例子包括 Eyerman, Svensson and Soderqvist（1987）、Lareau（1987）、Lamb（1989）、Farkas（et al. 1990），Katsilis 和 Rubinson（1990）、Beisel（1990）、DiMaggio（1991a）；並可以在拉蒙特和拉羅的文章（Lamont and Lareau 1988）中找到不太完整的總結。

而且它的整個體系和內在理路仍然有待澄清。它所引發的各種解釋雜蕪不清，評論彼此對立，反應矛盾不一。這些都證明：布赫迪厄的理論從歐洲大陸向英語世界的傳播過程，就是對他的理論做零碎的運用和斷章取義的理解之過程。

　　因此，簡而言之，英語世界對布赫迪厄著作的吸收，迄今為止一直是圍繞三個主要環節進行的，每一個環節都相應地以他的一部主要著作為支撐。[6] 研究教育問題的專家討論的總是《再生產：一種教育系統理論的要點》（*Reproduction: In Education, Society and Culture*, Bourdieu and Passeron 1977），人類學家關注的則是布赫迪厄在阿爾及利亞的民族誌研究以及《實作理論綱要》（*Outline of A Theory of Practice*, Bourdieu 1977a）一書所包含的對慣習和符號資本理論的論述，而研究文化、審美、階級的社會學家則盯住《秀異》（*Distinction*, Bourdieu 1984a）一書不放。每一群解釋者都顯然忽視了其他解釋者的關注或布赫迪厄關於其他問題的研究，以致幾乎沒有人能夠識別出可以將布赫迪厄對上述每一領域的研究，以及他對其他領域的廣泛研究聯繫起來的理論邏輯與具體內容的有機關聯。因此，儘管近來匆忙翻譯了布赫迪厄的許多著作，而且圍繞他的作品已經產生了大量二手文獻（且數量還在迅速增長），但對布赫迪厄思想的理解仍然存在許多疑點。

　　在對本書主體進行導讀的第一部分，我打算提綱挈領地勾勒出賦予布赫迪厄的事業以整體的統一性和敏銳洞察力的基本原理和中心主張。需要預先指出的是：基於一種拒絕將主體與客體、意圖和原因、物質屬性和符號表象割裂開的非笛卡兒式的社會本體論，布赫迪厄力圖克服那種將社會學要不是化約為只關注物質結構的客觀

---

6 對此更詳盡的總結可以參見，"Bourdieu in America: Notes on the Transatlantic Importation of Social Theory"（Wacquant 1992）。

主義物理學，就是化約為只強調認知形式的建構主義現象學
（constructivist phenomenology）的企圖，他認為這些化約只會使社
會學喪失活力。他本人則採用一種能夠同時包容這兩種途徑的生成
結構主義（genetic structuralism）。布赫迪厄不是透過形成一套嚴格
限定的理論，而是透過系統地發展一種社會學方法，來實現這一目
的。這一方法主要包括一種提出問題的方式，一套十分簡明的概念
工具，建構研究對象的程序，以及將在一個研究領域中業已發現的
知識轉用到另一個領域的程序。[7]「儘管（某個）研究的特定對象
十分重要，但實際上它並沒有應用於這一對象的方法重要，而且這
種方法可以應用於無限多的不同對象」（Bourdieu and de Saint
Martin 1982: 50），[8] 因為它被深深地植根於那種持久存在並能夠轉
化的科學慣習的結構之中。[9]

　　這裡首先有兩點要預先說明，以防誤解。第一，在布赫迪厄的
著作和下文我們對他理論要採取的「照相式」的靜態說明方式之

---

7 「社會學是一門將現象上不同的事物看作在其結構和發揮功能上具有相似之處的
　思考藝術，也是一門將在一個建構完成的對象上（例如說宗教場域）確定的（知
　識），轉用到一系列新的對象（如藝術和政治場域等等）上的藝術」（Bourdieu
　1982a: 40-41）。

8 道格拉斯（Mary Douglas）發現「布赫迪厄最大的興趣在於方法」（1981: 163）。
　布羅迪在一本分析布赫迪厄作品的大部頭著作中總結說，布赫迪厄的作品並未提
　出一套有關社會的一般理論，我們應該把這些作品看作一種有關社會學知識形成
　的理論；就社會科學的場域而言，它與自然科學的，及數學的哲學和歷史中的歷
　史認識論傳統（與巴舍拉 [Bachelard]、岡吉郎 [Canguilhem] 和卡瓦雷斯
　[Cavaillès] 的名字聯繫在一起）是同質的（1990）。

9 正如布魯貝克所指出的那樣：「如果人們不把布赫迪厄著作中提出的概念、命題
　和理論首先看作邏輯特性的載體和邏輯演算的對象，而是看作指出特定的思想習
　慣，或一組思想習慣的標誌物，那麼他將獲益良多。概念或命題越一般、越抽
　象，以這種傾向來解讀它就越重要」（Rogers Brubaker 1989a: 23）。

間，存在著某種矛盾，至少是一種強烈的張力。布赫迪厄的著作始終不斷地發展和演變；隨著他循環往返的螺旋式思維在時間和分析性的空間中展開，他不停地修正自己的理論，並不斷回到那些棘手的問題、對象和區域（sites），重新處理它們。[10] 但我們在下文使用的線性詮釋方法，則由於它對那些對應於布赫迪厄思想發展的不同階段並因此顯示出其不盡相同的理論精緻程度的闡述，進行了人為的共時性處理，而有可能「凍結」布赫迪厄思想歷程中那種螺旋演變的運動過程。雖然布赫迪厄思想的主要內涵和界線早在六〇年代中期就已經確立，但自那時以來，在他的作品中仍然存在明顯的變動、轉向和斷裂。而在本書中，由於我們對其理論結構內在動力機制的淡化處理，所以這些變動、轉向和斷裂也將在某種意義上被忽略。[11]

　　第二，設想在布赫迪厄和英美社會科學界的重要人物之間存在對立、相似還是傳承關係，都可能在無意之間助長那種對布赫迪厄著作做出草率結論或化約式的解讀方法，而這往往不利於將布赫迪厄理論精確無誤地傳入英語世界（參見Wacquant 1992）。在跨越民

---

10 哈克等（Harker et al. 1990）和伏瓦克（Vervaëck 1989）指出了布赫迪厄的思想如何以一種螺旋式的方式發展。

11 例如，布赫迪厄在〈階級處境和階級位置〉（Class Condition and Class Position）一文中對階級處境（Class Condition）和階級位置（Class Position）做了關鍵性的區別（Bourdieu 1966）。在這篇文章所奠定的同一廣泛的關係框架之中，人們可以發現布赫迪厄的階級概念從早到後期的明顯演變，後期的概念把階級看作是一種根植於社會空間的歷史建構（Bourdieu 1984a, 1985a, 1985b, 1987b, 1991d）；參見埃德爾對此的討論（Eder 1989）。在布赫迪厄的著作中，所用的一些辭彙經常發生細微或看起來只不過是修飾性的更動（從利益到幻象 [illusion]，從統治階級到權力場域，從文化資本到資訊資本，或最近從慣習到自然傾向 [conatus] 的變動），但這種小小的更動卻往往表明了分析上重要的改進和變化。

族場域的邊界，「譯介」思想成果的過程中，牽涉到熟識與生疏之間的辯證關係，而對此一關係的處理，往往要冒一些風險。在牽強的同化和富有啟發性的類比之間，存在著明確的界線。一方面要在文字上做到清晰可讀，另一方面又需忠實準確地傳達其形式、內容和學術譜系，這兩者之間的權衡是十分微妙的。原則上，我更傾向於前者，並相信讀者會始終牢記：布赫迪厄的重要意義在於他科學實踐的實際運動，而不在於一個詮釋者——不論他多麼知識淵博、多麼富有技巧——對他的理論所做的共時性說明。

1 超越社會物理學與社會現象學的對立

在布赫迪厄看來（Bourdieu 1989a: 7），社會學的任務，就是「揭示構成社會宇宙（social universe）的各種不同的社會世界（social worlds）中那些隱藏最深的結構，同時揭示那些確保這些結構得以再生產或轉化的『機制』」。這一宇宙十分獨特，形象地說，它的各種結構就像「過著一種雙重生活」。[12] 他們以兩種方式存在著：首先是存在於「初級的客觀性」（objectivity of the first order）[13]中，其次是存在於「次級的客觀性」（objectivity of the second order）之中。初級客觀性包括各種物質資源的分配，以及運用各種社會稀缺物品和價值觀念（用布赫迪厄的術語說，就是各種資本類型）的手段；而次級客觀性則體現為各種分類（classification）體系，體

---

12 Bourdieu 1990a（第九章〈主觀的客觀性〉[The Objectivity of the Subjective]）、1984（結語）和1978d最為詳盡地闡述了社會「雙重客觀性」的概念。

13 譯註：在布赫迪厄的作品中，object往往兼有「客觀」與「對象」之義，在本書中，譯者根據上下文，斟酌處理。但讀者應注意，布赫迪厄反對主觀主義與客觀主義的二元對立，因此object及譯者所譯的「客觀」或「客體」都沒有傳統客體主義的強烈實體主義的意涵，而帶有濃厚的關係主義色彩。

現為身心兩方面的圖式（schemata），在社會行動者的各種實踐活動，如行為、思想、情感、判斷中，這些分類系統和圖式發揮著符號範式的作用。社會事實是對象，但也是存在於現實自身之中的那些知識的對象，這是因為世界塑造了人類，人類也給這個世界塑造了意義。[14]

　　因此，若將這種關於社會的科學理解為一個二維的「關係體系，既包括各群體或階級間的權力關係，也包括它們之間的意義關係」，[15] 就必然產生一種雙重解讀（double reading）。或者更確切地說，這種科學體系必須設計出一套「雙對焦解析鏡片」，既利用每種解讀的知識性優點，又避開每種解讀的毛病。第一種解讀用社會物理學（social physics）的方式透視社會：它將社會看作一種客觀的結構，可以從外部加以把握，可以無視居處於其間的人們的各自看法而從物質上觀察、測量和勾勒這種結構的關聯接合。這一立場是客觀主義的，結構主義的（始作俑者即涂爾幹 [Emile Durkheim] 的《自殺論》[Le Suicide]，後在法國出現了許多效法者，而在布赫迪厄開始構建其理論的核心命題時，結構主義的效法者中有了索緒爾 [Ferdinand de Saussure] 的語言學、李維史陀 [Claude Levi-Strauss] 式的結構主義，稍次之還有阿圖塞 [Louis Althusser] 式的馬克思主義），它有力地破除了「社會世界透明性的幻覺」（illusions

---

14 「在社會存在本身的客觀性中，社會事實是知識或認知（哪怕是誤識）的對象。社會科學不能像涂爾幹告誡我們的那樣，『將社會事實看作事物』，否則我們將忽略社會科學賦予社會事實的上述所有特性」（Bourdieu 1990a: 135，引者自譯，也可參見Bourdieu 1989e和1987b）。

15 布赫迪厄和帕斯隆（Jean-Claude Passeron）於1970年在《再生產：一種教育系統理論的要點》（ La reproduction: Elements pour une theorie du systeme d'enseignement ）一書中（1977: 5；引者自譯）提出了「社會形態」（social formation）的這一界定。

of the transparency of the social world），[16] 並與常識理解劃清了界線。如此一來，這種立場便有能力發現男女眾生在「生產他們的社會存在」（馬克思 [Karl Marx] 語）時不得不涉入的「決定關係」。借助統計學、民族誌描述或形態學等方法，外在的觀測者可以對「未成文的音樂總譜」進行解碼（decode），「但正是根據這一未成文的音樂總譜，行動者們（他們每個人都確信自己在演奏自己的旋律）的行動被組織起來」（Bourdieu 1980b: 89）；從而，觀測者還可以確定這些行動者所遵從的那些客觀規律。

　　這種客觀主義立場的主要危險在於：由於它未能考慮這些規律生成方面的原則，所以就容易從模式趨向現實。這就是說，它將自己構建的各種結構看作自主實體，賦予它像真實的行動者那樣「行為」的能力，從而使抽象的結構概念物化（reify）了。客觀主義只能消極地把握實踐，最多只能用「學究」式的對實踐的思考來替代行動者的立場，而這只不過是對分析者建構的模式的執行操作而已。客觀主義如此做的確有些矛盾，因為他們在方法上已先將行動者對實踐所具有的經驗擱置一旁，因此只能去揭示那種「學究」的實踐觀。[17] 從而，就在它賴以捕捉到它宣稱要把握的現實的那個運

---

16 布赫迪厄、尚博爾東（Chamboredon）和帕斯隆的《社會學的技藝》（*The Craft of Sociology: Epistemological Prelimin*）一書表明（1973: 329-34），馬克思、涂爾幹和韋伯儘管在社會系統理論方面各自有所不同，但在社會學知識的理論上卻頗有共識。特別是他們都一致贊同「非意識性原則」，即認為社會生活須由不可化約為個人觀念和意向的原因來解釋；這三位理論家還都反對「透明性的幻覺」，這種幻覺往往是全體社會成員的自發傾向。布赫迪厄解釋道：「如果說社會學作為一門客觀的科學，具有其合理性的話，」那是因為「主體不能把握其行為的總體意義，把這個總體作為意識的直接材料。他們的行動所包含的意義，總是超出他們的所知或所願」（Bourdieu et al. 1965: 18；引者自譯）。

17 這一「學究謬誤」（scholastic fallacy）存在於結構主義認識論的核心，布赫迪厄在《實踐感》（*The Logic of Practice*, 1990a: 30-41）及〈學究觀點〉（The

動的過程中，它也正在破壞著這一現實的某部分。客觀主義充其量也只能產生一個代用的主體，將個人或群體看成被動消極的承受者，支撐著機械地展開它們的自在邏輯的那些力量。

　　一種關於社會的唯物主義科學，要想避免陷入這一化約論的陷阱，就必須認識到行動者的意識和闡釋是社會世界完整現實的一個基本要素。社會確實具有一個客觀的結構，但同樣千真萬確的是，社會在根本上也是由——用叔本華（Arthur Schopenhauer）名言來說——「表象和意志」（Darstellung und Wille）構成的。這裡的關鍵在於，每個人對世界都有一種實踐知識（practical knowledge），並且都將它運用於日常活動之中。「與自然科學不同的是，完整的人類學不能僅限於建構客觀關係，因為有關意義的體驗是體驗的總體意義的重要組成部分」（Bourdieu et al. 1965: 20）。[18]

　　另一種立場是關注「次級客觀性」的主觀主義或建構主義，沙特（Sartre, Jean-Paul）的《存在與虛無》（*Being and Nothingness: An Essay on Phenomenological Ontology*）一書體現了此一立場的極端形式，而當下則在俗民方法學（ethnomethodology）[19] 的文化主

Scholastic Point of View, 1990e）及本書〈反思社會學的論題〉的「作為社會分析的社會學」中對此做了探討。

18 又如：「關於社會世界的知識必須考慮到在它之前就存在的、對於這個世界的實踐知識。儘管在初始階段，必須以由這種實踐知識產生的有所偏頗的局部性表象為對立面，建構關於社會世界的知識，但在這種知識的考察對象中，絕不能忽略實踐知識」（Bourdieu 1984a: 467；引者自譯）。

19 譯註：此詞一般譯作「民族學方法論」、「民俗學方法論」或「本土方法論」，這些譯法的根據主要在於ethno是民族學的詞根。但根據發明此詞的高芬克（Harold Garfinkel）本人的解釋，ethno是指everyone，即普通人、平常人，與紀登斯（Anthony Giddens）常用的layman同義；而method是普通人的方法，即常人方法，而不是與-ology連讀指方法論（methodology）。因此，ethnomethodology是指「the study of everyone's method」，即對常人方法的研究，所以譯作「俗民

義流派中和在一些理性主義色彩較濃的理性選擇理論分支中，最為充分地表現了這一立場。與結構主義的客觀主義正好相反，它認為具有資格能力的社會行動者透過「日常生活裡有組織的、富於技巧的實踐」持續不斷地建構他們的社會世界，而社會現實就是這些「持續不斷的權宜行為所成就的」（Garfinkel 1967: 11）。在這種社會現象學的透鏡裡，個人機警自覺，社會就像是從這些個人的決策、行動和認知中湧現出來的產物；而世界對於這些個人來講，又是那麼親切熟悉，飽含意義。這種立場的優點在於，它認識到了在社會持續不斷的生產過程中，那些世俗的知識、主觀的意義和實踐的能力扮演了多麼重要的角色。它強調了能動作用，還強調了「社會認可的類型化與相關性的體系」的重要作用。正是透過這一體系，人們才賦予他們的「生活世界」以意義（Schutz 1970）。

　　但在布赫迪厄看來，一種未經重構的社會生活現象學，至少存有兩大問題。首先，它將社會結構理解為只是個人策略和分類行為的聚合，[20] 從而無法說明社會結構的韌性，亦無法說明這些策略所維繫的或是加以挑戰的那些自然而客觀的形構（configuration）。其次，這種社會邊際主義也無法解釋現實的社會生產過程本身得以被生產的緣由及其所遵循的原則。「如果是為了反對某些機械論的行動觀，有必要重新提醒人們注意，社會行動者是同時作為個人和集

方法學」較為恰當，既區別於研究「民族文化」的各種民族學科，也區別於一般所說的方法論。

20 柏格和盧克曼是典型代表（Berger and Luckmann 1966: 48）。他們將社會結構定義為「（社會認可的）類型化以及經由這些類型化發展起來的互動反覆發生的模式的聚合體」。而布魯默（Blumer 1969）也堅持類似的立場，將社會定義為「符號互動」。高芬克也是如此，他認為「一個場景中的各種組織方式，作為一個協調進行的活動，是可以說明的。完成這種可說明性（accountability）有許多不同的方法，正是這些方法構成了有組織的社會安排」（Garfinkel 1967: 33）。

體，建構著社會現實，那麼我們同時也必須注意，我們不能忘記行
動者並沒有建構那些他們在其建構活動中所運用的範疇，而這一點
正是互動論者和俗民方法學家所經常忽視的」（Bourdieu 1989a: 47）。

　　一種關於社會的總體性科學，既必須摒棄那種將行動者「打發
去渡假」的機械結構主義，又必須杜絕目的論個人主義。那種目的
論個人主義要不是用掐頭去尾的「過度社會化了的『文化傀儡』
（cultural dope）」[21] 的形式來認識世人，就是用多少有些改頭換面、
精心裝扮卻仍表現為經濟人（homo economicus）的方式來認識。
客觀主義和主觀主義，機械論和目的論，結構必然性和個人能動
性，這些對立都是虛幻的，每一組對立中的雙方都彼此強化。這些
對立混雜在一起，掩蓋了人類實踐的人類學真相。[22] 為了超越這些

---

21 這裡綜合了兩個廣為人知的提法，它們分別由朗（Dennis Wrong 1961）和高芬
　克（Harold Garfinkel 1967）最先使用。

22 在人類學方面，這些對立具體現於六〇、七〇年代時的學派極端對立中。一
　方面是符號人類學（克利弗德・紀爾茲 [Geertz]、施耐德 [Schneider]、特納
　[Victor Turner]、薩林斯 [Sahlins]）和李維史陀式的結構主義（李區 [Leach]、尼
　海姆 [Needham]、道格拉斯 [Mary Douglas]）之間的對立，另一方面則是文化生
　態學（瓦伊達 [Vayda]、拉波波特 [Rappoport]、哈里斯 [Marvin Harris]）同政治
　經濟學及結構馬克思主義的方法（沃爾夫 [Eric Wolf]、布洛克 [Maurice Bloch]、
　梅亞蘇 [Meillassoux]、戈德利亞 [Godelier]、佛里曼 [Jonathan Friedman]、納什
　[June Nash]）之間的對立。奧特納（Sherry Ortner 1984）回顧了六〇年代人類學
　家之間的「激烈的論戰」，他揭示的情況與社會學的情況驚人地相似。主觀主義
　和客觀主義各自的支持者也是經常地爭論不休（譬如網路理論學者與符號互動
　論者，或者城市理論中的人類生態學者與後現代結構主義的宣導者之間的爭
　論）。奧特納寫道：「文化生態學者認為那些符號人類學者就像喝醉了酒似的，
　一個個都是腦子不太清楚的心靈主義者，所取的主觀闡釋途徑既不科學，又無
　法驗證；而符號人類學者則認為那些文化生態學者都是愚蠢無知、枯燥乏味的
　唯科學主義者，只知道計算卡路里，測量降雨量，就是不肯正視人類學迄今所
　能確立的唯一真理，那就是：文化是人類所有行為的仲介。在『唯物主義』和

二元對立，布赫迪厄將那些構成表面截然對立的範式所依憑的「世界假設」（world hypothesis）（Pepper 1942），轉變成了一種旨在重新把握社會世界雙重現實本質的分析方式中的一系列環節（moments）。由此產生的社會實踐理論（social praxeology）[23]綜合了「結構主義」和「建構主義」兩種途徑。[24]首先，我們將世俗表象擱置一旁，先建構各種客觀結構（各種位置的空間），亦即社會有效資源的分配情況；正是這種社會有效資源的狀況規定了加諸互動和表象之上的外在約束。其次，我們再引入行動者的直接體驗，以揭示從內部構建其行動的各種知覺和評價（即各種性情傾向的範疇。這裡有必要強調指出的是，儘管上述兩個分析環節缺一不可，但並非完全對等：客觀主義的旁觀在認識論上先於主觀主義的理解。運用涂爾幹的「社會學方法」的首要原則，亦即系統地摒棄各種先入之見（preconception），[25]必須是在從主觀立場上對世界做實

『唯心主義』，『嚴格的』方法和『寬鬆的』方法，闡釋性的『主體』（emics）和說明性的『文化客體』（etics）之間，到處都爆發著摩尼教式的二元爭戰，這種爭戰遍及了整個學科」（參見布赫迪厄 [1987e] 對奧特納文章的回應，布赫迪厄在回應中粗略地勾畫了「實踐理論」，以克服這種二元對立。）

23 參見《人類學知識探索》（*Anthropologische Verkennungen*）雜誌關於布赫迪厄實踐理論著作的專號（Coenen 1989, Mortier 1989, Verboven 1989, Vervaeck 1989）。

24 （1986年在美國加州大學聖地牙哥校區的一次講演中），人們要求布赫迪厄給他的著作歸類，布赫迪厄（1989e: 14）選擇了「結構主義的建構論」這一術語，並隨即增加了一個相反的陳述「建構主義的結構論」，以強調在他的理論中，這兩個環節（即客觀主義和主觀主義）的關聯是辯證的。昂薩爾（Ansart 1990）將布赫迪厄理論的這一特性歸為「生成結構主義」（genetic structuralism），而哈克（Harket）、馬哈（Mahar）和威爾克斯（Wilkes）則將它歸為「創生結構主義」（generative structuralism）（1990: 3）。

25 可以回想一下，涂爾幹在《社會學方法的準則》（*The Rules of Sociological Method*）中認為：「社會學家……不管是在確定他的研究對象時，還是在他的論證過程中，都應該完全拒絕運用那些源起於科學之外、為全然非科學的需要

踐領悟的分析之前。原因就在於，行動者的觀點會隨其在客觀的社會空間中所占據的位置的不同而發生根本的變化（Bourdieu 1984a, 1989e）。[26]

2 分類體系的鬥爭以及社會結構與心智結構的辯證關係

一門名副其實的探討人類實踐的科學，不能夠只是滿足於僅僅在一種社會結構學上再疊加上一種社會現象學。同時，這門科學還必須闡明行動者在其日常生活中運用的知覺圖式和評估圖式。這些圖式（各種情境定義、類型、闡釋程式）是從哪裡產生，又是如何與社會的表層結構聯繫在一起？正是在此，我們接觸到了確定布赫迪厄社會學基本思路的第二個基本假設（Bourdieu 1989a: 7）：

在社會結構與心智[27]結構之間，在對社會世界的各種客觀劃

服務的概念。他必須從各種謬誤的觀念中解脫出來，這些觀念盛行於俗人的思維之中。他還必須徹底地拋開那些經驗性的範疇的枷鎖，那些源於相襲已久的習慣的經驗性範疇已經變成了思想的暴君」（1966: 32）。

26 因此，如果說布赫迪厄的社會觀有時候看起來接近史特蒂文特（Sturtevant）和古迪納夫（Goodenough）採用的俗民方法學或認知人類學（參見《國家精英：名牌大學與群體精神》（*La noblesse d'etat: Grandes ecoles et esprit de corps*）一書中詳細闡述的「學術分類的諸種形式」），那麼布赫迪厄的社會觀所根植的基礎，即在物質結構的對象性中社會分類的內容和具體的運用，則使他與這兩位學者有明顯不同。無論如何，布赫迪厄和俗民方法學之間的這種鴻溝已被西考雷爾（Aaron Cicourel 1990）的部分彌補了。他在最近關於溝通過程的一本書中，考慮了文化資本潛在的不平等分配。亞蘭・庫隆（Alain Coulon 1991）對大學學生的「結社實踐」進行了研究，嘗試綜合高芬克和布赫迪厄，綜合俗民方法學和慣習理論，饒有意味。

27 譯註：mental，在近來的歷史學和一些社會理論中往往譯為「心態」。但與側重分析日常生活中的各種文化形式及普通人觀念行為的所謂心態史學不同的是，

分——尤其是在各種場域裡劃分成支配的和被支配的——與行
動者適用於社會世界的看法及劃分的原則之間，都存在著某種
對應關係。

這當然是對涂爾幹和牟斯（Marcel Mauss）提出的獨創性思想
重新進行的系統闡述和概括，而這個觀念則是涂爾幹和牟斯於1903
年在他們的經典研究〈分類的某些原始形式〉（Some Primitive
Forms of Classification）中所闡述的。在那篇文章中，《社會學年
鑑》（*Année sociologique*）的創始人涂爾幹和他的姪子牟斯提出，
原始社會中發揮作用的認知體系就是這些原始社會的社會體系的派
生物：理解範疇就是集體表象，而根本性的心智圖式則是按照群體
的社會結構調整定型的。布赫迪厄則從四個方面入手，擴展了涂爾
幹這一關於思維體系的「社會中心論」（sociocentrism）之命題。

首先，他認為在傳統社會共同體中觀察到的認知結構與社會結
構間的對應關係，也存在於發達先進的社會中，而發達社會中的這
種對應關係大部分是透過學校體系的職能生產出來的（Bourdieu
1967a）。[28] 其次，涂爾幹和牟斯理論中的有些地方未能就分類圖式

布赫迪厄繼承涂爾幹的傳統，強調分類體系的重要性，而非文化史學意義上的
情感和態度，所以此處譯為「心智」。

28 說句公道話，涂爾幹和牟斯在其分析中國思想（後來格拉耐 [Marcel Granet] 繼續
對這一問題進行了研究），以及在他們那篇文章的結論部分中，確實表露出這樣
的觀點，即在比澳洲和北美大陸的那些部落社會更為發達的社會形態中，觀念
的社會生成機制也同樣發揮著作用。然而他們並未將這一大膽的命題用以分析
他們自己的社會，尤其是用來分析他們自己的思想。誠如布赫迪厄（1982a: 10-
11）所指出的：「《分類的某些原始形式》的作者，從沒有把他在〈教學思想的
演變〉（The Evolution of Pedagogical Thought）一文中提出討論的學校體系的社
會史理解成各種教學理解範疇的生成性社會學，不過他仍然為這種社會學提供
了所有必要的方法。」

的社會決定機制做出合理的因果分析（Needham 1963: xxiv），然而布赫迪厄卻提出，由於社會劃分和心智圖式在生成方面就聯繫在一起，所以它們具有結構上的對應關係。心智圖式不是別的，正是社會劃分的體現。隨著個人不斷接觸某些社會狀況（這種接觸的結果也因此日積月累），個人也就逐漸被灌輸進一整套性情傾向。這種性情傾向較為持久，也可轉換，將現存社會環境的必然性予以內化，並在有機體內部打上經過調整定型的慣性及外在現實的約束的烙印。如果說，具有次級客觀性的結構（即慣習）就是具有初級客觀性的結構在身體層面的體現，那麼，「從邏輯上來說，對客觀結構的分析將擴展到對主觀性情傾向的分析，從而消解了一般在社會學和社會心理學之間設置的虛假對立」（Bourdieu and de Saint Martin 1982: 47）。[29] 一門關於社會的充分完整的科學，必須既包括客觀常規，又包括這種客觀性的內化過程。正是經由這種內化過程，行動者在其實踐中注入的各種超個人的、無意識的關注原則或劃分原則[30] 得以構建。

　　第三點，也是最為關鍵的一點，布赫迪厄認為，社會結構和心智結構間的對應關係發揮了至關重要的政治作用。符號系統不僅僅是知識的工具，還是支配的工具（在馬克思的思想中是意識形態的

　　布赫迪厄還在其他地方（1967a）寫道：「在分化了的社會中，各種思維體系顯然是『分類的原始形式』更為精緻化的對應物，而學校體系就是生產這些思維體系的場所之一。」這正是布赫迪厄關注教育的理由。他對學校體系的研究見諸符號權力社會學的有關章節。在那裡，符號權力被定義為這樣一種權力：它強加並灌輸各種分類系統，使人把支配結構看作自然而然的，從而接受它們（尤其參見Bourdieu 1989a, Bourdieu and Passeron 1979: V. 1）。

29 在康奈爾看來（Connell 1983: 153），布赫迪厄就此開闢了一條通往一種「實在論的社會心理學」的道路。

30 譯註：劃分原則（Principles of （di）vision）。作者在這裡注意到了vision（眼光、關注）和division（劃分）的詞根聯繫。

概念，在韋伯的思想中是神正論）。作為認知整合的運作者，它們根據其自身的邏輯推動了那種對任意武斷的秩序之社會整合：「社會秩序的維持在極大程度上是由……有關社會世界的各種知覺範疇的協調結合所保障的。由於這些知覺範疇是根據既定秩序的各種劃分（從而也就是根據那些支配者的利益）做出調整的，並為所有按照這些結構而構成的心智所共有，所以它們把各種客觀必要條件的表象加諸自身」（Bourdieu 1984a: 471；英譯本有所改動；又見1971b）。這些社會構建的分類圖式正是我們藉以主動地建構社會的依據，它們往往會體現出相應的結構；透過這些結構，這些分類圖式才得以呈現為自然的和必要的，而不是歷史偶然的產物，即各階級、「種族」群體或性別間特定權力平衡的結果。[31] 但是，倘若我們承認符號系統是對構造世界發揮作用的社會產物，即它們不只是簡單地反映社會關係，還有助於構建這些關係，那麼，人們就可以在一定限度內，透過改變世界的表象來改變這個世界（Bourdieu 1980g, 1981a）。

　　據此我們可以認識到，各種分類系統構成了爭奪的焦點，個人和群體為此而在日常生活的常規互動中、在發生於政治和文化生產的場域中的單打獨鬥或集體競爭中相互對立。這正是布赫迪厄與涂爾幹的問題意識分道揚鑣的第四個方面。在階級區分的社會中，將

---

31 布赫迪厄（1987g: 234-235）在分析法律時論及這一點：「構成我們建構社會世界的根基的各種知覺圖式與評判圖式，是某種集體性的歷史努力的產物，但這些努力的基礎正是那個世界自身的各種結構；作為歷史建構的、已被塑造的結構。我們的思維範疇在創造這個世界的活動中的確發揮了作用，但只是在它們與既存結構相對應的限度內發揮作用」（英譯本有所改動）。在別處的文字中，布赫迪厄又指出：各種分類體系「與其說是知識的工具，不如說是權力的工具，為某些社會功能服務，並或多或少地公開被用來滿足某一群體的利益」（Bourdieu 1984a: 477；英譯本有所改動）。

各個群體的表象組織在一起的社會分類體系（例如職業量表或工資量表），「無時無刻都由階級間的權力關係生產出來，並處於爭奪的焦點」（Bourdieu and Boltanski 1981: 149；英譯本有所改動）。

就此，布赫迪厄用一種有關分類體系的形成、篩選和強加於人的發生社會學和政治社會學，補充完善了涂爾幹的結構分析。社會結構和認知結構具有結構性的關聯，並彼此強化。兩者間達成的對應關係為社會支配提供了最堅實的支撐之一。各個階級和其他各種敵對的社會集合體，持續不斷地參與這場有關分類體系的爭奪，以便強加那種能最大限度地符合其特殊利益的對世界的界定。知識社會學或文化形式的社會學本身就是一種政治社會學，亦即一種符合權力的社會學。的確，布赫迪厄的全部學說可以被理解成一門唯物主義人類學，這種唯物主義人類學探討符號暴力的各種形式如何發揮特有的作用，影響支配結構的再生產及其轉換。

3 方法論上的關係主義

所有方法論上的一元論，都聲稱要確立是結構或能動者（agent）[32]，是系統或行動者、是集合體或個人在本體論意義上的先在性。與這些方法論的一元論不同，布赫迪厄主張關係的首要地位。在他看來，上述這類二元論式的抉擇體現了對社會現實的常識性觀念，這正是社會學必須從自身中去除的。這種常識性觀念根植於我們使用的語言本身，而它則「更適於表達事物而不是關係，呈現狀態而不是過程」（Bourdieu 1982a: 35）。愛里亞斯（Norbert

---

32 譯註：有關agent與actor（一般譯作行動者）的細微差別，參見本書〈反思社會學的論題〉註。這裡將agent譯作「能動者」，是考慮到華康德在行文中暗指其他理論家用這個詞強調人的能動作用（agency），與結構的外在約束力量相對。

Elias 1978a: 113）是另一位有關社會現實的關係性概念的堅定宣導者。他堅持認為，日常語言致使我們「在行動者與他的行動、結構與過程或者對象與關係之間，做出不自覺的概念區分」，其結果是妨礙我們把握社會中相互交織的複雜聯繫的邏輯。[33] 社會學家總是在有關社會世界的表象方面，與其他專家──尤其是那些政治家和傳媒專家──一爭高下，而那些專家又總能從這類常識思考中獲得既得利益。這一事實更增強了語言所具有的那種突出實體、犧牲關係的傾向。個人與社會之間的對立（以及轉換成方法論上的個人主義與方法論上的結構主義的對立）是那些危害社會學的「毒瘤般的主張」之一。這些預設之所以對社會學有害，是因為它們是不斷地由各種政治對立和社會對立所激發（Bourdieu 1989f）。社會科學並無必要在這些極端間進行選擇，因為社會現實既包括行動也包括結構，以及由兩者相互作用所產生的歷史，而這些社會現實的材料存在於關係之中。

　　布赫迪厄據此既拋棄了方法論上的個體主義，又拒斥了方法論上的整體主義，以及以「方法論上的情境主義」（methodological situationalism）形式出現的對兩者的虛假超越。[34] 構成他的社會學

33（根據沃爾夫 [Benjamin Lee Whorf] 的看法），歐洲的各種語言具有「過程化約」（process reduction）的特性，而且這一點由於實證主義科學哲學的影響而進一步得到強化。這些正是為什麼「我們總感到不得不弄些頗無意義的概念界分的原因，譬如『個人與社會』，弄得好像『個人』和『社會』是兩個彼此分離的事物，就像桌子和椅子，或者鍋子和盤子一樣」（Elias 1978a: 113；又見1987，第一部分）。布赫迪厄和愛里亞斯都強調指出日常語言有礙於社會學思考，這方面他們共同的思想淵源似乎是卡西爾（Cassirer 1936），特別是卡氏在〈語言對科學思想發展的影響〉（The Influence of Language upon the Development of Scientific Thought）一文中的分析。

34 方法論上的個人主義（這一術語出自經濟學家熊彼特 [Joseph Schumpeter]）認為，所有社會現象在原則上都能夠完全根據個人的目標、信念和行動而得以闡

立場核心的關係視角並不新穎，而是一種廣泛的、「源出多門且形態各異」的結構主義傳統的重要組成部分。這一傳統可以一直追溯到涂爾幹和馬克思（Merton 1975: 32），並於戰後在皮亞傑（Jean Piaget）、雅柯布森（Roman Jakobson）、李維史陀和費爾南・布勞岱爾（Fernand Braudel）等人的著述中結出了豐碩的成果。[35] 也許正是馬克思最簡明清晰地表達了這一思想，他在《1857-1858年經濟學手稿》（*Die Grundrisse*, 1971: 77）中寫道：「社會並不只由個人所組成；它還體現著個人在其中發現自己的各種聯結和關係的總和。」[36] 布赫迪厄的獨特之處在於，他持之以恆地熱心推廣這一觀念。這可以拿他的兩個關鍵觀念慣習和場域（它們都指一些關係束 [bundles of relations]）作為例證。一個場域由附著於某種權力（或資本）形式的各種位置間的一系列客觀歷史關係所構成，而慣習則由「積澱」（deposited）於個人身體內的一系列歷史的關係所構

明。反之，方法論上的整體主義則主張社會系統具有不能從其各個組成部分的特性中推演出來的自然屬性，因此社會解釋就必須從系統層面開始。而方法論上的情境主義則將情境定位的互動的自然屬性作為它分析的核心單元（克諾爾－塞蒂納 [Knorr-Cetina 1981: 7-15]）。

35 布赫迪厄（1990a: 4；又見1968b）稱讚結構主義「把結構方法，或者更明確地說，把關係性思維方式，引入了社會科學；這種思維方式透過與實體主義的思維方式決裂的思維方式，引導我們根據那種將各個要素與其他要素組合起來納入某個系統——要素正是透過系統獲得其意義和功能——的關係來概括每一要素的特徵」（英譯文有所改動）。

36 奧爾曼（Bertell Ollman 1976: 14）指出：「在馬克思關於現實的概念中，關係是所有單位中都不可化約的最小單位，而這恰恰是我們理解馬克思主義的困難的癥結所在。在馬克思那裡，研究主題不是只作為單一實體的社會，而是從『關係性』的角度理解的社會。」日本哲學家弘松（W. Hiromatsu）直接用卡西爾的方式系統地讀解了馬克思，從而凸顯了這一點（見 Bourdieu, Hiromatsu 和 Imamura 之間的對話 [1991]）。而德喬治夫婦的著作（DeGeorge and DeGeorge 1972）則為理解從馬克思一直到李維史陀的結構主義傳統提供了很好的範本。

成，其形式是知覺、評判和行動的各種身心圖式。

　　同菲力普・艾布拉姆斯（Philip Abrams）、邁克爾・曼（Michael Mann）、查爾斯・提利（Charles Tilly）一樣，布赫迪厄也戳穿了「社會」這一觀念的空泛本質，並代之以場域和社會空間的觀念。在布赫迪厄看來，一個分化了的社會並不是一個由各種系統功能、一套共用的文化、縱橫交錯的衝突或者一個君臨四方的權威整合在一起的渾然一體的總體，而是各個相對自主的「遊戲」領域之聚合，這種聚合不可能被壓制在一種普遍的社會總體邏輯下，不管這種邏輯是資本主義的、現代性的還是後現代的。與韋伯所論述的「生活秩序」（Lebensordnungen）很類似，社會生活在現代資本主義裡將自身分割為經濟、政治、審美、知識等不同的生活秩序（Gerth and Mills 1946: 331-59）。每個場域都規定了各自特有的價值觀，擁有各自特有的調控原則。這些原則界定了一個社會構建的空間。在這樣的空間裡，行動者根據他們在空間裡所占據的位置進行著爭奪，以求改變或力圖維持其空間的範圍或形式。這一簡要定義有兩個關鍵特徵。第一個特徵是，場域是諸種客觀力量被調整定型的一個體系（其方式很像磁場），是某種被賦予了特定引力的關係構型，這種引力被強加在所有進入該場域的客體和行動者身上。場域就好比一個稜鏡，根據內在的結構反映外在的各種力量：

　　　　場域內產生的各種效應，既不是雜亂無章的行動的純粹疊加，也不是某種協調計畫的整合後果。……正是遊戲[37]的結構，而不是機械性聚集的簡單效應，構成了那種累積行動所產生的客觀的集合性效應所具有的超越性之基礎，這一點已為許

---

37 譯註：關於布赫迪厄使用「遊戲」（game）一詞的用意，請參見本書〈反思社會學的論題〉。

多與意圖相逆的例子所揭示。[38]

　　場域同時也是一個衝突和競爭的空間，這裡可以將其類比為一個戰場。在這裡，參與者彼此競爭，以確立對在場域內能發揮有效作用的種種資本壟斷——在藝術場域裡是文化權威，在科學場域是科學權威，在宗教場域是司鐸權威，如此等等——和對規定權力場域中各種權威形式間的等級序列及「換算比率」（conversion rates）的權力之壟斷。[39] 在這些爭奪的過程中，該場域本身的形塑和劃分成為核心焦點。這是因為，改變各種資本形式的分布和相對分量，也就相當於改變此一場域的結構。這樣考慮場域，將使所有場域都具備了某種歷史性的動態變化和調適能力，避免了傳統結構主義毫無變通彈性的決定論。例如，布赫迪厄在有關七〇年代法國政府住房供應政策在地方上的貫徹實施情況的研究中認為（Bourdieu 1990b: 89），即使是「科層活動」這一看起來不可變通的公共科層部門中的組織邏輯，也包含相當大的不確定性，包含了各種策略的相互作用。他認為，任何場域「都將自身體現為各種可能性——報

---

38 布赫迪厄（1987g: 248；英譯文有所改動）。這就是薩繆森（Samuelson）所謂的「合成效應」（composition effects）和布東（Boudon）所謂的「反直覺效應」（counterintuitive effects）（這兩個術語都用來指行動的意外後果），其實質是場域的結構效應，這些場域的特有邏輯能夠、也必須在每一特殊情況中用經驗的方式加以揭示。布赫迪厄論述了這些場域的構型如何決定了外來力量和變遷的最終效應，參見Bourdieu 1987i, 1988a, 1987f，Bourdieu and de Saint Martin 1982。以上作品分別討論了藝術場域、大學場域、菁英學校場域和宗教場域中的情況。更進一步的歷史探討請見Viala 1985, Fabiani 1989和Charle 1990。

39 請注意，權力場域（見Bourdieu 1989a, Bourdieu and Wacquant 1991）所處的層次，不同於其他場域（如文學、經濟、科學、國家科層體制等場域），因為前者在某種程度上涵蓋了其他場域。它理應更被理解成某種「後設場域」，具有許多自生的特有屬性（請參考本書〈反思社會學的論題〉註16）。

酬、獲益、利潤乃至制裁的可能性——的結構，但也始終隱含了某種程度的不確定性。……即使是在那些充滿各種普遍規則和法規的領域，玩弄規則、尋求變通也是遊戲規則的重要組成部分。」

那麼，社會生活為什麼如此規律，又可預測？如果說外在結構並不機械地約束著行動，那麼又是什麼賦予其行動的模式？慣習這一概念給予了部分答案。慣習是一種結構形塑機制（structuring mechanism），其運作來自行動者自身內部，儘管慣習既不完全是個人性的，其本身也不是行為的全部決定因素。用布赫迪厄的話來說（1977a: 72, 95），慣習就是「生成策略的原則，這種原則能使行動者應付各種未被預見、變動不居的情境……（就是）各種既持久存在而又可變更的性情傾向的一套系統，它透過將過去的各種經驗結合在一起的方式，無時無刻都作為各種知覺、評判和行動的母體發揮其作用，從而有可能完成無限複雜多樣的任務」。[40] 作為外在結構內化的結果，慣習以某種大體上連貫一致的系統方式對場域的要求做出回應。慣習是透過體現於身體而實現的集體的個人化，或者是經由社會化而獲致的生物性個人的「集體化」，因此這一概念接近約翰・R・塞爾（John R. Searle）所說的「行動中的意向」（intention in action）（1983: 尤見第三章）[41] 或諾姆・杭士基（Noam Chomsky）的「深層結構」，只不過這一深層結構並不是某種人類學意義上的不變因素，而是在歷史中建構的、根植於制度的，因而

---

40 慣習「首先體現了一種組織化行動的結果，其涵義與結構之類的用語相近；它還意指某種存在方式，某種習慣性狀態（尤其是身體的狀況），還包括了其他許多方面，特別是某種性情傾向、某種趨向、某種習性，或是某種愛好」（Bourdieu 1977a: 214）。

41 莫爾捷（Mortier 1989）把布赫迪厄的學說解釋成用一種側重考慮行動的方式對結構主義問題框架的重新界定，它導向形成一門形式的人類實踐理論，將言說行為（speech acts）的理論予以一般化，以涵括各種儀式性的行為。

是一種作為社會性變數而存在的生成性母體（參見Bourdieu
1987d）。它是理性的運作者，但只是一種實踐理性的運作者。這種
實踐理性是某種社會關係的歷史系統內在固有的，並因此超越了個
人。它所「經營」的策略是系統性的，然而又是特定的，其原因是
這些策略的「促發」正源自它們與某一特定場域的遭遇。慣習是創
造性的，能體現想像力，但又受限於其結構，這些結構則是產生慣
習的社會結構在身體層面的積澱。

因此，慣習和場域這兩個概念都是關係性的，這一點尤其意味
著只有在彼此的關係之中，它們方能充分發揮作用。一個場域並不
像在阿圖塞式的馬克思主義裡那樣，只是個僵死的結構，或「空洞
的場所」的聚合，而是一種遊戲的空間。這種遊戲的空間只是在下
述意義上才存在，即那些相信它所提供的酬賞並積極尋求這種酬賞
的「遊戲者」投身於此一空間。故此，場域理論若要完備，就需要
一種社會行動者的理論：

> 只是因為存在著行動者，才有了行動，有了歷史，有了各種
> 結構的守恆或轉換。但行動者之所以是行動著的、有效力的，
> 也只是因為他們並沒有被化約為通常那種根據個體觀念而理解
> 的個人；同時，這些行動者作為社會化了的有機體，被賦予了
> 一整套性情傾向。這些稟性（dispositions）既包含了介入遊
> 戲、進行遊戲的習性，也包含了介入和進行遊戲的能力
> （Bourdieu 1989a: 59）。

反之，慣習理論若無結構觀念來為行動者組織化了的「即興表
演」留出空間，那也是不完善的。想要理解這種「即興表演」的
「社會藝術」（牟斯語）是由什麼構成的，我們需要轉而討論布赫迪
厄的社會本體論。

4 實踐感的模糊邏輯

　　布赫迪厄的社會哲學拒絕在外在與內在之間、意識與無意識之間、身體和話語之間做出明確的截然區分，在此意義上，他的社會哲學是一元論的。他的社會哲學努力尋求捕捉沒有意圖的意向性（intentionality without intention），沒有認知目的的知識（knowledge without cognitive intent），捕捉行動者透過長期沉浸於社會世界之中而對其所處社會世界獲得的前反思（prereflective）的下意識的把握能力（這正是布赫迪厄的理論如此關注體育運動的緣故；例如 Bourdieu 1988f），捕捉那些能夠界定真正的人類社會實踐的東西。布赫迪厄有所選擇地借鑑了胡賽爾（Edmund Husserl）、海德格（Martin Heidegger）、梅洛龐蒂（Maurice Merleau-Ponty）等人的現象學，以及後期維根斯坦哲學，但卻摒棄了笛卡兒式社會本體論中的一些二元對立——身心之間、知性與感性之間、主體與客體之間、自在（En-soi）與自為（Pour-soi）之間，以求「回歸那個我們憑藉生存這一簡單事實而與之發生接觸的社會，那個在任何客觀化[42]活動之前就不可分割地被我們負載於身的社會」（Merleau-Ponty 1962: 362）。布赫迪厄特別借鑑了梅洛龐蒂的一些思想——有關主體與世界之間的前對象性接觸（preobjective）的固有的肉體性，以圖重新引回身體，作為實踐意向性的源泉，作為根植於經驗的前對象性層面上的交互主體意義（intersubjective meaning）之源泉。他的社會學是一種結構的社會學，並綜合了有關「世界和我們的生活具有先於判斷表述的統一性」（Merleau-Ponty 1962: 61）的某種現

---

42 譯註：客觀化（objectivation）即對象化，使之成為（研究）對象。受法國加斯東・巴舍拉以降的科學哲學的影響，布赫迪厄十分強調社會學研究中研究對象構建的問題。

象學思想。[43] 這種綜合的實現乃是依憑這樣的方法，即將社會化了的身體視為一種理解的生成能力和創造能力的寶庫，視為被賦予了某種結構形塑潛力的一種「能動的知識」形式（Jackson 1983）的載體，而不是某種客體對象。

　　社會行動者與世界之間的關係，並不是一個主體（或意識）與一個客體之間的關係，而是社會建構的知覺與評判原則（即慣習）與決定慣習的世界之間的「本體論契合」（ontological complicity）——或一如布赫迪厄（1989a: 10）晚近指出的所謂相互「占有」（mutual possession）。「實踐感」在前對象性的、非設定性[44] 的（nonthetic）層面上運作。在我們設想那些客體對象之前，實踐感所體現的那種社會感受性就已經在引導我們的行動。[45] 透過自發地

---

43 「身體處於社會世界之中，而社會世界又處於身體之中」（Bourdieu 1982a: 38）。比較梅洛龐蒂（1962: 401）：「所謂內在的與所謂外在的全然不可分割。世界完全是內在的，而我又完全外在於我自身。」從這種角度來看，布赫迪厄的整個理論構想無論如何都與保羅・里克爾（Ricoeur 1977: 158）所界定的解釋社會學構想完全對立。里克爾認為：「將『客觀性』建立在交互主體性經驗的前客觀化層面之上，並且努力揭示社會學所探討的那些客體對象如何從這種前對象性的領域獲得自主性，正是解釋社會學的任務所在。」而對於布赫迪厄來說，社會學要想涵括現象學，不應該採取置之不理的做法，而是必須透過對慣習的構成進行生成性的分析，將交互主體性植根於歷史客觀結構中。我透過大量引證梅洛龐蒂來說明實踐感的邏輯，試圖表明布赫迪厄是梅氏在社會學領域的繼承者，雖然無論就這位現象學家著作中的精神還是詞句而言，布赫迪厄的創新在許多地方都與之不相一致。尤其是布赫迪厄超越了主觀主義者對實踐感的理解，探討了實踐感之客觀結構和運作條件的社會生成過程。

44 譯註：設定性（thetic）是一個重要的現象學概念，指社會成員對某種給予物的「存在信念」，可以說，第一個客觀對象化的行為都是「設定性的」，都認定了客觀對象的「存在」。設定性可以說是自然態度的一個重要特徵。而前對象性的層面則有非設定性的特徵。

45 「習慣（habit）是某人對世界的不加反思的基本熟識，是以意向性的方式確定知

預見所在世界的內在傾向，實踐感將世界視為有意義的世界而加以構建。這種自發預見的方式與球類比賽中具有良好的「場域視野」（field vision）的運動員頗為類似。這些運動員沉浸在行動的狂熱之中，憑著直覺對他的隊友和對手的活動迅速做出判斷，他們的行動和反應的方式都是「靈感式」的，毋須事後認識和計算理性的助益。梅洛龐蒂所舉的橄欖球運動員的例子（1963: 168-69）值得在此詳細引證，因為它十分清楚地表現了這種「無須概念的內聚力」。無論何時，一旦我們的慣習適應了我們所涉入的場域，這種內聚力就將引導我們駕輕就熟地應付這個世界。

對於運動中的運動員來說，橄欖球場地不是「客觀對象」這樣一種理想術語。「客觀對象」可以引發無窮多樣的視角觀點，並在其種種表面的變形中保持其同一。運動員眼中的場地遍布著各種約束線（lines of force）（「碼線」，「罰球區」界線），被分割聯結成各種區域（雙方之間的「開球區」），這些都要求運動員採取某種確定的行動類型，並推動和引導著他們的行動，儘管看起來好像運動員對此渾然不覺。場地本身對運動員來說並不是既定的，但是他表現得就如同是他的實踐意向中內在的部分一樣。而運動員也融入這片場地，體會「攻門得分」的方向，這種體會如此直接，打個比方，就好像成了他自己身體的水平或垂直的方向。光是說意識融入這一環境氛圍或許並不充分，此時此刻，意識不是別的，正是環境氛圍與行動的辯證關係。運動員所做的每一個動作都調整了場地的特徵，

識所面對的各種彼此不同的對象的先決條件……習慣既不是規畫設計好了的『回應』，也不是常規化了的行為，因為習慣是體現在身體層面上的對感性世界的感受性。正是在這個角度上，它規定了經驗中的種種行為可能性的領域」（Ostrow 1990: 10）。

並建立了新的進攻線路。行動反過來在新的範圍內展開、完成，並再次改變了作為現象被感覺到的場地。[46]

　　所謂「實踐感」是先於認知的。它從現有狀態中解讀出場域所包含的各種未來可能的狀態。由於過去、現在和未來在慣習裡彼此交織、互相滲透，所以可以把慣習理解成一種虛擬的「積澱狀況」（sedimented situations），它寄居在身體內部，聽候人們將它重新激發出來（Mallin 1979: 12）。[47]不過，以上引文之所以耐人尋味，還在於它挑明了布赫迪厄的實踐理論與梅洛龐蒂的行為理論之間，存在著兩個重大差別。在梅氏那裡，不存在客觀的要素，橄欖球的「場地」仍舊只是一種純粹的現象感受形式，完全是從行動中的行動者的立場加以把握的。[48]其結果是妨礙考察運動員的主觀理解，以及所進行比賽的潛在客觀構型和規則之間的相互作用關係。就像涂爾幹的客觀主義，梅洛龐蒂的哲學也一樣無法建立一個牢固的內

---

46 還可以以海德格在《存在與時間》（*Being and time*）中所舉的那個著名的鐵錘之喻為例，說明身體和世界之間的這種直接共存和相互理解的關係：對一把鐵錘的熟練使用，或多或少預設了對它的純工具性作用的自覺掌握；這種對鐵錘的使用能力，意指使用者對鐵錘特殊作用的掌握，而無須知曉有關鐵錘結構的專門性知識。有關這類實踐掌握的經驗性說明，可見薩德諾（Sudnow 1978）運用俗民方法學對爵士樂手即興演奏邏輯的考察，洛德（Lord 1960）對培養古斯拉琴師（guslar，南斯拉夫的吟游詩人）的即興彈唱詩歌藝術的分析，拉夫（Lave 1989）對日常生活中如何使用數位的人類學考察，以及華康德（Wacquant 1989a: 47-62）對拳擊技巧之習得的人類學考察。

47 「習慣是我們在時間領域中所固有的內在性質；透過習慣的作用，過去、現在和未來都得到了具體體現」（Kestenbaum 1977: 91）。

48 這裡必須注意，不要將梅洛龐蒂的場地（field）提法與布赫迪厄的場域概念（field，法語為champ）混為一談。在梅氏那裡，場地只是指稱橄欖球的比賽場地（法語為terrain），而且沒有什麼理論意涵。

在結構與外在結構──這裡是指運動員對比賽的認識與場地裡的實際分布──的分析性連結。此外，在橄欖球比賽中，由裁判員執行的約束性規則並不是爭奪的對象，同樣，比賽場地的界線也不是隊與隊之間（或比賽者與也許想要參與比賽的旁觀者之間）爭奪的對象。總之，梅洛龐蒂未能論及橄欖球比賽的主觀結構與客觀結構的雙向社會生成過程。

最後，有必要在此強調，慣習所產生的行動方式並不像根據某種規範原則或司法準則推演出來的行為那般具有嚴格的規律性，事實上也不可能如此。這是因為「慣習是含混與模糊的同義詞，作為一種生成性的自發性，它在與變動不居的各種情境的即時遭遇中得以確定自身，並遵循一種實踐邏輯，儘管這種邏輯多少有些含混不清，但卻勾勒出與世界的日常關聯」。所以，我們應當避免從慣習的生產過程中試圖挖掘出比它們實際上所包含的更多的邏輯：「實踐邏輯的邏輯性只可以提煉到特定的程度，一旦超出這種程度，其邏輯便將失去實踐意義」（Bourdieu 1987a: 96）。[49] 如此說來，社會學獨特的困難所在，正是要產生一種關於這種不甚明確、含混不清、夾纏一處的現實的精確科學。要做到這一點，它的概念就最好是多型的、彈性的、可調整的，而不是限定的、精確的、嚴格使用的。[50]

---

49 關於對盲目追求過度嚴格的邏輯和本不存在的人類學意義上的一致性的強烈反對，見〈類比的惡魔〉（The Devil of Analogy, Bourdieu 1990b: 200-70）。正如唐·萊文（Don Levine, 1985: 17）所提出的：「容忍模糊也可能會有許多收穫，只要不是把它作為懶於思考的藉口，而是作為負責地探討極其複雜的論題的引導。」

50 對於那些抱怨他的概念「模糊不清」的人們（譬如喬普克 [Joppke 1986: 61]，他認為慣習是一個「概念怪物，經常以一種含混的、隱喻的方式被使用」，布赫迪厄可以用維根斯坦的話（Wittgenstein 1980: 653）來反駁，即「如果說一個概念依賴於某種生活模式，那麼它就必然存在許多不確定性」。

　　慣習和場域的概念使布赫迪厄得以摒棄個人的自發性和社會約束、自由和必然、選擇和責任之類的虛假問題，從而避免了在個人與結構、微觀分析（布魯默 [Herbert Blumer]、詹姆斯・科爾曼 [James S. Coleman]）與宏觀分析（布勞 [Blau]、斯科克波 [Theda Skocpol]）之間進行人們所熟知的那種抉擇。[51] 這些抉擇會促成某種極端對立的二元性社會本體論：「人們並不是非得在結構與行動者之間，或場域與行動者之間做出選擇（這種場域給那些在事物中客觀化的或在個人身上得以身體化的那些特徵賦予意義和價值；而那些行動者則在如此界定的遊戲空間中操作調整自己的特性）」（Bourdieu 1989a: 448），亦毋須在資源空間中的位置與這些位置的占據者的社會化了的衝動、動機和「意向」之間做出選擇。

　　正如布赫迪厄避免了微觀理性與宏觀功能主義之間的爭論，他也摒棄了屈服和抵抗的抉擇。這一對抉擇在傳統上劃定了被支配文化（dominated cultures）的問題框架，而且在布赫迪厄看來，它還有礙於我們充分理解一些實踐和情境，這些實踐和情境通常受限於屈服與抵抗這對提法所具有的內在的模稜兩可且帶有偏見的本質。如果抵抗的手段只是竭力聲張那些使我成為被支配者的特性本身，把它作為「我的」特性加以強調（根據「黑即為美」[52] 這一典範口號），那麼這就是抵抗嗎？這就像英國無產階級的後代曾聲稱他們的階級文化催生男性氣概並以這一理想為名驕傲地放棄就學（Willis 1977）。另一方面，倘若我努力抹去任何有可能暴露自己出身背景的痕跡，掩飾任何有可能使自己永遠停留在現有的社會位置

---

51 慣習和場域這一對概念也揭示了一條可能的途徑，以擺脫所謂「角色理論」不斷產生的茫然感和內在固有的蒼白無力（Wacquant 1990b）。

52 譯註：「黑即為美」，是六〇年代美國黑人民權運動中一些較為激進的分支的「口號」。

上的特徵（口音、生理素質、家庭關係），那麼我們應把這稱為「屈服」嗎？在布赫迪厄看來，這是一種「無法解救的矛盾」，銘刻在符號支配的固有邏輯之中。「抵抗可能走向異化，而屈服也許通往解放。這就是被支配者的兩難困境，他們也無從擺脫這一困境」（Bourdieu 1987a: 184）。

但布赫迪厄並不限於指出這樣一個事實：被支配者的被排斥和被壓制，正是他們自身合作的結果。他解釋這一合謀現象（collusion）的途徑避免了庸俗心理主義或本質主義，而拉博埃西（La Boétie）的「自願奴役」說卻流於此弊。解決出路的這一難題，在於對性情傾向的歷史起源進行分析。產生這些性情傾向的那個世界的客觀結構與這些性情傾向，在結構上是對應的。正是這種結構的對應關係，給不平等提供了基礎，從而為被支配者「設下陷阱」，而在貌似公允的文字表面上，根本看不到這種不平等的任意和武斷。

> 如果可以恰如其分地提醒人們注意，被支配者總是為他們自身的被支配出了一份力，那麼也有必要隨即指出，**將他們導向這種契合關係的那些性情傾向也正是體現在身體層面上的支配他們的效果。**（Bourdieu 1989a: 12；引者自譯；引者著重。）

因此，工人、婦女、少數民族和研究生們的屈服，在絕大多數情況下，並不是經過深思熟慮或自覺地向經營管理者、男性、白人和教授們的無情力量做出退讓；正好相反的是，這種屈服源於他們的慣習與他們身在其中、進行實踐的場域之間無意識的契合關係，它深深地寄居於社會化了的身體內部。事實上，它體現了「社會支配關係的身體化」（Bourdieu 1990i）。

至此我們可以清楚地認識到，那些將布赫迪厄的實踐體系（economy）理解成一種一般化的經濟決定論的人（例如Jenkins

1982, Honneth 1986, Caillé 1987a, Miller 1989, Gartman 1991），或者更為糟糕地將其理解成理性選擇理論的某種變體的人，[53] 正是對布赫迪厄社會學的雙重誤讀的受害者。首先，他們把意向性和有自覺意識的目標籌畫的理念塞進策略概念之中，從而把行動改造為以明確認識到的目標為旨、合乎理性地組織起來並深思熟慮地加以引導的行為；而真正的行動只是與某些「利益」相吻合，並具有被這些「利益」激發的潛在可能。[54] 其次，他們對具有歷史可變性的利益觀念加以限制，不是將其理解為社會建構而成的人們對既定社會遊戲的關注與參與欲望，而只是看作追求經濟利益或物資實利的不變習性。[55] 這種意向論者和功利主義者的雙重化約，掩蓋了布赫迪厄

53 布赫迪厄和理性選擇理論的差異，並不像那些將他的觀點庸俗地表達為某種機械形式的結構主義的人有時認為的那樣，彷彿在於行動者是否自己做出選擇。「分析馬克思主義」的宣導者帕里斯（Van Parijs）就犯了這個錯誤。布赫迪厄並不否認行動者面臨各種選擇可能，發揮主動性，做出選擇。他反對的是像理性選擇理論家所闡述的，行動者以一種有意識的、系統的、意向性的（簡言之，唯智主義的）方式來完成上述活動。他的主張與此正好相反，所謂深思熟慮的決策活動及對規則的遵循「只有當慣習未能達到預期目的時，才作為權宜之計，用以彌補失敗」（Bourdieu 1972: 205）。

54 所以，在拉什和厄里（Lash and Urry 1987: 293）看來，「布赫迪厄的核心主張是，我們所消費的並不是產品，而是符號象徵，是承載著既定的社會區隔的意向性的符號象徵」；（又見Elster 1984a）。與此類似，朱克曼（Zuckerman 1988: 519）也將布赫迪厄的科學社會學理解為分析「如何在資源和酬賞的競爭中獲得最大生存機會的自我利益與計算」。

55 試舉一個例子說明這種功利主義的化約。根據奧里和西里內利（Ory and Sirinelli 1986: 229）對《人：學術者》（Homo Academicus）一書的闡釋，布赫迪厄在該書中「總結道，充滿衝突的世界透過多種多樣的恩惠交換和逐級支配的網路得到平整，在這樣一個世界裡，攀高求勝的策略及更廣泛意義上的超出倫理之外的利益，壓倒了科學的、道德的理由和根據」。另一個例子是威普勒（Wippler 1990），他將體現於身體層面的文化資本化約為蓋瑞・貝克（Gary S. Becker）式的「一種特殊的人力資本」，從而實際上破壞了布赫迪厄整個理論體系的邏輯。

推動這場充滿矛盾悖論的分析運動。布赫迪厄正是透過慣習、資本和場域這三重概念——它們在減少功利和意識的成分的同時擴大了利益的範圍——推動著這場思想運動。

布赫迪厄總是不遺餘力地強調，他的實踐體系既不是意向論的，也不是功利主義的。正如以上所論述的那樣，他堅決反對那種將個人的自願選擇的意識作為行動動力的意識哲學的目的論。所謂策略，他指的是客觀趨向的「行動方式」的積極展開，而不是對業已經過計算的目標之有意圖、預先計畫好的追求（譬如Coleman 1986）；這些客觀趨向的「行動方式」乃是對規律性的遵從，對連貫一致且能在社會中被理解的模式的形塑，哪怕它們並未遵循有意識的規則，也未致力於完成由某位策略家安排的事先考慮的目標。[56] 布赫迪厄又力圖用利益概念（他後來逐漸用幻象 [illusion] 概念來代替利益的概念，近來又代之以力比多 [libido] 的概念）來達到兩個目的。第一個目的是要與社會行動的「入魔」（enchanted）觀照劃清界線。這種「入魔」式的觀照角度執迷於所謂工具性行為與表現性行為或規範性行為之間的人為對立，而對引導那些似乎「無所用心」的行動者的各式各樣隱藏的非物質的利益形式卻視而不見。第二個目的是布赫迪厄還想要表明，激發人們、驅使人們、糾纏人們去行動的，正是這種無所用心的狀態；左右人們的刺激，也正源於某些特定的場域，除此無他；因為每個場域都賦予利益這個空洞的範疇以全新的內容。一位從未涉足平民健身房或是捲入小酒館裡拳

---

56 參見布赫迪厄（1979d）對名譽策略的經驗研究。這種「沒有戰略家的策略」與傅柯（Michel Foucault）的思想（見Dreyfus and Rabinow 1983: 187）沒什麼不同，只是後者缺少慣習的性情傾向的概念，不能將由歷史賦予的客觀結構和行動者的歷史實踐聯繫起來，從而缺乏某種足以說明策的社會模式形塑和客觀意義的機制。

腳之爭的中產階級學者，很難一眼看到促使次無產階級的那些年輕人高度評價，並且渴求進入拳擊這種帶有自毀性質的行業的拳擊利益或興趣（libido pugilistica）。反過來，來自城市貧困區的一位高中輟學生，也不能體會那些知識分子為什麼要專注於社會理論的深奧爭論，或者為什麼如此關心概念把戲的最新進展，原因就在於這位中輟生的社會化過程從未對上述這些活動給予什麼較高的評價。人們之所以對他們遭遇的現時所限定的某些未來的後果「縈繞於心」，只是其慣習激發他們、推動他們去體會這些後果、追求這些後果所致。就這一用語的普通常識感覺來說，這些後果可以是完全「超功利性的」（disinterested）。正如我們在文化生產場域中，亦即在這個「倒置的經濟世界」（economic world reversed，見Bourdieu 1983d, 1985d）裡可以明顯看到的那樣，以物質利益為目的的行動被全盤貶低，並施以否定性的約束。換言之，

> 所謂為了描述由各種可能的經濟形式組成的世界而拒斥經濟主義，就是要避免在「**超功利性**」與純粹物質的和狹隘的物質經濟利益之間做出選擇。這就為我們提供了滿足充足理由律（principle of sufficient reason）的手段。所謂充足理由律，就是說若無**存在的理由**（raison d'etre），即若無利益，或者——若你更喜歡這樣說——若無對某項遊戲、賭賽、幻象、承諾的投入，也就沒有行動。（Bourdieu 1990a: 290；英譯本略有改動）

5 反對唯理論主義和唯方法論主義——總體性社會科學

從對社會學主題的這種關係性觀念和反笛卡兒式的觀念出發，自然而然地要求社會學必然是一門總體性科學（total science）。社會學必須構建維持人類實踐基本統一性的「總體性社會事實」

（Mauss: Total social facts），[57] 這種「總體性社會事實」所涉及的人類實踐兼跨各種支離破碎的學科裂隙、經驗領域和觀察分析技術。正是出於這一理由，布赫迪厄反對早熟的科學專業化和它所帶來的瑣碎的勞動分工：慣習賦予實踐以一種系統性和一種能穿越上述各種區別分化的內在關聯性；與此相應，各種社會結構也同時在它們的各個向度上，不分彼此地維繫或改變社會結構自身。在研究各種集團於不斷演變的階級結構中如何透過發展各種再生產策略或（資本）轉換策略維持或改善他們的地位時，上面所說的實踐的「總體性」表現得最清楚（Bourdieu and Boltanski 1977；Bourdieu 1974a, 1978b, 1984a: 99-168）。階級的再生產策略和轉換策略形成了一個自成一類的體系，除非人們依據一定的方法，將（平常用彼此分離的科學和相互脫節的方法論來分析的）社會生活的各個領域聯繫起來，否則不可能把這些策略理解為這樣的一個體系。就《國家精英》（Bourdieu 1989a: 373-420）所考察的統治階級來說，上述那些生活領域包括生育、教育、（醫療）預防、經濟投資和世襲財產的傳承、各種社會投資的策略（其中，聯姻策略占有舉足輕重的地位），最後還有各種社會正義論（sociodicy）[58] 的策略，它們力圖為統治階級的支配及其據以立足的資本形式提供合法性。儘管這些策略並非深思熟慮的策略性意圖的產物，更不是什麼集體性陰謀的產物，但它們與時間上的承繼、代際間的互賴和功能上的連帶之間

---

57 「總體性社會事實」是「在某些情況下，調動了整個社會及其制度的……而在另一些情況下，則調動了大量」屬於司法、宗教、經濟、審美和語法秩序的「制度」的那些事實（Mauss 1950c: 274-75）。這一概念有助於人們認識到擺脫狹隘的、刻板劃分的觀察途徑之必要性。但如果這一概念助長某種用來掩蓋缺乏嚴格的對象構建工作的、不夠嚴格的「整體論」（holism），那麼它本身也是危險的。

58 譯註：布赫迪厄用sociodicy與宗教中的theodicy（神正論）相類比，指出發達社會中的教育體系像中世紀的宗教一樣為階級統治提供一種「正義論」的合法性。

具有客觀的關係，正是這種客觀關係，使得只有總體化了的知識才
能闡明它們的內在結合與外在關聯。一旦我們認識到社會策略潛在
的統一性，並將它們看作一個動態的總體，我們就能夠理解：

> 在理論分析與經驗研究之間，在定量手段與定性方法之間，
> 在統計紀錄與人類學觀察之間，在把握社會結構與構建個體之
> 間所存在的這些為人們熟知的對立，原來是這麼具有人為性。
> 這些非此即彼的選擇毫無用處，只不過是為唯理論主義那些空
> 洞無物卻又言之鑿鑿的抽象概括和實證主義虛有其表的嚴格觀
> 察提供一個正當性理由，或者作為經濟學家、人類學家、歷史
> 學家和社會學家之間的分工，將他們在**能力**上的局限合法化：
> 這就是說，這些對立以一種**社會監察制**（social censorship）的
> 方式運作著，它們會妨礙我們去領會某種真相（a truth），而這
> 一真相恰恰存在於因上述分工而被武斷地予以割裂的實踐的，
> 各個實踐領域之間的**關係**之中（Bourdieu and de Saint Martin
> 1978: 7）。

根據「總體性社會事實」這一概念，我們就不難看出為什麼布
赫迪厄要大聲疾呼，反對目前正困擾著社會科學的兩種彼此對立、
但又相互補充的錯綜複雜之研究方式，即「唯方法論主義」
（methodologism）和「唯理論主義」（theoreticism）。唯方法論主義
可以定義為這樣一種傾向，即把對方法的反思與方法在科學工作中
的實際運用脫離，並完全出於方法自身（而非具體實際的研究）的
緣故而錘鍊方法，即為方法而方法。布赫迪厄在「方法論」──被
理解為與日常進行的經驗研究相割裂的一門獨特的專業──這一概
念中看到某種形式的學院習氣（academicism），它透過將方法從對
象中錯誤地抽離出來（abstracting，源於拉丁語ab-trahere，意即

「抽離」）的方法，把對象的理論建構問題化約為經驗指標和經驗觀察的技術操作問題。這種方法論把「方法論並非科學家的導師或教誨者」而「總是科學家的學生」的告誡（Schutz 1970: 315）拋在腦後，因而它被譴責為只是為社會預先構建的對象披上科學的外衣，並不惜召致科學「盲見和短視」的危險：「觀察技術和證明技術的複雜性，如果不伴隨加倍的理論警省，就很可能使我們看到的東西越來越少」（Bourdieu et al. 1973: 88）。[59] 事實上，它很可能轉變成「為藝術而藝術」，或更糟糕的是，轉變成一種方法論帝國主義（methodological imperialism），也就是說，用現成的分析技術和手頭現有的資料來強行對對象進行界定（例見Rossi 1989）。這樣，方法論逐漸變成了一種潛在的社會理論（theory of the social），它使研究者的行事方式就像卡普蘭（Kaplan 1964）所說的深夜醉鬼，這個醉鬼搞丟了他房間的鑰匙，卻堅持要在最近的一盞路燈桿邊尋找它，因為他覺得只有在那裡光才最亮。布赫迪厄所批評的並不是方法論工具技術上的複雜性，而是方法論力圖用不加思量的技術錘鍊來填補理論見解匱乏所產生的真空的做法。[60]

　　布赫迪厄針對方法論的立場源起於最初他作為「人類學家兼社會學家」所受的實踐訓練。早在他初出茅廬開創職業生涯的時候，他就逐漸相容並蓄又細緻入微地通曉了民族誌方法與統計分析兩種方法。1958年至1962年期間，他在阿爾及利亞以一個（很大程度

---

59 布赫迪厄在這裡應和了米爾斯（C. Wright Mills）大約30年前（1959: 71-72）發出的警告：「那些囿於方法論框框條條的人，總是拒絕討論任何有關現代社會的事情，除非它們已經被『統計儀式』一點點地做了精緻的研磨打理。」

60 儘管存在用語和語調上的明顯差異，布赫迪厄的立場和史丹利・李伯森（Stanley Lieberson）在《別忘了它》（*Making It Count: The Improvement of Social Research and Theory*, 1984）一書中「從營壘內部」提出的對唯方法論主義的批判之間仍有眾多契合之處。

上是）自學成才的人類學家的身分，第一次實地研究經驗，以及他與國立經濟統計研究所（INSEE）的統計專家的合作（後來他又曾與來自「法國數據分析」學派的數理統計專家合作），這兩者結合起來，使他具有了一種對方法論的一元論和絕對論根深柢固的厭惡。因此布赫迪厄便公開宣稱他「堅決反對站在宗派的立場上否定這樣或那樣的研究方法」（Bourdieu 1989a: 10）。[61] 布赫迪厄的這一經歷也使他相信，搜集資料的活動——或更準確地說，是生產數據資料的活動——的實踐組織和開展工作，是與對象的理論構建密切聯繫在一起的，它們不能被降低為由受雇打雜的人、政府的調查官員或研究助手從事的「技術性」工作。[62] 構成社會科學家活動的那

----

61 布赫迪厄接著指出：「某些方法學家對社會學家提出譴責，說他們從來只認同於一種理解社會科學的方式——無疑這是一種在美國體制中占據支配地位的方式；僅憑科學社會學最基本的技巧就足以確認到：這些譴責的策動潛力來自這樣一個事實，即它們使許多社會學家可以把他們所受教育中的某些缺陷轉變成對這些教育的有意拒斥。這些最基本的技巧也同樣能夠揭示許多方法論學者何以對任何與狹隘教條有最微小的偏離的事物都不屑一顧，他們把這些教條樹立為絕對的嚴格尺度，用以掩蓋一個事實，即他們自己的實踐是一種缺乏想像力的老套，幾乎總是缺乏那種無疑構成了嚴格性的真正前提：對研究技術和研究程式的反思性批判」（Bourdieu 1989a: 10）。

62 在美國的大規模研究專案往往就是這種情況，在這些研究專案中，事實表明，對於教授的研究專案的對象，實際上只有為他們工作的研究生才能直接接觸到。而與此相反，到目前為止，布赫迪厄寫入他的著作的許多實地觀察、訪談和技術分析，都是他本人親自從事的。他和他的合作者在六〇年代和八〇年代對菁英學校進行了大規模的研究（透過統計調查、深度訪談、民族誌和文獻追憶的方法），對這些研究的組織和實施所做的說明（Bourdieu 1989a: 331-51），可以使讀者容易理解布赫迪厄在方法論上的警醒（Methodological vigilance）（譯註：所謂「方法論上的警醒」，是指在具體的經驗研究中，始終保持對所使用的方法的適用範圍及其背後的理論假設的反思性關注，並在研究中盡量避免各種彼此對立又相互補充的危險傾向。布赫迪厄的這一思想與巴舍拉的「認識論上的警醒」觀念有密切的關聯 [參見Bourdieu et al. 1991]。）的原則在實踐中的體

些工作的習俗等級制只不過是一種社會等級制，它最終根植於一系
列彼此對應、相互強化的對立範疇，包括高等與低級、心智與身
體、腦力勞動與體力勞動，「從事創造」的科學家與「應用」例行
程式的技術人員之間的對立。這一等級制不具有認識論上的根據，
因此必須予以拋棄。

　　有必要說明的是，布赫迪厄所提倡和實踐的方法論上的多元論
並不意味著保羅·費耶阿本德（Paul Feyerabend）等人的認識論無
政府主義或達達主義[63] 中所說的「怎麼都行」，而更接近於奧古斯
特·孔德（Auguste Comte）很久以前教導我們的那樣，[64] 所使用

現。法國的主要調查機構中，（定量）方法論學者和訪談員之間存在著社會距
離，而且前者認為在調查中所應該做的與後者實際在實地調查中的所作所為之
間也存在巨大差距。有關這一方面的饒有興味之經驗研究，參見Peneff 1988；
也可參見Merllié（1983）所做的另一項刻畫。在法國，Jean-Michel Chapoulie,
Dominique Merllié, Laurent Thévenot和Alain Desrosières從一個受布赫迪厄影響的
立足點，對科層統計資料的生產過程進行了批判性分析。

63 譯註：達達主義（Dadaism），二十世紀初期在西方流行的一種先鋒派藝術，特
徵為完全拋棄傳統，主張採用任何方法（如幻覺、抽象等方法）進行創作。費
耶阿本德自稱是一個「達達主義分子，而不是一個嚴肅的無政府主義者」。參見
周昌忠譯，《反對方法：無政府主義知識論綱要》（*Against Method: Outline of An
Anarchistic Theory of Knowledge*）（上海：上海譯文，1992），頁V，註3。

64 孔德在《實證哲學教程》（*Cours de philosophie positive*）的第一卷中寫道：「對
方法的考察不應脫離運用此一方法的經驗研究；否則，這樣的考察就只能是一
個僵死的研究，無助於在致力此一研究的心智中滋長科學的種子。當我們從抽
象的角度考慮一個研究對象時，針對它所發表的任何言論，都被化約為一種含
糊得對思想體系不能產生一點影響的一般性概括」（布赫迪厄在《社會學的技藝》
一書的卷首引用了孔德的這段論述）。這也是喬治·岡吉郎（Georges Canguilhem）
的醫療科學史中的一個觀點，而岡吉郎的學說對布赫迪厄的認識論的形成發揮
了重要的作用。在美國，卡普蘭透過強調「重構的邏輯」（Reconstructed logic）
與「運用邏輯」（Logic-in-action）之間的區別，宣導一種與布赫迪厄的觀點近似
的立場：「（重構）的邏輯的規範性力量未必就能改善運用邏輯」，首先這是因

的各種方法必須與所要處理的問題相適配，並且必須在實際應用中，在採用它們來解決具體問題的運用過程中，不斷對它們進行反思。這樣，布赫迪厄攻擊「方法論」的要害就清楚了：不能使對象的構建活動脫離對象構建的工具以及對這些工具的批判。

像方法一樣，被恰當理解的理論不應該與滋養理論的經驗研究工作，以及為理論持續指導和塑造的經驗研究工作相互割裂。正如布赫迪厄將實踐的實踐向度恢復為知識的對象，他也希望重新將理論的實踐方面看作一種知識生產活動。布赫迪厄的作品充分證明他對理論工作並無敵意。他隨時準備反對的是為理論本身的緣故而進行的理論工作，即「為理論而理論」的工作，或把理論的體制（institution）看作一個孤立的、自我封閉和自我指涉的話語領域——也就是柏克（Kenneth Burke 1989: 282）所謂的「言語的學說」（logology），即「有關言詞的言詞」（words about words）。布赫迪厄沒有時間從事這種脫離了經驗工作的實踐約束和各種現實的炫耀性之理論工作，而且，也不怎麼熱衷於「概念持續不斷的分裂繁殖和組織這些概念的無休止的文字遊戲」（Mills 1959: 23），而這種傾向卻是當代大多數理論工作的標誌，尤其是「後設理論」工作的標誌。[65] 布赫迪厄本身與概念的關係是一種實用的關係：他把這些概

___

為，重構的邏輯把注意力集中在那些科學家不肯去做的事情——如果那樣做會敗壞他實際的所作所為；其次，與描述科學實踐相對，重構的邏輯傾向於將科學實踐理想化（Abraham Kaplan 1964: 12）。

65 雷瑟（Ritzer 1990a）「編纂和充實後設理論」（即試圖實現更深刻地理解理論、創生新理論或提出有所貫通的理論視角）的努力，其基本特徵就是以一種徹底和有意的方式脫離現實世界和經驗研究的關注點。因此，布赫迪厄對理論與經驗研究的關係所持有的觀念也與紀登斯（Giddens 1990a: 310-11；也見1989）的觀念不同，因為紀登斯堅持理論具有相對於經驗研究的「相對自主性」，並且捍衛概念工作和本體論工作本身的價值。亞歷山大（Alexander 1987a, 1990）則是從另一個角度提出了對「一般性的理論話語」的中心地位之強有力辯解。

念看作被設計用來幫助他解決問題的「工具箱」（維根斯坦語）。但
這種實用主義並沒有為到處氾濫的概念折衷主義（像特納 [Jonathan
Turner 1987] 所捍衛的「分析理論工作」中進行的那樣）打開大
門，因為這種實用主義定位於上文扼要論述的一系列有限的理論假
設和實質考慮之中，並受這些理論假設和實質考慮的控制。

　　也許對於許多人來說，布赫迪厄在批判那些被他稱為「唯理論
主義的理論」（參見本書〈反思社會學的論題〉的「語言、性別與
符號暴力」段落）時看起來不免過於嚴厲。布赫迪厄這麼做的部分
原因在於，他的批判是針對一種特定學術環境所做出的反應，在這
種學術環境中，傳統上一直對那些精通哲學和理論的學者獎掖有
加，同時卻助長了對經驗主義的強烈牴觸情緒（雖然今天在「理論
主義的歐洲」和「經驗主義的美國」之間的對立更多源於學術陳規
與文化遲滯相結合的產物，而較少來自於有理有據的詳盡比較）。
在美國，自從一九四〇年代以來，「工具實證主義」的統治地位就
幾乎沒有受到什麼挑戰，而社會學與哲學兩個獨立的學科之間的接
壤又一直極端脆弱，如果「理論家們」迫使整個學術場域承認理論
是受壓制的一極，那麼他們可能會履行一種更積極的功能。不過近
年來，理論的復興和自主性發展（Giddens and Turner 1987；
Alexander 1988；特別是89-93；Ritzer 1990b）已經進一步擴大了
純粹的思想家和那些經常被蔑稱為「玩弄數據遊戲的自得其樂者」
（number crunchers）之間的鴻溝。[66] 正如西卡（Sica 1989: 227）所

---

[66] 在今天的美國，社會學職業的組織形式似乎是這樣的，即一個學者若要被承認
　　為一個「理論家」，幾乎就必須不去從事經驗研究，而集中全部精力撰寫那些討
　　論概念和其他理論的晦澀難解、術語連篇的論文。斯廷施凱姆（Stinchcombe
　　1986: 44-45）尖銳地指出，在理論家的話語的抽象層次（或者說與鄙俗的現實世
　　界之間的遙不可及的層次）與理論家的職業（教授）身分之間存在著密切的聯
　　繫：「正是那些最遠離有血有肉的、充滿酸甜苦辣的現實世界的理論，享有著

評論的：「這兩種文化在社會學中都根深柢固，看起來任何一方都不可能放棄寸土尺地，除非我們畫餅充飢式地希望：滲透著理論的經驗研究開始在研究院占據確定無疑的地位，並且將一直延續至終。」[67]

在布赫迪厄看來，當今社會理論的缺陷並非源於亞歷山大所診斷的所謂未能實現「預設的一般性」和「多向度性」，而源於一種科學勞動的社會分工，這一分工將社會學對象的構建過程之各個環節割裂、物化並分化成彼此分離的專業領域，並據此助長「狂妄大膽卻缺少嚴格精確性」的社會哲學和「嚴格精確卻想像力貧乏」的極端經驗主義式的實證主義。雖然在原則上，布赫迪厄可能會支持他們所宣稱的意圖，但他相信，根本不能指望社會理論孤注一擲地從不以具體經驗研究的實踐作為基礎的「理論邏輯」出發。引起人們對「科學爭論中的壓制異議的危險」的關注，強調「在有關行動和秩序問題的最一般性的預設層面上多向度思想的重要性」，並鼓吹形而上的信念、方法論的信念與經驗的信念的「相對自主性」

最高的聲望。」

67 西卡（Sica 1989: 230）還補充說「察看一下那些最受行會（譯註：指社會學的協會）成員敬重的刊物，同時留意那些觀念體系——被不嚴格地稱為『理論』——如何與一系列資料和得出頗受尊敬的結果所要求的方法之間的（哪怕只是說說而已）關聯方式……這些文章中的大多數要不是不加掩飾地毫無理論，或者更糟的是，裝點門面地添加一些理論」。對美國社會學狀況的另一個敏銳的觀察者藍道·柯林斯（Randall Collins 1988: 494）同樣指出：「在這一領域中，被視為方法論——定量研究的一方和理論——定性研究的一方之間存在著相當大的敵意。更為嚴重的是，具有這樣或那樣特長的實踐者往往身處不同的學術網路，這樣往往在對對方所知甚少的情況下，以缺席方式『判決』對方的立場『有罪』」。詹姆斯·科爾曼（Coleman 1990b: 第一章）也注意到，在理論和經驗研究之間存在著持續不斷並日益加深的裂痕（儘管詹姆斯·科爾曼對這一裂痕的根源所做的「診斷」與布赫迪厄不同）。

（Alexander 1980-1982,Vol. 3: XVI），這些固然不錯，但如果這些觀點不是對「實際存在的」科學實踐進行反思的一部分（這些反思旨在變革科學實踐的社會組織形式），那麼它們仍不過是賣弄辭藻而已。[68]

　　與他那受過嚴格訓練的方法論多元論一樣，布赫迪厄對理論與經驗研究的分裂所持的反對意見也是由以下幾方面因素的交織作用形成的：他的社會軌跡、他的基本科學慣習、以及塑造了這一慣習並最初予以檢驗的特殊事態（這一事態也加強了布赫迪厄對最基本的科學操作的敏感）。當他對早年（一九五〇年代末）在阿爾及利亞從事的實地研究進行反省時（刊載於 Honneth, Kocyba, and Schwibs 1986: 39；英譯本有所改動），布赫迪厄解釋說：

　　在這場駭人聽聞的戰爭中，只做一個參與性觀察者是有愧疚的，我想有所作為，以消除自己在良心上的愧疚⋯⋯這種多少有些令人不悅的感受在學術領域也有所表現，可能這正是我在阿爾及利亞進行活動的理由。我無法滿足於僅僅閱讀幾份左翼報紙或簽署幾份請願書；我必須以科學家的身分來做些事⋯⋯我不能滿足於只是讀讀書、去圖書館。在一個關鍵性的歷史處境裡，每個時刻、每項政治聲明、每回討論、每次請願，都與整個現實利害攸關，這時處在事件的核心以便能形成個人的見

68「韋伯提醒我們注意，在戰爭藝術方面，最偉大的進步不是起源於技術發明，而是肇始於軍士的社會組織的改變，就像馬其頓方陣（Macedonian phalanx）的發明這個例子所表明的一般。人們可以遵循同一思路，探究是否科學生產和科學流通的社會組織的改變，特別是藉以進行邏輯控制和經驗控制的溝通方式和交流方式的改變，也能促進社會學中科學理性的進步，並且，比起對新的測量技術的推敲，或認識論學者以及方法論學者那些喋喋不休的告誡和『預設』討論，上述組織和溝通方式的改變是否更為強有力」（Bourdieu 1989f）。

解是絕對必要的。不論它可能有多危險——事實上確實很危
險。我去觀看、去記錄、去攝影：我從未接受將研究對象的理
論構建與其實踐程式——沒有這些實踐程式，理論就算不上真
正的知識——相分離的觀念。

　　祭用技術魔法，玩弄概念辭藻，這些做法掩蓋了嚴格的對象構
建工作的匱乏，也遮蔽了對常識性概念的採用，因此它們都無助於
推進韋伯所說的「具體現實的經驗科學」（Weber 1949: 72）。事實
上，方法論禁令和概念拜物教不光是對立，它們還可以相互「勾
結」，有組織地阻止人們去努力解釋現存社會和歷史。[69]

　　有必要強調的是，布赫迪厄並不是在呼籲要比莫頓（Robert K.
Merton）更多強調理論與經驗研究的「相互作用」。在莫頓這位
《社會理論和社會結構》（*Social Theory and Social Structure*）的作者
看來，「在社會理論和經驗研究之間存在雙向的交流。透過為理論
設定任務，並為理論提供遵循經常不可預見的思路來進行闡釋的機
會，系統的經驗材料有助於促進理論的發展；反過來，透過指出經
驗發現得以成立的有效條件，社會理論界定經驗發現的範圍並擴展
經驗發現所具有的預測價值」（Merton 1968: 279）。這種說法將戰
後美國社會學特有的理論家和調查研究學者之間所存在的那種科學
「分野」視為當然，並認可這是一種不容爭辯的既定的社會學實踐
秩序。在莫頓撰寫這篇文章時，這種「分野」體現在帕森斯
（Talcott Parsons）和拉札斯菲爾德（Lazarsfeld）兩個影響巨大的人

---

69 與布赫迪厄相同，米爾斯（Mills 1959: 75）也認為，宏大理論和對現實心不在焉
　　的經驗主義「都可以看作是要『確使』我們不對人與社會了解得太多——前者
　　是用形式性的、含糊不清的愚民主義（obscurantism），後者是用同樣形式性的、
　　空洞無物的新花樣來達到這一目的。」

物身上，[70] 並進一步因現行的學術界科層組織和對專業化技能的獎
賞活動而得到了強化。[71] 在美國的社會學界，理論與調查研究這兩
極一直處於截然分離的狀態，只是透過兩者之間廣泛的相互作用才
有所緩和。但布赫迪厄的觀點與此不同，他宣導理論構建與實踐中
的研究操作之間的融合。布赫迪厄並沒有試圖用一種更加緊密的方
式將理論工作與經驗研究聯繫起來，而是要使理論工作與經驗研究
彼此以最徹底的方式相互滲透。而且這一主張也並非一個炫耀性的
藉口，用以抬高布赫迪厄本人技能的地位，似乎他的技能是一種具

---

70 莫頓將他的論述劃分為兩個對稱性的章節（Merton 1968：第四章和第五章），即
「社會學理論對經驗研究的影響」和「經驗研究對社會學理論的影響」。這一事
實也表明了這一點。

71 西卡（Alan Sica 1989: 228, 230-31）針對經驗研究學者中完全缺乏對理論的關注
這一現象評論說：「那些謀求常規研究的財富的學者不會為求一名之立而躑
躅。他們必須精心安排他們的時間和精力，所以如果沉悶乏味的理論工作不能
幫助他們得心應手地改進經驗研究的效率和生產率——不論這種效率和生產率
是如何測量的——不是把理論工作淡化成一種更易處理的方式，就是全盤拋棄
……對於那些從研究所畢業年數不多並決意謀求研究資助的普通的社會學家來
說，理論（或思想）與一次成功的研究資助申請中所涉及的其他因素之間的關
係並不值得令人勞神費心……每個人都清楚，其首要的問題——至關重要的問
題（primus inter pares）——乃是如何籌措到研究所需要的經費……畢竟，技術
是可以待價而沽的……而且在大多數情況中，我們為了尋求資助而耗盡了自己
的精力。」
這一點在像貧困研究這樣的局部社會學場域中特別明顯，一方面這類研究在科
學上處於被支配地位（貧困研究在學術上處於一種死氣沉沉的狀態，在這一領
域較有進展的部分——例如，「貧困文化」、行動的規範概念，或對「社會病理
學」的道德關懷——中，早已名譽掃地的那些理論和研究角度依舊指導著經驗
研究和政策建議，並殘留在那些大批量生產的本科生教材中），另一方面卻以學
術權力的方式居於支配地位（貧困研究支配著大量經費，並在科學的科層體制
中占上風；近來到處氾濫的，由各種著名的基金會資助的對「城市底層階級」
的研究方案，就證明了這一點）。

有普適意義的尺規，能夠衡量傑出優異的才能。相反，這一主張認識到了「實際存在」的社會科學實踐的固有結構，而正是這種結構，不論你是否願意承認，不斷地將概念和知覺、反思與觀察融匯在一起。[72]

　　布赫迪厄堅持認為，每一項研究工作都同時既是經驗性的（它面對的是由可觀察的現象組成的世界），又是理論性的（它必須構思有關現象所具有的根本關係結構的假設，而這些關係結構正是各種觀察所欲加以把握的對象）。甚至最微不足道的經驗操作——一種測量尺度的選擇，一次編碼方面的判斷決定，構建一個指標，或在問卷中納入一項問題——也會涉及有意無意的理論抉擇。與此同時，最抽象的概念困惑如果不透過系統地聯繫經驗現實，也不可能得以充分地澄清。最超凡脫俗的理論家也不能不花費精力去「胼手胝足地與經驗瑣事打交道」（Bourdieu 1984a: 511）。當然，理論將一直保留一定程度的認識優先性，因為，就像巴舍拉在《新科學精神》（*The New Scientific Spirit*）一書中所說的（Bachelard 1984: 4），「認識論向量」（epistemological vector）是「從理性到現實」。[73] 但在這裡，承認理論的優先性並不會導致矛盾，因為布赫迪厄並非以一種邏各斯中心（logocentric）的方式，而是以一種實踐的方式來理解理論本身：對於他而言，理論並不存在於話語性的命題中，而存在於科學慣習的生成性性情傾向中。[74]

72「任何科學工作，不論出發點是什麼，除非它跨越了理論和實驗之間的界線，否則就不會令人完全信服」（Bachelard 1984: 3-4）。有關這一看法，也可參見Quine 1969。

73「如果各種實踐運作的價值足以與這些實踐提供基礎的理論的價值相提並論，那麼這是因為理論在操作等級制中所占據的位置：它實現了理性相對於經驗的在認識論上的優先性」（Bourdeu,Chamboredon and Passeron 1973: 88）。

74 參見本書〈反思社會學的論題〉的「反對唯理論主義和唯方法論主義——總體

6 認識上的反思性

如果說存在著一個使布赫迪厄能夠在當代社會理論的圖景中出類拔萃的單一特徵，那就是他引人注目的對反思性的迷戀。從他早期在土生土長的庇里牛斯山脈中的封閉村莊內對當地婚姻習慣所進行的調查研究（Bourdieu 1962b, 1962c），到他對學術圈子（Homo academicus gallicus）——作為他社會地位攀升的結果，他加入了這個圈子——的探求（Bourdieu 1988a），布赫迪厄一直不斷地將他的科學工具轉而針對自身——即使他所運用的方式並不總是能為讀者所直接察覺。特別是他對知識分子和社會學的對象化「注視」（gaze）方式的分析，就像他對作為社會權力鬥爭工具和鬥爭舞台的語言的剖析一樣，非常直接地體現了一種對作為文化生產者的社會學家之自我分析，以及對一種有關社會的科學之所以可能的社會歷史條件的反思（Wacquant 1990a）。反過來，他對知識分子和社會學的對象化「觀注」方式的分析也是以他的這種自我分析和反思為基礎的。

不過，布赫迪厄並非第一個，也不是唯一一個宣導反思性觀念

性社會科學」，和布魯貝克的論述（Brubaker 1989a）。布赫迪厄的理論是一種積極的、活生生的和科學的慣習的產物，因此對他的著作進行唯理論主義的解讀或純概念式的注疏就顯得特別不適當（這是在他的「方法」與紀登斯的結構化理論之間的又一個差異）。舉一個例子，可以看出這種對布赫迪厄作品的唯理論主義解讀是如何損害了這些作品，例如華萊士（Wallace 1988），他竭力往布赫迪厄的著作裡「讀入」一種規範和精神感應的理論，還「讀入」一種對社會結構和文化結構辯證關係的關注，而這種社會結構和文化結構則在一種極端實證主義的面紗下被理解為彼此可分離的因果——解釋變數。布赫迪厄著作的非邏各斯中心的特點也可解釋為什麼他沒有「沉迷於」使他的概念獲得毫無含糊的意義，他也不關心莫頓中層理論所特有的詳盡的闡明、定量化的潛力和反覆的詮釋（Sztompka 1986: 98-101）。

的社會理論家。事實上，有不少學者到處主張「反思社會學」，[75]
而且，如果不經進一步的說明，「反思社會學」這一標籤含糊得幾
乎毫無意義。科學返回（re-flectere意味著「折返」）科學本身到底
會帶來什麼？反思的焦點是什麼？怎樣實現反思？出於什麼目的進
行反思？我將在下文指出，布赫迪厄式的「反思性」風格，在三個
決定性的層面與其他學者不同。也許可以首先粗略地把這種反思性
定義為將有關學術實踐的理論納入整個社會批判理論，成為其不可
分割的組成部分和必要條件。布赫迪厄與其他宣導反思性的學者的
不同，首先表現在他的反思社會學的基本對象不是個別分析學者，
而是根植於分析工具和分析操作中的社會無意識和學術的無意識；
其次，他的反思社會學必須成為一項集體事業，而非壓在某個學究
肩上的重擔；第三，他的反思社會學不是力圖破壞社會學的認識論
保障，而是去鞏固它。布赫迪厄的反思性遠不是要削弱客觀性，而
是旨在擴大社會科學知識的範圍，增強它的可靠性，正是這一目
標，使布赫迪厄主張的反思性與現象學的、文本的和其他「後現代」
形式的反思性（Platt 1989, Woolgar 1988）分道揚鑣。

　　反思性概念的範圍包括自我指涉、自我意識、敘述或文本的構
成要素之間的循環關係等等。例如，布魯爾將反思性等同於學科性

---

75 其中包括高芬克和俗民方法學的主張，人類學中流行的「作為文本的人類學」
（柯利弗德 [Clifford]、馬爾庫斯 [Marcus]、泰勒 [Tyler] 等），布魯爾（David
Bloor）和伍爾加（Steve Woolgar）所領導的「科學的社會研究」思潮，普拉特
（Platt）和阿什莫爾（Ashmore）等宣導的「後現代」社會學；此外還有阿爾
文・古爾德納（Alvin Gouldner）、本納德・柏格（Bennett Berger）、紀登斯和批
判現象學學者約翰・歐尼爾（John O'Neill）也都宣導「反思性」。阿什莫爾
（Ashmore 1989: 第二章）在他的〈反思性與知識的討論綜錄〉（Encyclopeia of
Reflexivity）中「清算」了科學、藝術和人文學科中反思性的不同涵義和用法
（儘管他在他的「清單」中賦予反思性以自覺的「創新性」和「肆無忌憚的創造
力」[outrageously inventive] 之意涵，經常混淆而不是澄清了這一概念）。

的自我指涉，他寫道：「原則上，（知識社會學的）解釋模式應該可以運用於社會學本身」（Bloor 1976: 5）。而本納德・柏格的觀點（Bennett Berger 1981, 1991）則是，反思性促進了自我意識，並有助於確定作為社會成員的人類學家和作為分析學者的人類學家之間的角色距離（就高夫曼 [Erving Goffman] 的意義而言的，[role distance]），從而削弱對對象的任何非認識性投入。本納德・柏格從黎士曼（David Riesman）的《寂寞的群眾：變化中的美國民族性格》（*The Lonely Crowd: A Study of the Changing American Character*）一書中獲得了啟示，將反思性定義為「藉以超越於他人取向（other-direction）和角色承擔的一、兩個心理步驟，因為反思性與眾不同的關注點就是質疑他人取向和角色承擔的過程；一個人對在自己身上進行他人取向和角色承擔的過程所產生的後果有所意識，而反思性就是要全力對這樣的意識做出思考，（從而）逐漸接近社會科學的夢想：成為完全超然的觀察者」。對於民族方法學家（Garfinkel 1967, Cicourel 1974）來說，反思性，與「索引性」（Indexicality）一樣，是社會行動至關重要的構成性特徵，亦即一種被納入有組織的日常生活活動整個構造之中的「可以被詰問的現象」。民族方法學家用「反思性」這一概念所指的是：因為人們普遍採用、而且必須採用各種「民族方法」將日常事務中的實踐賦予意義，因此，社會行動必定是可說明的（accountable），並且，對現實的說明和現實本身互為對方的構成要素。[76] 紀登斯（Giddens 1984, 1987, 1990b）依次在三個意涵上使用「反思性」這個概念，並含有三個指涉範圍，即行動、科學和社會。如果主體是一種「觀念性的動物」，擁

---

76 有關俗民方法學中內生反思性（endogenous reflexivity）和指涉反思性（referential reflexivity）之間區別的論述，參看波爾納（Pollner）撰寫的一篇頗有啟發的文章（1991）；並參見Collins 1988: 278-82。

有「反過來針對」自身並監控其自己行動的能力，那麼就可以說他們是反思性的。社會科學產生的知識被「注入」到它所描述的現實中，在這個意義上，我們可以說社會科學是反思性的。[77] 最後，如果社會的演進使社會具有控制和規畫其自身發展的能力（這正是亞蘭・杜漢 [Alain Touraine] 用「歷史性」[historicity] 概念所涵蓋的觀念），那麼就可以說社會是反思性的。[78] 上述所有觀念所缺乏的是作為社會學工作的必須條件和特定形式的反思性觀念，按照這一觀念，反思性即是社會科學實際運用的認識論方案，而且作為一種必然的結果，反思性即是一種視知識分子為被支配地位的支配形式（dominated form of domination）[79] 的操縱者之理論。

　　這一認識論方案的獨特之處，透過將布赫迪厄的反思性概念和阿爾文・古爾德納（也可參看弗里德里克斯 [Friedrichs 1970] 和約翰・歐尼爾 [O'Neill 1972] 的類似概念）的反思性概念加以對照，可以看得十分清楚。對於《西方社會學面臨的危機》（*The Coming Crisis of Western Sociology*, Gouldner 1970: 483）的作者來說，反思社會學肇始於這樣一個「非常基本的假設，即理論是由人們的實踐以總體方式所創造的，並為他們經驗的生活所塑造」。反思社會學

---

77 「社會科學趨向於『消融』在它所涉及的環境之中……（而且）社會科學恰巧對這一環境的構成過程本身具有非常強有力的影響」（Giddens 1987: 197）。「雙重詮釋學」（double hermeneutic）這一概念與布赫迪厄的「理論效應」（theory-effect）觀念的一般提法是比較類似的。

78 最近，紀登斯（Giddens 1990b: 36-45；引文見頁38）將反思性定義為「這樣一個事實，即根據新獲得的有關社會實踐本身的資訊，不斷考察和改造這些實踐，並因此以構成的方式變更它們的性質」。紀登斯認為這種反思性是現代性的一個規定性特徵。

79 譯註：布赫迪厄認為在發達資本主義社會中存在兩種支配方式，一種以經濟資本為基礎，是支配的主導形式，即占支配地位的支配方式；另一種以文化資本為基礎，是支配的從屬方式，即占被支配地位的支配方式。

要求一種自覺的自我指涉，所以它以「社會學家對自身及其在社會世界中的位置的知識」為基礎（同前書：489）；反思社會學以一種類似預言實踐的方式（參見阿爾文・古爾德納對這一術語的運用），旨在創造一種新的文化生產者，而能夠生產出一種具有政治自由傾向的社會學。[80] 與本納德・柏格相同，阿爾文・古爾德納將私人，亦即社會學家的「主我」（「I」）作為反思性的關鍵——既是反思性的對象（或者說「靶子」[target]），也是反思性的承擔者。[81] 布赫迪厄也承認這種關注的重要性：揭示分析者投入他或她的研究的社會傾向和個人傾向是值得嘉賞和不可或缺的。但布赫迪厄發現，這一觀念的出現沒有捕捉到改變社會學知覺方式的關鍵機制。因為它忽視了另外一些知識的局限，這些局限主要與分析者在學術場域中的成員資格和位置聯繫在一起。[82]

---

80 「『反思社會學』的歷史使命……就是改造社會學家，深深地滲入他們的日常生活和日常工作，用新鮮的感受性來豐富他們，並將社會學家的自我意識提升到一個新的歷史水準」（Gouldner 1970: 489）。

81 本納德・柏格（Berger 1981: 220-21；也見236-239）說：「毋庸置疑，反思性要求一個『主我』。社會學的根基貫穿於作為整體的人的社會學家」，而且「因此，他必須面對的問題不僅是如何工作，還有如何生活」。本納德・柏格的這些說法回應了阿爾文・古爾德納的論述（Gouldner 1970: 489）。阿爾文・古爾德納宣稱我們必須「日益認識到我們與那些我們所研究的（對象）之間的『親緣』關係的深度，……所有的人本質上都與那些被我們通常看作職業上的『同事』的人很類似」（同前書：494），這樣，準救世主式、旨在改造學者的存在方式的反思性概念讓位於一種認識論自治主義（epistemic communalism）。

82 阿爾文・古爾德納（Gouldner 1970: 512）確實告誡說：「導致學術界背叛它自身信念的力量，不僅包括外在於學術生活的力量，也包括那些學術組織自身內在的、並根植於學術界與眾不同的次文化的那些力量。」但阿爾文・古爾德納並沒有宣導對這些「內在」因素進行分析（哪怕是用「次文化」這樣的術語粗略、狹隘地加以界定），而是逕直去鞭撻「學院人士和大學」，因為「在使我們這個更大更廣泛的世界喪失人性方面，它們本身是積極活躍、心甘情願的代理人」。

更準確地說，布赫迪厄指出，有三種類型的偏見會導致社會學的觀注點（gaze）模糊不清。第一種偏見是其他宣導反思性的學者業已指出的偏見：個體研究者的社會出身和社會標誌（階級、性別、種族等）。這是最明顯的偏見，因此較容易透過相互批評和自我批評的方式加以控制。第二種偏見就很少為人們所識別和考慮：它與分析者所占據的位置密切相關，這種位置不是指在較廣泛的社會結構中的位置，而是在學術場域這一「小世界」中的位置，以及此外在權力場域中的位置。這裡所謂的學術場域，也就是在一個既定時刻向分析者提供的可能學術位置的客觀空間。社會學家的視角像其他所有文化生產者一樣，總是在某些方面歸因於他們在一個場域中的處境，在這個場域裡，學者透過他和與其競爭的其他某些對手之間的差異與距離，在某種程度上是以關係的方式來確定自身的。進一步說，社會科學家的處境接近權力場域的被支配一極，並因此受到那些影響所有符號生產者的吸引力和排斥力的擺布（Bourdieu 1971d, 1988a, 1989a）。

但第三種偏見才是布赫迪厄對反思性的理解中最有原創性的部分。唯智主義偏見（intellectualist bias）誘使我們把世界看作一個旁觀的場景（spectacle），一系列有待解釋的意指符號（significations），而不是有待實踐解決的具體問題。這種唯智主義偏見比那些根源於分析家的社會出身或在學術場域中的位置的偏見更顯著、更具歪曲性，因為它可能導致我們完全忽視實踐邏輯的「種差」（differentia specifica）（Bourdieu 1990a, 1990e）。無論何時，只要我們未能對「那些深深嵌入我們對世界的思考的事實中之預設（這些預設認為要思考某一行動我們就要從世界和世界中的行動中隱退出來）」（Bourdieu 1990e: 382）進行系統的批判，我們就有可能錯誤地瓦解實踐邏輯，使之消解於理論邏輯之中。[83] 既然這些預設已經內化於概念、分析工具（譜系學、問卷、統計技術等）和經驗研究的實踐

操作（諸如常規編碼方式、「清理數據」的程式，或實地工作的純經驗方法），那麼反思性所要求的就更多是永久性的社會學分析和對社會學實踐的控制，而非思想上的內省（Champagne et al. 1989）。

　　因此，對布赫迪厄來說，反思性並非主體以黑格爾式的自我意識方式[84] 也不是以民族方法學、現象學社會學和阿爾文‧古爾德納所捍衛的「本我學視角」（egological perspective）（Sharrock and Anderson 1986: 35）對主體自身的反思。相反，布赫迪厄的反思性概念要求對「那些思想的未被思考的範疇」進行系統的探索，因為正是這些範疇「界定出可以思考的範圍，並預先確定思想的內容」（Bourdieu 1982a: 10），而且還要引導社會調查研究的實踐執行過程。布赫迪厄的反思性概念所要求的「返回」超出了經驗主體的範圍，而要延伸到學科的組織結構和認知結構。在對象構建的工作中，所必須不斷地予以詳查深究和中立化（neutralized）的，正是深嵌在理論、問題和（特別是不同國家的）學術判斷範疇之中的集

83「不論哲學還是社會科學都未能把握實踐……這一點立於這樣一個事實：正像在康德那裡，理性認為，理性判斷原則並不存在於理性自身，而是存在於判斷對象的性質之中；同樣，對實踐進行的學術思考將它與實踐的學術關係納入了實踐之中」（Bourdieu 1983a: 5）。在晚近的一次演講中，布赫迪厄（Bourdieu 1990e: 382）走得更遠，他甚至提出「在我們的學術思維和實踐這種不可思議的事物之間存在著一種不相容性。在學術思維中存在一種思維方式，它預先假定應該懸擱實踐中不可或缺的緊要事務，以及應當運用那些針對實踐構建的思想工具。如果我們將這種思維方式適用於實踐，將會妨礙我們理解實踐本身」。理性行動理論（例如，Coleman 1986，Elster 1984a）是這種唯智主義謬誤的縮影，它將其極端理性主義的行動模型物化，並將它「注入」行動者的頭腦，從而不利於研究他們行為中固有的那種實際存在的實踐理性（Wacquant and Calhoun 1989: 47, 53-54）。

84 因此我不同意拉什（Scott Lash 1990: 259）的觀點，他認為「看起來，布赫迪厄的反思性更接近這種類型的觀念」。

體性科學無意識（Bourdieu 1990j）。我們據此可以認為：反思性的主體最終必然是作為一個整體的社會科學場域。由於公開爭辯和相互批評的對話的展開，日益客觀化的主體從事的對象構建工作不再是由這一工作的發起人獨自進行，而是由構成科學場域的所有彼此敵對和相互補充的位置的占據者共同進行的。如果後者是要生產和獎勵反思性的科學慣習，它必須真正地在培訓、對話和批判性評價的機制中將反思性予以制度化。與此相應的，正是社會科學的社會組織，作為一種同時深刻地體現在客觀機制和心智機制之中的制度，成了改造性實踐（transformative practice）的目標。

顯而易見，布赫迪厄並不具有那種「闡釋主義懷疑論的心態」（Woolgar 1988: 14），這種心態對某些人類學家所宣導的「文本反思」（textual reflexiveness）起了推波助瀾的作用。這些人類學家近來日益迷戀該領域中發生的文化詮釋之詮釋學過程，並著了魔似地透過民族誌的工作來（重新）構建現實。[85] 布赫迪厄不留情面地批評了紀爾茲（Geertz 1987: 90）所熱烈讚美的「日記病」（diary disease），因為真正的反思性並不透過像拉比諾（Rabinow 1977）所說的那種事後對「實地研究的反思」而產生；它也不要求使用第

---

85 在過去的十年裡，這些「後現代」人類學家堅決主張，對殖民主義的批判和有關表象局限性的理論工作（特別是解構）已經削弱了民族誌論述的權威性，並揭示出各種民族誌研究不過是花言巧語的把戲：這些「不可避免的具有權宜性、歷史性和可爭辯性的」表象之所以能夠令人心悅誠服，歸根究柢依靠大量文本上的常規約定（Clifford and Marcus 1986）。本文反思性指的是這樣的觀念：「文本並非僅僅是以顯而易見的方式來描述一種獨立的現實秩序」，相反，其本身「已經捲入構建現實的過程中」（Atkinson 1990: 7）。參見史賓斯對此所做的批判性總結（Spencer 1989），並參見馬爾庫斯和庫什曼（Marcus and Cushman 1982）、柯利弗德和馬爾庫斯（Clifford and Marcus 1986）、紀爾茲（Geertz 1987）、泰勒（Tyler 1987）和馬楠（Van Maanen 1988）的著作，這些人都是這一派的代表。

一人稱來強調移情、「差異」（或延異 [différance][86]），或對各種文本（這些文本確定了個體觀察者在觀察工作中的處境）進行精心的琢磨。「相反，要想實現反思性，就要讓觀察者的位置同樣面對批判性分析，儘管這些批判性分析原本是針對手頭被構建的對象的」（Barnard 1990: 75）。[87] 導致這一點的，並非像拉比諾（Rabinow 1977: 162）所宣稱，是韋伯式的「意義之網」（webs of significance）使人類學者與本土居民彼此分離，而是人類學者的社會條件，即他們與他們所考察的世界之內在特性間所具有的差異距離（Bourdieu 1990a: 14）。必須連根拔除的，並非研究者的個人無意識，而是他所在的學科之認識無意識：「必須要做的，不要施加魔法，也不是透過自欺欺人的原始主義之參與，來取消研究者和本土居民之間的距離；而是應將這種客觀化距離和使其成為可能的社會條件——諸如觀察者的外在客觀性，他所使用的對象化技術等等——轉化為客觀研究的對象（即對象化）」（Bourdieu 1990a: 14；英譯文有所改動）。[88]

---

86 譯註：「延異」是著名的「後現代」理論家德希達所獨創的一個概念，兼有「差異（分別）」（difference）和「拖延」（deference）之意。

87 巴納德（Barnard 1990: 58, 71）表明，布赫迪厄「已經指明民族誌怎樣才能在具有反思性的同時，不導致自我迷戀和喪失鑑別能力」，而且布赫迪厄也提供了「一種方式，使那些作繭自縛的民族誌學者和民族誌理論家得以重覓出路」。

88 認識反思性和文本反思性之間的鴻溝是顯而易見的，要想認識到這一點，可以將拉比諾的《摩洛哥田野作業反思》（*Reflections on Fieldwork in Morocco*）和羅薩爾多的《文化與真理》（*Culture and Truth: The Remaking of Social Analysis*）兩本書的重要結論與布赫迪厄的《實踐感》一書之前言（1990a）相互對照。拉比諾「返歸」他的實地經驗，集中在他與「他人」交往時的「自我」，並集中在洞察一種異域文化世界的工作中所隱含的道德方面之問題。他們緊緊盯住觀察與參與的相互作用關係，發現在喋喋不休地尋求「本真性」之後，自然導向了這樣一個結論，即「所有文化事實都不過是解釋，而且是眾說紛紜的解釋，這一

　　對「反思性回歸自身」這一點，布赫迪厄以一種幾近偏執的方式強調其必要性。因此布赫迪厄的這種堅定的主張，並不是一種認識論的「榮譽感」的表達，而是引導人們以不同的方式構建科學對象的原則。它有助於使學者在產生對象時，不至於不假思索地將他與對象的關係投射到對象之中，同時也能避免「學究式謬誤」（scholastic fallacy）導致的偏離。這種所謂「學究式謬誤」是布赫迪厄繼約翰・奧斯丁（John Austin）之後提出的（Bourdieu 1990e）。布赫迪厄在一次討論他從「規則」的觀念轉向「策略」（正是這一轉向使布赫迪厄的觀點與李維史陀式的結構主義觀點分道揚鑣）[89] 的觀念時，簡明了當地闡釋這一觀點：

点，無論對於人類學家還是他們訪談的本地對象來說都是千真萬確的」（Rabinow 1977: 151）。與此類似，羅薩爾多（Rosaldo 1989: 169, 194, 206-207）認為：「進行社會分析的學者應該從大量不同的位置來探索他們的主題」，特別當個人「屬於錯綜複雜的社會共同體時就更是如此了。……社會分析因此成為一種理解的關係性形式，在這種形式中，關係雙方積極地從事『文化的解釋』活動」。布赫迪厄拒絕接受這種將民族誌學者的解釋與本土居民的解釋混為一談的觀點，而且對「本真性」也沒有什麼興趣。他無意迎合羅薩爾多（Rosaldo 1989: 69）的理論，去鼓吹「沒有一個觀察者是徹底無知的，也沒有一個觀察者是全知全覺的」這種陳詞濫調，他想要做的，是對人類學知識的局限進行理論探討。

在拉比諾的詮釋學意圖與他進行訪談的本地對象所具有的實踐考慮之間，存在著很大的差距。拉比諾根本沒有注意到這種差距對人類學知識所具有的歪曲作用。他將實地研究展示為「具有一定限度交流方式的交互主體性的構建過程」（Rabinow 1977: 155）。這表明，他像羅薩爾多一樣，陷入了學究思維方式的陷井，這種學究思維方式認為人類學家和本土居民在共同進行著解釋活動。（雖然拉比諾論述中的某些段落表明，偶爾也意識到本土居民在他們的實踐策略中將「[他] 概念化為一種資源」，但大多數時候，拉比諾 [Rabinow 1977: 29] 還是將他所訪談的本地對象當成幫助他完成詮釋學任務的朋友。）

89 有關布赫迪厄的人類學與李維史陀的人類學，以及他們在人類學實踐方面相關聯的概念，巴納德進行了頗富洞見力的比較（Barnard 1990）。有關布赫迪厄與紀爾茲的比較，參見李的文章（Lee 1988）。

　　透過對理論視角、實踐視角和它們之間深刻的差異進行的理論反思，導致了實踐理論的變化，這一變化並非純屬臆想：伴隨著此變化發生的，乃是經驗研究中實踐操作的重大變化，並帶來了相當實質性的科學收益。例如，在這種反思的引導下，人們會去注意儀式實踐的性質。而對這種儀式實踐，結構主義邏輯論者（structuralist logicism）會完全置之不理，或將它看作對於神話代數（mythical algebra）的結構置換的、毫無意義的離題之事。此外，人們會特別留意那些多重意涵的現實，它們不是預先決定好的，而是不確定的。更不用說它還會引導人們關注局部性的矛盾和模糊性，這些矛盾和模糊性滲透於整個實踐體系和對這一體系的靈活性及開放性的描述說明中。簡言之，在這種反思的引導下，人們會注意任何「實踐性」的事物，它們被日常行動者調動，以最小的成本（尤其在邏輯性的追求方面）對日常存在和實踐的緊迫性（emergencies）做出反應（Bourdieu 1990e: 384）。

　　我們有必要對這一點詳加探討，因為正是這一視角的轉變——即把有關理論實踐的理論納入實踐理論的核心——使布赫迪厄有可能發現實踐的邏輯，此發現幾乎與他深入考察理論的邏輯同時發生。當布赫迪厄發覺在他的實地研究資料中一再出現經驗異常現象（Bourdieu 1990a: 11-14），就開始了對理論邏輯的特殊性考察。這裡我們兜了一大圈，又回到老問題上，我們可以看到，布赫迪厄對反思性的理解乃是他有關理論與經驗研究相互滲透思想的一部分。正是透過盡心竭力地在經驗上深入最瑣碎的細枝末節，去透澈分析構成卡比爾（Kabyle）世界秩序（cosmogony）結構的全部對應關係和對立關係，才迫使布赫迪厄對抽象邏輯與實踐邏輯之間的差異進行理論探討。[90] 反之，正是因為布赫迪厄對自身作為一個人類學

家的實踐進行了不懈的反思，他才有可能認識和把握這兩者之間的不相調和。

如果反思性確實能在社會研究的工作中對認知——而非修辭或生存方式方面——產生如此顯著的影響，那麼為什麼它沒有在較為廣泛的層面被執行？布赫迪厄指出，對反思性產生牴觸的真正根源，更多是社會性的，而非出於認識論的緣由。[91] 人們一想起社會學反思性，就會渾身不自在，因為它代表了對個（體）性的神聖觀的正面抨擊（而這種個性對於我們所有西方人來說是彌足珍貴的）。而且這種反思性特別構成了針對知識分子的卡里斯瑪式（charismatic）的自我觀念的正面攻擊，這些知識分子往往喜歡把自己看作不受（社會因素）限定的、「自由漂移的」（freefloating）[92]、

90　有關布赫迪厄著作中對這一經驗難題的逐步解決，參見布赫迪厄的下列作品：1972，1973d，1977a: 96-158，和1990a: 200-75，特別是頁215的簡表。

91　囿於篇幅，我們不能討論人們經常針對反思性的可能性或可欲性（desirability）所提出的三種經典性的反詰：自我陶醉、徒勞無功和無限逆推（regressio ad infinitum），這三者又導向自相矛盾、唯我論或激進的認識相對主義（Bloor 1976, Berger 1981: 222, Ashmore 1989, Woolgar 1988）。至今沒有一個批評者針對布赫迪厄提出過這些批評意見，這一事實看起來表明這些意見沒有一個能以直截了當的方式運用到布赫迪厄的身上。事實上，對《人：學術者》——他討論認識反思性的主要文獻和鮮明例證——的評論，恰恰在相反的方面產生了誤解。評論者明顯只考慮這本書的表面對象（法國大學、1968年的五月風暴），而忽視了這本書更深刻的方法論討論和理論討論。許多學者也抱怨這本書有關作者本人在學術界的個人經歷方面的內容太少，也就是說，布赫迪厄自我陶醉得還不夠。布赫迪厄和華康德的文章（Bourdieu and Wacquant 1989）以及本書〈反思社會學的論題〉的「捍衛理性的現實政治」探討了反思性毫無功效的問題。

92　譯註：「自由漂移」概念，最早是由阿爾弗雷德‧韋伯（Alfred Weber）提出，後由著名知識社會學家曼海姆（Karl Mannheim）所廣泛使用，用來描述西方現代社會中知識分子的獨特處境，即他們具有在一定程度上超越個人的「社會處境」（如階級出身）的自主性。

並且被賦予某種符號尊嚴的人物。[93] 對於布赫迪厄來說，正好是反思性揭示了社會處於個人的核心，人際關係隱藏在親密之下，普遍性深埋在最特殊的現象之中，從而使我們能夠擺脫這種帶有欺騙性的錯覺。[94] 因此，當他拒絕坦白「懺悔」個人的思想歷程，而是將矛頭指向他的社會經驗中那些最具形塑性的部分的一般特徵時（Bourdieu 1988a: XXVI；和本書〈反思社會學的論題〉的「個人性即社會性」），他不過是將他的社會學原則運用在自己身上（Bourdieu 1989a: 449），根據這一原則：

> 個人，在他們最具個人性的方面，本質上正好是那些緊迫性的化身（personification），這些緊迫性（實際或潛在地）深刻地體現在場域的結構中，或者更準確地說，深刻地體現在個人於場域內占據的位置中。

布赫迪厄認為，無須透過信誓旦旦的私人披露來對自身進行社會學分析，因為在他身上所發生的事情並無獨特之處：它同樣與一條社會軌跡（social trajectory）緊密關聯。這裡的一切都再次使人相信，正如布赫迪厄自己的理論所預見那般，他對反思性的關注可

---

93 在每個人之中都積澱著樸素幼稚的人道主義，要作為自我以及自我的真理的主宰者和擁有者，除了自我的決定作用，不願承認任何別的決定論（即使這種人道主義承認這些自我決定作用是無意識的）。無論何種主張，只要它嘗試證明那些最具個人性、最「顯而易見」的行動的意義不屬於成就這些行動的主體，而是訴諸整個關係系統，認為是在這一關係系統中，並透過這一關係系統，這些行動才得以成就自身，那麼，這種樸素幼稚就會把這樣的主張在經驗中體現為「社會學的」或「唯物主義」的化約論（Bourdieu, Chamboredon and Passeron 1973: 32）。

94 正如涂爾幹在《宗教生活的基本形式》（*The Elementary Forms of the Religious Life*）一書（Durkheim 1965）中所寫的：「並非當我們更個體化時，我們就更具個性……個性的本質特徵正是我們身上的社會部分。」

以在他的社會軌跡和學術軌跡中找到根源，並表現了他早年科學慣習的構成條件。在布赫迪厄的基本（階級）慣習與那種在五〇年代得以順利被納入法國學術場域所要求的慣習之間，存在著結構性的差距，而布赫迪厄的科學慣習首先是這一差距的產物。就他進入的知識分子世界而言，布赫迪厄不僅是一個陌生人，而且也與這一世界格格不入，這些情況都使布赫迪厄與那些教授的幻覺保持一定的距離。對於這些教授來說，社會世界的「欽定眼光」（regal vision）通行無阻，亦毋須再加考慮，因為這些眼光正是他們出身的那個階級的眼光。[95] 影響布赫迪厄科學慣習形成的第二個主要因素是阿爾及利亞的解放戰爭：在法國軍隊「有條不紊地」竭力鎮壓阿爾及利亞民族主義的可怕環境中，幾乎不可能不對學者的下述特權進行反覆質問——亦即為了觀察世界而脫離它，並且宣稱自己超然於所研究的對象的特權。在這種情況下，甚至那些在平常會無關痛癢的教學活動，也不能不帶有強烈的政治色彩，這就迫使學者反過來對分析者及其實踐進行分析。[96] 第三，這種認識反思性的傾向，也許在某種程度上可以看作布赫迪厄從哲學轉向社會科學的結果（這一轉向並非沒有代價，無論是職業地位還是自我形象），[97] 而且很可能

---

95 布赫迪厄（Bourdieu 1991a: 15）坦然承認：「在大學裡，我從來不是一個心滿意足的成員，我的心中也從未滿懷驚喜，要為一項神祕的事業而獻身，即使在學生時代的『見習期』，我也沒有這種感覺。」參見在巴斯卡·卡薩諾瓦（Pascale Casanova）的廣播節目中德希達對此的證明（Casanova 1990）。

96 1960年布赫迪厄在阿爾及爾大學講授「阿爾及利亞文化」的課程。對於當局和占領軍來說，這是一個挑釁，因為在他們看來，哪怕只是承認阿爾及利亞文化這類東西的存在，也等於是對民族主義解放戰線的公然支持。在里烏和西里內利所編輯的文集（Rioux and Sirinelli 1991）中，記錄了阿爾及利亞戰爭對法國學術場域的運作所產生的影響。

97 在〈胸懷大志的哲學家〉（An Aspiring Philosopher）一文（Bourdieu 1991a: 17）中，布赫迪厄再現了哲學家「高山仰止」的形象在打算做一個知識分子的青年

因此鼓勵布赫迪厄質疑自身的實踐，並對社會科學家和哲學家在立場上的差異進行反思。

　　但是僅僅透過論及布赫迪厄的慣習來說明布赫迪厄對反思性的「品味」（taste），當然是片面的。把社會學的觀注方式作為一個問題來研究是一種具有社會構成的性情傾向。與他對理論和經驗研究的觀念一樣，這種性情傾向在法國五〇年代和六〇年代的學術場域如魚得水，得以實現自身。這裡有著許多至關重要的因素：當時在學術事業方面存在著一些活生生的崇高典範——最出類拔萃的是體現在李維史陀和沙特身上的那些品格；知識分子因考入當時名氣正接近巔峰的巴黎高等師範學校（École normale supérieure）而表現出來的在知識方面的遠大抱負和驕傲自信；（在大戰結束以後）全面的學術重建期間，巴黎超乎尋常地集中了大量的科學資本，在此期間社會科學也經歷了史無前例的擴展；而且布赫迪厄很早就被納入了一種制度之中，這個制度的特徵就是其跨學科的取向和它對外國學術思潮的開放性；在戰後法國社會科學中或許最具威望的三巨頭，即李維史陀、費爾南·布勞岱爾和雷蒙·艾宏（布赫迪厄匆匆從阿爾及利亞回國後，替艾宏做了一段時間的助手）的「大力襄助」之下，布赫迪厄在這一制度中的立足也受到了相當的保護。[98]

　　人那裡所產生的幾乎不可抗拒的強烈吸引力：「一個人之所以成為『哲學家』，乃是因為這個人已經被社會加以神聖化（譯註：神聖化 [consecration] 是布赫迪厄探討國家 [或科層場域] 與符號權力之間關係的一個重要概念 [參見Bourdieu 1989a，也可參見《國外社會學》1995年第4期所刊載的華康德的兩篇文章）。而一個人之所以被神聖化，乃是因為這個人得益於『哲學家』的尊貴身分。對哲學的選擇是那種強化法定狂妄（或傲慢）的法定保障的一個表現。」布赫迪厄對認識論問題的敏感也是他在科學史和科學哲學方面受教於岡吉郎和巴舍拉的結果。

98　繼在法國巴黎第四大學（Université Paris-Sorbonne [Paris IV]）和里爾大學（University of Lille）（這時，他定居在巴黎，定期來往於巴黎和里爾之間）進行

　　總之，布赫迪厄對反思性的關注，正像他的社會理論一樣，既非自我中心的，亦非邏各斯中心的，而是在本質上根植於科學實踐並面向科學實踐。這一關注不是緊緊抓住社會學家的私人面目不放，也不是盯住他特立獨行的隱祕行為不放，而是關注那些作為他工作一部分所進行的各種行為和操作之間的聯繫，以及深刻地體現在這些研究工作中的集體無意識。認識反思性根本不鼓勵自戀症和唯我主義，相反，它邀請或導引知識分子去認識某些支配了他們那些深入骨髓的思想的特定決定機制（determinisms），而且它也敦促知識分子有所作為，以使這些決定機制喪失效力；同時，他對認識反思性的關注也力圖推廣一種研究技藝的觀念，這種觀念旨在強化那些支撐新的研究技藝之認識論基礎。

7　理性、倫理和政治

　　認識反思性還有另一個意想不到的結果：它使我們有可能克服由德希達宣導的後現代「解構」所體現的虛無相對主義（nihilistic relativism）與由哈伯瑪斯（Jürgen Habermas）捍衛的「現代主義」

了簡短的教學逗留之後，1964年，也就是他34歲那年，他被任命為巴黎高等社會科學研究院（École des hautes études en Sciences Sociales）的成員，這個中心由費爾南‧布勞岱爾、艾宏和李維史陀指導（在布赫迪厄第一本英譯著作《阿爾及利亞紀事》[*The Algerians*, 1962] 一書的封底，艾宏和李維史陀二人的題詞十分惹人注目）。另一個重要的有利因素是地理上的穩定性：始終留在首都，這使布赫迪厄可以建立一種集體性的研究手段，同時隨著時間的推移，能夠積累並集中學術上的關係，而這一點在美國的學術場域是很難實現的，因為在美國學術界，社會科學家具有相當高的空間流動率（而且存在這樣一種傾向：學者在科學等級制中的地位越高，這種流動程度也越高）。有關對高等社會科學研究院從創生直到六〇年代的情況之歷史分析，參見馬宗的專著（Mazon 1988）和布赫迪厄的簡短前言（Bourdieu 1988j）。

理性主義中所蘊含的唯科學主義絕對論（scientistic absolutism）之
間的對立。其原因就在於，認識反思性使我們得以在不消解理性的
前提下將理性歷史化，亦即得以建立一種可以調和解構與普遍性、
理性與相對性的歷史主義的理性主義，其方法就是嚴格限定在科學
場域的客觀的——哪怕是歷史給定的——結構中考察它們的運作過
程。布赫迪厄一方面像哈伯瑪斯一樣堅信科學真理的可能性和可欲
性，就此而論他是個熱情的現代主義者。[99] 但他又與法蘭克福學派
理論家不同，認為（後者）那種將理性根植於意識或語言的超歷史
結構中的設想，帶有某種先驗主義幻覺的性質，而這種幻覺性質正
是歷史科學所必須消除的。另一方面，他贊同德希達和傅柯的觀
點，即知識必須被解構，並且各種範疇都是具有偶然性的社會衍生
物，是擁有某種建構效力的（符號）權力的工具——關於社會世界
的話語的各種結構通常在政治上被宣稱是社會的預製建構（social
preconstructions）。安東尼奧・葛蘭西（Antonio Gramsci）一針見血
地指出，[100] 科學實質上是一種顯著的政治活動。當然，就總體而

---

99 布赫迪厄並不像拉什（Lash 1990：255）所說的那樣，「贊成傅柯的權力／知識
　　假設」（見Bourdieu and Wacquant 1991裡，布赫迪厄對這一觀點的批評）。儘管
　　布赫迪厄對理性的先驗化已存戒心，但仍全心全意地支持啟蒙運動的理性設
　　想：「這種反科學主義已經成為今日的時尚，使新進的思想家們有利可圖。與
　　此相反，我捍衛科學乃至理論，尤其是當它能發揮作用，為我們提供更好的對
　　社會世界的理解之時。人們並不是非得在蒙昧主義和唯科學主義兩者之間擇一
　　而就，卡爾・克勞斯（Karl Kraus）說得好：『我拒絕兩害相權取其輕的做法』」
　　（Bourdieu 1980b: 18）。卡宏（Calhoun 1992）在討論布赫迪厄的學說時，視之為
　　「普遍主義和特殊主義、理性主義和相對主義、現代主義和後現代主義間合理的
　　第三條道路」，這種看法頗具啟發。
100「何謂『科學』本身，這一問題必須提出來。科學改變了人們，使他們和以往
　　不同，在這種意義上科學本身不正是『政治活動』和政治思想嗎？」（Gramsci
　　1971: 244）

言，科學並不僅僅是一種政治，否則就無法產生出普遍有效的真理
了。將科學的政治性（知識）與社會的政治性（權力）混為一談，
就是對科學場域歷史制度發展形成的自主性輕描淡寫，敷衍了事，
就是將社會學的洞察力與實證主義的危害良莠不分。[101] 布赫迪厄
正是在這裡與後結構主義分道揚鑣：他認為，如果解構哲學自我解
構，就會發現它的實施可能性是有歷史前提的，從而認識到它自身
所預設的前提，即各種真理標準和理性對話標準乃是根植於知識世
界的社會結構之中。

　　所以，在布赫迪厄看來，理性是一種歷史的產物，但又是一種
極度矛盾的歷史產物，因為它在某些特定條件下能夠「擺脫」歷史
（即特殊性），不過要（再）生產這些特定條件的話，就必須做出十
分具體細緻的努力以保障理性思想的制度基礎。布赫迪厄對文化生
產場域的生成和作用機制的分析，其目的絕不是要反對科學，而是
旨在將科學理性根植於歷史之中，就是說，根植在各種知識生產關
係中。這些知識生產關係在各種位置的網路中得到客觀化體現，在
各種性情傾向中得到「主觀化體現」，兩相結合，使科學場域成為
一種在歷史上獨一無二的社會創造：

---

101 儘管布赫迪厄和傅柯相仿，都對理性抱持一種斷裂主義（caesuralist）和建構主
　　義的觀念，並用歷史主義的態度理解知識（見他對傅柯題為〈求知的愉悅〉
　　（The Pleasure of Knowing）的一篇稱道文章，刊於《世界報》（Le Monde，
　　1984年6月27日），但布赫迪厄反對傅柯懸置科學性問題。傅柯在許多地方懷
　　著某種認識論上的不可知態度，透過對因果性和總體性問題「分別進行且彼此
　　獨立地雙重置括弧」（orthogonal double bracketing，見Dreyfus and Rabinow
　　1983），心安理得地懸置了意義問題和真理問題，然而布赫迪厄則透過指出科
　　學場域的運作過程而重新思考了這兩個問題。這裡，就像有關「非意圖」策略
　　和有關權力的一些論點那樣，場域概念又一次標示出布赫迪厄和傅柯之間顯著
　　的分歧。

我們必須透過將歷史主義的化約方法推向其邏輯終點來探尋理性的淵源。但尋求的方向不是在什麼人類的「能力」即「本性」中，而是在這些特殊的社會「小世界」的歷史中；在這些特殊的社會「小世界」裡，行動者以普世大同的名義，為了對具有普遍性的事物取得合法的壟斷控制，彼此爭鬥不已。此外，尋求的方向還在對話性語言逐漸的制度化進程之中，而這種對話性語言表面上具有的本質屬性，實際上都歸因於這種語言源起和被應用的各種社會條件（Bourdieu 1990e: 389）。

布赫迪厄的反思性觀念所針鋒相對的，並不是史考特・拉什（Lash 1990）所主張的那種「現代主義的科學性」，而是社會科學的實證主義觀念。後者的本質核心在於對事實與價值做嚴格的界分（Giddens 1977）。但不管怎麼說，在這位《秀異》（*Distinction*）的作者看來，經驗知識並不像這樣或那樣的實證主義流派的追隨者們企圖使我們相信的那樣，與對道德目的的發現和探求格格不入。布赫迪厄始終遵循著涂爾幹式的設想（Filloux 1970, Bellah 1973, Lacroix 1981），深切地關注著社會學的道德和政治意義。他的論著在下述兩個層面上傳達了某種道德寓意，儘管我們不可把他的學說化約為這種道德寓意。

首先，從個人的立場來看，布赫迪厄的學說提供了工具，使我們能夠界分必然和自由的各個區域，並據此確認究竟哪些空間是道德行動可以大顯身手的地方。布赫迪厄（1989a: 47）主張，只要行動者以某種主觀性——即客觀性的無仲介的內化——為基礎展開行動，他們就總是只能充當「以結構為真正主體的那些行動的表面主體」。這就是一種悖論：他們透過反思性地把握他們思考和行動的各自範圍，越是清醒地意識到自身的社會性存在，就越是不可能被限制著他們的外在客觀性所驅使。我們可以把社會分析看成心理

（或精神）分析在集體層面的一種對應方法：就像在精神分析的言談療法中我們有可能擺脫那驅使或約束我們實踐的個體無意識，社會分析也可以幫助我們揭示那根植於制度之中、深埋於我們內心的社會無意識。雖然布赫迪厄的學說和所有（後）結構主義學說一樣，拒棄了笛卡兒式的「我思」（Schmidt 1985），但與所有這些學說不同的是，布赫迪厄的學說試圖透過對社會科學知識的某種反思性應用，而使諸如某種理性主體的東西得以在歷史中浮現出來。[102]

反思社會學的道德向度還內在於我們可以稱之為斯賓諾莎式職能（Spinozist function）的作用之中。在布赫迪厄看來，社會學家的任務是去除社會世界的自然性和宿命性，這就是說，粉碎遮掩著權力運作和支配維續的各種神話。[103] 但是，這種揭露絕非旨在歸咎罪責、斥責他人，[104] 正好相反，社會學的使命在於「揭示行為

---

102 「矛盾的是，社會學正是透過將我們從對自由的幻覺中，或者更確切地說，從被錯誤地寄託的對虛幻的自由信念中解救出來，而最終使我們獲得了自由。自由不是什麼既有之物，而是一種戰利品，是一種集體性戰鬥的成果。我遺憾地發現，人們憑著一種可憐的自戀性力比多的名義，在草率做出的對各種現實的拒棄態度唆使下，自我剝奪了那種使他們能夠去構建自我——至少能更多一點——即以某種重新占有自我的努力為代價，真正地將自我構建成某種自由主體的手段」（Bourdieu 1987a: 26）。因此，就像拉比諾認為的那樣，很難相信「布赫迪厄會滿心歡喜地與他人一起，將『解構的腐蝕性酸液潑灑到』傳統的主體（概念）上」（Rabinow 1982: 175）。

103 在這一點上，布赫迪厄又一次與愛里亞斯彼此達成了默契（1978a: 52），在後者看來，「科學家就是神話的終結者」。有些人會持有異議，認為社會學不應執著於揭露社會的既定認可的形象。對這些人，布赫迪厄的回答是：「科學的話語只是對那些對社會世界業已抱持一種入魔式的立場者，才顯出除魔的效力。而科學話語對下述兩種現象則保持不偏不倚的中立立場，即那種滿懷希望看待現實的烏托邦主義，和那些令人掃興地喚起人們注意偶像化的法則之傾向」（《社會科學研究探索》（*Actes de la recherche en sciences sociales*）創刊號，1975年，見編輯發刊詞，無標題）。

的必然性，亦即透過重新構建決定這些行為的各種約束力量的整體
而使這些行為擺脫任意武斷性的假象，但同時並不賦予這些行為以
正當性」（Bourdieu 1989a: 143）。

　　布赫迪厄認為在一種科學的社會學和「小範圍」的日常道德建
構之間，存在著某些聯繫。在闡明這些聯繫的過程中，他和艾倫‧
沃爾夫（Alan Wolfe 1989a, 1989b）、理查‧邁克斯威爾‧布朗
（Richard Maxwell Brown 1990）所做的工作一樣，將社會科學揮之
不去的倫理向度凸顯出來。不過，他並不像艾倫‧沃爾夫那樣，主
張社會學可以為發達社會提供切實可行的道德哲學。他認為那樣等
於迫使社會學家重新擔當聖‧西門（Saint Simonian）所謂現代性中
「市民宗教的神學家」之角色，讓他們充任先知。[105] 對於布赫迪厄
來說，社會學可以告訴我們的，是在什麼條件下道德的能動作用得
以發揮，以及這種道德能動作用如何在制度層面上加以推行，而不
是告訴我們道德行為所應遵循的具體步驟。[106]

　　布赫迪厄把社會學看作一種具有顯著政治性的科學，原因在於
它極為關注符號支配的各種策略和機制，並融匯其中、環環相扣。[107]
從事社會科學研究的學者們在權力場域中所處的被支配地位，以及

---

104 社會學家不是「那種恐怖分子式的探子，出現在符號控制的各個角落為之服務」
　　（Bourdieu 1982a: 8）。

105 貝拉（Robert Bellah 1973: X）認為涂爾幹也持有這種看法。艾倫‧沃爾夫認為
　　（Alan Wolfe 1989a: 22-23）：「社會學應該重振曾經是蘇格蘭啟蒙思潮核心的
　　道德傳統……而社會科學家是改頭換面後的道德哲學家。」

106 例如，要想確保政治家或群體領袖們的行動更以集體利益為目的，我們就必須
　　「構建這樣的社會世界，在其間就像馬基維里所描繪的理想共和國那樣，行動
　　者們的利益和興趣在於善行德操，在於公正無私，在於獻身公益，在於維護人
　　民作主的共和國」。政治領域同科學領域的情況是一樣的，「如果我們致力創
　　造一種道德政治（politics of morals）的制度手段，那麼，就有一定程度的可能
　　性產生（遍布社會的）道德性」（Bourdieu 2002: 7）。

社會科學研究對象的特有性質，都決定了社會科學不可能保持中立、超脫和無政治意義的立場。它永遠不可能達致自然科學所具有的那種「無可爭議」的地位。這一點證據就在於：社會科學總是不斷地面臨各種形式的抵制和監督（來自內部的絕不少於來自外部的），威脅著要一點一點蠶食其自主性。這種抵制和監督對於生物學或物理學這些發展最為成熟的領域來說，幾乎聞所未聞。在布赫迪厄看來（1975d: 101），

　　這幾乎是不可避免的情況，因為在社會科學的場域中，對於科學權威的內部爭奪，即對生產、強加和灌輸社會世界合法表象的權力爭奪，本身就是政治場域中各階級間爭奪的幾個焦點之一。其結果是，處於內部爭奪中的位置永遠不可能達到自然科學場域中所能觀察到，來自外部爭奪中的位置的獨立程度。所謂中立科學的想法只是一種虛構，而且是一種蓄意的虛構，它使我們得以將社會世界的占支配地位的表象，將其在符號象徵上特別有效的中立化和美化後的形式，看成是科學的。而這種表象形式之所以在符號象徵方面特別有效，就是因為在「中立的科學」看來，它在某種程度上有可能被誤識。透過揭示那些確保既有秩序的延續的社會機制（這些社會機制所特有的符號效力正依賴於那種對它們的邏輯和效應的誤識），**社會科學**

---

107 布赫迪厄（1977a: 165）堅持認為，甚至連認識論本質上也是政治性的：「知識理論是政治理論的一個向度，因為強加各種現實建構原則的特定符號權力——在特定的社會現實中——就是政治權力的一個主要向度。」換言之，「知識理論和政治理論相互交織，不可分割：每一種政治理論都包含了——至少暗含了——某種感知社會世界的理論。這種感知社會世界的理論是根據一系列對立組織起來的，而這些對立又極其類似於我們在有關自然界的理論中所能發現的那些對立」（Bourdieu 1980b: 86；引者自譯）。

必然要在政治鬥爭中有所偏倚。

社會科學面臨的特殊困境在於，自主性愈益增大並不同時意味著政治中立性也隨之增大。社會學越是科學，越與政治相關，即使它只是一種抵禦性的工具，亦即充當一種屏障，抵禦著那些時刻阻止我們成為真正意義上的政治行動者的各種形式的神祕化和符號支配。[108]

正如在芝加哥研討班的最後一節的討論中（見本書〈反思社會學的論題〉的「個人性即社會性」）所表明的，布赫迪厄並不具有那些從他的著作裡讀出某種沒什麼政治意義的極端功能主義（hyperfunctionalism）的人所強加給他的那種宿命論之世界觀。他的世界觀絕非那種尼采式的「絕對功能性的世界」觀點（Rancière 1984: 34），根據那種觀點，「社會行動的每一點細枝末節都（參與）一個龐大的壓迫計畫」（Elster 1990: 89-90, 113）。義大利學派的「菁英理論」的代表莫斯卡（Mosca）和巴瑞托（Pareto）認為，社會世界從本質上說總是被分割成統治者和被統治者、菁英和非菁英的諸個渾然一體的集團。布赫迪厄不這麼看。這首先是因為發達社會並不是一個渾然一體的世界，而是一些各自分化、只在一定程度上總體化了的實體，它由一系列彼此交織但日益走向自我調控的場域組成，每一個場域都有它的支配者和被支配者。此外，在每個場域裡，等級制總是不斷遭到抵抗，而且維繫並增強場域結構的那些原則本身也可能遭到挑戰和反抗。而支配的無所不在也並不排除相對民主化存在的可能。權力場域日益分化；支配工作的分工漸趨複

108「作為一門致力於揭示科學生產的各項法則的科學，（社會學）向我們展示的並不是支配手段，而也許是支配支配的手段（means to dominate domination）」（Bourdieu 1980b: 49；引者自譯）。

雜（Bourdieu 1989a: 533-59），牽涉到愈來愈多的具有各自特定利益的行動者；愈來愈多的子場域——這些子場域構成了支配階級的活動空間——提出自己具有普遍性。（這種趨勢出現在政治、宗教、科學，乃至經濟場域中。在經濟場域中，越來越強調公司企業的日常管理和戰略駕馭方面依照法律合理籌畫的重要性。）隨著這一切，推動理性進步的機會增加了。

其次，布赫迪厄並不認為社會世界遵循著一成不變的法則。在保守思想（有時是激進思想）的言辭描繪下，沒有什麼集體行動值得我們去進行，因為它最終將被證明在改變現有不公、重建正義的方面無所作為。布赫迪厄絕不想接受一絲半點這種「無所作為的主張」（futility thesis）。儘管他將社會世界描繪成高度結構化的世界，但他並不同意這樣的觀點，即社會世界的演變將「遵照永恆的法則，而對於這些法則，人類的能力實在小得可憐，他們的行動根本無力修正它們」（Hirschman 1991: 72）。在他看來，社會法則是受特定時空限制的規律性，一旦支撐它們的制度性條件不復存在，它們也就維持不下去。社會法則所蘊含的，並不是涂爾幹（Durkheim 1956: 64）所謂的「不可逃避的必然性」，而是一系列歷史關聯，只要人們掌握了有關它們的社會根源的必要知識，就可以從政治上瓦解它們。

作為一名社會學家，布赫迪厄自己對政治天職的理解（Bourdieu 1980b: 18）顯然是比較謙遜的：

> 我的目標是透過自己的努力，使人們不再對社會世界進行無稽之談。荀白克[109]有一次說，他之所以作曲，就是要讓人們不再能夠譜寫音樂。而我之所以著書立說，就是要讓人們，首

---

109 譯註：荀白克（A. F. W. Schönberg, 1874-1951），著名的奧地利現代派音樂家。

先是那些被授予發言權的發言人，不再能針對社會世界製造那些表面上聽起來酷似音樂的噪音。

　　毫無疑問，布赫迪厄對政治的介入實際上最明顯地體現在他的著述裡，尤其是那些討論教育、文化和知識分子的著述。[110] 儘管如此，他在正式的政治領域中也並不是無所作為、完全消極的。雖然他一直堅持站在法國各種政治思潮中的左翼一邊（喬治·羅斯[George Ross 1991: 248，註82] 在他的題為〈法國知識分子——從沙特到溫和的意識形態〉（French Intellectuals from Sartre to Soft Ideology）調查報告中寫道：「如今這些日子，如果你聽到巴黎的左傾社會學家哀痛地說『布赫迪厄代表著我們所放棄的一切』，你並沒有什麼可以感到奇怪的。」），[111] 但因為他介入政治領域的方式與典型的法國知識分子不同，所以他的立場在法國之外鮮為人知。那是一種比較低調的立場，出言謹慎卻又潛伏著倔強的反抗，譬如說，和其他主流以及少數弱勢的知識分子相比較，他很少在各種請願書上簽名。[112] 對政治的高度關懷與根據理性做出的對組織

---

110 約翰·湯普森（John Thompson 1991: 31）有如下評論：「布赫迪厄是一位社會科學家，很少從事規範的政治理論研究，也不試圖替特定社會群體策畫什麼政治方案或政策。但是他不遺餘力地對以最繁複、最細微的形式出現的各種權力和特權進行無情的揭露，在他的理論框架裡，對那些構成這個社會世界、這個他對之進行了如此精細入微的解剖的社會世界之行動者們，給予相當的重視，這些都使他的著述蘊含著潛在的批判力量。」

111 珍妮·特納（Jenny Turner 1990）在向英國讀者介紹布赫迪厄時，將他說成是「左翼強硬派社會批判家裡健在的老前輩」，是「歐陸『哲學家明星制度』尖銳的反對者」。

112 巴思卡·奧里（Pascal Ory）與尚－弗朗索瓦·西里內利（Jean-François Sirinelli）對二戰以來法國知識分子的政治參與情況，以及請願活動在這些參與活動中所發揮的關鍵作用進行了調查研究（參見Ory and Sirinelli 1986: 第8至10章）。

依附的不信任（他不屬於任何正式的政治集團、黨派或聯盟）結合在一起，而這種結合的根據在於這樣一種觀念，即科學家們若要在政治上發揮效力，就必須首先組成一種自主的、自我調控的整體。這兩者的結合在某種程度上說不太容易，但卻是布赫迪厄立場最好的概括。

實際上，布赫迪厄政治立場中的不變因素，所依據的乃是他對知識分子作為占被支配地位的資本形式與擁有者的歷史生成過程的社會學理解（Bourdieu 1989d；又見 Pinto 1984b, Charle 1990）。另一個不隨時勢而變的因素，是對一定要「處處插手」的履行義務般的做法的拒棄，[113] 因為它將導致一種自相矛盾，即反遵從主義的遵從主義，從而破壞知識分子的獨立自主。第二個不變因素是力圖調動科學本身的權能來從事政治事業。所以，早在五○年代就讀於巴黎高等師範學校的時候，他便加入了一場抵制運動，反對共產黨對知識生活實施的審查制度。在那場運動中，他與許多自此以後成為狂熱的反共分子也曾熱誠地合作過。[114] 六○年代初期在阿爾及利亞，他不滿於各種空洞的道義譴責和道德說教，深入戰爭腹地開展實地調查研究，生動細緻地描述了某些最殘忍不過的殖民壓迫暴行，譬如在《背井離鄉》（*Le Déracinement: La crise de l'agriculture*

---

113 參見布赫迪厄對薩亞德（Abdelmalek Sayad）在阿爾及利亞戰爭（那是他們共同經歷的）中的政治立場之回應，見他為後者的《移民或異他性的困境》（*L'immigration, ou les paradoxes de l'altérité*，即 *Immigration or the Paradoxes of Otherness*, Sayad 1991）一書所作的序言。

114 布赫迪厄（1987a: 13）回憶道：「史達林主義的壓制是如此令人激憤，於是我們在1951年左右與比昂科（Bianco）、孔德（Comte）、馬林（Marin）、德希達、帕里安特（Pariente）以及其他一些人一起，創建了一個委員會，叫作保衛自由委員會，拉杜里（Le Roy Ladurie）在學校的（共產黨）基層會議上斥責的就是這個委員會。」

traditionnelle en Algérie，即 *The Uprooting*，Bourdieu and Sayad
1964）一書中分析的「移民安置中心」。他這一時期的作品既合乎
學術規範，又充滿了強烈的政治色彩，[115] 還包括了更為明白直接
的干預，譬如那篇題為〈革命中的革命〉（Revolution in Revolution）
的文章（Bourdieu 1961），就預先告誡人們注意解放戰爭所可能產
生的各種事與願違的社會效應以及未來的誤區。

　　在1968年的反抗事件之前和期間，布赫迪厄又一次活躍起
來，他接受各個學生團體的邀請，在各大專院校發表講演。不過在
《繼承人：大學生與文化》（*The Inheritors: French Students and their
Relation to Culture*, Bourdieu and Passeron 1979，初版於1964年）一
書中，布赫迪厄卻對法國全國學生聯合會（Union nationale des
étudiants de France, UNEF）的主張給予迎頭痛擊。這個組織是當時
主要的學生同盟，它透過掩蓋因不同階級出身和不同性別而存在的
內在差異，把它的全體成員說成是一個統一的「社會階級」。[116] 在
整個七〇年代，絕大多數五〇年代的前共產主義知識分子和七〇年
代的毛主義者都不同程度地公開表現出保守主義的「漠不關心」的
立場，而針對這股浪潮，布赫迪厄則巋然不動，遠離媒體宣傳，遠
離占領了新聞報導陣地的時尚潮流（譬如說由安德烈・葛魯克斯曼
[Andre Glucksman]、貝爾納－亨利・李維 [Bernard-Henri Lévy]）和
亞蘭・芬凱爾克勞特 [Alain Finkielkraut] 領導的所謂「新哲學家」

---

115 他的第一本書《阿爾及利亞紀事》由燈塔出版社（Beacon Press）在美國出版發
　　行，封面上印著一面飄揚的國旗，一面尚待誕生的阿爾及利共和國的國旗。
116 尤其參見布赫迪厄和帕斯隆著作中（Bourdieu and Passeron 1979: 52）對比有關
　　學生所處時代氛圍的意識形態思潮和社會學思想的圖表。目前唯一為人知曉的
　　教授聲援五月風暴的宣言，就是由布赫迪厄起草的，不過他同時還呼籲制定某
　　些措施，以抵制學生的呼籲中體現出的烏托邦主義（見《五月的思潮》（*Les
　　idées de mai*, 1978）。

運動），繼續宣導漸進的進步立場。同時，他還決定不參與一系列幾近儀式性的示威聲明活動（這些示威活動使一批著名知識分子匯聚在已近垂暮之年的沙特旗下），而選擇不那麼大肆聲張的行動方式。在保守派政黨統治法國直至1981年的期間，布赫迪厄一直是一名保守派政黨的堅定反對者，然而隨著密特朗（François Mitterrand）選舉獲勝而上台的社會黨政府執政期間，布赫迪厄對社會黨政府而言，依舊是一名頗具建設性的左翼批判者。1986年至1988年的「共同執政」間奏之後，左派重掌大權，此後布赫迪厄便更直接地關注他權能所及的一系列問題，如教育、電視和宣傳。[117] 這麼些年來，布赫迪厄還一直陸陸續續地和種族歧視救援組織一起投入反種族主義的鬥爭，但同樣的，他也不正式加入此組織。近來，他領導了一項大規模的社會疾苦調查，旨在清除制度上的障礙，使各種社會的呼聲能夠透過正常管道得到表達，接受審查（參見本書〈反思社會學的論題〉的「捍衛理性的現實政治」）。他在批判性的超脫和涉入（detachment and involvement，借用愛里亞斯 [Elias 1987a] 那對著名的對偶概念）兩者之間的立場，也體現在援助波蘭的行動中。那次行動是布赫迪厄和傅柯一起組織的。1981年12月，賈魯塞斯基（Jaruzelski）在波蘭發動了軍事政變，法國

---

117 布赫迪厄為了給密特朗的1988年總統施政綱領中的教育部分提供諮詢，起草了一份〈法蘭西學院就我國教育前景的報告〉（Report of the Collége de France on the Future of Education, Bourdieu 1990g），並就此與許多歐洲國家的一批商貿公會組織交換了意見，隨後同意與生物學家弗朗索瓦‧格羅斯（François Gros）合作領導一個「教育內容改革委員會」。該委員會是諮詢性的，負責推進一項長期性的學校改革計畫，那是當時米歇爾‧羅卡爾（Michel Rocard）的社會黨政府的重點計畫。他還支持一項有關拼寫法的改革計畫，這一計畫充滿了政治色彩，並在一個面向全歐的公營文化電視頻道的創建過程中發揮了積極作用（該頻道的負責人是他的同事，中世紀史專家喬治‧迪比 [Georges Duby]）。布赫迪厄還活躍在一個宣導取締公共電視（頻道）中的廣告的壓力集團中。

的社會黨政府對此的反應卻不痛不癢。該行動就是抗議法國政府的
態度，也是他僅有的幾次與有關組織建立有組織的聯繫的努力之
一；在這些行動中，他力圖在知識分子與法國勞工民主聯盟
（Confédération française démocratique du travail, CFDT）這一法國工
會中最富革新精神的組織之間建立有組織的聯繫，此後他一直與該
組織保持合作關係。[118]

　　不過，布赫迪厄最不屈不撓的政治行動，或許也是他最不為人
所察覺的政治行動，是他對那些他眼裡的知識界隱匿頗深的劣跡所
進行的無情揭露，特別是針對許多新聞記者和學者日益增長的影響
力，因為他們運用其他方法無法在知識界獲得權威，他們就把新聞
管道當成一條謀求權威的捷徑（Bourdieu 1988a: 特別是256-70，以
及1980b）。或者可以說，這就是布赫迪厄和沙特或傅柯之間最明顯
的區別所在：後兩位大師基本上將他們的知識資本運用於較廣泛的
社會政治領域，而布赫迪厄則將他的批判矛頭首先指向各種威脅知
識的場域自身的暴君專制——巴思卡（Pascal）意義上的「暴君專
制」。布赫迪厄採用卡爾·克勞斯的方法（本書〈反思社會學的論

118　見Bourdieu 1991c。有關此次反響頗大的請願運動及此後一系列支持團結工會
　　的聲明之詳細介紹，參閱Eribon 1989: 316-24，又見布赫迪厄在《解放報》
　　（*Libération*）上發表的短文（1981e，又1985e），題目恰如其分，名為〈重揚左
　　派的自由意志傳統〉（Reclaiming the Libertation Tradition of the Left）。布赫迪厄
　　在文中呼籲從制度上接受肇始於五月風暴的法國政治生活中的「反制度潮流」
　　（譬如生態學、女權主義、權威批判等等）。最後，布赫迪厄還就海灣戰爭
　　（〈反戰爭〉 [Against War]，與其他八十名來自法國和阿拉伯國家的著名知識分
　　子共同署名的一篇文章，刊載於《解放報》[*Libération*，1991年2月21日]）和
　　移民與內聚力（1990年4月13日的一次訪談，載於《每日時報》[*Die
　　Tageszeitung*]）問題公開表明了立場。有關社會學在政治和時事方面應發揮的
　　作用，布赫迪厄所持有的立場和想法的更廣泛情況，參見Bourdieu 1986d,
　　1987l, 1988g, 1988h, 1989d，以及Bourdieu, Casanova and Simon 1975。

題〉註175），嚴厲抨擊了這些招搖撞騙的所謂知識分子，說他們就像特洛伊的木馬，是他們自己的世界中之異己力量。

在布赫迪厄看來，真正的知識分子，要根據他是否能夠獨立於各種世俗權力、獨立於經濟和政治權威的干預來加以判定。而要確保這種獨立自主，就必須以各種制度化、有序性的對話陣地的存在為前提。《圖書評鑑：歐洲書評雜誌》（*Liber: The European Review of Books*）就是這樣的一個陣地，是由布赫迪厄協助創辦的。[119]《圖書評鑑》被看成一種對抗知識界裡的地方主義和宗派主義之集體性手段。它的目的首先在於開闢一個空間，藝術家和科學家們可以在其中遵照各自的規範進行爭論。其次在於「粉碎那些相互吹捧的小集團，正是這些小團體間的彼此吹捧，產生了如此眾多的民族榮耀，產生了——看起來有些矛盾——以小品文形式出現的虛假爭論在整個世界輾轉相傳」。最後還在於解放思想，擺脫就地方性職業地位和支配範圍而展開的本位主義之無謂爭鬥。[120] 在布赫迪厄的心目中，《圖書評鑑》意在推動形成一種全歐洲的「集體性知識

---

119 自1989年以來，《圖書評鑑》已然成為法國、義大利、英國、西班牙、葡萄牙和德國等各大全國性報紙的副刊。它的編委會由來自這些國家的知識界領袖組成，而布赫迪厄則是其主編。

120 見布赫迪厄為《圖書評鑑》撰寫的編輯卷首語（後未刊行），他在文中向英國讀者說明了《圖書評鑑》的編輯宗旨（引自Turner 1990）：「知識分子自己從不發動政治運動，但他們能夠為之也應該為之襄助一臂之力。他們能夠提供權威，貢獻出自己的文化資本。然而今天，大致說來，他們並非如此。傳媒嚇跑了優秀的思想者，他們退縮在學院中，不問世事。而公共的論壇卻被半吊子的知識分子——譬如那些後現代主義者——接管。他們製造煽情的爭論，拋售虛幻的問題，浪費每一個人的時間。《圖書評鑑》的想法，就是要開闢一塊安全的空間，讓那些優秀的思想者走出隱修所，重返世界。知識分子們總是過高估計他們個人的能力，而對他們作為一個階級可能擁有的力量卻自視不足。《圖書評鑑》就是要透過努力，將知識分子團結在一起，發揮戰鬥作用。」

者」（collective intellectual），而能夠作為一種在整個歐洲反擊符號
權力的力量。與此類似，自1975年來由布赫迪厄創辦且編輯的
《社會科學研究探索》（*Actes de la recherché en sciences sociales*）雜
誌也遵循著一條政治與科學並舉的路線。你可以把這種路線說成是
一種提倡跨學科研究的科學行動主義，它既時刻注意自身在社會政
治方面的意涵和職責，又完全獨立於任何官方的政治議程。為該雜
誌撰文的知識分子，其風格正如布赫迪厄所言：獨立自主，又富有
關懷；投入，卻不屈於任何政治「正統」的教條。[121]

今天，符號的生產者們面臨著前所未有的威脅。有鑑於此，積
極主動地為合乎理性的對話開闢這樣的制度性陣地，就顯得愈發重
要了（Bourdieu 1989d）。這裡所說的威脅，包括在藝術和科學的領
域裡，國家的干預和經濟利益的滲透都日益變本加厲；經營電視、
出版社、電台的各大機構彼此聯合，鞏固自身，逐漸變成獨立的文
化體制或機構，兜售自己的生產標準和消費準則；知識分子逐漸被
剝奪了評價自身的能力，學術評價標準則為用來衡量新聞的話題
性、可讀性和新穎性的標準所替代。所有上述威脅產生的壓力，都
使得文化生產者們被迫面臨一個選擇：是成為「一名專家，就是
說，一名為支配者服務的知識分子」，還是繼續「當一名獨立自主

121《社會科學研究探索》時常有幾期是知識界直接參與對政治問題的介入：譬如
　　1986年3月號就「科學與當前的問題」，重點推出了幾篇文章，分別探討了波蘭
　　團結工會運動的社會基礎，新喀里多尼亞發生的Kanak暴動（對殖民社會產生
　　了很大震盪），印度歷史和政治中的錫克人問題，以及在法國的阿拉伯殖民問
　　題。1990年11月號，「列寧主義的垮台」為主題，探討了東歐正在發生的巨
　　變。1988年的3月號和6月號，以「思考政治」為主題，上承該年初春的法國
　　總統選舉，下啟暮春的議會選舉，對希拉克（Jacques Chirac）和法比尤斯
　　（Laurent Fabius）（兩人當時分別是在任總理和前任總理，並分別是保守的保衛
　　共和聯盟和社會黨的著名成員）（在媒介上的）自我表演予以駁斥，並揭露政
　　治家們操縱選舉民意調查、把持電視的惡劣行徑。

的舊式小生產者，其象徵便是固守象牙塔只知演講授課的教授」
（見Bourdieu和Wacquant 1991: 31）。為了擺脫這種致命的抉擇，布
赫迪厄呼籲開創一種新型的參與方式：集體性知識者，從而，知識
的生產者們能夠首先透過確立自身作為一個群體的獨立存在，而成
為自主的主體，去影響政治。

　　布赫迪厄一向對他自己的價值觀諱莫如深。不過，從他為他人
著作所作的序言和他對人物的讚譽中，人們仍可發現，是哪些關鍵
問題對他有所觸動。在他對莫里斯·哈布瓦赫（Maurice
Halbwachs，布赫迪厄前一任的法蘭西學院社會學主任）悲慘地罹
難於納粹集中營一事的評論裡，字裡行間不可抗拒地透露出一種設
身處地、替人擔當的自我剖示情懷。他如此寫道：

　　我深深知道，在當今這些時日，學術操守並不怎麼受人欣
　　賞，我也深深了解，所有旨在反對各種宗派主義、建立一種科
　　學人道主義的努力，有多麼容易被斥之為不切實際的幻想，是
　　只屬於平庸度日的小資產階級，屬於沒有主見的社會民主主義
　　者。而科學人道主義，那是一種什麼樣的精神？她拒絕將我們
　　的生存一分為二，一半屬於科學的嚴密與精確，另一半則交給
　　政治的狂想和激情；她致力於將各種理性的武器服務於寬宏大
　　量的慈悲信念（Bourdieu 1987m: 166-67）。

　　布赫迪厄讚揚哈布瓦赫忠誠不渝地堅持一個知識分子立場，
「把一名研究者的工作看作是一項積極行動的戰鬥使命（tâche
militante [反之亦然]）」，他談到哈氏基於「對體制的批判眼光」，
「廣泛地致力於宣導一種科學理性的政治，而首先是在大學範圍之
內，在這個科學理性成就了自身的特定秩序之內宣導這種科學理性
的政治」。每一個和布赫迪厄交往過的人，無論多麼短暫，凡聽到

這些話，都會立即感受到他正在表露出自己最深切珍愛的那些價值觀念。[122] 概言之，這表明了布赫迪厄的社會學也可以被視作一種政治（politique，就布赫迪厄賦予該詞的意義而言）來讀解：它力圖改變那些我們據之建構社會學、世界和自我的觀照原則，並因此使我們有可能合乎理性地以人道主義的精神去塑造社會學，塑造社會，並最終塑造我們的自我。

---

122 這一點，在這篇頌詞的結尾更為明顯。布赫迪厄（Bourdieu 1987m: 170, 167）明確表示：「我們必須毅然決然地承擔起對科學理性中的解放品性之信念，就像哈布瓦赫曾公開宣稱的那樣」，然後號召我們繼續未竟的「科學事業」。

反思社會學的論題（芝加哥研討班）

皮耶・布赫迪厄／華康德

如果一定要我「總結」維根斯坦的思想，那麼我的總結就
是：維根斯坦使改變自我成為一切變化的前提。

——奧斯特（Daniel Oster），《在此期間》（*Dans L'intervalle*）

1 作為社會分析的社會學

●——— **華康德[1]：讓我們從您的著作《人：學術者》（Bourdieu 1988a）
一書開始我們的討論，因為這本書在許多方面都處於您的社會學綱
領的中心（Wacquant 1990a: 678-79）。在這本書中，您既提出了一
種學術體制的經驗社會學，又對研究自身所處世界時，學者在認識
論方面所涉及的各種潛在危險和兩難窘境進行了分析。人們也許會
這樣認為，既然這本書考察的是法國的知識分子，而您就是這個世
界的一員，而且在近三十年裡，您一直是一個主角，那麼寫起這本
書一定得心應手。現在看來剛好相反，在您的所有研究中，《人：
學術者》無論從所耗費的時間、思考醞釀和落筆寫作的方面來看，**

---

1 編註：華康德的發言均以粗體字表示。

還是就您在經驗研究中所投入的精力來說，看起來都是您最嘔心瀝血的一部著作——而且（我想這一點是頗有啓發意義的）它也是最讓您焦慮的著作，因爲您在前言中提到自己對出版這樣一本書憂心忡忡，並把整個第一章都用來避免對此書所可能產生的各種不同的誤讀，並且言辭謹愼以防止這些誤解。爲什麼這本書會如此艱難？

布赫迪厄答：確實，在很長的一段時間裡，我一直把《人：學術者》這本書放在「箱底」，沒有拿出來發表，因為我擔心，一旦不小心讓它出版，人們就會以一種與它的深層用意完全相反的方式去閱讀，例如，人們會把這本書看作一本通俗小冊子，或是看作自我責難的手段。[2] 這方面，總是會存在一種很大的危險，即對自己的作品失去控制。儘管自從柏拉圖的《第七封信》[3] 以來，這種說法就已經是老生常談了，不過當我這本書即將付梓時，在這方面確實引發了它特有的問題。我很擔心，我的讀者（由於此書內容的關係，這本書的讀者絕大多數都是學術界人士）對此書論述的切身利害會過於強烈，使我為了防止出現這種自發性的讀解而做的全部努力前功盡棄，並且人們會把此書中所包含的分析降低到一種發生在學術場域內爭鬥的層次，將這本書看作學術競爭的一部分；而實際上這本書的分析主旨卻是要把這種學術競爭作為分析的對象，並藉此使讀者對這種現象有所把握。

---

2 在《人：學術者》出版不久，布赫迪厄（Bourdieu 1987a: 116）在一篇反省此書的文章中，以罕見的、飽蘸情感的語言寫道：「社會學可以是一種極為有力的自我分析工具，它可以透過讓人們理解他（或她）自身的生產條件及其在社會世界中所占據的位置，使人們更理解他（或她）自身到底是什麼……因此，這本書要求一種獨特的閱讀方式。讀者不應把它看作論戰性的小冊子，或以一種時髦的自我懲罰方式來使用它……如果我的書被看作一篇論戰，我會立即對它產生厭惡之情，寧願將它付之一炬。」

3 譯註：在現存的柏拉圖信件中，寫給敘拉古（Syracuse）的統治者狄翁（Dion）親屬的第七封信篇幅最長，也最重要，其中概括了他哲學思想的發展。

　　《人：學術者》這本書的特殊之處就在於：科學的客觀對象化一般所要求的工作，在這裡是透過對這種客觀對象化的主體的研究──即精神分析意義上的工作──來實現的。對這樣一個對象進行研究，人們必須每時每刻都要提醒自己，客觀對象化的主體本身正在變成研究的對象（被對象化），因為在撰寫最尖銳嚴厲、不留情面的客觀化分析的同時，必須敏銳地意識到，這些分析也可以應用到那些正在撰寫這些分析的人身上。再者，我們還要認識到這些分析所涉及的大多數人，在面對這些分析的時候一點也不會想到，這些表面上「殘酷無情」的論述的作者正在和他們一起承受這種批判。⁴結果，這些人將事實上進行的一種探尋工作（labor of anamnesis）──即一種社會分析──痛斥為一種毫無根據的殘酷無情行為。（這裡我想到了本書中的一些段落，正是它們導致我和我的一些最好的朋友分道揚鑣，我與一些同事之間也因此發生了非常尖銳的衝突──我想這些事情的意義不只是人們茶餘飯後的談話資料──我的這些同事非常準確地領會了這種科學對象化的無情力量，但他們卻認為我在如此分析時存在著矛盾，即我在進行對象化活動時，根本沒有把自己考慮進去。然而無可置疑的是，我在撰寫此書的期間，無時無刻都在對自己進行客觀化的活動。）

　　在《人：學術者》這本書英譯本的前言中，我指出了這樣一個事實，即那些主張異端學說的哲學家，絕大多數──如果不是全部的話──都一直處於一種非常奇怪的位置，這個位置由下述兩點構成，一是他們認為，擺脫世俗生活中那些必不可少的事務是知識分

4 本納德・柏格（Bennett Berger 1989: 190）富有洞察力地注意到這一點：「在布赫迪厄的著作中一貫體現出來的反思性風格，始終提示讀者，他本人也像其他人一樣，也置身於位置、性情傾向和預定性情（predisposition）之間的相同關係：這也是布赫迪厄向他的批判者提出的一個邀請，請他們揭示因這些關係的影響而導致的種種歪曲。」

子的德行，二是他們使一代人的集體命運變成了少數幾個「選民」的個人抉擇。同時，我將上述事實作為主要的因素，以說明和理解在全球知識界中當代法國哲學家（傅柯、德希達等）的獨特性。在正常情況下，哲學家會因他們自身的學術成功而使他們處於學術體制的支配位置，從而也會使他們局限於該學術體制的簡單再生產。但法國當代的這些哲學家卻經歷了學校體制之瓦解，而且，緊接著1968年的「五月風暴」和法國大學隨即產生的變革，他們又目睹和經歷了傳統支配位置如何變得站不住腳，且不可容忍。這些引導他們走向一種反制度的傾向，[5] 這種性情傾向至少在一定程度上，可以在他們與作為制度的大學之間的關係中找到根源。從我個人既定的發展軌跡和社會位置出發，我不能否認自己也具有這種反制度的心態。因此我所處的位置使我能夠很好地理解：任何分析，如果迫使我們揭示一種立場的社會決定因素，而這種立場原本又很容易被人們體驗為是一種自由達到的、自我斟酌的抉擇，甚至被看作是一種或多或少「英雄般」的理論斷裂的結果，那麼它在某種程度上就勢必會惹人生厭或令人惱火。

● ——**這樣看來，您對自己研究的世界具有一種瞭若指掌的熟悉，這既是您的一份財富，在另一種層面上也是一種必須去克服的障礙。這是否就是為什麼您這本書以如此大量的資料為基礎（僅僅列舉這些資料的來源，就用了好幾個附錄），但在發表時卻只展示了其中很小一部分的原因？**

　　實際上，在如何運用材料，如何撰寫分析方面，這本書都讓我煞費苦心。首先，在如何恰當地展現這些資料方面，就使我苦思冥想。這裡存在大量問題，而這些問題透過對我自己的學術軌跡[6]的

---

5 這種性情傾向的複雜多樣和頑強有力，在埃里篷為傅柯這位法國哲學家所撰寫的堪稱大手筆之傳記中（Didier Eribon 1991）得到了淋漓盡致的表現。

分析，就可以得到非常充分的說明。例如，我可以透過自己的學術經歷來說明某種形式的「貴族」取向：我所遵循的乃是一條法國教育體制中通向最高位置的軌跡，並且最初是作為一名哲學家受到訓練的（這可以說明為什麼在哲學圈子中可以在某種程度上發現我的「無形學院」[invisible college][7]，以及為什麼我會毫不猶疑地將某種形式的實證主義之炫耀癖作為一種沉悶無聊的把戲，自然而然地加以拒棄），這些因素與一些其他方面的因素加在一起，就導致了我身上的一些「貴族」傾向。即便是這樣，說實話，我也從未像為撰寫這本書而處理過如此多的材料。恰恰是這一點，在英國和美國，人們總並不是樂意承認，[8] 而且他們拒絕承認這種處理材料的方法

---

6 參見布赫迪厄與霍耐特等人的談話（Honneth, Kocyba and Schwibs 1986），和他自己的一些文章（Bourdieu 1987a, 1987e）中對自己的學術經歷所做的第一手扼要複述。有關他對法國二戰以來學術場域的看法，請查看Bourdieu and Passeron 1967, Bourdieu 1987e和1991a，以及《人：學術者》一書的前言。

7 譯註：「無形學院」是英國科學家羅伯特・波義耳（Robert Boyle）在十七世巷紀提出的概念，後來知識社會學家普賴斯（Derek John de Solla Price）用來指科學界廣泛存在的非正式之交流群體。有關這方面的研究可以參見黛安娜・克蘭（Diana Crane）著，劉珺珺、顧昕、王德祿譯，《無形學院：知識在科學共同體的擴散》（*Invisible Colleges: Diffusion of Knowledge in Scientific Communities*）（北京：華夏，1988）。

8 參見紀登斯（極具反諷意味的是，他的聲譽並非建立在他的經驗研究上）對《秀異》一書的評論（Anthony Giddens 1986b: 302-303），這一評論代表了這種反應：「雖然它與大多數英美社會學家所認定的那種值得推崇的經驗研究報告相去甚遠，但其中仍充滿了對法國不同社會階級的習慣和態度所進行的廣泛深入之經驗性考察。事實上，此書對上千人做了頗有深度的訪談。」墨菲（Murphy 1983: 40）的評價更有些全盤否定的粗暴味道，他走得如此之遠，以至於他斷定布赫迪厄「力圖使經驗社會學名譽掃地，這種努力已經導致他根本無視對材料的系統使用，而是採取一種毫無說服力的使用材料方式來證明他自己的想法」。他把布赫迪厄的這種「無視」，歸咎於據稱是布赫迪厄所具有的一種「反實證主義的、含混的人文主義傾向」。

時所依據的，無庸置疑是那種有關資料及其使用方法的實證主義
觀，這種實證主義觀錯誤地將科學等同於對材料和程式的炫耀展
示。然而在這一點上，我們最好的做法就是展現這些材料被構建和
被分析的種種條件。

　　其次，在寫作方面，這本書也同樣使我「苦」思冥想。一開
始，我已經撰寫了相當可觀的篇幅，這些文字中輕描淡寫的爭論、
無關痛癢的譏諷，本來可以使我這本書「風行一時」，但最終我還
是把它們扔進了廢紙簍。我之所以這樣做，就是因為這樣的文字會
鼓勵向一種司空見慣的場域觀（即一種以這樣或那樣的爭辯立場為
立足點的，置身爭辯之中的場域觀）往後退。[9] 此外還需要指出的
是，以科學的方式產生《人：學術者》這種深入的社會學分析，在
如何撰寫的方面也會導致非常棘手的問題。人們必須創造一種全新
的語言，力圖使讀者既能像作者一般敏銳地感受到問題的癥結所
在，又能理解作者的分析，既能感知現象，又能把握概念（我們在
歐洲社會學中心編輯的雜誌《社會科學研究探索》，已經成為新的
社會學表達方式的一塊試驗場地，這種表達方式易於傳達一種眼光
[eye]，亦即構成一門科學的那種相關原則 [pertinence]）。[10] 我的希

9　這種對學術場域所持有的片面的、滲入自身利益並因此喜爭好辯的觀點可以找到
　　許多例子。在法國，費里和雷諾（Ferry and Renault 1990）的著作《1968年的思
　　潮》（*French Philosophy of the Sixties: An Essay on Antihumanism*）充滿了謾罵和諷
　　刺；在美國，拉塞爾‧雅各比（Jacoby 1987）的《最後的知識分子》（*The Last
　　Intellectuals: American Culture in the Age of Academe*）飽含哀嘆和追悼的感情。這
　　兩本書都是這種觀點的範例（即柏拉圖所說的典型例子的意思）（參見華康德
　　[1990a] 對這一點的進一步探討）。

10　《社會科學研究探索》所發表的文章，寫作格式靈活多變，從精雕細琢的論文，
　　到對正在進行的工作的之「粗略」說明。這本雜誌包含了不同的體裁、篇幅以及
　　字體格式，並廣泛地使用圖畫、原始報告的影本、實地考察和訪談的紀錄摘選，
　　還配上統計圖表。這本雜誌在印刷、修辭和體裁方面的創新基於這樣一個觀念，

望就是創造一種語言，能夠使有關社會世界的話語的生產者避免一種僵化的選擇，因為這種選擇要求學者必須在下述兩種立場中做出非此即彼的選擇，要不是乾癟的、採用科學方式予以說明的實證主義超脫（detachment），就是更具經驗感受性的、頗富文采的涉入（involvement）。我在《人：學術者》中設想要做的，正是我在《秀異》中力圖要做的，即創造一種「話語蒙太奇」，[11] 使學者能同時

即反思社會學的實質內容與其表達形式是密切關聯的，而且詳細闡發社會學對象的方式，至少與研究的最終結果一樣重要。正如雜誌本身的名字所表明的，「研究探索」即使不比最終結果更重要，至少關係同樣重大。「一門將社會形式和社會形式主義作為自己的研究對象的社會科學，在展示它的結果時，必須再現使這門社會科學能夠產生這些結果的去神聖化（desacralization）之操作過程。在這裡我們遇到的無疑是社會科學的一個特有問題：克服並破除掩蓋（社會現實）的社會機制，只有當社會科學的傳播得以避免（哪怕是不完全地避免）所有那些控制有關社會世界的話語法則，社會科學的成就才能對個人和集體的實踐有所啟迪。在這種情況下，交流就是在每一個可能的時刻，提供一種手段——在實踐中發揮作用，而不僅僅是口頭說說而已——來重複那些操作過程，而正是這些操作過程使有關實踐的真相有可能水落石出。如果社會科學不得不提供各種感知（現象的）手段和只有透過這些手段才能被把握的事實，那麼社會科學就必須不僅證明（démontrer），而且還要指明和展示（montrer）」（布赫迪厄為1975年創刊號撰寫的無標題卷首語 [第1期，頁2]）。雜誌活潑的格式有助於說明它超過八千份的發行量，這是法語出版的各種社會科學出版物中最高的，而且這本雜誌的發行遠遠超出了學術圈的範圍。

11 只有在1979年午夜出版社（Les Éditions de Minuit）出版發行的《秀異》原文版中才能最充分地察覺這一點；由於成本和體裁方面的慣例，此書的英譯本只是非常不全面地再現了最初法文著作的文本編排。巴納德在他的研究論文〈布赫迪厄和人類文化學或人類學〉（Bourdieu and Ethnography, Barnard 1990: 81）中評論《秀異》：「『密密麻麻地充斥著各種嚴格的社會學的特殊方法：表格、圖示、調查、訪談和示意圖』（華爾納 [William Lloyd Warner, 1898-1970] 語）。但此書也包含從雜誌上摘錄的文字、照片攝影和直接進入書中所描述的環境所獲得的資料。再者，在這本與眾不同的書中，所有這些要素揉合成一個天衣無縫的整體，對各種文本的表達方式沒有厚此薄彼之感。如果這就是人類文化學或

提供科學觀照（vision）和直達事物的直覺，這種直覺正是科學觀
照所要解釋，但卻明顯加以排斥的。但這種做法也許已經產生了一
種「對號入座」效應或標籤效應，使人們粗暴地曲解了我的分析，
迫使我不得不放棄自己的想法。

　　事實上，一門有關知識界境況的社會學，它的中心問題之一，
就是知識分子和所有的社會行動者一樣，都是「自發的社會學
家」，在把他人轉化為客觀對象方面技藝都特別嫻熟。不過與普通
社會行動者不同，知識分子作為話語和闡述方面的職業人員，能夠
將他們的「自發社會學」——即他們從切身利害的角度出發對社會
世界的觀點——披上一門科學的社會學的外衣，而他們在這方面的
能力則是常人所遠遠不及的。

● ——**在《人：學術者》中，您提出了一種社會學，以分析您置身其
中的學術世界。不過，您的目標並非僅僅是撰寫一本論述法國大學
及其教員和研究人員的專論，而是要對社會學方法做出更根本的探
究和分析。**

　　當我在六〇年代中期開始這項研究時，學術體制正陷入一片危
機（隨著1968年的學生運動風起雲湧而陷入最為深刻的危機）
中，但這種危機尚未如此尖銳，以至於像今天這樣公然對學術「權
力」展開爭奪。而我的意圖就是對社會學實踐本身進行一次社會學
的檢驗。許多人暗中詆毀社會學知識或剝奪社會學作為一門科學的
資格，因為他們認為社會學家在研究社會世界時，必然採取一種受
各種社會因素決定的觀點。我想要證明，與這些人所宣稱的剛好相
反，社會學能夠借助自身關於社會世界的知識，在某種程度上避免
這種歷史主義的循環；而社會科學本身正是在它所研究的社會世界

　　人類學——而且它確實包含了人類文化學或人類學獨有的要素——那麼它肯定
　也是一種全新的人類文化學或人類學。」

中被生產出來，以控制在這個世界中發揮作用的並同時對社會學家
自身產生影響的各種決定機制之效果。

在這項研究中，我追求雙重的目標，構建雙重的對象。首先，
表面上的對象是由法國大學構成的，我將它看作一種體制；這要求
我分析它的結構和功能作用，分析在這個體制中發揮效力的不同種
類之權力，分析在其中逐漸占據各種位置的行動者和他們到達這些
位置所歷經的種種軌跡，以及分析那種「教授式的」世界觀，等
等。而其次，我還打算建構更深層的對象：即一個人在將他自己所
處的世界看作一個客觀對象時所必須的反思性復歸（reflexive
return）。社會往往認定：一種學術體制的設立，由於其自身的客觀
化工作，因而是具有客觀性和普遍性的；而要把這種體制作為研究
的對象，你就必須進行上面所說的反思性復歸。

●── 六〇年代早期您對法國西南部您「老家」村莊中的婚姻習慣所
做的研究（Bourdieu 1962b, 1962c, 1977b）中，（在此之前，您曾
經對阿爾及利亞的農民進行過類似的研究 [Bourdieu 1972, 1990a:
147-61]）您就已經採用過類似的手法，即假託大學──這個您自身
的職業生活所在的場景──來研究社會學的「觀注」方式。

是。至少從我個人的學術發展軌跡的意義上看，《人：學術者》
代表了我從六〇年代早期開始的一種非常自覺的「認識論實驗」的
巔峰。在六〇年代早期，我開始採用以往用來研究陌生的異族社會
（即阿爾及利亞的農民和工人）親屬關係內在邏輯的研究方法，來
研究我最熟悉的世界。

這一研究背後的理念，就是要顛覆觀察研究者與他所研究的世
界之間的自然關係，就是要使那些通俗常見的變得不同尋常，使那
些不同尋常的變得通俗常見，以便明確清晰地展示上面兩種情況中
都被視為理所當然的事物，並用實踐的方式來證明，有可能充分徹
底地將客體以及主體和客體的關係都作為社會學研究的對象。後者

我稱之為「參與性對象化」（participant objectivation）。[12] 但最後，我將自己置於一種不可能的境地。事實上，我發現如果不把我將他人構造成研究對象時可能具有的旨趣本身加以對象化，不讓自己鼓起勇氣，振作精神，以抵制那種無疑是社會學家立場中內在的固有誘惑——即對所研究的對象採取一種絕對、專制的觀點（這裡假定存在著一種支配學術世界的知識權力）——要想在社會研究中徹底進行客觀對象化，即使不是不可能，也是特別困難的。所以要想使這項研究有個圓滿的結果，並能付諸印行，我必須發掘出這個世界深藏不露的真相，即每個身處這個世界的人都相互爭鬥，以爭取獲得一個機會，從事社會學家被誘使進行的那種將他人對象化的工作。我必須將人們面對的這種誘惑作為我研究的對象，而且，更準確地說，將某些時候也使社會學家布赫迪厄不由自主地陷入其中的那種形式的誘惑作為研究的對象。

●——在您的著作中，自始至終都強調需要對社會學家和塑造社會學家的世界回過頭來予以反思。您堅持指出，這並非一種學術的自戀症，而能夠產生真正的具有科學意義的後果。

12「只有當客觀對象化過程包含了對推行這一過程（即對象化過程）的觀注點本身進行對象化時，它才有成功的機會。簡言之，在『參與觀察』和客觀主義之間的常見選擇，只能妨礙我們把握『參與性對象化』的可能性和必然性，前者必定以一種神祕化的方式沉浸於所研究的社會之中，而後者則對所研究的世界採取一種絕對（專制）的觀注。……最具批判性的社會學正是那些預先假定並暗中蘊含了最徹底的自我批判的社會學。把從事對象化工作的學者自身作為研究對象，這既是充分徹底的客觀對象化之前提，也是它的結果。只有當觀察者本身被觀察，只有當社會學家也成為客觀化的對象時，而且不僅是他的社會身分，他自身被生產的社會狀況，以及因此產生的『他的心智局限』要成為研究對象，甚至他所從事的客觀對象化的工作本身，在這一工作中隱含的利益，以及它未來將會帶來的利潤，都成為研究的對象，社會學家才有可能成功地完成客觀對象化的工作」（Bourdieu 1978a: 67-68）。

　　事實上，我堅信社會學的社會學是社會學認識論的一個根本性的向度。它遠非社會學眾多專業性分支之一，而是任何嚴格的社會學研究必不可少的先決條件。在我看來，社會科學中出現錯誤的一個主要根源就在於，它與研究對象之間有著不加控制的關係，而社會科學還往往將這種關係投射到對象身上。當我閱讀一些社會學家所撰寫的著作時，十分苦惱的是這些人的職業就是對社會世界進行客觀化，但事實證明他們很少能夠將他們自身作為客觀的研究對象，而且他們也經常不能意識到，他們表面上用科學語言所談及的，並非對象，而是他們與對象的關係。

　　目前看來，將推行客觀對象化的社會學家自身的觀點作為研究的對象，已經俯拾皆是了，但大多以一種即使在外表看起來激進徹底、實際上卻流於膚淺的方式進行著。當我們說「社會學家是囿於一定歷史環境中的」時，我們通常是說他們就是「資產階級社會學家」，並且只是這麼說說，而不再深究了。但不管把哪個文化生產者作為研究對象，所要求的都不僅僅是指出——並且惋惜——他所具有的階級背景和階級地位，他的「種族」，或他的性別。我們必須牢記，還要將他在文化生產的世界——具體而言，在《人：學術者》一書中是指科學或學術場域——中的位置作為研究對象。《人：學術者》的一個貢獻就是表明：當我們像盧卡奇（Georg Lukaács）那樣進行客觀對象化，即在文化對象和社會階級或集團（文化對象被認定是由這些階級和集團，並且是為這些階級或集團的利益而生產的）之間建立一種直接的對應關係時（在盧卡奇之後，戈德曼 [Lucien Goldmann 1975] 仿效盧卡奇，採用這種非常普遍的社會學化約論的一種最複雜的形式，進行了類似的研究）——就像當我們常常聽到人們談論某部英國戲劇表現了「處於上升階段的中產階級之兩難困境」類似的東西，我們就會犯上一種我稱之為「短路謬誤」（short circuit fallacy）的錯誤（Bourdieu 1988d）。當我

們力圖在兩個相距甚遠的術語之間建立一種直接的聯繫時，我們往往忽略了文化生產場域這個相對自主的空間在兩者之間所提供的具有決定意義的仲介關聯。文化生產場域的這個子空間還是一個具有自身獨特邏輯的社會空間。在這個空間中，為著某種利害攸關的特殊事物，行動者你爭我奪，可是他們所追求的利益，從更大範圍的社會世界中普遍通行的利害關係來看，可能算是頗為超越功利的了。

　　但要是只停留在上述這個階段，那麼我們仍然對許多最基本的偏見未加思量，沒有深究。這些基本偏見的原則，既不在於文化生產者的社會（階級）定位，也不在於社會學家在文化生產場域的特定位置（而且，出於同樣原因，也與社會學家在各種可能存在的理論、實質內容和方法論方面的不同姿態所構成的空間中之位置無關），而是在於思想立場本身內在的一些不被察覺的決定因素，在於社會學家觀察社會世界的學究式眼光。只要我們去觀察（theorein）社會世界，就會在我們對社會世界的感知中引進一種偏見，而這種偏見根源於一個事實：要去研究社會世界，描述它，談論它，我們就必須或多或少地從中完全抽身而出。我們所構建的關於社會世界的理論，是一種以理論為出發點的觀注方式的產物，亦即一種「凝神冥想」（contemplative eye）的產物；而上面所說的那種唯理論主義或唯智主義的偏見，正在於我們忘記了將上述事實納入我們所構建的關於社會世界的理論之中予以考慮。一門真正的反思社會學必須不斷地警醒自身，來反對這種「認識中心論」（epistemocentrism）或「科學家群體的自我中心主義」（ethnocentrism of the scientist）。分析者的實際處境是置身於對象之外，從而是遠距離、高高在上地觀察他的對象，正是因此他在對這一對象的感知中注入了各種偏執之見，而恰恰是對這些偏見的忽略，構成了上述所謂的「科學家群體的自我中心主義」。[13] 例如，一個人類學家試圖透過構建一個家

譜體系來理解「親屬關係」，他所構建的這個世界中的親屬關係卻與一個卡比爾氏族頭領的親屬關係相去甚遠，這個頭領必須解決的是像為他的兒子找個合適配偶如此帶有緊迫性的實踐問題。又例如，那些研究美國學校體制的社會學家對學校的「用法」與那些要為自己女兒找個好學校的父親的「用法」迥然不同。

此處論述的要點並不是說理論知識毫無價值，而是要指出我們必須了解理論知識的局限，並在進行任何科學說明時，也要說明這些科學說明的局限範圍和產生這些局限的因素：理論知識中大量最基本的性質歸因於這樣一個事實，即生產理論知識的條件並非產生實踐的條件。

●────**換句話說，一門恰如其分的社會科學，在它所構建的理論中，必須包含說明理論和實踐之間的鴻溝的理論。**

正是如此。一個充分的現實模型必須考慮這一模型與行動者（這些行動者一般不會考慮這種模型）的實踐經驗之間的距離，這

---

13 布赫迪厄在《實踐感》（1990a: 第一部分）一書和〈學究觀點〉（The Sholastic Point of View, (1990e: 384)）一文中詳盡地論述了「學究謬誤」的概念：「在社會科學中，忽視暗含在〈學究觀點〉中的所有問題，會導致我們犯最嚴重的認識論錯誤，這種錯誤就在於所謂『在一部機器（譯註：十八世紀的唯物主義哲學家拉‧梅特里 [Julien Offray (La Mettrie, 1709-1751)] 曾提出「人是機器」的說法，當代理論家 [(尤其是法國理論家)] 沿用這一說法來對抗唯智主義和理念論，不過「機器」一詞原有的機械論色彩已日漸淡薄，其當代用法與社會理論把身體作為社會分析的一個焦點的觀念是頗為一致的。七〇年代以來，使用「機器」概念最重要的例子，參見德勒茲 [Gilles Deleuze] 和菲力克斯‧瓜達里 [Feélix Guattari] 的《反伊底帕斯：資本主義與精神分裂》[*Anti-Oedipus: Capitalism and schizophrenia*, 1983 (1972)]）中安置了一個學究』，用科學家的形象勾畫所有的社會行動者（而且是對人類實踐進行推理的科學家，而非從事各種活動的科學家，即行動中的科學家)），或者，更準確地說，將科學家用來說明實踐所必須構建的模型，置入行動者的意識之中，這似乎意味著，科學家要想理解實踐、說明實踐所必須構建的模型，倒成了各種實踐的主要決定因素和真正起因。」

種模型能使它所描述的社會機制在行動者不知不覺的「默契合作」下發揮作用。大學的情況正是這一要求的檢驗標準，因為在研究大學時所涉及的所有事情都很容易誘使我們陷入唯理論主義的謬誤。學術世界與所有的社會世界沒什麼兩樣，也是爭鬥的場所；學者們彼此爭奪對學術世界和一般社會世界的真理之掌握權。我們可以非常簡潔地說，社會世界是在界定何為社會世界方面發生連綿不絕的鬥爭的場所；但今天，學術世界有其特殊性，即它的表態和定論屬於社會中最有權力之列。在學術界中，人們爭鬥不休，以確定究竟是誰在這個領域中受到社會的委託和授權來講述社會世界的真理（例如，界定什麼人和何種行為是越軌的，或誰是一個「從事專門化職業的人士」和什麼是相應的「職業活動」、工人階級的界線在哪裡、是否存在某個特定的集團、宗教或民族，以及它們是否應享有某些權利等等）。以社會學家的身分涉入此一爭鬥，就容易受到這樣一種誘惑，即聲稱自己能起公允的仲裁人作用或法官的作用，以明辨和裁斷是非曲直。

　　換言之，唯智主義和唯理論主義的謬誤對於某些人來說是特別突出的誘惑，這些人由於是社會學家，進而也是有關真理的無休無止的爭鬥中的一方，所以他們企圖講述他身在其中的這個世界的真相，以及其他人對這個世界所持的異己觀點之真相。在《人：學術者》這一研究的客觀對象化階段，時時感到一種誘惑的存在，即透過將自己的對手轉化為研究對象來壓倒他們，而這種誘惑又往往是許多嚴重的技術錯誤的根源。我在這裡強調「技術」，是要著重指出科學工作和純粹反思之間的差異。對於上述的任何理念，我都要將它們轉化為非常具體的研究操作過程：在對應因素分析中添加或排除一些變數，重新解釋或者乾脆拒絕接受某些資料的來源，在分析中納入新的標準等等。我所使用的每一個簡單的學術知名度指標，都要求我做大量的構建工作。這是因為：在這個世界中，認同

在很大程度上是透過符號策略來實現的，而且歸根結柢，這種認同是基於集體信念的，因此最微不足道的一條資訊也不得不利用不同來源的材料來獨立地加以驗證。

●——　正是這種對分析者及其對象之間的一般性關係，以及分析者在科學生產空間中所占據的特殊位置所進行的反省，使您宣導的這種反思性與阿爾文・古爾德納（Gouldner 1970）、高芬克（Garfinkel 1967；也參見 Mehan and Wood 1975, Pollner 1991）或布魯爾（Bloor 1976）宣導的反思性相比，有著巨大的區別。

　　是的，高芬克滿足於闡明與作為一個認知主體的地位相聯繫的那些頗為一般、頗為普遍的性情傾向；就這種意義而言，他的反思性是依循嚴格的現象學方式進行的。在阿爾文・古爾德納那裡，反思性仍更多是一種綱領性的口號，而不是名副其實的工作方案。[14] 必須作為研究對象的，不（僅僅）是依據其個人生平特性而從事研究的個體，而是她在學術空間中所占據的位置和她所採納的觀照中暗含的偏見，她是透過「溜邊兒」（off-sides）或「置身局外」（hors-jeu）來獲得這種觀照的。無庸置疑，恰好是由於某些十分確定的社會學理性的作用——其中可以舉出以下兩點：與法國相比，在對研究者的訓練中哲學所發揮的作用更為次要，而具有顯著影響的批判性政治傳統也更為薄弱——使這種美國傳統最缺乏對學術體制（或更準確地說，是對社會學體制）進行真正的反思性和批判性的研究。在我們看來這種研究本身不是目的，而是取得科學進展的前提條件。

　　我堅信：我所宣導的反思性從根本上來說是反自戀症的，這是

---

14 伯納・菲利普斯（Phillips 1988: 139）評論說：「阿爾文・古爾德納本人並未以任何系統的方式遵循他所力倡的反思社會學，他也未採納自己的建議來從事相應的研究」。

它的與眾不同之處，也是它的自相背反之處。相對來說，精神分析式的反思性比較容易為社會所容忍和接受，因為即使它使我們發現了具有普遍性的機制，這些機制也仍然與獨特的歷史相聯繫：具體來說，與父親的關係總是一種與處於獨一無二的歷史中的具體個別的父親之間的關係。在名副其實的社會學反思性中，補償慈愛的缺乏、使創傷得以平復的，正是它使我們發現了那些普遍存在的、人所共有的、被視為平庸陳腐和稀鬆平常的事物。當前，在知識分子的價值等級序列上，再沒什麼比普通事物和一般狀況更等而下之的了。這可以在很大程度上解釋為什麼社會學，特別是一種非自戀性的反思社會學，會遭到知識分子的抵制。

　　這就是說，我所主張的社會學的社會學，與那種自鳴得意地並以訴諸內心的方式轉而分析社會學家私下隱祕的個人事務（the private person）[15] 的方式，或與那種尋找使社會學家的著作充滿生命力的知識分子的時代精神之努力（就像阿爾文・古爾德納在《西方社會學正在到來的危機》[*The Coming Crisis of Western Sociology*, Gouldner 1970] 中對帕森斯所做的分析那樣），都沒有什麼共通之處。近來在美國人類學家中開始時興一種新形式的「反思性」，它的典型方式是對從事觀察的學者的著作和情感進行一種自我陶醉式的考察；看起來，這些人類學家已經不再覺得實地研究有多少魅力可供挖掘，開始轉而談論起自身，而非他們的研究對象了（例如 Marcus and Fisher 1986, Geertz 1987, Rosaldo 1989, Sanjek 1990）。我也必須完全與這種「反思性」劃清界線。一旦這種「反思性」成為

---

15 與這裡的觀點相關的是布赫迪厄（Bourdieu 1988a: 21-35）在1988年的一篇文章中對「認識論個體」（epistemic individual）和「經驗性個體」（empirical individual）所做的區別，另外可以參見〈傳記的幻覺〉（The Biographical Illusion）一文（Bourdieu 1987c）。

一種本身目的，那種將人類文化學的著作不分青紅皂白地斥責為
「詩學兼政治學」（Clifford and Marcus 1986）的做法，就為一種不
帶多少掩飾的虛無主義相對主義（我認為這種相對主義恐怕也是科
學社會學中各種不同形式的「強硬綱領」的基礎）打開了大門，而
實際上，這種虛無主義相對主義與一門真正的反思性社會科學正好
南轅北轍，針鋒相對。

**● ──　因此，一個社會科學家，當他面對一個他並不直接置身其中的
世界，並從一種外在角度觀察這個世界時，他的立場就存在一種固
有的唯智主義偏見。對您來說，正是這種與世界之間存在的唯智主
義關係（它用一種觀察者與其對象之間的學究關係代替了在行動者
和實踐之間存在的實踐關係），必須被作為客觀對象而加以研究，
以滿足反思性的要求。**

　　這正是使我與高芬克和俗民方法學分道揚鑣的諸多主要問題中
的一個方面。我承認，正如胡塞爾和舒茲（Alfred Schutz）所指出
的，在社會中，存在一種基本的經驗，它基於一種直接的信念關
係，這種信念認定了世界具有一種事實性。[16] 使我們將世界視為理
所當然。就描述而言，這種分析是出類拔萃的，但我們必須超越描
述，把這種信念經驗（doxic experience）[17] 的可能性條件作為一個

16　譯註：事實性（facticity）是一個胡塞爾廣泛使用的概念，德語為Faktizität，原
　　指與「邏輯性」（Logizität）相對的「事實性」，或「實際情況」，現象學使用此
　　詞一般有「確信某某為事實」之義。

17　譯註：這裡的關鍵概念是doxa，它是一個來自現象學的術語，源出希臘語，一
　　般譯為「信念」（belief也譯作「信念」，布赫迪厄使用這兩個概念的涵義基本相
　　同，如果說略有差異的話，doxa往往指更為基本的、與分類範疇有關的「信
　　念」，下文再出現與doxa有關的概念時，將盡可能附註原文），但布赫迪厄對這
　　一概念的使用超出了現象學的用法，將它與社會中權力的運作聯繫在一起。參
　　見Bourdieu 1977a，並參見下文布赫迪厄本人的說明。

問題來加以研究。我們必須承認，在客觀結構和體現在身體上的結構（embodied structures）之間存在的吻合，只不過是與世界的關係（即自然關係）的一個特例，而正是這種吻合創造了一種自發性理解的錯覺。在這裡，文化人類學經驗的偉大價值就表現了出來，它可以使我們直截了當地意識到這種條件並不是普遍實現的；而現象學正讓我們相信這種條件是放之四海而皆準的，因為現象學是基於一種特例——即與現象學家自身社會的與生俱來的關係——來進行反思，並（在不知不覺中）將這種反思予以普遍化。

　　我還應該順便指出，在俗民方法學家中存在一些持有實證主義觀念的人，他們在與統計實證主義鬥爭時，已經接受了他們對手的一些預設；當他們用資料來對抗數據，用錄影紀錄來對抗統計指標時，情況正是如此。這些都令我們想起巴舍拉所說的，「一般而言，科學文化方面的障礙總是以對偶的形式出現」（Bachelard 1938: 20）。這些俗民方法學家滿足改進「記錄」手段，而忽視了構建或勾畫（découpage）現實的問題（可以想想俗民方法學家採用攝影的方式來進行研究的情況）。這導致上述學者接受一種預先構建的具象（preconstructed concrete），而這種具象之中未必包含對它加以詮釋的原則。例如，一位大夫、一位實習醫生和一位護士之間的互動是以一套權力的等級關係為基礎的，而這種關係在可以直接觀察的互動中，並不總是顯而易見。[18]

　　但事情還不僅僅如此。對於現象學的信念分析，我們需要用社會學徹底地予以改造，將它看作對日常生活世界的一種不加檢驗的全盤接受。僅僅確定現象學式的分析對於所有的知行主體並不普遍有效，這一點並不夠，還要指出，當這種觀點在具有某種社會地位

---

18 布赫迪厄在這裡指的是西考雷爾針對醫院裡醫療診斷中的話語互動和社會邏輯之研究（Aaron Cicourel 1985）。

的人──特別是在那些被統治者──那裡得以實現時，它代表了一種對該世界最徹頭徹尾的接受，亦即一種最絕對的保守主義。這種對世界的前反思性之接受關係，是以一種對生活世界結構的直接性所持的根本性信念為基礎的，它體現出一種最極端的墨守成規。再沒有什麼別的方法，比這種與信念明證性（doxic evidence）[19]之間建立的基礎性政治關係（infrapolitical relation），以一種更不會引起社會敵對的方式，更為徹底地依從既定秩序。同樣，也沒有一種比它更為充分的方式可以使我們發現這些自然存在條件，對於在其他條件下被社會化的人來說，是多麼具有震撼意義，因為他們並不是透過這個世界裡盛行的那些感知範疇來把握這些所謂的「自然存在條件」。[20]

　　僅這一點本身就可以解釋知識分子和工人之間存在的大量誤解。後者往往把壓迫和剝削的狀況視為理所當然的，並發現這些條件頗可接受，甚至是「自然而然的」。而對於那些「身處局外」的知識分子來說，這些壓迫和剝削的狀況是令人作嘔的（當然我這麼說，絕不是要否認在實踐中對這些壓迫剝削條件可能存在著各種切

---

19 譯註：明證性是一個極為重要的現象學術語，胡塞爾用它來指「事物透過各種直接的直觀方式而呈現自身」。胡塞爾認為明證性可以保證對所與物的信念，舒茲在用現象學分析社會世界時也吸取了胡塞爾的這一思想。部分是由於舒茲理論的影響，這種對明證性的強調也可以在一些俗民方法學家那裡找到，例如哈維‧薩克斯（Harvey Sacks）。

20 布赫迪厄用一個說法準確地把握了在社會空間的位置和在這個位置上所帶有的感知範疇（它也往往會反映社會空間的結構）之間的雙向關係（一方面，前者是後者的限定條件，另一方面，前者又是後者的形塑力量），這就是「觀點即立足點之觀」（point of view as a view taken from a point，參見Bourdieu 1988e, 1989d和1988d，〈論福樓拜的觀點〉[Flaubert's Point of View] 和1989a: 第一部分，特別是頁19-81），這一點將在本書〈反思社會學的論題〉之「利益、慣習與理性」詳述。

實可行的抵抗形式，乃至起而革命的可能性，參見Bourdieu et al.
1963；Bourdiue 1980d和1981c）。不過，對信念（doxa）的政治意
涵之最佳說明，即是施加在婦女身上的符號暴力。[21] 我想，這裡特
別重要的是某種社會因素造成的公共恐懼症，[22] 這種恐懼症使婦女
將其自身排除在所有公共活動和公共儀式之外，而這些活動和儀式
在結構上也將婦女排除在外（這與公／男與私／女的二元對立正相
吻合），這一點在正式的政治活動領域中特別明顯。信念的政治意
涵或許也可以解釋，在某些條件下，她們也會付出身心極度緊張的
代價，竭盡全力去克服深入她們身體的對自己被摒棄在外的認同，
只有在花費了這種必不可少的努力後，她們才可能以與自己的努力
相應的程度來正視這些處境（Bourdieu 1990i）。因此，與一種狹隘
的現象學分析或俗民方法學分析相伴而生的，是忽視了這種主客觀
結構的直接吻合關係之歷史根基，並且抹煞了這一關係的政治意
涵，也就是說，對這一關係予以「去政治化」（depoliticization）。

2 獨特性和恆定性

●──── 《人：學術者》一書探討六○年代的法國學術界，這絕對是一
段特定時間內的特定案例。那麼，對於您在此書中所提供的分析，
人們又該如何在更廣泛的範圍內加以推廣和運用呢？譬如，換上另
一個時間，另一個國家，比方說九○年代的美國，我們還能發掘到
像當時法國學術界那樣的根本結構嗎？

　　這本書的宗旨之一，就在於表明所謂普遍性與獨特性之間的對

---

21 有關性別的符號暴力，參見Bourdieu 1990i和本書〈反思社會學的論題〉之「語
　　言、性別與符號暴力」。
22 譯註：agoraphobia，也譯作廣場恐懼症或公共空間恐懼症。

立，亦即法則性分析與有針對性的描述（nomothetic analysis and idiographic description）間的對立，乃是一種虛假之對立。場域這一概念提供了某種關係性和類推性的推理方式，從而使我們透過成功地將法國這一案例看成是巴舍拉（Bachelard 1949）所說的「所有可能情況的一個特例」（particular case of the possible），而從普遍性中把握特殊性，又在特殊性裡體察普遍性。更有利的條件在於，法國學術場域具有某些獨一無二的歷史特性，它的集中化程度和制度一體化程度都很高，又具有森嚴的進入壁壘，是一個十分合適的研究區域，可以揭示出某些以一定傾向調控著各個場域運作的普遍法則。

　　《人：學術者》這本書可以被當作針對任一學術場域的研究方案來解讀，而且也應該如此。事實上，美國（日本、巴西等國家）的讀者們只需借助某種思想實驗，透過類比推理，就可以實現移植的工作，發掘出一大批有關他們自己置身其中的那些專業領域的東西。當然，這並不能取代對他們各自的國家的科學場域所進行的全面科學研究。早在幾年之前，我就曾靈機一動，要在美國做一次這樣的研究。我上一次在美國的逗留期間，就已經開始搜集各種數據和文件資料。那時我甚至還打算和一些美國同行合作，彼此取長補短，努力發揮集體優勢，譬如有些人在理論上精通比較模型研究法，有些人則對所分析的領域有一種如數家珍的熟悉。我認為，就美國的情況而言，這樣的計畫從某些方面看起來會容易些，因為關於教授和各種學生組織，關於大專院校，特別是各種院校等級評定和院系排名，在美國都有十分詳盡系統的年度統計資料，也很容易得到（在研究法國時，我不得不經常從零開始，自己建立一整套在此之前尚不存在的指標數據。）我甚至還考慮過，針對已經組織好的數據資料進行二手分析的基礎上，可以先做一次初步檢驗，那將十分有價值。

　　我的假設是，在美國會找到一些與法國一樣的主要對立，特別是在學術資本（academic capital）和智識資本（intellectual capital）之間的那種對立，雖說它們也許會以不同的方式體現出來。所謂學術資本，就是指與那些控制著各種再生產手段的權力相聯繫的資本，而智識資本，則是科學名望的問題了。這樣的推斷，是不是多少有些武斷呢？缺乏科學根據的學術權力，它的自我維續能力在哪裡更高，是在法國，還是美國？只有充分完整的考察，才能使我們回答這個問題。美國社會學研究法國的高校系統，以及法國人用某種美國人的模型作為工具來批判法國高校體系時，都會不斷地提出這樣的問題，即這種將自身體現為更具競爭性和更強調「業績掛帥」（meritocratic）的美國體系，比起法國的體系來說，是不是更有利於擺脫各種社會力量的影響，獲得科學自主性呢？我們上面所說的這種研究，也可以為此提供經驗的答案。

● ┄┄ **但是，這不又同時產生另一個學術界與權力現狀的關係問題嗎？**

　　這裡，我們還是需要十分精確地測定、比較美國學者及各種制度、機構之間的關係。所謂各種制度和機構，就是我所說的「權力場域」的一部分。[23] 在法國，你需要使用在各種官方行政機構、政

---

[23] 布赫迪厄借助權力場域這一概念來清除「統治階級」（ruling class）概念裡那種實體主義的傾向，關於權力場域的觀念，見 Bourdieu 1989a，特別是頁373-427；Bourdieu and Wacquant 1991；以及本書〈反思社會學的實踐〉之「從關係的角度來思考」。以下是初步的界定：「權力場域是一個包含許多力量的領域，受各種權力形式或不同資本類型之間諸力量的現存均衡結構的決定。同時，它也是一個存在許多爭鬥的領域，各種不同權力形式的擁有者之間對權力的爭鬥都發生在這裡。它又是個遊戲和競爭的空間，在這裡，一些社會行動者和機構擁有一定數量的特定資本（尤其是經濟資本和文化資本），這些數量的資本足以使他們在各自的場域裡（經濟場域、高級公務員場域或國家場域、大學場域、

府委員會、諮詢委員會、聯盟組織此類機構的參與情況的各種指標。而在美國，我想人們將不得不關注那些「第一流的」科學專家小組、專家報告，特別是那些在限定寬泛的研究方向一事上發揮關鍵作用的大型慈善基金會和政策調研機構，儘管它們所起的作用在很大程度上被掩蓋了。據此，我會假設，在美國大學場域和權力場域間的結構性關聯要比法國還強些。當然，你還需要考慮到另一方面的不同：美國政治場域那種結構的特殊性。我們可以十分粗略地概括一下它的特點，有聯邦制，多重決策體系所帶來的各層次間之複雜關聯乃至衝突，缺乏左翼政黨，缺乏一個強有力的作為反對派的工聯主義傳統，「公共知識分子」（public intellectuals）的作用很小，而且日趨衰微（Gans 1989），如此等等，不一而足。

　　每次我造訪美國，總有人會對我說：「對美國的大眾文化來說，各種階級位置之間並無品味上的分化。」[24]那些將我的研究歸

知識分子場域）占據支配性的位置。為了維持這種力量均衡，或是要去改變它，就產生了各種策略，造成各方彼此敵對。……在強加支配活動中的支配原則方面引起了各方的爭奪，這種爭奪無時無刻都導致權力分享上的某種均衡，也就是我所說的支配活動的分工。這種爭鬥同時也是在爭奪合法化的合法原則，爭奪再生產各種支配基礎的合法類型。爭鬥的形式可能是實實在在的、有形的爭鬥（譬如「宮廷政變」或宗教戰爭中的情況），也可能是符號性的衝突（譬如中世紀對僧侶 [oratores] 和騎士 [bellatores] 地位誰高誰低的討論中所體現的）……權力場域的組織結構是一種交叉融合式的（chiasmatic）結構：按照占支配地位的等級制原則進行的分配（經濟資本），和處於被支配地位的等級制原則做出的分配（文化資本），恰好是一種反向對稱關係」（未公開發表的演講稿〈權力場域〉[The Field of Power]，1989年4月作於美國威斯康辛大學麥迪森分校。）

24 長期以來人們一直否認或反駁文化中存在階級區隔。這種立場一直可以追溯到阿勒克西・德・托克維爾（Alexis de Tocqueville）。從本世紀初開始，各種上層階級的文化形式開始被神聖化，這種立場也就更趨強烈（Levine 1988；DiMaggio 1991b）。正因為如此，丹尼爾・貝爾（Daniel Bell）才能在1970年信心十足地寫道：「（作為上層階級文化的代表，）藝術已逐漸獲得其自主性，藝

為「法國式」的、並就此對之不屑一顧的人們，自然無法理解，在
我那些研究中，真正具有重要意義的也許並不是具體的結果本身，
而在於產生這些結果的過程。我們所說的「理論」，是一些研究綱
領。它所要求的，不是「理論性論戰」，而是某種實踐的應用，透
過這種實踐應用對研究綱領進行批駁或是推廣，或者更恰當地說，
是確定並分辨它們各自所聲稱的普遍性是否確實。胡塞爾說得好，
你必須親身投入特殊性中，以從中發現恆定性。而曾經聽過胡塞爾
講授的亞歷山大・柯瓦雷（Koyré 1966）也宣稱，伽利略要理解落
體現象，也不是非得一再重複斜面實驗不可。一個特殊的案例，只
要構建得完善，就不再是特殊的了。

● ── **還有一種批評意見，您的某些英美評論者們已經針對《秀異》
一書提出過，即資料本身是有時間局限性的。**[25]

　　分析的目的之一，就在於揭示跨歷史的恆定因素，或者說，去
揭示那些在一個明確限定而又有相當長度的歷史時期內保持不變的
諸結構間的一系列關係。在這種情況中，資料是五年前的，還是十
五年前的，都沒什麼關係。康德在他的《學院的衝突》（*The Conflict*

術家也成了當之無愧的權威，成了有影響的品味製造者；個人的社會定位（他
的社會階級位置或其他位置）也不再決定他的生活方式和價值觀念……對於社
會中的大多數人來說，以往那種一般化的假設或許還能站得住腳。但對於相當
一部分人來說，問題已經一天比一天明顯，社會位置和文化風格之間的關聯已
不再能維持下去了，尤其是當人們用工人階級、中產階級和上層階級這樣的範
疇籠統地考慮問題時，情況就更是如此」（轉引自Gans 1975: 6）。而保羅・迪瑪
奇奧和邁克爾・厄西姆（DiMaggio and Useem 1978）已有力地推翻了貝爾的這
種看法。

25 譬如史丹利・霍夫曼（Hoffman 1986）。理查德・任金茲（Jenkins 1986: 105）提
出的批評則過於極端，以至於有些荒謬，他寫道：「在資料搜集和出版之間的
時間隔得太久了，……這使得這本書的大部分內容對絕大多數人來說都無法理
解，只能留給文化考古學家去處理了。」

of the Faculties）一書中，已經向我們描述了直接依傍當權者的學科和自我立足的學科之間的對立，前者的權威來自某種社會的委託權，而後者的權威則以科學性為前提（那些科學科系就是此類型的典範）。而在當代的學院科系空間裡，在人文院校、科學院校與法律院校、醫學院校之間，又浮現出這種對立。前後相比並沒什麼兩樣，這就是我們說資料時限在這裡無關緊要的證據。[26]

對於我就教育領域以及文化消費分析所闡發的那些假設，還有另一個事實證明，也許還是最堅實有據的證明：法國文化部每四年一度定期耗費大量人力物力所進行的調查，一再重複證實二十五年前我們對博物館參觀人次、攝影及高雅藝術的欣賞與實踐等等方面的調查所得出的結論（正是這個文化部對我們的結論曾十分光火）。而過去的幾乎每一個星期裡，都有某本書或某篇文章問世，揭示出我在六○年代就描述過的那些階級再生產機制，從美國到瑞典到日本這種情況各異的國家裡，仍然在發揮作用（Bourdieu 1989c）。[27] 這與我們這個時代流行的觀念大相逕庭（尤其是美國，

---

26 布赫迪厄在他的最新著作《國家精英》（*La noblesse d'eétat: Grandes eécoles et esprit de corps*, Bourdieu 1989a；也參見Bourdieu and Saint Martin 1987）裡，分析了法國明星學校（Grandes écoles）場域的結構。布赫迪厄將這一結構理解為菁英型研究生院校之間在客觀位置方面的一系列差異和間隔，以及使人們步入這些名校的各種社會權力位置（反過來，人們也從這些名校走上社會的權力位置），與這些菁英學校之間的一系列客觀位置方面的差異和間隔。但儘管近年來商業院校有了驚人的發展，綜合性大學也在不斷衰落之中，布赫迪厄論述的這種結構從1968年以來一直到現在，在長達二十多年的時間裡，卻仍保持驚人的穩定性，實際上幾乎是絲毫未變。就這樣，布赫迪厄又為場域的持久不變性找到了一條經驗證明。與此類似，布赫迪厄還對於從1930至1980年期間，權力場域中的法國主教子場域的位置和結構進行分析，所得出的結論也是如此（Bourdieu and Saint Martin 1982）。

27 例如，Collins 1979；Oakes 1985；Cookson and Persell 1985a, 1985b；Brint and Karabel 1989；Karabel 1986；Weis 1988，以及Fine 1991對美國的研究；Broady

那個流傳已久的神話告訴我們，那裡是社會流動的天堂）。所有這一切，似乎都在表明，如果你認為我所研究的法國是個例外，就像反駁我的著作的人經常說的那樣，那麼也許這只不過是在我用了一種例外的方式（那就是一種不遵從社會常規的研究方式）去研究法國罷了。

●──── **的確如此。各家各派的那麼多評論者都對您的模式提出過批評，說它們過於靜態、「封閉」，沒有留下更多餘地來討論抵抗、變遷，歷史的影響（譬如 Bidet 1979；DiMaggio 1979；Collins 1981a；Jenkins 1982；Sulkunen 1982；Connell 1983；Aronowitz and Giroux 1985；Wacquant 1987；Gartman 1991）。[28]《人：學術者》一書對 1968 年五月風暴這一政治和社會意義上的斷裂事件進行分析，至少部分地回應了上述關注，並藉此力圖消解在再生產和轉型之間、在結構史和事件史之間的對立。[29]**

　　我很願意承認，在我的論著裡，表面看起來會有些論述表達好

---

and Palme（1990）對瑞典的研究；Miyajima et al.（1987）對日本的研究；Rupp and de Lange（1989）對荷蘭的研究；而更廣泛的歷史比較分析，見 Detleff, Ringer and Simon 1987。

28 有兩種較有代表性的批評意見。傑羅姆・卡拉貝爾和 A. H. 哈爾西（Karabel and Halsey 1977: 33）認為，布赫迪厄的理論「恰如其分地說來，根本不是什麼關於教育的衝突理論，因為在他的理論圖式中，工人階級沒有什麼餘地可以抵抗資產階級的文化霸權」。而亨利・A. 吉羅克斯（Giroux 1983: 92）則認為，對於法國的社會學家來說，「工人階級的支配地位……就像是歐威爾（譯註：喬治・歐威爾 [George Orwell, 1903-1950]，英國作家，他的代表作《一九八四》[*Nineteen Eighty Four*] 是二十世紀著名的反烏托邦小說，描述了一個在「老大哥」的威權統治下，人民的生活處處受到監視的龐大之官僚主義社會。）小說中那無法擺脫的、惡夢般的恐懼的組成部分，既無可挽回，又無公正可言」。

29 蘭道・柯林斯（Collins 1989: 463）以前雖然抨擊布赫迪厄不太關注歷史變遷，但也承認這一點：「透過這一分析，布赫迪厄部分彌合了他以往著作中的鴻溝……（並）開始邁向一種更為注重動力學的分析。」

像確實容易引起它們事實上所遭到的那些徹底的誤讀。（同時我也
必須坦率指出，許多時候我發現這些批評意見極其膚淺。我總是不
由自主地想，提出這些批評意見的人，是不是更注意書的題目，而
不是在這些論著裡面發展完善起來的實際分析呢？）我第二本關於
教育制度的書，就是《再生產》，十分簡明，有助於扼要地理解我
的歷史觀。但這本書題目雖然是《再生產》，意思卻不只限於再生
產，有些公式命題是我有意要和「解放學校」（liberating school）的
意識形態劃清界線的結果，我想它們看上去也許像是由我稱之為
「最糟糕的功能主義」所激發的。[30] 但實際上，我已經屢次駁斥過
這種悲觀的功能主義，也駁斥過從刻板的結構主義立場出發的非歷
史化做法（如Bourdieu 1968b, 1980b；1987a: 56以下）。與此類
似，我也看不出那些支配關係，不管是物質的還是符號的，如果不
包含抵抗，不激發抵抗，怎麼可能運作下去。不管在哪個社會世界
裡，被支配者總能行使某種確定的力量，因為屬於一個場域，從理
論上來說，意味著人們可以在此範圍內發揮作用 （哪怕人們所做
出的反抗只是導致那些在該場域中占據支配位置的人對他們排
斥）。[31]

---

30 或者是埃爾斯特（Jon Elster 1990: 113）所說的「倒置的社會正義論」（inverted
　sociodicy），它的基礎是「假設在可能有的最糟糕的世界裡，一切本就是為那些
　最糟糕的人設計出來的」。

31 事實上，尤其是在教育社會學裡，大家已經習以為常、幾乎是墨守成規地把布
　赫迪厄的「結構再生產」模式（如Mcleod 1987；Wexler 1987；Connell 1983:
　151）和其他一些研究途徑對立起來。其他那些研究途徑突顯了被支配者的抵
　抗、鬥爭和「創造性實踐」的一面，並時不時予以宣導之辭。在伯明罕當代文
　化研究中心（Birmingham Centre for Contemporary Cultural Studies，簡稱CCCS）
　旗下，聚集了一群研究者，有理查德·霍加斯（Richard Hoggart）、斯圖爾特·
　霍爾（Stuart Hall）、迪克·何柏第（Dick Hebdige）、保羅·科雷根（Paul
　Corrigan）、保羅·威利斯、約翰·克拉克（John Clarke）等人，他們和法蘭克福

　　面對具體位置，各種性情傾向會分別做出調適，而這種調適邏輯有助於我們理解被支配者如何能夠比那些用支配者或被支配的支配者之眼光──即慣習──來審視他們的人表現出更多的順從（以及更少的抵抗和顛覆），這種更多的順從是相對於知識分子預想的

學派馬克思主義的某些分支一起，一般被認為是上述後一種立場的代表。福利（Foley 1989: 138）指出，威利斯「在這一點上經常受到美國人的稱許，因為他在階級分析中，又引回了主體性、意志論，也就是說，引回了人民、英雄般的工人階級……（他）把階級分析從鮑里斯和季亭士（Bowles and Gintis 1976）、布赫迪厄和帕斯隆（Bourdieu and Passeron 1977）這樣的『再生產理論家』所持的結構決定論中解救了出來。」

將布赫迪厄與其他一些研究途徑這樣對立起來，既誤解了布赫迪厄的立場（這一點我在前面已經指出了，又見Thapan 1988, Harker, Mahar and Wilkes 1990），又不能體現他和伯明罕學派之間的聯繫。首先，布赫迪厄之所以竭力強調學校教育的「保守作用」，是出於他「反戈一擊」的願望，他在反駁批評時經常愛引用毛澤東的這句話。就是說，我們必須在六〇年代的理論氛圍中理解他的做法，當時的理論界充斥奮鬥成才、賢德治國和「意識形態的終結」這樣的觀念（Bourdieu 1989c）。布赫迪厄是有意選擇了這種做法，強調那些最不為人所注目的作用和過程──它們的效力在很大程度上恰恰是來自於它們不為人所注目。也許，我們甚至可以這麼說，布赫迪厄的這種傾向是貫穿他這部著作的一項自覺的科學原則。

其次，學生的主動反抗很可能、而且確實經常會在客觀上幫助了階級和性別等級制的再生產。這一點，威利斯（Willis 1977）在他的一本研究英國某工業城市中工人階級「小青年」的「反學校文化」之專著中，已做了十分生動的論證（正如本納德‧柏格 [Berger 1989: 180] 所說，威利斯「用人類文化學的方法描繪了『慣習』和『行動』的相互滲透關係，而布赫迪厄已經極其令人信服、提綱挈領地用理論術語論述了這一關係」，又見Zolberg 1990: 158）。說到底，反抗是不是能成功地推翻現有的支配秩序，終究是件經驗的事情，而不是概念的問題。布赫迪厄自己也時常表示，在學生們的個體能動作用下，階級的不平等結構還能保持這麼大的封閉性，實在讓他奇怪，甚至感到驚愕。這可以參見他的如下分析：在法國菁英學校裡，學生們的文化喜好和政治傾向怎樣有助於延續他們的相對位置（Bourdieu 1989a: 225-264）。對布赫迪厄來說，他所強調的這種

程度而言的。我這麼說，並不是要否認存在著想要抵抗的性情傾
向。社會學的任務之一，就是要考察在什麼樣的情況下，這些性情
傾向在社會中被建構，被有效地調動，被賦予政治效力。[32] 不過，
各種抵抗理論一旦走向某種自發論的平民主義學說（如Giroux

嚴格的決定論是可以觀察到的事實，不管他對此多麼憤怒，也不得不如實道來
（見本書〈反思社會學的論題〉之「捍衛理性的現實政治」）。

最後一點，布赫迪厄和伯明罕學派都對早期的協作關係表示滿意，在他們的著
作裡，更體現出一種互補，而不是對立（Eldridge 1990: 170）。例如，霍加斯
（Hoggart 1967）對工人階級文化的經典研究《識文斷字的用途》（*The Uses of
Literacy: Aspects of Working-Class Life*），這位CCCS首任主任的著作，早在1970
年就由午夜出版社出版了法文本，收入布赫迪厄所編的一套叢書中，帕斯隆還
為它寫了一篇長序。1977年，威利斯應布赫迪厄之邀，在《社會科學研究探索》
上發表了一篇文章，總結了他的《學會勞動》（*Learning to Labor: How Working
Class Kids get Working Class Jobs*）一書的主要結論。那時，霍爾（Stuart Hall
1977: 28-29）對布赫迪厄的學說也已經十分諳熟，而且還頗為讚賞（這在一定程
度上得感謝雷蒙·威廉斯 [Raymond Williams] 的介紹，他參加了布赫迪厄在巴黎
高等師範學校主辦的研討班，還在研討班上宣讀過自己的作品，並於1977年在
《社會科學研究探索》上發表了文章）。而布赫迪厄的主要英文譯介者理查德·
奈斯（Richard Nice），七〇年代中期曾在CCCS工作過，並在那裡傳閱了布赫迪
厄的幾篇重要文章的早期譯文（譬如《布赫迪厄二文》[Two Bourdieu Texts]，
CCCS油印文選，1977年第46號）。尼可拉斯·加漢姆在《媒介、文化和社會》
（*Media, Culture and Society*）雜誌1980年7月的布赫迪厄學說專號上發表了編者
引言（2卷3期：208），指出「布赫迪厄的追求」與同期上科雷根和威利斯的立場
有「驚人的一致」，都匯入同一股思潮，「致力於實現一種恰如其分的唯物主義
理論，以探討文化和文化實踐，並且在這種理論基礎上建立一種新的政治學」。

32 布赫迪厄曾對他的家鄉貝亞恩地區（Béarn）婚嫁禮俗的轉變做過研究，在這一
研究（Bourdieu 1989b: 20-25）中，他指出當地農民的小世界具有相對的自主封
閉性（市場關係很少能滲透進來，交通不便加劇了地理上的隔絕，而缺乏現代
資訊溝通手段又強化了文化孤立），有可能產生某種有效的文化抵抗形式，能夠
使農民的價值手段成為居於支配地位的都市文化之敵對因素，而不只是後者的
一種替代選擇（又見Bourdieu et al. 1965，該書研究農民對照相技術的接受和使

1983；Scott 1990），就經常會忘記被支配者很少能擺脫支配的二律
背反或對立關係。譬如說，像保羅・威利斯（Willis 1977）分析的
英國工人階級「小青年」那樣，透過嬉戲胡鬧、翹課曠課直至違法
犯罪來反對學校制度，就是將自己排斥在學校大門之外，就是不斷
地把自己固定在被支配的狀況上。反過來，透過承認學校文化去接
受同化，也會被這個制度所籠絡。被支配者常常是注定陷入這種困
境的，也就是注定要在這兩條出路中做出選擇，而從某種特定的立
場來看，這兩種出路同樣糟糕（在某種意義上，女性或被打上不良
烙印的少數群體也同樣面臨這樣的困境）。[33]

用）。蘇奧（Suaud 1978）從歷史的角度，詳細地研究了鄉土社會空間的「開放」
（或者說現代化）怎樣影響了法國旺代省（Vendée）農村地區的宗教活動和僧侶
職業。班松（Pinçon 1987）向我們描述了在法國東北部一個單一產業的工業城
市裡，隨著經濟結構的調整，工人階級的傳統如何日漸衰微。羅傑斯（Rogers
1991）的著作正好相反，剖析了戰後法國阿韋龍省（Aveyron）的某個鄉村地
區，經濟轉型與文化韌性（cultural resilience）之間的複雜關係。布赫迪厄本人
關於阿爾及利亞都市準無產階級和農民的專著則詳盡探討了在殖民體制的背景
下，文化韌性和文化抵抗的社會歷史條件（Bourdieu and Sayad 1964, Bourdieu
1979c）。還可以參見布赫迪厄於1971年發表的一篇文章（Bourdieu 1971b），分
析了人們如何把巫術作為一種抵抗手段，反擊某些人壟斷宗教物事（religious
goods）的生產和處置手法。

33 布儒瓦（Philipe I. Bourgois 1989: 629, 627）出色地描述了這種支配的矛盾對立。
他考察了紐約東哈林區見縫插針的毒品販子如何在蒸蒸日上的地下毒品經濟中
左右逢源，支撐著「恐怖文化」。他揭示了如何「把那些像瘟疫一樣襲擾著老城
區的暴力、犯罪和實質上的掠奪與破壞，看成是一種『抵抗文化』的體現，反
擊那個被白人種族主義者把持著的、經濟上他人無緣進入的主流社會。但這種
（反抗文化）導致了更嚴重的壓迫和更強烈的自我毀滅……具有悲劇色彩的是，
恰恰是這種反抗制度體系——但仍然局限於體系之中——的過程，本身正加劇
了創傷」，這就是當代美國社會貧民區正在遭受的創傷。在皮亞盧的研究
（Pialoux 1979）裡，我們又能發現這種文化抵抗與直覺相反的效應的一個例子。
他考察了那些來自巴黎紅區臭名昭著的公益住宅裡工人階級家庭之青年，在勞

讓我們從歷史的角度更為廣泛地來看這個問題。在文化領域裡，這樣的兩難困境轉化為某種非此即彼的抉擇，一方面是對「大眾文化」的尊崇或經典化（canonization），其極致就是「無產者崇拜」（Proletkult），哄騙工人階級滿足於眼前的歷史處境；另一方面，我稱之為「平民文化」（populi-culture），就是指各種文化改良措施，旨在向被支配者提供能夠使平民享有占支配地位的文化商品之機會，或者至少是這一文化的廉價翻版（把工人轉變成購買bolshoi牌汽車的小資產階級）。這一問題十分複雜，使人苦惱，因此很容易理解為什麼有關這方面的爭論更多地揭示了那些涉及爭辯的人——包括他們和學校、文化以及所謂的「人民」之間的關係——的特性，而不是他們表面上所研究的對象之特性。[34]

對於那些「大眾文化」，一些平民主義者大加稱頌，甚至說這

動力市場上的各種策略。皮亞盧透過論證，認為這些青年從人格和文化兩方面，不滿傳統的工廠工作方式對人的侮辱，以及工廠的過度剝削，決心加以抗拒，結果只好去接受——甚至主動去尋求——更加不堪的臨時工作（travail intérimaire），這剛好滿足了更多工廠僱主的需求，最終更加深了他們在社會和經濟兩方面的邊緣地位。

34 在一次關於〈「人民」的作用〉的演講（Bourdieu 1987a: 180）中，布赫迪厄認為要討論「大眾」的問題，如果不認識到這個觀念首先就是知識分子場域裡鬥爭的焦點，就怎麼也說不清這個問題：「所以說，不同的『人民』觀，看起來成了不同人與人之間根本關係的形形色色之變相表現（往往是根據各個場域特有的程式化了的審查制度和規範產生的）。而他們與人民的根本關係，首先取決於他們在（文化生產的）專家領域中所占據的位置，同時取決於達到這一位置的軌跡。此外，他們與人民的根本關係還取決於他們在社會空間中的位置和獲得這一位置的軌跡。」至於遵循這些思路展開的所謂「大眾語言」（和俚語）的批判，可以參見布赫迪厄的〈你說的話是「大眾」的嗎？〉（Did You Say 'Popular'?）（收入Bourdieu 1991e）。布赫迪厄在這篇文章中遵循這種思路批判了諸如「大眾語言」類似觀念，視為肇始於學究與現實的隔閡的一種知識建構，而這種隔閡恰恰破壞了它聲稱要加以把握的那個現實。

是我們這個時代裡的「田園牧歌」。在恩普森（Empson 1935）看來，這些田園牧歌提供了支配性價值觀的某種顛倒過來的幻影，塑造了一個和諧統一的社會世界神話，從而使被支配者甘願順從，支配者繼續主宰。這些田園牧歌從反面謳歌了那些支撐我們社會等級秩序的原則，賦予被支配者某種貴族身分。而這種貴族身分是以他們所處的狀況做出調適為前提換來的，並且要他們向現有秩序低頭，放棄抵抗（想想以下各種狂熱的崇拜吧，對黑話 [argot] 或俚語，要麼更廣泛地說，對所謂「大眾語言」，對那些稱道舊時農民的所謂「老話」[passéiste]，或者，換種風格，對有關犯罪集團地下社會的美化描繪，或者，今天在某些圈子裡對說唱樂的迷戀等等）。

● —— **有些人批評您拒棄「大眾文化」觀的做法，[35] 認為您是個菁英主義者，或者乾脆說您是個政治上的保守分子。對於這個問題，您的態度是什麼？**

　　我已經有很多次被人指責把所謂的大眾文化和「高雅」文化間的差異神聖化，也就是說，把資產階級文化的優越性正當化（ratifying）了。（有的評論者對我的態度正好相反，這得看評論者是想成為一名「革命者」還是保守分子了。）對我所做的這種指責，是忽視了韋伯對價值判斷（judgment of value）和價值關聯（reference to values）所做的區分（Weber 1949），等於把價值關聯與科學家研究客觀現實時所具有的價值判斷混為一談。[36] 在這裡，

35「問題並不在於確定在我看來是否存在某種『大眾文化』，而是要認識到在現實中，是否有什麼東西符合人們歸於『大眾文化』名下的那些事情呢？對於後面這個問題，我的回答是『沒有』」（Bourdieu 1980b: 15）。

36 譯註：韋伯對價值判斷和價值關聯所做的區別是社會學史上最重要，也是最眾說紛紜、莫衷一是的區別之一。韋伯出於解釋社會學的立場，認為社會學的研究不能忽視意義問題，不能忽視社會行動者在現實中面對的價值問題，而且這

我們碰上的正是社會學話語裡最大的困境之一。絕大多數有關社會世界的論述所要闡述的，並不是它們所考察的現實（國家、宗教、學校等等）是什麼，而是這些價值優劣的現實。任何一種科學的論述，哪怕只是簡簡單單的觀點闡明，也極容易被理解成是在證明某一事情的正當性，或在駁斥什麼。所以，我曾經常被批評為抬高支配性文化和它的價值觀念（與此同時付出的代價是大大誤解了合法性觀念），也同樣經常被批評為美化大眾的生活方式（根據就是——譬如說——我對工人階級進餐活動的研究）。[37] 現實中確實存在著高雅文化和大眾文化間的分離，而有些人好像認為只要在論述中抹去這一差別，就可以使它消失；但是，抱持這種觀念的人實際上是在信奉某種魔力。這是一種天真的烏托邦思想，或者說是一種幼稚的道德主義。（杜威就墮入了這種道德主義，不管他對藝術和教育所持的看法多麼值得讓人稱讚，他所處的時代，他所在的美國的哲學傳統和政治傳統，都助長了他這種天真的道德主義。）我對這種二元對立的看法是什麼，並不重要，重要的是在現實中它以各種等級制的形式的的確確存在著。這些等級制形式，既深深地體現在各種社會機制（譬如學術市場的各種約束）的客觀性中，也深深地體現於各種分類圖式、偏好與品味體系的主觀性中，（在實踐中）

　種價值因素影響了研究者對研究對象的選擇等，並從根本上決定了社會學研究者從事研究的內在動力，這就是價值關聯；然而這種價值關聯與價值判斷是不同的，後者是研究者不對「具體現實」進行經驗研究（即不是以經驗的方式來處理價值問題），但卻打著學術的旗號宣傳抽象的社會哲學和空洞的政治口號，從而把學術變成了某種個人政治立場和價值取捨的講壇。韋伯強調社會學家應該擺脫這種價值判斷（Wertteilsfreiheit）。

37 格里尼翁和帕斯隆（Grignon and Passeron 1989）分析了這種雙重誘惑，一方面是「平民主義」（populism，對通俗文化形式的自主和健全存在一種變形的尊崇），另一方面是「訴苦主義」（miserablism，把大眾文化還原為統治階級文化統治的被動的副產品）。

每一個人都知曉這些主觀性因素，並因此透過自身完成了這種等級化。[38]

　　張張嘴，動動筆，試圖否認帶有評價傾向的二元對立劃分的存在，實際上就是要把某種道德態度錯認為某種政治行為。在藝術場域和學術場域裡的被支配者，一直在身體力行著那種激進的時尚（chic），旨在重振那些被社會認為是不入流的文化形式或是合法文化中的邊緣樣式（舉個例子，我們可以回想一下本世紀初考克圖[39]對爵士樂充滿激情的宣導）。駁斥等級制並不能指引我們一條出路。必須得到改造的，是那些使得這一等級制得以存在的條件，不管它們是現實中的條件，還是思維中的條件。我一直不斷主張，我們必須努力在現實中，把現狀向我們顯現為最普遍共有的東西的獲取條件，真正地予以普遍化，而不只是這麼說說而已。[40]

---

38 萊文（Lawrence W. Levine 1988）從歷史角度研究了美國高雅藝術的「神聖化」過程。他認為，正是在這一過程中，雅俗文化之間的區隔以各種審美判斷和審美欣賞的組織形式和範疇形式，從制度上得到了鞏固。這方面的研究，也可以參見DiMaggio 1991b。

39 譯註：考克圖（Jean Cocteau, 1889-1963），法國藝術家，能詩善畫，並創作小說、戲劇、舞台劇和電影。

40 在別的地方，布赫迪厄（Bourdieu 1990e: 385-86）還發問道：「舉個例子來說，我們談什麼『通俗美學』，或是不惜一切代價地讚美『人民』（le peuple），而這些『人民』並不操心是否擁有什麼『大眾文化』，這時我們用『大眾文化』的說法來做什麼？當我們表達一種純粹審美意義上的評價時，我們往往懸擱了（epochē）自己的實踐旨趣（或利益），而且，這種懸擱是有其社會條件的。但我們卻忘了對這些社會條件本身加以懸擱，只是單純將我們所處的這種特殊情況予以普遍化；或者更粗略地說，我們以一種不自覺的、完全是理論性的方式，把（只屬於少數人的）經濟和社會方面的特權授給了全體男女民眾，而純粹的、抽象的審美觀照又剛好是必須以這樣的特權地位為前提的……我們所習慣看成是普遍性的那些人類事業——譬如法律、高雅藝術、倫理道德、宗教等等——大多數無法擺脫學究立場的影響，無法超脫使這些學究立場成為可能的那些社會經濟條件。」

● ─── **您也知道，對於《秀異》或是《藝術之戀》**（*The Love of Art: European Art Museums and their Public*, Bourdieu 1984a；Bourdieu, Darbel and Schnapper 1966）**有許多看法，最極端的意見是認為這兩本書體現出反對文化的戰爭已經打響，社會學就是一架戰爭機器，而社會學家，就是一幫厭懼藝術或哲學的愚鈍粗魯的人群之領軍人物。**

這樣的評價只是虛有其表，誇誇其談。如果我也能用這種腔調自我表白，我會說這種評價是把偶像研究者（iconologist）錯當成反對偶像崇拜者（iconoclast），把對真相的揭示當成了一種對藝術偶像的破壞。真心誠意地說，我不能否認，對於一個已解除了魔咒的虔信者來說，某種確定的反崇拜精神或許真的可以有助於拋棄那種原初信念，而這對客觀地研究文化實踐來說是必不可少的（尤其是在分析哲學和藝術方面的實踐時就更是如此）。但是，無論是引人注目地打破常規，還是咄咄逼人地挑戰定見──某些藝術家就是這樣炮製他們的藝術「宣言」──都可能只不過是那失意了的信念走向自己反面後的表現而已。我們清楚地知道，熟練掌握藝術中創造偶像和破壞偶像的循環脈動，對於發展有關藝術實踐和體驗的知識來說，是個首要的前提。藝術上的虛無主義和否定神學[41] 差不多，也不過是改頭換面，用另一種方式神化了對藝術之神的頂禮膜拜。（這一點可以透過揭示尼采的局限很清楚地看出來。尼采對文化和教育進行了雷鳴電閃般的猛烈痛斥，無論這些抨擊看起來多麼

---

41 譯註：在中世紀的「偽」狄奧尼修斯（Pseudo-Dionysius）的著作中，將神學區分為肯定神學、否定神學和神祕神學。與強調上帝超越被造物的肯定神學不同，否定神學強調被造物類似上帝。否定神學的方法是否定方法，它從離上帝最遙遠的事物開始，排除其中帶有人類思想局限性的因素意義，以留下不可言說的神祕因素。「偽」狄奧尼修斯的著作對神學思想中的神祕主義產生了頗為深遠的影響（參看趙敦華，《基督教哲學1500年》[北京：民，1994]，特別是頁195以下）。

能引人走向啟蒙和解放，它們還是局限於產生它們的社會條件，即尼采在社會空間中，特別是具體來說在學術空間中的位置。）

　　我相信，如果真有可能將藝術和文化構建為一種研究對象，必不可少的前提就是明確地與那些較為天真的藝術信念一刀兩斷。這也說明了為什麼關於藝術的社會學總會給那些文化的虔信者或偽善者以當頭一棒。正如我們近來在美國和法國都能看到的那樣，這些真真假假的衛道者們正起來充當高雅文化的捍衛者（或是捍衛經典巨著之類），他們既不是那些思想解放、無拘無束的高貴藝術愛好者中的一員，也無緣躋身於那些四處出擊、自由散漫的前衛藝術家之列。不用說，如果我什麼時候碰巧對那些前衛藝術家產生親切感，我也不是在對原本意義上的藝術場域表明什麼立場，也許只是出於彼此位置上的相近吧。（就在幾年前，我回絕了一次與概念藝術畫家蓋里利 [Alain de Kérily] 合作的機會。他想展現一個從我的《藝術之戀》一書中摘出來的統計表，在旁邊播放藝術家和社會學家之間談話的錄音。自那次以來，他已經在紐約闖出了點名堂）。總而言之，儘管作為一名藝術的「愛好者」，我對從事該場域工作的藝術家們有個人的偏好（就是說，我並不像有些人想的那樣，對藝術無動於衷，或者還更精糕，徹底地討厭藝術），但我並不是參與該場域，而是相反，將它當成一個客觀的研究對象。我把構成藝術場域的各種位置的空間描繪成一種生產現代崇拜物（即藝術品）的場域，也就是說，藝術場域是一個客觀上以生產體現在藝術作品中的信仰為取向的世界（Bourdieu 1980a）。（這就是那種經常讓分析家們驚訝不已的類比，藝術場域與宗教場域之間的類比。當莫札特逝世兩百週年來臨之際，旅行社的經營者們將會組織成千上萬的人前往薩爾斯堡（Salzburg），[42] 再沒有比這更像是一次神聖的聖地

---

42 奧地利一城市，莫札特的出生地，舉辦一年一度的薩爾斯堡音樂節。

朝觀了。[43] 只有這樣——就像我分析福樓拜時代的文學場域或馬奈[44] 所處的藝術場域時所做的那樣（Bourdieu 1983d, 1987j, 1988d, 1987i）——我才能提出這樣的問題：在由各種創作者所占據的不同位置所組成的空間，和與之一一對應的藝術作品（以及它們的主題、形式、風格等等）的空間中，又存在什麼樣的關係呢？

　　總而言之，我認為採取某一立場（包括偏好和品味）和客觀位置之間有很密切的對應關係。對於生產者來說，位置就是他們在生產場域裡所占據的，而對消費者來說呢，則是他們在社會空間裡所占據的。這也就是說，各種藝術信念，不管是盲目的虔信還是偽善的誠心，或者哪怕是擺脫了文化儀式主義、不再墨守成規的信仰（那種目光如炬、四處出擊的社會學會讓我們看清楚這些區別），它們存在的可能性都是受社會條件影響的。對於那種神祕化了的藝術「鑑賞」圖景，以及那些藝術聖地、那些走過場的儀式、那些已經成為例行公事的藝術捐贈，以及對藝術和藝術家的原初崇拜，這都是毀滅性的一擊。尤其對於所有那些（文化意義上）「可憐的白人們」，那些撈救命稻草似死抱著最後一點使自己與眾不同的殘餘（譬如人本主義文化、拉丁語、拼字法、經典著作、「西方文化」[45] 等等）不放的人來說，這更是滅頂之災。但是對此我又能做什麼？

---

43 「文化社會學就是我們這個時代的宗教社會學」（Bourdieu 1980b: 197）。尤其可以參見〈高雅時尚與高雅文化〉（High Fashion and High Culture）以及〈那麼又是誰創造了創作者呢？〉（But Who Created the Creators?），見Bourdieu 1980a: 196-206, 207-21；及1988b。

44 譯註：馬奈（Edouard Manet, 1832-1883），法國畫家，對印象派畫風產生了深遠影響。

45 譯註：西方文化（the West），指強調西方獨有的文化價值，對之推崇備至。有關布赫迪厄對於這方面的論述，參見本書〈反思社會學的論題〉之「捍衛理性的現實政治」。

我只能希望那種反偶像崇拜的批判，那種可以利用社會學分析作為武器的批判，會有能力推動一種消除了儀式主義和表現狂的藝術體驗。

●────**這樣說起來，您的學說並不是「要把審美的東西籠統地訴諸為只不過是階級的標誌和炫耀性消費」（Jameson 1990: 132；也見Bürger 1990；Garnham 1986），也不是要我們接受一種不偏袒任一方的相對主義。**

當然不是。藝術場域是個具有客觀取向的累積性過程的場所，在這裡，透過精益求精產生出來的作品所達到的水準，和那些沒有經過這種歷史錘鍊的藝術表現形式比起來，就是涇渭分明，大不相同。（我曾為《秀異》寫過一篇後記，後未印行。在那篇文章裡，我探討了文化相對主義的問題。我之所以沒有將它放在書中，是因為我覺得，既然已經挑起了對審美信仰、對流行的藝術拜物教的批判性置疑，那麼在所有討論都結束後，我是否要給它們一條生路呢？藝術之神已經死去，我是不是要使他復活？）

在《宗教生活的基本形式》裡，涂爾幹（Durkheim 1965）就曾提出這個問題，當時他提出：關於文化，就沒有什麼普遍性的東西嗎？有，那就是苦行（ascesis）。不管什麼地方的文化，都是以自然為對立面建構起來的，也就是說，透過艱辛的努力、反覆的摸索和深重的磨難，換回了文化。所有的人類社會都把文化置於自然之上。所以，如果我們可以宣稱前衛繪畫比城郊購物超市裡的廉價石印複製品有價值得多，那是因為後者是沒有歷史的產品（或者說，是一種否定性歷史的產品，它使往昔時代高雅藝術的精神氾濫於世，變成廉價的「收藏品」），而前者則只有在把握了此前的藝術生產相對具有積累性的歷史之後，才能為人們所欣賞。這裡所謂此前的藝術生產史，是一系列沒有終點的（對過去的）拒棄和超越，沒有這些就不可能到達「現在」──譬如說，和詩一起存在的，就

必然有反傳統詩歌的詩歌和反傳統詩學的詩學。

　　正是在這個意義上，我們可以認為「高雅」藝術更加具有普遍性。但是，正像我曾經指出的，得以接觸和欣賞這種普遍性藝術的條件，本身並不是在普遍的範圍裡分配的。在《藝術之戀》裡，我提出：有機會和條件接觸、欣賞「高雅」藝術並不在於個人天分，不在於美德良行，而是個（階級）習得和文化傳承的問題。[46] 審美活動的普遍性是特殊地位的結果，因為這種特殊地位壟斷了普遍性的東西。我們可以承認康德的美學千真萬確，但那也只是對那些沒有經濟負擔和日常生活不窘迫的人、那些被學院教育和閒暇時日塑造出來的人來說的，是對他們審美體驗的現象描述罷了。明白這一點，就會導向一種文化政治，它既反對以維護那些所謂「天之驕子」（布魯姆 [Bloom] 語）的特權地位為原則的（大寫的）「文化」（Culture）騎士之「專制主義」，也反對那些相對主義的擁護者，在他們的理論和實踐應用裡，根本沒有那些在現實中牢固存在的差異，只知道認可並接受大多數人被剝奪了文化享受權的事實。我所主張的這種文化政治是一種倫理綱領，或者說，是一種政治綱領，它的目標是讓那些現狀提供給我們的最具普遍性的東西，真正成為大家普遍有條件得到的東西（見Bourdieu 1990e）。

●───但是，您的這種文化策略的社會基礎又能是什麼呢？我們又是否能有理由期望，那些對具有普遍意義的事物擁有壟斷地位的人，會努力去摧毀他們自身的特權地位呢？

　　對於任何文化策略來說，這確實都是一個主要矛盾。我們當然

──────────

46「社會學家從理論和實驗兩方面都得出了這樣的結論，即……就其博學的形式而言，審美愉悅是以學習為前提的；而且，在本文的這個具體例子裡，是透過漸趨諳熟和不斷操練習得的。其結果是，這種愉悅，這種藝術和巧思的人工產物，被當成自然的產物加以體驗，或試圖將其當成自然的產物加以體驗，可在現實中它卻是一種被培養教化出來的愉悅」（Bourdieu and Darbel 1966: 162）。

可以不厭其煩地將各種欺騙策略一一羅列出來。文化的特權者就透過它們來維持自己的壟斷，還總是用神聖化的方式將它們喬裝起來——要不是口頭上對文化剝奪進行道義譴責（現在把這歸咎於據說是學校制度的全面失敗），就是宣導滿足大眾迫切的文化需求之復興計畫，表面大張聲勢，其實虛有其表，並沒有普遍性提供滿足這些需求的必要條件。

　　當我們探討文化、藝術或科學時，更不用說研究哲學和社會學了，我們必須時刻特別注意保持一種反思性的警省態度：因為有許多的研究對象與思想家和科學家有著直接的利益關聯，他們深深捲入其中，不能自拔。在這樣的情況下，尤其需要認清知識界中的盛行潮流，與那些自發性的表象劃清界線。對於研究文化和藝術的社會學，對於研究科學和哲學的社會學，總之，對於研究所有聲稱擁有普遍性的文化事業的社會學來說，要與學究式的信念和那些專職思想的人的「職業」思想方式劃清界線，一刀兩斷，不管這對實行的人和其他人來說會有多麼痛苦，但這正是上述社會學的職責所在。這也就是為什麼在我的著作裡充分重視這些研究對象，使它們享有特殊的地位。

● ——　《人：學術者》這本書不僅僅是探索了方法論上的反思性問題。您在書裡還探討了歷史危機問題，即社會科學是不是能夠對那些乍然看去像是機緣湊巧的時局、單個事件或一系列事件做出解釋，哪怕只是部分解釋。您還同時探究了一個更加普遍性的問題，就是社會結構和歷史變遷的關係問題。

　　在《人：學術者》這本書裡，我試圖盡可能詳盡地解釋1968年五月風暴的危機事件，同時提出有關各種危機或是革命的恆定模型的某些要素。針對這一特定事件進行分析的過程中，我發現了一系列在我看來十分普遍的特性。首先，我揭示出大學內部的危機肇始於兩個彼此分離、獨立自主的演變過程，正是由這兩個過程分別

激發的危機的匯合，產生了大學內部的危機。一方面，由於各級教
職以巨大的規模迅速膨脹，以及由此造成的教職人員中居於支配地
位和從屬地位的各種類別──正教授、助理教授、助教──間的緊
張關係，使得教職人員間產生危機。另一方面，我們還發現由於包
括畢業生供過於求、文憑貶值、男女生比例關係變化等等方面的一
整套因素，在學生總體內部也出現了危機。這些部分的、局部的危
機匯合在一起，奠定了各種在關鍵時刻發揮作用的聯盟的基礎。危
機就沿著已經確定好的發展路線到處蔓延，並特別引發了在符號生
產方面的（電台、電視台、教會之類）危機。也就是說，危機反映
在所有那些已經開始萌發衝突的領域裡，在這些領域中，衝突的一
方是話語合法性的既有者，另一方則是新湧現的競爭者。

　　因此，我從來也沒有忽視以學術場域為舞台的各種矛盾對立和
衝突，它們是學術場域藉以自我維持的各種持續變遷之真正根基
──其實變動的程度並不像一眼看去那麼大。場域觀念本身就表明
我們超越了結構與歷史、保守與變革之間的傳統對立，因為正像我
們透過五月風暴可以清楚看到，構成結構的各種權力關係既支撐著
對支配的抵抗，又保障了對顛覆的遏制。這裡的循環論證只是表面
上的，人們需要做的，就是深入具體的歷史事件的細節，去看看鬥
爭是怎樣進行的。只有對這一結構中的各種位置進行分析，才能清
晰地解釋這種結構的轉型。

●───**您能否從更為一般的意義出發，對於歷史在您的思想中的地位
做一番說明？**

　　顯然這是個極其複雜的問題，我只能十分籠統地進行回答。[47]
我們只須說，將社會學和歷史學分離開來，是一種災難性的分工，

47　參見Bourdieu and Chartier 1989, Bourdieu, Chartier and Darnton 1985，以及
　　Bourdieu 1980d，有更為詳盡的回答。

在認識論上完全缺乏根據。所有的社會學都應當是歷史的，而任何歷史學也都應當是社會學的。從事實來看，我所提出的場域理論，其作用之一，就是想消除再生產和轉型、靜力學和動力學或者結構和歷史之間的對立。正像我曾試圖透過研究福樓拜時代的法國文學場域和馬奈時代的藝術場域從經驗上論證的那樣（Bourdieu 1983d, 1987i, 1987j, 1988d），如果我們不對場域的結構進行共時性分析，就不能把握該場域的動力機制；同時，如果我們不對結構的構成、不對結構中各種位置間的張力，以及這個場域和其他場域，尤其是權力場域間的張力進行一種歷史分析，也就是生成性分析，我們也不能掌握這種結構。

這種區分的人為性在歷史學和社會學間，越是到了學科的最高水準就越是明顯。在我看來，出色的歷史學家同時也是出色的社會學家（反過來也經常如此）。但是，出於這樣那樣的原因，歷史學家不像社會學家那樣綁手綁腳，按部就班地塑造概念，建構模型，或者炮製多少有些賣弄技巧的理論或後設理論話語，他們可以在精緻的敘事之下，不動聲色地將那些常是根據歷史學或社會學的考慮而分別妥善處理這兩個學科所做出的微妙協調與謹慎適度。另一方面，在我眼裡，現階段的社會科學中，許多社會學家在探討諸如理性化、科層化、現代化之類的進程時所運用的那種「宏觀歷史」，太容易繼續充當一種半遮半掩的社會哲學之最後避難所了。當然也有許多例外，值得慶幸的是近年來這樣的例外越來越多了。這裡我想到一些著作，譬如查爾斯·提利論歐洲國家形成過程的著作（Tilly 1990）。它成功地避免了某種單向度框架所蘊涵的那種或多或少為人所共知的功能主義進化論之陷阱，並透過在理論指導下對比較法的運用，為一種真正意義上的生成性社會學鋪平了道路。實際上，我們所需要的，是一種幾乎前無古人的結構性歷史學，它能在所考察的結構的相繼而起之各個階段中，確定以往維持或轉變這種

結構的鬥爭結果，並且找到此後出現的轉型原則，這些原則透過構成這一結構的力量之間的各種矛盾、張力和關聯體現出來。

只有當我們重新構建起各種「相互獨立的因果系列」之間的關係時，我們才能理解像1968年五月風暴或任何其他巨大的歷史突變那樣純粹的歷史事件之侵入。所謂「各種相互獨立的因果系列」的複合關係，是庫爾諾（Cournot 1912）當年用來概括偶然性（le hasard）的，也就是指那些在每個領域裡被摻合到一塊的各自不同且相對自主的歷史關聯，它們彼此之間的對立衝突就決定了歷史事件的獨特性。但在這裡，我要推薦你們去看看我在《人：學術者》的最後一章裡對五月風暴所做的分析，書裡隱含著我現在正在建立發展的符號革命理論之最初萌芽。

● ──　在您的著作，特別是您對法國十九世紀晚期藝術場域的歷史研究，與幾個著名的文化史和社會史學家的著作之間，有著許許多多相近的地方。這裡我馬上想到了許多人，譬如艾德華・湯普森（E. P. Thompson）、霍布斯邦（Eric Hobsbawm）、威廉・休厄爾（William H. Sewell）、莫希・萊文（Moshe Lewin）、阿蘭・科爾賓（Alain Corbin），甚至還可以包括查爾斯・提利，而且除此之外，我還能舉出其他許多人來。[48] 這些歷史學家在心智結構、文化結構、社會政治結構長期持續建構進程方面，和您有著共同的關注

---

48 例如，可以參見Elias 1978b,1983；E. P. Thompson 1963；Sewell 1980, 1987；Lewin 1985；Corbin 1986, 1990；以及 Tilly 1986。你還可以列入娜塔莉・澤蒙・戴維斯（Nathalie Zemon Davis 1975），林・亨特（Lynn Hunt 1984），以及林格（Fritz Ringer 1990, 1991），他們近來用布赫迪厄的場域概念重構了知識史（見馬丁・傑 [Martin Jay 1990] 和查爾斯・勒默特 [Lemert 1990] 對布赫迪厄那篇綱要性文章的評論）。菲力普・艾布拉姆斯（Philip Abrams 1982）評點了布赫迪厄的實踐理論和歷史社會學之間的共同處，這種共同處已經在相當廣泛的範圍內被人們意識到。

點，包括行為、評價和情感的各種範疇、文化表達、集體行動形式，以及社會集團的形式。這些關注點對於您自己的研究來說，也是關鍵性的，即使程度有所不同。為什麼您不更明確地表述這些知識上的親緣關係呢？人們想到，《社會科學研究探索》上大部分刊載的文章哪怕從最嚴格的意義上來說都是歷史學的，而且大部分您的親密同事和朋友──如果不是絕大部分──都是歷史學家（這些人中，譬如有羅杰‧夏蒂埃 [Roger Chartier]、羅伯特‧丹屯 [Robert Darnton]、路易斯‧馬林 [Louis Marin]、瓊‧史考特 [Joan Scott] 以及卡爾‧休斯克 [Carl Schorske]），於是，您沒有公開和歷史學的緊密關聯就越發顯得奇怪了。[49]

也許這是因為近些年來一些社會學家自以為「發現」了歷史，那種煞有其事的語言打消了我強調歷史學與社會學實際存在的融匯貫通念頭，而且歷史學與社會學的這種關係已不是一天兩天的事情了。[50] 我確實一直很懷疑那些指明歷史發展趨勢的宏大法則，在馬克思主義和它的那些宏觀理論對手（結構－功能主義、發展主義、歷史主義等等）那裡，我們都能找到大量這樣的法則。我努力提倡的專業性習慣思維方式中，就包括反對在某一特定社會系統中的兩

49 只要你去讀讀Chartier 1988a, Darnton 1984, Marin 1988, Schorske 1981，以及Scott 1988，就會很明顯感到這種知識上的親和，他們都在《社會科學研究探索》上發表過文章。（在他們之前，湯普森、霍布斯邦、愛里亞斯和莫希‧萊文都在這一雜誌上發表過文章。）也可見布赫迪厄與「新文化史」的部分共同之處（Hunt 1989）。而布赫迪厄、夏蒂埃和丹屯（Bourdieu, Chartier and Darnton 1985）之間的交談，則論及了布赫迪厄與歷史學中「新文化史」之間幾點更為顯著的不同之處。

50 例如，布赫迪厄於1975年由法國人文科學之家基金會（La Maison des Sciences de l'homme）主辦的歐洲社會史討論會上，做了題為〈罷工和政治行為〉（Strikes and Political Action）的總結發言（Bourdieu 1980b: 251-63）。霍布斯邦、湯普森和查爾斯‧提利也都參加了那次會議。

種狀態間做出草率膚淺的比較（譬如有關大學教育的「民主化」問題），因為這樣的比較太容易導致規範判斷和目的論推理。除了目的論的謬誤以外，也易於趨向用描述代替解釋。總之，有許許多多的因素令我不安。

　　舉個例子來說吧。現在看來，我與愛里亞斯所討論的問題確實有許多共鳴之處，因為它的確是以一種關於真實的宏大歷史進程的歷史性心理社會學（historical psychosociology）為基礎，針對首先逐漸壟斷有形暴力、然後慢慢壟斷符號暴力的國家，分析了它的構建過程。而有關符號暴力，則正是我想用手頭上這本關於國家起源的書來進一步補充的。[51] 我和愛里亞斯在少數根本原則上有相通的地方，大多來自涂爾幹或韋伯，在我看來，這些正是社會學思想的基本構架。但在這些原則以外，我們有更多的分歧，這裡無法一一討論。不過我至少必須提到一點，就是我在研究國家起源時發現，愛里亞斯就像在他之前的韋伯一樣，總是不願去詰問在國家對合法性暴力的壟斷中，是誰受益，又是誰吃虧，也不去想想透過國家來行使的支配是怎麼一回事（我在《國家精英》[*Bourdieu* 1989a] 裡討論了這個問題）。

　　而且愛里亞斯也比我對歷史的連續性更敏感。對長期趨勢的歷史分析往往容易掩蓋關鍵性的斷裂。我們可以用愛里亞斯著名的〈論體育運動和暴力〉（Essay on Sport and Violence）一文中所勾勒的對體育運動的歷史研究綱領作為例子。[52] 他透過描述一套連續的系譜，上溯古典時代的競技，下達今日的奧林匹克運動，這就隱含

---

51 見Bourdieu 1989a；Bourdieu and Wacquant 1991，以及本書〈反思社會學的論題〉之「5　語言、性別與符號暴力」。

52 這篇長文首先發表於《社會科學研究探索》（第6期 [1976年11月]）；後從法文譯為英文（篇幅上有所壓縮），重新收入 Elias and Dunning 1986: 150-74。

了掩蓋某些基本斷裂的危險。這些斷裂的產生有許多因素，其中主
要有教育制度的興起，英國的學院和寄宿學校的發展等等，以及隨
之而來形成的「運動空間」之相對自主化。[53] 在中世紀的Soule[54]
球戲這樣的儀式性競技和美式橄欖球之間，並沒有半點相同之處。
當我們考察藝術家或知識分子時，也碰到類似的問題：我們用同一
個詞「藝術家」，同樣的美學表達術語，創作、創作者等等，來談
論法蘭切斯卡[55]、畢沙羅[56]、孟克[57]，可是實際上其中有著巨大的
斷裂，而且還在持續不斷地生成著新的斷裂。當我們回顧十九世紀

---

53 《社會科學研究探索》最近兩期（第79期和第80期 [1989年9月，11月]）的主題
　　都是「體育運動的空間」，文章內容包括網球、高爾夫球與壁球；足球的意義與
　　作用在巴西、在法國的一個礦業小鎮以及標緻汽車公司內部的不同體現；英國
　　橄欖球分成聯盟職業制（13人）和業餘制（15人）兩種競賽方式的歷史溯源；
　　特技跳傘運動的社會演化過程；本世紀初貴族階層內部對各項運動的爭奪；芝
　　加哥黑人聚居區的拳擊運動；以及1936年柏林奧運會的象徵意義。在著名社會
　　學家中認認真真地探討體育運動的，布赫迪厄幾乎是孤身一人，愛里亞斯則可
　　算是另一位（見Bourdieu 1978c, 1988f，以及《秀異》中的論述）。他對體育教育
　　學家也產生重大影響，這在麥克盧恩（MacAloon 1988）所寫的〈皮耶‧布赫迪
　　厄的「體育運動社會學綱領」初探〉（A Prefatory Note to Pierre Bourdieu's
　　'Program for a Sociology of Sport）一文中已有所體現（例如，體育教學專家波西
　　羅 [Pociello 1981] 在研究法國南部橄欖球運動的社會起源、組織形式和社會意涵
　　時，就大量借鑑了布赫迪厄的理論思路）。不管用哪一種科學研究對象的等級制
　　體系來衡量，體育運動都遠遠談不上社會學中的什麼重大主題。對這一問題如
　　此關注，是因為布赫迪厄在他的理論裡賦予身體以中心地位，而且，對於揭示
　　「實踐感」的邏輯來說，這一領域也是莫頓（Merton 1987）所說的一種「策略性
　　的研究著眼點」（也可以用雷默 [Riemer 1977] 的話是「機會主義研究」的著眼
　　點：布赫迪厄在年輕時曾是個出色的橄欖球選手）。

54 譯註：Soule，一種中世紀體育運動，是現代足球和橄欖球的前身。

55 譯註：法蘭切斯卡（Piero della Francesca, 1420-1492），義大利文藝復興時期畫家。

56 譯註：畢沙羅（Camille Pissaro, 1830-1903），法國印象派畫家。

57 譯註：艾德華‧孟克（Edward Munch, 1863-1944），挪威畫家，表現主義先驅。

八〇年代以前「藝術家」這一概念的流變時，就會完完全全地陷入一種令人難以置信的時代混亂之中，因為我們忽視了起源，但不是藝術家或作者性格的生成，而是這種性格得以如此存在的所處空間之形成。

　　對於政治的研究來說，也存在同樣的問題。每當我們像今天的某些歷史學家那樣，熱衷於「政治哲學」，而不去探討政治場域的社會生成過程（Bourdieu 1981a），不去詢問把政治哲學當成超歷史的本質來使之永恆化的那種觀念的社會生成過程，我們就很有可能走向巨大的歷史謬誤。剛才我說的對「藝術」和「藝術家」概念的那種誤用，也同樣體現在像「民主」和「公共意見」這樣的觀念裡（見Bourdieu 1979e；Bourdieu and Champagne 1989；Champagne 1990）。極具反諷意義的是，歷史學家在採用一些概念來考察從前社會時，他們的用法常常是非歷史的，或是去歷史化的（dehistoricized），因此他們會經常犯上時代誤置的錯誤。他們忘了，這些概念和他們所捕捉的那些現實，本身就是歷史建構的產物：正是他們運用這些概念所分析的那個歷史，實質上發明創造了這些概念，許多時候還為此付出了艱巨的歷史努力，不過這樣的歷史過程已在很大程度上被人淡忘了。[58]

---

58 布赫迪厄提倡歷史學和社會學間這種有益無害的張力。而他的同事和合作者們，如夏爾（Christophe Charle 1987, 1990, 1991）、岡博尼（Dario Gamboni 1989）、維亞拉（Alain Viala 1985）和卡拉第（Victor Karady）等，則在各自的歷史研究中從不同方面很好地展現這種張力。卡拉第已著手對匈牙利及其他一些東歐國家進行一項長期性的、宏大的歷史社會學研究（見Karady 1985, Don and Karady 1989, Karady and Mitter 1990）。有關歷史的非連續性、隨時代而變的概念範疇之「根深柢固性」以及認知性（épistémés）等問題，布赫迪厄和傅柯共識頗多，有些可直接追溯到他們共同受教於岡吉郎的科學史和醫學史的經歷（Bourdieu 1988e: 779），而兩人的關鍵分歧則源於布赫迪厄是用場域觀念來歷史地探討理性。

3 場域的邏輯

●───場域概念與慣習和資本的概念一樣，都是貫穿您作品的中心概念。您的這些著作研究了形形色色的場域，包括藝術家和知識分子、階級生活方式、名牌高校、科學、宗教，也論及了權力場域、法律場域、居民住宅建設的場域等等。[59] 您所使用的場域概念具有高度的技術性和極其精確的內涵，這一點也許在一定程度上隱含在它貌似常識性意義的背後。您能否闡述一下這一概念的淵源（對於美國人來說，它總是容易令人想起馮・萊文（Kurt Lewin）的「場理論」）、涵義以及使用這一概念的理論宗旨？

　　我並不太喜歡專業定義，所以讓我先說幾句題外話，簡要地討論一下這些概念的用法。在這裡，我要提及《社會學的技藝》一書

---

59 有關知識分子和藝術家的場域，參見Bourdieu 1971a, 1975b, 1975c, 1983a, 1983d, 1988a；有關階級空間和階級生活方式的空間，參見Bourdieu 1978b, 1984a, 1987b；有關文化商品（cultural goods），參見Bourdieu 1980h, 1985d，和Bourdieu and Delsaut 1975;有關宗教場域，參見Bourdieu 1971b, 1987h，Bourdieu and Saint Martin 1982；有關科學場域，參見Bourdieu 1981d, 1987e, 1990e；有關司法場域和權力場域，參見Bourdieu 1981a, 1986c, 1987g, 1989a，和Bourdieu and Saint Martin 1978, 1982, 1987；Bourdieu et al. 1987和《社會科學研究探索》1990年3月號所刊載的文章考察了私人住宅建設的場域。

歐洲社會學中心還從事了許多其他場域的研究，其中包括：漫畫連環冊的場域（Boltanski 1975）和兒童書籍的出版場域（Chamboredon and Fabiani 1977），本世紀初法國大學和知識分子的場域（Charle 1983, 1990，Karady 1983, Fabiani 1989），第三共和國時期的權力場域（Charle 1987），宗教場域（Grignon 1977），古典時代的人文和科學（Heinich 1987），十七世紀的文學（Viala 1985），「上了年紀的老人」的管理問題（Lenoir 1978），農民的行業聯盟主義（Maresca 1983），社會工作（Verdès-Leroux 1976, 1978），政治代表制（Champagne 1988, 1990）和法國的女性主義研究（Lagrave 1990）。

（Bourdieu, Chamboredon and Passeron 1973），這是一本有點說教，甚至略帶學究氣的著作，[60] 不過仍然包含了大量理論原則和方法論原則，它們有助於人們理解這樣一個事實：即我時常被人所指斥的不足或缺陷，其實是我有意拒之不理，或是我深思熟慮選擇的結果。例如，使用開放式的概念（open concepts），[61] 就是一種拒棄實證主義的方式，不過這已經是老生常談了。更準確地說，開放式概念的提法可以始終不停地提醒我們，只有透過將概念納入一個系統之中，才可能界定這些概念，而且設計任何概念都應旨在以系統的方式讓它們在經驗研究中發揮作用。諸如慣習、場域和資本這些概念，我們都可以給它們下這樣或那樣的定義，但要想這樣做，只能

---

60 這本書（此書的譯本由於某些不為人所知的版權問題而耽擱數年，最近才由 Walter de Gruyter出版）對於理解布赫迪厄的社會學認識論是至關重要的。在此書中，對社會科學裡的「應用理性主義」（applied rationalism）（譯註：「應用理性主義」是巴舍拉首先使用的概念，指力圖避免自發性的「實在論」[realism] 和「理念論」[idealism] 兩種錯誤的認識論傾向的一種中間道路 [更確切地說，是一種超越兩者的努力]，應用理性主義強調理論與實驗的結合，以及理論的優先性。參看《社會學的技藝》[*Bourdieu, Chamboredon and Passeron* 1991] 一書的第三部分，特別是所選的巴舍拉的論述 [如文本39]）的根本原則做了詳盡細緻的闡述，並且精心選擇了用以說明核心主張的文本（作者包括科學史和科學哲學方面的專家，馬克思、涂爾幹、韋伯、牟斯及其他一些社會學家）。全書分為三部分，每一部分都由編著者的闡述和相應的文選組成。這三個部分分別用理論概括了三個研究階段。布赫迪厄遵循法國認識論學者巴舍拉的觀點，將這三個階段視為產生社會學知識的三個關鍵階段。他用下列法則言簡意賅地概括了這三個階段：「事實是（透過與常識的決裂）爭而後得，構建而成，並被確認屬實的」（les faits sont conquis, construits, constatés）」（Bourdieu, Chamboredon and Passeron 1973: 24）。泰爾斯的著作（Tiles 1984）批判性地介紹了巴舍拉的哲學，值得一讀，也可參見麥克利斯特編輯的文選（MacAllester 1991）。

61 例如，許多學者批評布赫迪厄缺乏完整性或嚴格性的概念，參見DiMaggio 1979: 1467；Swartz 1981: 346-48；Lamont and Larreau 1988: 155-58。

在這些概念所構成的理論系統中，而絕不能孤立地界定它們。[62]

這也回答了另一個在美國經常針對我提出的問題：為什麼我不提出任何「中層法則」（laws of the middle range）？[63] 我想，這種中層法則首先是一種滿足實證主義要求的做法；早些時候，貝爾納‧貝雷爾森（Bernard Berelson）和蓋瑞‧斯坦納（Gary Albert Steiner）所寫的一本書就代表了這種做法，這本書編纂彙集了大量社會科學研究中建立的瑣屑而且片面的法則。而這種實證主義式的滿足正是科學必須予以拒棄的東西。科學只承認法則構成的系統（杜昂 [Duhem] 很早就針對物理學指出了這一點，在那以後，蒯因 [Quine] 又進一步發展了這一基本觀念）。[64] 而且，概念的真正意涵來自於各種關係。只有在關係系統中，這些概念才獲得它們的意涵。與此類似，如果說比起多變數回歸分析，我更廣泛地使用了對應因素分析，那是因為對應因素分析是一種關係性的材料分析技術；在我看來，對應因素分析的基本原理正好與社會世界的現實相吻合。它是一種從關係的角度「進行思考」的技術，而我用場域概念也正是要實現這一點。[65]

---

62 有關「操作性概念」與「系統性概念」（或稱關係性概念，以研究對象的整個理論問題域為根基）之間的區別，是依據經驗測量中的各種實證要求和約束確定的，詳細請見Bourdieu, Chamboredon and Passeron 1973: 53-54。

63 譯註：這種說法來源於莫頓的「中層理論」（theories of the middle range）。有關莫頓的觀點，參見 Merton 1968，也可參見莫頓的《論理論社會學》（*On Theoretical Sociology: Five Essays*, Old and New；何凡興、李衛紅、王麗娟譯 [北京：華夏，1990]）。

64 現已廣為人知的「杜昂－蒯因假設」（Duhem-Quine hypothesis）指出，科學是一個複雜的網絡，它是以一個整體面對經驗的檢驗：證據所挑戰的，並非任何特定的命題或概念，而是這些命題和概念所構成的整個網絡。

65 對應因素分析是由「法國數據分析」學派（French Data Analysis）（包括J. P. Benzécri, Rouanet, Tabard, Lebart, Cibois）所發展的因素分析的一種變體。它使用

　　根據場域概念進行思考就是從關係的角度進行思考。[66] 正如卡西爾（Ernst Cassirer）在《實體概念與功能概念》（*Substanzbegriff und Funktionsbegriff*, Cassirer 1923）一書中所表明的，近代科學的標誌就是關係的思維方式，而不是狹隘得多的結構主義思維方式。人們可以發現，許多科學事業背後都是這種關係的思維方式，雖然這些科學事業看上去極不相同。這包括俄國的形式主義者泰涅亞諾夫，[67]（法國）社會心理學家馮·萊文，（出身德國的）社會學家愛里亞斯，以及人類學、語言學與歷史研究中的結構主義先驅——從艾德華·薩丕爾（Edward Sapir）、雅柯布森到喬治·杜梅齊爾（Georges Dumézil）和李維史陀（如果你仔細察看一下他們的著作，就會發現，無論是馮·萊文還是愛里亞斯都和我一樣，明顯受

精心設計的工具，對統計材料進行一種關係性的分析。這一方法日益為各國的社會科學家所採用，尤其是在法國、荷蘭和日本。在英文文獻中，有兩本頗有用處且深入淺出的導論，即Greenacre 1984和Lebart et al. 1984；近來，標準的電腦統計分析套裝軟體，如SAS和BMDP，已經包括了對應因素分析。

66　布赫迪厄就這一問題曾作如下解說：「對社會世界的日常觀念只是緊緊盯住那些明白可見的事物不放，譬如個人，我們出於一種原始的意識形態利益旨趣而與這種實在（ens realissimum）之物血肉相連；譬如群體概念，我們只是根據其成員關係的暫時性或持久性、正式性或非正式性，以一種十分表面的方式來界定它；甚至連關係本身，在日常觀念中也被理解為互動，即在實際活動中彼此激發的、交互主體性的相互關聯。而從場域的角度進行思考，就是要求徹底轉變這一整套日常觀念。事實上，正如牛頓的重力理論只有透過克服那種只認可相互撞擊和直接接觸的作用的笛卡兒式實在論才能建立發展起來一樣，領域的概念也預先假定了與實在論的表象方式的決裂，後者往往使我們將環境的效果化約成為在互動中得以實現的直接行動的效果」（Bourdieu 1982a: 41-42；引者自譯）。

67　泰涅亞諾夫（Jurii Tynianov, 1894-1943）和雅柯布森、弗拉基米爾·雅可夫列維奇·普羅普（Vladimir Iukovlerich Propp）一起，都是俄國形式主義學派的領袖人物，這一流派宣導以一種結構主義的視角研究文學和語言。

惠於卡西爾，借助他的思想來超越那種自發地充斥著社會思維方式的亞里斯多德式實體主義）。我可以對黑格爾的著名公式稍加改動，指出「現實的就是關係的」：在社會世界中存在的都是各種各樣關係──不是行動者之間的互動或個人之間交互主體性的紐帶，而是各種馬克思所謂的「獨立於個人意識和個人意志」而存在的客觀關係。

　　從分析的角度來看，一個場域可以被定義為在各種位置之間存在的客觀關係之一個網絡（network），或一個構型（configuration）。正是在這些位置的存在和它們強加於占據特定位置的行動者或機構之上的決定性因素中，這些位置得到了客觀的界定，其根據是這些位置在不同類型的權力（或資本）──占有這些權力就意味著把持這一場域中利害攸關的專門利潤（specific profit）[68] 的得益權──之分配結構中實際的和潛在的位置（situs），以及它們與其他位置之間的客觀關係（支配關係、屈從關係、結構上的對應關係等等）。

　　在高度分化的社會裡，社會世界是由大量具有相對自主性的社會小世界構成的，這些社會小世界就是具有自身邏輯和必然性的客觀關係空間，而這些小世界自身特有的邏輯和必然性也不可化約成支配其他場域運作的那些邏輯和必然性。例如，藝術場域、宗教場域或經濟場域都遵循著它們各自特有的邏輯：藝術場域正是透過拒絕或否定物質利益的法則而構成自身場域的（Bourdieu 1983d）；而在歷史上，經濟場域的形成，則是透過創造一個我們平常所說的

---

68 譯註：布赫迪厄有意使用大量來自馬克思主義政治經濟學的用語，如資本、生產和再生產等（雖然往往在術語的意義上有所發展變化），profit也是一例，它往往指由資本的占有所獲得的收益（與資本概念一樣，不只限於物質收益，還包括符號收益和社會收益等）。為了保留布赫迪厄用語上的特定風格，盡可能將之譯為「利潤」，有時考慮上下語境和行文的流暢，斟酌譯之為「利益」或「收益」等。

「生意就是生意」的世界才得以實現，在這一場域中，友誼與愛情這種令人心醉神迷的關係在原則上是被摒棄在外的。

● ── **您在用場域概念來理解社會世界時，經常用「遊戲」來作類比，以使人們能對您的發現有第一感的直觀把握。**

事實上，我們可以將一個場域小心地比作一種遊戲（jeu），儘管場域與遊戲有許多不同：場域不像遊戲，是深思熟慮的創造行為產物，而且它所遵循的規則，或更恰當地說，它所遵循的常規，[69] 並不是明白無疑、編纂成文的。因此哪些結果多半可以看作社會遊戲者之間的競爭產物，這是個與我們有著切身利害的問題（stakes，法語為enjeux）。我們有一筆遊戲投資，即在參加遊戲之前就具有的一種「幻象」（illusio，這個詞來自拉丁語的ludus，即「遊戲」之義）：捲入遊戲的遊戲者彼此敵對，有時甚至殘酷無情，但只有在他們都對遊戲及其勝負關鍵深信不疑、達成共識時，這一切才有可能發生；他們公認這些問題是無庸置疑的。遊戲者都同意遊戲是值得參加的，是划得來的；這種同意的基礎並非一份「契約」，而就是他們參加遊戲的事實本身。遊戲者之間的這種「勾結關係」正是他們競爭的基礎。在社會遊戲中，我們也有將牌，即根據遊戲的變化，其效力也隨之有所變化的「主牌」：正像不同牌的大小是隨著遊戲的變化而變化的，不同種類資本（經濟的、社會的、文化的、符號的資本）之間的等級次序也隨著場域的變化而有所不同。換句話說，有些牌在所有的場域中都是有效的，都能發揮作用──這些就是各種基本類型的資本──但它們作為將牌的相對價值是由每個具體的場域，甚至是由同一場域前後不同的階段所決定的。

---

69 有關規則與常規之間的差異，以及結構主義在這兩個概念上含糊其辭的說法，參見Bourdieu 1986a；1990a：30-41。

　　歸根結柢，一種資本（例如希臘語或積分學的知識）的價值，取決於某種遊戲的存在，某種使這項技能得以發揮作用的場域的存在：一種資本總是在既定的具體場域中靈驗有效，既是鬥爭的武器，又是爭奪的關鍵，使它的所有者能夠在所考察的場域中對他人施加權力，運用影響，從而被視為實實在在的力量，而不是無關輕重的東西。在經驗研究中，確定何為場域，場域的界線在哪兒，諸如此類的問題都與確定何種資本在其中發揮作用，這種資本的效力界線又是什麼之類的問題如出一轍（在這裡，我們可以看到資本概念和場域概念是如何緊密相連的）。

　　無論什麼時候，都是遊戲者之間力量關係的情況在決定某個場域結構。在我們的眼裡，遊戲者的形象就好像是面對一大堆不同顏色的符號標誌，每一種顏色都對應一種她所擁有的特定資本，與此相應的是她在遊戲中的相對力量，她在遊戲空間中的位置，以及她對遊戲所採取的策略性取向，這些都是我們在法語中稱她「參加遊戲」的意思；她所採取的每一步行動，不論是不惜冒點風險還是多少有些小心謹慎，是顛覆還是守成，既取決於她手裡符號標誌的總數，也取決於這堆符號標誌的組成狀況，也就是說，取決於她擁有的資本的數量和結構。擁有相同總量資本的兩個人，可能在她們的位置和她們的立場上（即在客觀位置上的主觀看法 [position-takings]）都相去甚遠，因為一個人可能擁有大量經濟資本而缺乏文化資本，而另一個人可能無甚經濟資本，文化資產方面卻十分豐足。更準確地說，一位「遊戲者」的各種策略，以及確定他的「遊戲」諸種因素，既是在所考察的時刻他的資本的數量和結構的函數，和這些因素向他所保證的遊戲機會的函數（惠更斯 [Christian Huygens] 用 lusiones 一詞來描述客觀可能性，這個詞也是來自拉丁語的 ludus 一詞），也是這一資本的數量和結構隨時間而演進的函數，即他的社會軌跡的函數，在與客觀機會的確定分配之間久已形

成的關係中構成的性情傾向（慣習）的函數。

　　但問題還遠不止於此：在遵守遊戲的默契規則和再生產遊戲及其利害關鍵的先決條件的情況下，遊戲者可以透過參與遊戲來增加或維持他們的資本，即他們擁有的符號標誌的數量；但他們也同樣可以置身遊戲中，部分或徹底地改變遊戲的固有規則。例如，他們可以努力改變不同顏色的符號標誌之相對價值，改變不同類型的資本之間的兌換比率；辦法可以是運用各種策略，以極力貶低作為他們對手力量所在的那種資本形式（如經濟資本）的價值，而努力維持他們自己優先擁有的資本種類（例如司法資本）。[70] 在權力場域中發生的大量鬥爭都是這種類型的，其中最受矚目的是那些旨在攫取國家權力的鬥爭，即相互爭奪各種可以使國家對所有「遊戲」和支配這些遊戲的規則施展權力的經濟資源和政治資源。

● ──**上述類比揭示了您理論中核心概念之間的聯繫，但它還是沒有告訴我們如何確定一個場域的存在及其疆界。**

　　場域界線的問題是一個非常難以回答的問題，哪怕只是因為這個問題總是一個場域自身內部的關鍵問題，也不容許任何先驗的回答。某個場域中的參與者，譬如說經濟公司、高級時裝師或小說家，都不斷竭盡所能區分開他們自身與最勢均力敵的對手，以減少競爭，並建立自己對場域的某個特定局部的壟斷。（在這裡，我應該立即補加幾句，來糾正這句話的目的論傾向。有些人就指摘我具有這種目的論傾向，他們將我對文化實踐的分析認定為基於這樣一種前提，即文化實踐者是有意尋求區隔的。實際上，的確存在一種導致差異的生產，但這種生產根本不是什麼有意尋求差異的產物。

---

70 在司法和經濟兩個場域的交叉地帶，隨著新興的法律專門職業（「破產專家」就是一個著名的例子）的興起，司法資本和經濟資本之間的衝突愈演愈烈，有關這方面的闡述，參見Dezalay 1989。

有許多行動者——這裡我想起福樓拜的例子——對於他們來說，在這個特定場域中存在、行事，歸根結柢就是要創造差異、與眾不同，並維護一個人的卓爾不群。許多時候是因為這些人被賦予了某些稟賦，以至於他們在場域中如果不獨樹一幟，他們在進入場域一開始就應當早已被剔除在外。）他們努力強行樹立某種才能和成員資格的標準，而在不同的歷史局勢中，他們的這種努力都會取得或多或少的成功。因此，場域的界線只能透過經驗研究才能確定。儘管各種場域總是明顯地具有各種或多或少已經制度化了的「進入壁壘」（barriers to entry）的標誌，但它們很少會以一種司法限定的形式（如學術機構錄取人員的最高限額——numerus clausus）出現。

我們可以把場域設想為一個空間，在這個空間裡，場域的效果得以發揮，並且由於存在這種效果，對任何與這個空間有所關聯的對象，都不能僅憑所研究對象的內在性質予以解釋。場域的界線位於場域效果停止作用的地方。因此，在每一個具體的研究事例中，你都必須努力運用各種手段來估量這種在統計上可以探明的效果開始下降的關鍵點。在經驗研究的工作中，場域的構建並不是透過一種強加行為來實現的。例如，對於美國某個特定的州或法國某個大區裡的各種文化團體的集合體（業餘合唱團、戲迷會、讀書俱樂部等等）是否構成一個場域，我就感到十分懷疑。而與這種情況正好相反，卡拉貝爾的著作（Jerome Karabel 1984）指出，美國的一些主要大學是透過客觀關係聯繫在一起的，在這種聯繫方式下，這些（物質或符號）關係的結構在每所大學中都發揮作用。報紙的情況與此頗為類似，邁克爾·舒德森（Michael Schudson 1978）告訴我們，除非你注意到報紙中「客觀性」的觀念興起與（報紙）聲望的標準密切相關，你才有可能理解新聞業中這種「客觀性」的觀念在近代的產生過程，因為正是這種聲望標準將「新聞」與庸俗小報上只不過作為「奇聞軼事」刊登的東西區別開來。只有透過對每一個

這樣的世界進行研究，你才會估量出它們具體是如何構成的，效用限度在哪裡，哪些人捲入了這些世界，哪些人則沒有，以及它們到底是否形成了一個場域。

● ── **那麼，什麼是場域運作和轉變的原動力？**

一個場域的動力學原則，就在於它的結構形式，同時還特別根源於場域中相互面對的各種特殊力量之間的距離、鴻溝和不對稱關係。正是在場域中積極活動的各種力量──分析者之所以將這些力量篩選出來，把它們看作對場域的運作關係重大的因素，正是因為這些力量造成了場域中至關重要的差異──確定了特定資本。只有在與一個場域的關係中，一種資本才得以存在並且發揮作用。這種資本賦予了某種支配場域的權力，賦予某種支配那些體現在物質或身體上的生產或再生產工具（這些工具的分配就構成了場域結構本身）的權力，並賦予了某種支配那些確定場域日常運作的常規和規則，以及從中產生的利潤的權力。

作為包含各種隱而未發的力量和正在活動的力量的空間，場域同時也是一個爭奪的空間，這些爭奪旨在維續或變更場域中這些力量的構型。進一步說，作為各種力量位置之間客觀關係的結構，場域是這些位置的占據者（用集體或個人的方式）所尋求的各種策略的根本基礎和引導力量。場域中位置的占據者用這些策略來保證或改善他們在場域中的位置，並強加一種對他們自身的產物最為有利的等級化原則。而行動者的策略又取決於他們在場域中的位置，即特定資本的分配。他們的策略還取決於他們所具有的對場域的認知，而後者又依賴他們對場域所採取的觀點，即從場域中某個位置點出發所採納的視角。71

---

71 布赫迪厄煞費苦心地強調在社會場域和磁場之間，以及因此在社會學與一種化約論的「社會物理學」之間所存在的差異：「社會學並非機械力學的某一篇

● ──在「場域」和「機器」（apparatus），或譬如說尼克拉斯‧盧曼
（Niklas Luhmann）將其作為理論中心概念的「系統」之間，又有什
麼差別呢？

　　一個基本的差別就是：爭鬥，以及因此產生的歷史性！我對
「機器」的說法深惡痛絕，對於我來說，這個概念就是「悲觀功能
主義」的特洛伊木馬[72]：「機器」就是一種殘酷無情的機器，它不
管具體的時間地點場合，只按照預定的程式，努力完成某個確定的
目標。[73]（有種觀念認為，存在某種邪惡的意願，應該負責社會世
界中發生的所有事情，這種對存在某種巨大陰謀的幻覺，始終困擾
著批判性社會思潮。）學校體系、國家、教會、政治黨派或協會，
都不是什麼「機器」，而是場域。在一個場域中，各種行動者和機
構根據構成遊戲空間的常規和規則（與此同時，在一定形勢下，他
們也對這些規則本身爭鬥不休，）以不同的強度，因此也就具有不
同的成功概率，不斷爭來鬥去，旨在把持作為遊戲關鍵的那些特定
產物。那些在某個既定場域中占支配地位的人有能力讓場域以一種
對他們有利的方式運作，不過，他們必須始終不懈地應付被支配者
（以「政治」方式或其他方式出現）的行為反抗、權利訴求和言語
爭辯。

　　章，社會場域既是力量的場域，也是你爭我奪、以改變或維持這些力量場域的
　　鬥爭的場域。而且，行動者與遊戲的關係──不論是實踐的關係，還是反思的
　　關係──都既是社會遊戲的最基本部分，也可以成為改變這些遊戲的基礎」
　　（Bourdieu 1982a: 46；引者自譯）。

72 譯註：「特洛伊木馬」是荷馬史詩中《伊利亞特》（*Iliad*）的典故，往往指用某
　　種加以掩飾的手段，隱蔽地引入一些東西。本文是指引入一種觀念。

73「作為一種以頗為鬆散、並且正規化程度較低的方式形塑的遊戲，一個場域並非
　　是什麼依照具有單一規章制度的準機械性的邏輯運轉的機器，好像這種規章制
　　度能將所有行動都轉化為單純的執行問題」（Bourdieu 1990b: 88）。參見布赫迪
　　厄對阿圖塞的「法律機器」概念進行的簡短批評（Bourdieu 1987g: 210-12）。

　　目前，在一定的歷史條件（這種歷史條件必須以經驗的方式來考察）下，一個場域可能會以一種「機器」的方式開始運作。[74] 當支配者成功地壓制、平定了被支配者的反抗和敵對時，當所有的社會運動都完全以一種自上而下的方式進行時，支配的效果就會加強，以至於構成場域的各種爭奪關係和辯證關係都會停止發揮作用。只有當人們反抗、革命、採取行動時，才存在歷史。總體性制度──避難所、監獄、集中營──或專制國家就是從制度上力圖讓歷史終結的範例。因此，「機器」代表一種極端情況，我們可以視為場域的病態狀況。但這種極限，在現實中從未達到過，即使在壓迫最深重的所謂「極權」政體下，也從未達到這樣的極限。[75]

---

[74] 有關另一種情況，即從「機器」向場域演進的過程，法比亞尼（Fabiani 1989: 第三章）對十九世紀末法國哲學的研究，和布赫迪厄（Bourdieu 1987i）對印象派繪畫的分析提供了相應的歷史事例。

[75] 「機器」的概念，也使學者有可能在研究中迴避社會行動者的生產問題，而在場域中運作的正是這些行動者，也正是他們使場域本身得以運作。但場域分析就不能搪塞迴避這一問題，因為「只有當一個場域中存在這樣的個體，他們受社會因素的預先確定，使他們的所作所為像一個盡職盡責的行動者，能以金錢、時間，有時甚至是榮譽與生命為代價，在社會遊戲中不斷追求，以謀取它所提供的利潤，只有在這樣的條件下，場域才能發揮作用」（Bourdieu 1982a: 46；也可參見布赫迪厄對藝術場域的歷史生成所做的分析，在他的這項研究中，他把藝術場域看作在審美事務方面「失範的制度化」，見Bourdieu 1987i）。

布赫迪厄對「極權主義」觀念的批評中，進一步強調指出「機器」概念的虛構性。在法國，政治理論家克勞德·樂福（Claude Lefort）和康奈利斯·卡斯托里亞迪斯（Cornelius Castoriadis）繼承了漢娜·鄂蘭（Hannah Arendt）的思想，發展了「極權主義」觀念。在布赫迪厄看來，肯尼斯·柏克（Kenneth Burke）一定會把「極權主義」這一觀念看作「術語蔽障」（terministic screen）的代表。這種概念掩蓋了蘇維埃模式社會中的實際情況，雖然說在這個社會中確實存在著壓迫，但社會的張力始終存在，並具有影響。這一點很像路易十四時代專制王朝宮廷社會的情況：「機器的表象事實上往往掩蓋了某個鬥爭場域的存在，而所謂『絕對權力』的擁有者本人也必須置身於這一場域」（Bourdieu 1981c: 307）。與此

　　至於系統理論，確實，它在表面上與場域理論有許多類似之處。人們可以輕而易舉地將「自我指涉性」（self-referentiality）或「自我組織」（self-organization）[76] 概念轉譯成為我用自主性概念所涵蓋的內容。的確，無論是在系統理論還是在場域理論中，分化和自主化的過程都發揮了至關重要的作用。不過這兩種理論之間仍存在著天壤之別。至少有一點，場域理論排除了一切功能主義和有機論：一個既定場域的產物可能是系統性的，但並非一個系統的產物，更不是一個以共有功能、統合（cohesion）和自我調控為特徵的系統的產物；這就是說，對於系統理論中如此之多的基本假定（即共有功能、內在統合、自我調控等），場域理論都拒絕接受。舉個例子，如果說在文學場域或藝術場域中，人們可以把構成某個可能空間的各種立場視為一個系統，那麼它們也就形成了一個差異的系統，一個各自不同和彼此相輕的稟賦系統，而且這些稟賦的發展也並非出自它們自身的內在運動，而是透過生產場域的內在衝突（這與自我指涉性的原則所暗含的觀念正好相反）。場域是力量關係──不僅僅是意義關係──和旨在改變場域的鬥爭關係的地方，因

────────

同時，布赫迪厄（Bourdieu 1981a）還強調指出了在政治場域的運作中存在著各種相互對抗的趨勢，當被統治階級缺乏文化資本時，各種與此相關的因素會促使被統治階級政治資本的集中，並因此導致左翼政黨逐漸轉向一種「機器」式的運作方式。有些學者對法國共產黨做了研究，批判性地估價了其中存在的各種邁向「極權化」的趨勢和相應的反作用力量，並考察了適於推行「極權化」成員的社會構成，有關這些研究，參見 Verdès-Leroux 1981 和 Pudal 1988, 1989。

76 譯註：這兩個概念都是德國理論家盧曼在社會理論中所大力宣導和廣泛使用的，兩者均借自第三代的系統理論，尤其是自組織理論（如洪貝爾托·馬圖拉納 [Humberto Maturana] 的「自我再生」[autopoiesis] 理論）。「自我指涉性」是與「異己指涉性」相對的，它「不僅意味著自我組織和自我調控」，還意味著具有自我指涉性的系統能夠「用那些相互關聯的要素生產出相互關聯的要素」，即具有「自我再生」性，參見 Niklas Luhmann, Essays on Self-Reference, New York: Columbia University Press, 1990（此處引文見頁145）。

此也是無休止的變革地方。在場域的某個既定狀態下可以被察覺的協調統合，場域表面上對共同功能的取向（在法國明星高校的情況中，這種所謂「共同功能」就是權力場域結構的再生產，參看Bourdieu 1989a）實際上肇始於衝突和競爭，而並非內在固有的自我發展結構的結果。[77]

　　第二個主要的差別是一個場域並不具有組成部分（parts）和要素（components）。每一個子場域都具有自身的邏輯、規則和常規，而在場域分割的每一個階段（譬如說文學創作的場域），都需要一種真正質的飛躍（譬如你從文學場域的層次降至小說或戲劇的子場域的層次）。[78] 每一個場域都構成一個潛在開放的遊戲空間，其疆界是一些動態的界線，它們本身就是場域內鬥爭的關鍵。場域是一個沒有創造者的遊戲，比任何人可能設計出來的遊戲都更變動不居、複雜難測。但是，如果要想充分地洞察決定所有場域概念和系統概念的差異，那麼我們就必須在具體研究中使用它們，並透過它們所產生的經驗對象來比較它們。[79]

77　一個場域的結構和運作過程中所體現的必然性是「一個不斷推進的集體創造的歷史進程產物，這個歷史進程既非遵循某個計畫，亦非依照說不清道不明的固有理性的結果（從而沒有任意性機會的一席之地）」（Bourdieu 1989a: 326）。布赫迪厄曾簡要地討論了盧曼將法律視為一個系統的觀念，參見Bourdieu 1987g: 212。波恩的《慣習和環境》（*Habitus ud Kontext*, Cornelia Bohn 1991）一書比較了布赫迪厄和盧曼的研究方法。

78　場域的概念可以在不同的聚集層次上使用：在大學裡（Bourdieu 1988a），人文科學的學科總體或院系總體；在住宅建設經濟中（Bourdieu 1990c），包含所有房屋建造者的市場或個別的建築公司「都可以被視為一個相對自主的單位」。

79　例如，布赫迪厄使用經濟場域概念分析了法國的單戶家庭住宅生產這一產業部門的內在發展過程，以及與其他場域（特別是科層體制的場域，即國家）的相互作用（Bourdieu 1990b, 1990c, 1990d；Bourdieu and Christin 1990），可以將之與盧曼（Luhmann 1982），以及帕森斯和斯梅爾塞（Parsons and Smelser 1956）對經濟與其他形式性的子系統之間的邊界所做的抽象理論概括進行對比。

● ———簡要地說，如何對一個場域進行研究？在這種類型的分析研究
中有哪些必不可少的步驟？

　　從場域角度進行分析涉及三個必不可少並內在關聯的環節
（Bourdieu 1971d）。首先，必須分析與權力場域相對的場域位置。
我們發現，就藝術家和作家而言（Bourdieu 1983d），文學場域被包
含在權力場域之中，而且在這一權力場域中，它占據著一個被支配
的地位（用個普通但極不恰切的說法：藝術家和作家，或者更一般
而言，知識分子，都是「支配階級中的被支配集團」）。其次，必須
勾畫出行動者或機構所占據的位置之間的客觀關係結構，因為在這
個場域中，占據這些位置的行動者或機構為了控制這一場域特有的
合法形式之權威，相互競爭，從而形成了種種關係。除了上述兩點
以外，還有第三個不可缺少的環節，即必須分析行動者的慣習，亦
即千差萬別的性情傾向系統，行動者是透過將一定類型的社會條件
和經濟條件予以內在化的方式獲得這些性情傾向的；而且在研究場
域中某條確定的軌跡中，我們可以找到促使這些慣習或性情傾向系
統成為事實的一定程度上之有利機會。

　　在方法論上，各種位置的場域與各種立場的場域，或者說基於
客觀位置的主觀態度（prises de position）的場域密不可分，也就是
說，與行動者的實踐和表達所構成的、受結構形塑的系統密不可
分。不論是客觀位置的空間，還是主觀立場的空間，都應該放在一
起分析，視為斯賓諾莎所說的「同一句子的兩種譯法」。不過，在
平常情況下，位置的空間仍然傾向於對立場的空間起到支配作用。
例如，藝術革命是構成藝術位置空間的各種權力關係發生變革的結
果，而這種變革之所以可能發生，正是因為一部分生產者的顛覆意
圖正好迎合了一部分受眾的期望，並因此改變了知識分子場域與權
力場域的關係（Bourdieu 1987i）。對於藝術場域確定無疑的事實也
同樣適用於其他場域：正像我在《人：學術者》中所指出的，人們

可以發現在1968年五月風暴前夕，學術場域中的各種位置與那些
事件中各種不同的擁護者所採取的政治立場之間，也存在同樣的
「吻合」；或者，在經濟場域中，我們可以發現銀行的客觀位置與
它們所採取的廣告宣傳和人事管理策略之間也存在同樣的「適配」
關係，諸如此類，還有許多例子。

● ── 換句話說，場域是那些參與場域活動的社會行動者之實踐，與
周圍的社會經濟條件之間的一個關鍵性仲介環節。

　　首先，對置身於一定場域中的行動者（知識分子、藝術家、政
治家，或建築公司）產生影響的外在決定因素，從來也不直接在他
們身上產生作用，而是只有先透過場域的特有形式和力量的特定仲
介環節，預先經歷了一次重新形塑的過程，才能對他們產生影響。
一個場域越具有自主性，也就是說，場域越能加強它自身特有的邏
輯，強加它特定歷史累積的產物，上述這一點就越重要。其次，在
哲學場域、政治場域、文學場域等與社會空間的結構（或階級結構）
之間，我們可以察覺出，它們在組成結構和運作過程方面都存在全
面的對應關係（homologies）：兩者都存在支配者和被支配者，都
存在旨在篡奪控制權與排斥他人的爭鬥，都存在自身的再生產機制
等等。但這裡所提及的每一個特性，在每一個場域中的體現形式，
都是各具特色，不可彼此歸約的。（因此，一種對應關係可以界定
為在差異中反映的相似。）因此，舉例而言，在哲學場域中進行的
爭鬥，儘管包含在權力場域中，但這些爭鬥始終是多元決定的
（overdetermined），[80] 並且傾向於以雙重邏輯來運作。哲學場域中

80「多元決定」是法國學者阿圖塞所使用的概念，這一概念受毛澤東《矛盾論》的
　深刻影響。阿圖塞認為馬克思理論的統一性是一種「複雜整體的統一性」，這種
　「複雜整體」「具有一種多環節主導結構的統一性」。他用這一概念反對任何（經
　濟或技術的）一元決定論，認為這是與馬克思主義相悖的。阿圖塞的這一思
　想，可以參見他的《保衛馬克思》（*Pour Marx*；顧良澤譯 [北京：商務印書館，

這樣那樣的哲學競爭者與社會場域總體中這樣那樣的政治集團或社會集團之間，存在位置上的對應關係，透過這樣的對應關係，這些哲學鬥爭產生了政治效果，發揮了政治作用。[81]

　　場域的第三個普遍性質在於各種場域都是關係的系統，而這些關係系統又獨立於這些關係所確定的人群。當我談及知識分子場域時，我非常清楚，在這個場域中，我會發現許多「粒子」（暫時假設我們是在探討一個物理場），它們受到各種吸引力、排斥力之類的擺布，就像在磁場中一樣。既然對此有所認識，一旦我說到一個場（域），我的注意力就會緊緊盯住這種客觀關係系統的基本作

<hr />

1984]），特別是其中的〈矛盾與多元決定〉（Contradiction and Overdetermination），以及〈關於唯物辯證法（論起源的不平衡）〉（On the Materialist Dialectic）二文。

81「文化生產場域特有的意識形態作用，是以文化生產場域（它是圍繞正統和異端的對立組織起來的）與階級鬥爭場域之間的結構對應關係為基礎，為維持或顛覆符號秩序，以一種半自動的方式發揮出來的。……在兩個場域之間存在的這種對應關係，導致在文化生產這個獨立自主的場域中為利害關鍵的特定目標而進行的爭鬥」（Bourdieu 1979b: 82；英譯文有所改動）。

階級不平等的意識形態合法化（或「自然化」[naturalization]）是布赫迪厄符號支配理論的核心觀念，而這種合法化只有透過不同系統之間產生的對應關係才能發揮作用。這種合法化並不要求文化生產者蓄謀盡心竭力地去掩蓋事實，或心甘情願地為統治者服務——事實上，只有當文化生產者並不有意合法化文化時，文化為階級不平等所提供的「社會正義論」（sociodicy）才能更好地發揮作用。在符號生產中，只有當知識分子作為專家真心實意地去追求他們的專門利益時，他們才能同時賦予一個階級位置以合法性：意識形態的組成結構及其最具特色的運作過程歸因於它們生成和流通的社會條件，也就是說，它們首先是被專家作為對爭奪所在場域相應才能（宗教、藝術等等）的壟斷工具來發揮作用，其次附帶地才是被非專家用於其他目的」（Bourdieu 1979b: 81-82；引者強調）。

各種場域怎樣與階級關係結構發生對應關係？這種對應關係又帶來哪些效果？有關這些問題的分析，可以參考Bourdieu and Delsaut 1975對最新流行服裝樣式的考察，Bourdieu 1980a對戲劇與藝術品味的探討，Bourdieu 1988b對哲學的分析，以及Bourdieu 1989a對菁英專（門職）業院校的研究。

用，而不是強調這些粒子本身。而且我們可以遵循一位德國著名物
理學家的公式，指出個人，就像電子一樣，是場（域）的產物；在
某種意義上來說，他是場域作用的產物。某個知識分子，某位藝術
家，他們以如此的方式存在，僅僅是因為有一個知識分子場域或藝
術場域存在。（這一點非常重要，特別有助於解決藝術史專家一再
提出、卻久拖未決的問題，即在怎樣的時間場合下，我們從工藝人
變成了藝術家？以這種方式提出類似的問題，幾乎毫無意義，因為
這種轉變很顯然是逐步完成的，並伴隨著藝術場域的構建過程，諸
如藝術家之類的事物，正是在這一過程中得以慢慢地形成。）[82]

　　場域的觀念提醒我們，即使人們在構建一個場域時不能不借助
個體（因為統計分析所必須的資訊一般都與個人或機構相聯繫），
社會科學的真正對象也並非個體。場域才是基本性的，必須作為研
究操作的焦點。這並不意味著個人只不過是「夢幻泡影」或他們並
不存在：他們確實存在，不過是以行動者（agent）[83]——而非生物

---

82 有關十九世紀晚期法國藝術場域的歷史形成過程，以及近代藝術家與此相關的
　「創造」，布赫迪厄所做的分析構成了即將出版的一本名為《文化商品的經濟學》
　（*The Economics of Cultural Goods*）的著作的主要內容。有關這項研究的初步構
　想，參見Bourdieu 1971a, 1971c, 1971d, 1983d, 1988d。有關布赫迪厄審美社會學
　和藝術社會學的精要闡述，參見Bourdieu 1987d；上述有幾篇文章均收入《文化
　生產場域：藝術與文學論文選》（*The Field of Cultural Production: Essays on Art
　and Literature Essays on Art and Literture*, Randal Johnson ed. 1993）。

83 譯註：在當代社會理論中，agent是一個頗為常見的術語，除布赫迪厄外，紀登
　斯以及許多新馬克思主義者也廣泛使用這一概念。理論家日益用它來取代與
　「主體」觀念和相應的意識哲學有著千絲萬縷聯繫的actor一詞（後者在英語中有
　「行為人」之義），不過在漢語裡原來用來翻譯actor一詞的「行動者」並無西方
　語言中的「主體」意涵，而且如果排除了actor的「主體」內涵和相應的唯意志
　論色彩，它與agent的差異並不大。（不過，仍有一些小的差異，如使用agent往
　往比actor更強調結構與關係，但近來在一般社會理論中，往往認為在注意避免
　「主體」和「主觀意識」的觀念之後，兩者可以通用，如紀登斯就經常交替使用

性的個體、行為人（actor）或主體——的方式存在著；在所考察的
場域中，他們是被各種社會因素構成為積極而有所作為的，而場域
的這種構成影響則體現在以下事實上：這些行動者都擁有在此場域
中發揮作用（亦即產生效用）所必須的稟賦。並且，正是我們對這
些行動者置身並形成於其中的場域本身的知識，使我們更能夠把握
他們特立獨行的根源，把握他們的觀點或（在一個場域中的）位置
的根源。要知道，他們對世界（以及場域本身）的特有觀念正是從
這種觀點或位置中構建出來的。

**這是因為不論什麼時候，每個場域都要強征一筆類似「入場費」
之類的東西，而且這種東西又確定了誰更適於參與這一場域，從而
對行動者進行優勝劣汰的遴選。**

　　在進入場域的過程中，只要人們擁有某種確定的稟賦構型，他
們在被遴選出來的同時，就被賦予合法性。我們研究的目標之一，
就是去識別這些能夠發揮作用的稟賦，這些有效的特性，也就是這
些特有的資本形式。所以說，這裡存在一種詮釋學循環[84]：要想構
建場域，就必須辨別出在場域中運作的各種特有資本形式；而要構
建特有資本形式，就必須知曉場域的特定邏輯。在研究進程中，存
在一種循環往復的運動，因此，這類的研究既頗費時日，又艱苦異

這兩個概念。）本書將agent譯為「行動者」，在作者不做區別時，將actor也譯
為「行動者」，在作者明確區別兩者時（如此處），一般將後者譯為「行為人」，
只在極少數的情況下，將agent譯為「能動者」。

84 譯註：「詮釋學循環」是詮釋學中的重要概念。傳統詮釋學就已經認識到，對
　　任何一個文本的理解都依賴理解這個文本的部分，而反過來，對文本的部分段
　　落的理解又離不開對文本整體的理解。在海德格那裡，這種「詮釋學循環」的
　　觀念進一步從對文本的解釋發展成為「此在」（Dasein）生存的本體論特徵（參
　　見Being and time；陳嘉映、王慶節譯 [北京：生活・讀書・新知三聯，1987]，
　　頁181）。

常。[85]

　　至於場域的結構——注意，這裡我正在逐漸建立起場域這一概念的操作定義——則是由這一場域中靈驗有效的特定資本形式的分配結構所決定的，這意味著若我肯定特定資本形式的知識，就能分辨出在這個場域中所有有必要分辨的東西。舉例來說（這也是我研究知識分子的著作的指導原則之一），我認為人們不能滿足於一種無力分辨行動者（或更恰當的說是行動者的位置）之間差異的解釋模式，因為在一個特定的世界中，日常直覺告訴我們，他們是千差萬別的。在這樣的情況下，應該探詢：究竟是哪些導致我們彼此之間形成差別的變數被忽視了。（順便提一下，日常直覺的確很值得尊重；不過，必須要確保以一種自覺且合理的方式將直覺引入分析之中，並在經驗研究中控制它的有效性，[86] 然而許多社會學家卻往往無意識地使用日常直覺，就像我在《人：學術者》開頭批評的他們所建立的那種二元論的類型學——諸如「普世全能的」知識分子與「困守一隅的」知識分子間的區別。[87]）這裡，我們的直覺就提

---

85 各個相關個人或機構的聚集體與靈驗有效的資產或資本形式之間，正是透過這種「詮釋學循環」得以相互限定。有關這方面的詳細闡述，參見布赫迪厄對七〇年代中期法國政府改革住宅建設政策的研究（Bourdieu and Christin 1990k: 特別是頁70-81）。

86 「某些對『認識論斷裂』只知皮毛的後學之輩力圖讓我們相信，在科學中摒棄第一手的直覺是自始至終、徹頭徹尾的，但事情遠不是那麼簡單；這種對直接直覺的摒棄是一個漫長辯證過程之最終成果。在這一過程中，直覺最初在經驗操作、分析，甚至證實或證偽過程中都有所體現。這些帶有直覺因素的操作、分析和證明又產生新的假設，這些新的假設逐漸具備了更為牢固的基礎，借助直覺曾發揮作用的複雜研究操作所闡明的問題、失誤和預期，科學家最終得以反過來超越了前面那些直覺性的操作」（Bourdieu 1988a: 7）。

87 譯註：在《人：學術者》的第一章〈焚書〉（A 'Book for Burning'?）（Bourdieu 1988a: 特別是頁12）中，布赫迪厄的討論涉及了阿爾文・古爾德納對知識分子

出問題：「這種差別又是從哪裡來？」

　　最後也是極為關鍵的一點：社會行動者並非被外力機械地推來扯去的「粒子」。剛好相反，他們是資本的承載者，而且，基於他們的軌跡和他們利用自身所有的資本數量和結構在場域中所占據的位置，他們具有一種使他們積極踴躍地行事的傾向，其目的要不是竭力維持現有的資本分配格局，就是起而顛覆它。事情當然比我們這裡的論述要複雜得多，但我想這是一個可以適用於整個社會空間的一般性命題，雖然這並不等於說所有的小資本所有者都必然是造反革命的，而所有大資本所有者都自然而然是保守力量。

●——　**我們姑且承認，至少在發達社會中，社會世界是由大量業已分化的場域組成的，這些場域既具有某些恆定不變的特性（這就是一般性場域理論的設想的現實根據），又存在根源於各個場域特有的邏輯和歷史所形成的千變萬化特性（這就要求對每個場域都進行生成性分析和比較性研究）。那麼，這些形形色色的場域又是如何相互關聯？它們之間這種勾聯的性質是什麼？它們分別具有的權重的性質又是什麼？**

　　不同場域之間的相互關聯是一個極其複雜的問題。一般來說，我對這些問題都不大予以回答，因為它太難以處理了。若以一種相對簡單的方式來討論這個問題，又得冒點危險，這不免令人想起用

　　所做的區別。阿爾文・古爾德納根據知識分子對制度的態度，他們在職業才能方面的投入，以及他們的內在或外在的取向，分為「地方性」（local）或「困守一隅的」（parochial），以及「世界主義的」（cosmopolitan）知識分子（布赫迪厄在該書還提到美國學者所做的其他幾種類似區別），但似乎未直接論及「普世全能的」或「總體性」（universal）知識分子這一概念。而後面這個概念是傅柯用來與「具體特定的」（specific）知識分子的概念相對的。無疑的，布赫迪厄在此處兼具兩種說法，用來指明這種二元類型學的問題。有關傅柯的用法，參看Foucault 1980，特別見頁126及後文。

「層面」（instance）[88] 或「聯繫」之類的概念進行分析的方式，某些馬克思主義者就利用這種概念，對這一複雜問題提出無關實質的回答，而實際上這種問題只有透過經驗分析才能解決。事實上我相信不存在超越歷史因素影響的場域之間的關係法則，對於每一種具體的歷史情況，我們都要分別進行考察。在資本主義發達的社會裡，顯然，很難堅持主張經濟場域並不發揮特別強有力的決定作用。難道因此我們就應當承認（經濟）「歸根究柢具有（普適的）決定性」這一論斷嗎？我相信可以從我對藝術場域的研究中找到一個例子，足以表明這一問題的複雜性。

　　當我們對這一問題進行歷史研究時，我們會發覺，一個肇始於十五世紀的進程，引導藝術場域在十九世紀獲得了它真正的自主性。從那時起，藝術家不再聽命於資助人和庇護者的要求和命令，他們擺脫了國家與學院等等。他們之中的大多數人開始為自身的有限市場創作。在這樣的市場裡，運行著一種延遲給付的經濟（deferred economy, Bourdieu 1983d, 1987i）。上述的每件事都促使我們相信，我們正在研究的這一邁向自主性的進程，是不可逆轉、不可阻擋的，而且藝術和藝術家已經一勞永逸地擺脫了外力，實現了自由。那麼，我們在今天看到的又是什麼呢？是一種庇護制的復歸，一種直接依附關係的復歸，是國家的復歸，是某些最粗暴不過的檢查制度的復歸，以及突然之間重新展開的一種線性和不確定的自主化進程。看看諸如漢斯・哈克（Hans Haacke）這樣的畫家所做的——他用藝術的工具來質疑那些對藝術創造自主性的干預。[89]

---

88 譯註：阿圖塞用「層面」概念來修訂恩格斯的「經濟的前提和條件歸根究柢是決定性的」這一論斷，指出經濟基礎和上層建築（又分為國家機器和意識形態）是不同的層面，這一概念與他的「多元決定」觀念有密切關聯。

89 霍華德・貝克（Howard Becker）和約翰・沃爾頓（John Walton）強調指出哈克作品在社會學上的重要意義（Becker and Walton 1986）。

他在古根漢博物館展出的一幅繪畫，揭露了古根漢家族財政資源的來源。這樣一來，古根漢博物館的館長就別無選擇：如果他展出這幅畫，那他就不得不辭職，或被這家博物館的資助人解聘；如果他拒絕展出這幅畫，那他在藝術家的眼裡會受盡譏笑。這位藝術家讓藝術重新履行了自身的職責，卻立即陷入麻煩中。因此我們發現，藝術家獲得的自主性從根源上說，既取決於他們作品的內容，也取決於他們作品的形式。這種自主性暗含了一種對俗世必須之物的屈服，藝術家認定的德操就是超脫於這些必須之物的，他們的方式就是自詡完全有權決定藝術的形式，然而他們付出的代價卻是同樣一點不少地放棄了藝術的其他職責。藝術場域委派給他們的職責，就是不發揮任何社會職責的職責，即「為藝術而藝術」。除此之外，一旦他們要履行其他職責，他們就會重新發現這種自主性的局限。

　　這只不過是一個例子，但它有助於提醒我們注意場域之間的關係——這個例子揭示藝術場域與經濟場域之間的關係——並不是一勞永逸地確定的，即使是它們演進的最一般的趨勢也並非如此。那些「具有唯理論主義傾向的理論」運用各種宏大概念，聲稱能夠解釋所有問題；而場域的觀念則與此不同，它並未提供所有可能的疑難問題的現成答案，也並非說一切就緒，無須再費力進行下一步的具體研究。相反地，至少在我看來，場域觀念的主要價值在於促進和發揚一種構建（對象）的方式，使學者不得不在每次研究時重新設想一番。它迫使我們提出一系列問題：考察的世界界線在哪裡：它如何與其他場域發生「聯繫」？與哪些場域發生聯繫？在何種程度上發生聯繫等等？它提供了一套連貫系統且一再出現的問題，使我們既避免陷入實證主義經驗主義的理論真空，又避免墮入唯理論主義話語的經驗真空。

●───**最近一期的《社會科學研究探索》（1990年3月號）專門探討了「住宅經濟」的問題，也就是說，分析一系列必須加以考慮的社**

會空間，以理解單門獨戶家庭的住房這種特殊的經濟商品的生產和
流通過程。在這一期的文章裡，您順理成章地開始分析國家政策的
產生，在「住宅經濟」的問題中，國家政策直接參與了決定經濟市
場運作的過程。您這麼做，實際上已經開始著手概要地提出一種國
家理論，在這理論中，您把國家視為一種後設場域（meta-field）。[90]

事實上，在我看來，當你細心觀察我們所謂「國家」的內部種
種運作時，你立即會對困守學院的學者，亦即那些脫離實際的馬克
思主義者（armchair Marxist）和其他一些只知玄想的社會學家，所
提出的許多關於國家的學究式問題嗤之以鼻，棄如敝屣。這些人翻
來覆去，只會用一些準形而上學的觀念探討國家的問題。正像胡塞
爾在討論其他問題時所說的，要想「回到事實本身」，就必須破除
這類觀念。舉例而言，我想到在「保持一致」（或依賴附和）與
「獨立自主」之間的理論抉擇，這種抉擇已經變得神聖崇高，不容
褻瀆。但在這種抉擇的背後，已經預設了這樣一個命題，即國家是
清晰明確、界線分明的統一實體，它與那些也同樣可以清晰確定和
明確辨認的外在力量毫無交織，互不相融，兩者間只存在一種純粹
的外部關係。（例如，就德國的情況而言，人們費盡筆墨，探討德
國的特殊道路，傳統的容克土地貴族，或腰纏萬貫的工業資本家；

---

90 有關國家在住宅建設方面的經濟活動中所發揮的形塑作用，參見 Bourdieu
　1990b，及 Bourdieu and Christin 1990。布赫迪厄在《國家精英》一書中首次正面
　論述了國家問題。他的結論是「當代的專家統治」是穿袍貴族（noblesse de robe）
　「在結構上的（有時甚至還是血統上的）繼承人」，他們「透過創造國家來創造
　（作為一個法人團體的）自身」。布赫迪厄進一步還提出假設，認為「國家菁英
　……和教育證書是互相補充、彼此關聯的創造過程的結果」（Bourdieu 1989a:
　544, 540）。布赫迪厄於 1988 至 1991 年在法蘭西學院所講授的課程，一直致力於
　這一題目，主要考察了現代國家的形成和效果，在這一系列考察中，國家被視
　為符號暴力集權化的組織表現方式，或者說是「確保各種私人占有形式的物質
　資源和符號資源的公共寶庫」（Bourdieu 1989a: 540）。

就英國的情況而言，則是城市裡擔任企業主的資本家和鄉紳。）事實上，我們在具體分析中所遇到的是各種行政管理或科層體制場域的聚合體（在經驗現實中，它們往往表現為各種委員會、局、署及公會），在這一聚合體中，來自政府方面的和非政府方面的行動者和各類行動者群體，你爭我奪，謀求特定的權威形式，這種權威形式的構成因素是透過立法、規章、行政管理措施（補貼、許可、限制）而體現的統治權力。總之，這些措施包括我們一般置於國家政策名目之下形形色色的東西，作為一種與生產和消費（在這裡，即與住宅的生產和消費）相關的諸種實踐之特定領域，都被各種力量爭來奪去。

倘若你堅持用這種定義來界定國家，那麼國家就可以被看作是諸場域的聚合體，是種種鬥爭的場所。在這些場域的聚合體中，各方爭鬥的關鍵目標就是——以韋伯的著名闡述為基礎——壟斷具有合法性的符號暴力，[91] 這種合法的符號暴力，就是這樣一種權力，即在一特定「民族」內（也就是在一定的領土疆界中）確立和強加一套無人能夠倖免的強制性規範，並將其視之為普遍一致的和普遍適用的。正如我針對1970年至1980年法國國家住宅政策的研究中所表明的，這些場域是各種力量持續不斷的相互碰撞的地方，這些

---

91 關於布赫迪厄對韋伯思想的發展，參見Bourdieu 1989a: 第五部分，以及Bourdieu and Wacquant 1991: 100：「歸根究柢，國家是符號權力的集大成者，它成就了許多神聖化儀式，諸如授予一項學位、一個身分證、一張證書——所有這些儀式，都被一種權威的授權所有者用來判定一個人就是他在儀式上被展現的那種身分，這樣就公開地確定他是什麼，他必須是什麼。正是國家，作為神聖化儀式的儲備銀行，頒布並確保了這些神聖化的儀式，將其賜予儀式所涉及的那些人，而且在某種意義上，透過國家合法代表的代理活動，推行了這些儀式。因此，我對韋伯的名言加以改動，使它更具一般性，我認為：國家就是壟斷的所有者，不僅壟斷著合法的有形暴力，而且同樣壟斷了合法的符號暴力。」

力量分屬私有部門（銀行和銀行家，建商和建築設計公司）和公有部門（部委，這些部委內的主管部門，以及在這些部門中任職的國家棟樑（grands corps d'Etat），[92] 而這些部門本身又都是以場域方式組織起來的層次較低世界，各種內部分裂和外在對立既把它們融為一體，又使它們彼此分隔。只有將「國家」作為一個通俗易懂、簡單明瞭的權宜性標籤，用以涵蓋上述這些權力（具有不同的表現形式）位置之間的客觀關係形成的各種空間——這些空間可能採取各種具有一定穩定性的網絡形式（諸如聯盟、協作、固定主顧、相互服務等等），並且在現象各異的互動形式（從公開衝突到多多少少有點隱蔽的勾結串通，範圍極為廣泛）中展現自身（但是如此使用，也自有它的危險）——「國家」的概念才有意義。

　　你可以詳細考察各種相互競爭的「民間」（private）代理人或組織（譬如說，有些銀行可能願意讓政府進行某種管制，以促進擴大一定種類的住宅建設貸款）是如何採取行動、對他們的各種經濟活動領域或文化活動領域內國家政策方向的確定施加影響的（在教育改革中，可以觀察到同樣的過程），他們是如何相互結盟並與其他一些科層官員相互串通的（這些官員也有所偏好於他們喜歡的某種類型的措施），以及他們又是如何與其他組織機構打交道，這些組織機構往往具有自身的利益和資源（例如，進行管制管理的專有科層資本）。完成這些研究後，你會禁不住將那些關於一致還是自主的思辨臆測拋在一旁。就這一點可以肯定的說，我感到與艾德華・勞曼（Edward O Laumann）的分析（Laumann and Knoke 1988）更為接近（雖然在其他方面，我與他也還存在一些分歧），而與尼

---

92 這些國家棟梁都是來自法國頂尖的明星學校的畢業生組成的結社團體，傳統上將法國國家內某些最頂層的管理位置留給他們（關於明星學校的論述，見本書〈反思社會學的實踐〉之註22）。

可斯・普蘭查斯（Nicos Poulantzas 1973）或斯科克波（Theda
Skocpol 1979）的思路相去甚遠，這兩個人都代表一致或自主的傳
統立場。我在上面所做的論述，也意在指出這個問題上與其他問題
一樣，那些「脫離實際的馬克思主義者」，那些不顧經驗材料的唯
物主義者（materialists without materials），只不過一直在這個學究
式的問題上糾纏不休，而早在六〇年代他們盛極之時，我就始終不
懈地反對這種觀點。

　　更一般的說，這說明了是什麼造成我在社會學場域中位置上的
困境。一方面，因為我堅持認為結構性的形構（structural
configurations）不可化約為它們用以表現自身的互動和實踐，從這
一點上講，我似乎是非常接近那些「（宏）大理論家」（特別是結構
主義者），但同時，我又與那些「埋頭實地研究」的學者不謀而
合、頗為接近（特別是符號互動論的學者，以及所有那些透過參與
性觀察或統計分析，竭力揭示和洞察那些往往被宏大理論家所忽視
的現實經驗的學者，因為這些宏大理論家往往高高在上，懶得屈尊
俯視），即使我不能贊同他們對社會世界的某些觀念，那些作為他
們研究興趣基礎的哲學觀念往往鼓勵「特寫鏡頭」，助長理論近視
（theoretical myopia），無視客觀結構和那些不能直接感知的力量關
係，事實上正是這些問題加諸於這些學者身上，使他們沉迷於日常
實踐的細枝末節，而不能自拔。

●———您對國家的分析，是把國家看作一系列部分相互重疊的科層場
域。那麼，是哪些方面使您的這一分析與勞曼和大衛・克諾克
（David Knoke）的「組織國家」（organizational state）概念（Laumann
and Knoke 1988）以及更為廣義的網絡理論區分開？

　　這裡，我想起自己在結構和互動，或結構關係和實際有效關係
（structural relation & effective relation）之間所做出的一個區別，這
一區別特別依據了韋伯的思想，前者被視為是一種以永遠不變而且

不可察見的運作方式的關係，後者則體現在某一特定的交換關係中
並透過這種關係而實現的（參見Bourdieu 1971b, 1971e, 1987h）。事
實上，一個場域的結構可以被看作一個不同位置之間的客觀關係空
間，這些位置是根據他們在競奪各種權力或資本的分配中所處的地
位決定的。這種場域的結構與那些多少有些持久不變的網絡（場域
借助這些網絡來展現自身）是不同的。正是這種結構，決定了是否
有可能（或更準確地說，是有多大可能）在場域中發現那些體現並
維繫網絡存在的各種聯繫創建過程。科學的任務就是揭示各種資本
的分配結構，而這些結構透過它們所限定的利益和性情傾向決定了
個人或集體所採取的立場。在網絡分析中，對這些基本結構的研究
始終讓位於對（各種行動者之間或機構之間）特定聯繫和各種（資
訊、資源、服務等）「流」（flow）的分析，網絡正是透過後者成為
可見的──這無疑是因為揭示結構要求人們在研究中運用一種關係
的思維方式，而這種思維方式除非借助對應因素分析的技術，否則
很難轉化為一種適於定量和形式化的數據分析的研究方法。

　　我可以借助過去幾年對國家的歷史形成過程所進行的研究，來
進一步探討上述主張。我可以用一種大大簡化了的方式指出，自從
王朝國家（dynastic state）的建立，或後來官僚國家（bureaucratic
state）的建立以來，就發生了一個長期不同種類的權力或者說資本
的集中化過程。在第一個階段，這一過程首先導致公共權威的私人
壟斷（即由國王壟斷），同時國王壟斷的這一公共權威外在於並優
越於所有其他私人權威（地主、市民階層等的權威）。與這些不同
資本──經濟資本（主要來自徵稅）、軍事資本、文化資本、司法
資本，以及更具一般性的符號資本──的集中化過程相伴而生的就
是相應的不同場域之興起和鞏固。這一過程的結果是產生一種特定
資本，準確地說就是中央集權資本（statist capital）。這種資本透過
它的積累，可以使國家施展權力在不同場域和在其中流通的不同形

式的資本。這種後設資本（meta-capital）能夠對其他不同種類的資本，特別是它們之間的兌換比率（並因此對分別持有這些資本的擁有者之間的權力平衡）實施支配的權力，而正是這種後設資本確定了國家的特有權力。從而，國家的構建與權力場域的構建相伴而行，這種權力場域可以被看作遊戲空間，在這一空間中不同形式資本的擁有者彼此爭鬥，爭鬥的關鍵就是誰能夠擁有對國家的權力，即對中央集權資本的權力，這種資本能賦予支配不同種類的資本及其再生產（特別是透過學校系統）的權力。

4 利益、慣習與理性

● ── 人們經常指責您對利益觀念的運用是「唯經濟主義」的，[93] 那麼，在您的分析方法中，利益概念有著怎樣的理論作用呢？

　　我在開始致力社會科學研究時，學術界正盛行一種用簡單幼稚的方式來理解人的行為的哲學人類學。利益這個觀念，就成了我擺脫這種哲學人類學的工具。我經常引用韋伯對法律的一段評論，他說，只有當遵從規則的利益大於無視規則的利益時，社會行動者才會遵守這項規則。這一地地道道的唯物主義原則提醒我們，當我們聲稱要對人們據以行事的規則進行分析描述時，先得問，究竟是什麼東西使那些規則發揮作用？

---

93 例見Paradeise 1981；Caillé 1981, 1987a；Richer 1983；Adair 1984；Kot and Lautier 1984, Rancière 1984: 24；Joppke 1986, Sahlins 1989: 25。因為如此，菲斯克（Fiske 1991: 238）把蓋瑞・貝克（Gary Berker）和布赫迪厄兩人攪在一起，認為在他所歸類的社會關係四大模型中，兩人都是「自利理性假定」（the selfish rationality assumption）的宣導者。而其他許多人，特別是 Harker, Mahar and Wilkes 1990: 4-6；Thompson 1991，以及Ostrow 1990: 117，則積極捍衛另一種截然相反的闡釋，稱讚布赫迪厄摒棄了唯經濟主義。

　　韋伯曾經用一種經濟模型，揭示了牧師、先知、巫師，這些宗教遊戲中的風雲人物們各自的特定利益（Bourdieu 1971b, 1987h）。我也不過是在他理論的基礎上，進一步發展他的思路，在分析文化生產者時引入利益觀，用以對抗關於知識界的流行看法，質疑「自由漂移的知識分子」（freischwebende Intelligenz）這一意識形態。我總在談論特定利益，探討那些當受歷史因素決定的場域運作時，被預設和生產出來的利益，所以我更喜歡用「幻象」（illusio）這個詞。令我感到尷尬的是，那些墨守成規的人，一看到「利益」（interest）這個詞，就指責我是唯經濟主義。[94] 實際上，我是經過慎重考慮才這麼用的，是把這個觀念作為一種臨時性的化約手段，可以把唯物主義的探究問題的方式引入文化領域。從歷史上看，自從現代藝術觀產生，文化生產場域獲得其自主性以來（Bourdieu 1987d），這種思維方式在該場域裡就特別不受歡迎，並被視為異己，排斥在外。

　　要想理解利益觀念，就必須認識到，與它相對的不僅是所謂超功利性（disinterestedness），而且還有「漠然」（indifference）的觀念。我們所說的漠然，就是不為遊戲所動：對我來說，這種世間遊

---

94 在最早論述卡比爾人榮譽感的人類學文章中，布赫迪厄就明顯地流露出對唯經濟主義的反對（Bourdieu 1965, 1979d）。而《實作理論綱要》（*Esquisse d'une théorie de la pratique: Précédé de trois études d'ethnologie kabyle*）和《實踐感》裡也都詳盡地論述了這一點：「唯經濟主義是人類中心主義的一種形式。它看待前資本主義經濟，用馬克思的話來說，『就像教父們看待先於基督教的各種宗教一樣』。在分析前資本主義經濟時，人們所用的各種範疇、方法（譬如經濟核算）、概念（譬如利益、投入、資本之類的觀念），都是資本主義的歷史產物，從而徹底地改變了所研究的對象，就像產生這些範疇、方法、概念的歷史轉變一樣」（Bourdieu 1990a: 113；英譯文有所改動。此書其餘各處也屢有類似表述，參見Bourdieu 1986b: 252-53）。

戲根本不起什麼作用，就像布里丹的那頭驢。[95] 漠然是一種價值論上的狀態；是一種倫理上的不偏不倚狀態；它還是一種知識上的狀態，眾人注目之事，我卻無力辨別。這就像斯多葛學派學派（Stoics）所追求的心定神閒（ataraxy，源於ataraxia，就是不為外物所擾的狀態），而心定神閒的極端對立面，就是幻象。所謂幻象，是一種心神的投入，投入遊戲，又被遊戲牽著鼻子走。而所謂（我對某種社會遊戲）產生興趣，有切身利害之感，就是認為這一特定的社會遊戲對我來說，它的內在過程關係重大，在這一遊戲中人們爭奪的目標是重要的（important和interest具有相同的語源），是值得去追求的，所以我要努力去應付這一遊戲。[96]

　　這就是說，我對利益這一概念所做的解釋完全不同於功利主義理論對它的解釋。在功利主義理論裡，利益是超歷史且普遍適用的。我們很容易看出，亞當·斯密（Adam Smith）所津津樂道的自我利益，只不過是資本主義經濟制度需要，並由這種制度產生的那種利益被無意識地加以普遍化後的形式罷了。利益就是一種歷史的任意武斷性，[97] 它根本不是什麼人類學意義上的恆定因素，而是一

---

95 譯註：這一比喻來自法國哲學家尚·布里丹（Jean Buridan, 1300-1358）。他在討論亞里斯多德時，曾舉例指出，當一條狗（後被訛傳為驢）面對擺在它面前的兩堆同樣數量的食物，它會無所適從。後來人們用這一比喻來形象地描述面對兩個同樣具有吸引力的目標時，反而會喪失選擇的能力。

96 「對於一個『高度社會化』的卡比爾人來說是生死攸關、非爭不可的大事，對於一個來自其他社會，缺乏各種相應的分辯原則的行動者來說，他無從做出區分，參與榮譽遊戲，這件事就可能是無關痛癢的」（Bourdieu 1987e: 7）。

97 這是牟斯分析饋贈邏輯所得出的一個結論：「如果說存在著一些相似的動力，促使特羅布里安島民、美洲酋長們或是阿達曼部民，或者昔日慷慨大方的印度人和日爾曼、凱爾特的貴族們做出浪擲金銀、饋贈禮品之類舉動，那麼推動他們這麼做的動力也絕不是商人、銀行家或資本家所奉行的冷酷無情的邏輯。在這些文明類型裡，人們也確實為利益所驅使，但方式卻與我們的時代截然不同」

種歷史的建構，只能透過歷史分析，透過經驗觀察後的事後總結，來加以體會，而不是以某些虛幻的關於「人」（Man）[98] 的概念進行先驗推斷得出的，況且這些概念又是那麼強烈地陷入了人類中心主義的誤區。

● ── 這是否表示有多少場域，就有多少種「利益」，即每一個場域都同時預設和產生某種特定的利益形式，與具有其他交換媒介形式的場域不可完全通約。

說得很對。每一個場域都擁有各自特定的利益形式和特定幻象，場域創造並維持著它們。而這些利益形式和幻象，也就是人們對遊戲中彼此爭奪的目標的價值心照不宣地認可，以及實際把握遊戲規則。再進一步說，對於參與遊戲的每一個人，這一特定利益是不言而喻的。但實際上，因為每個人在遊戲中占據不同的位置（支配與被支配，正統與異端）以及獲得這一位置的軌跡也各不相同，因此對他們來說，利益也同樣是千差萬別的。人類學和比較歷史學告訴我們，制度的社會巫術（social magic）只要得當，就能把各種各樣的事情都建構成一種利益，而且是一種現實可行的利益，也就是說，將它建構成一種投入，在客觀上可以由某種特定的「經濟」給予回報（投資 [investment] 這個詞，在此處有經濟學和精神分析上的雙重含義）。

● ──── 除了利益和投入，您還借用了其他幾個經濟學用語，譬如市場、利潤和資本（例如Bourdieu 1985d, 1986b），這似乎是訴諸經濟思路來考慮問題。而且，您最初的研究和最近的研究都可以被直接

（Mauss 1950a: 270-71）。在阿爾伯特・赫緒曼（Hirschman 1987）看來，布赫迪厄繼牟斯之後，又一次對利益觀念做了修正性的解釋。

98 譯註：大寫的「人」，往往指西方自蘇格拉底以降賦予人「萬物靈長」的獨特地位，有強烈的人類中心主義的思想。本文加上引號來強調這一點。

歸入經濟社會學一類。您最早對阿爾及利亞農民和工人的研究，目的之一就是試圖解釋在阿爾及利亞無產者的不同集團裡，如何以不同方式形成一種對經濟進行理性算計的性情傾向，也就是產生一種經濟人的慣習。法國殖民統治強加給城市準無產者一種資本主義的經濟制度，客觀上需要他們掌握上面那種性情傾向，但他們並不能很順利地做到這一點。您對這種失敗的經濟和社會後果也做了分析。您最近還用一本書的篇幅，探討了法國單戶家庭住宅生產與消費的經濟機制，把它作為一個場域來分析，一方面分析了購買者各種偏好和策略的社會起源，另一方面考察了提供者（即住宅建設公司）及其產品這個空間的組織機制和動力過程。您還得出結論，認為在上述兩方面，特別在組織安排供求雙方的「見面」，國家——或者用您的話說，科層場域——發揮著關鍵作用：市場就是一種社會政治建構。在各種不同地域性「科層場域」層面上，市場都折射出各方的索求和需要的影響。各方的社會行動者和經濟行動者各自有著自身的權利索求和利益需要，但他們的利益要想能得到統籌安排，機會和能力卻互不相同。[99] 是什麼使您的理論思路不同於貝克的「人類行為的經濟分析」（Gary Becker 1967）呢？

　　我和經濟學的正統觀念之間的共同之處也就僅限於一些用詞

---

99 在這個研究領域，布赫迪厄的許多著作和「新經濟社會學」的關注點之間，顯然存在大量的共同興趣和相似結論（例如見Swedberg, Himmelstrand and Brulin 1987；Zelizer 1988; Zukin and DiMaggio 1990；Granovetter 1985, 1990），不過無論哪一方，看起來都還沒有與對方進行溝通融合（不過，可以參見DiMaggio 1990；Powell and DiMaggio 1991所做的努力）。

布赫迪厄對阿爾及利亞的經濟社會學研究，可見Bourdieu 1962a, 1964, 1973a, 1979c；Bourdieu et al. 1963；以及Bourdieu and Sayad 1964。關於法國住房經濟的研究，參見Bourdieu 1990b, 1990c, 1990d；以及Bourdieu and de Saint Marbin 1990；Bourdieu and Christin 1990。

上。（我說的經濟學正統觀念，就是今天盛行於經濟科學裡的主流思潮，我們一定要記住，經濟學本身就是個高度分化的場域，主流思潮中也包含許多不同的流派。）就拿投入來說吧，我所說的投入，首先是指一種行為傾向，它來源於一個場域和一套性情傾向之間的關係，這種性情傾向，根據場域所引發的遊戲，不斷做出相應的調整。其次是指一種遊戲感和一種利害感，這種感覺，同時暗含了參與遊戲的趨向和能力。行為傾向也好，實踐感也好，都不是普遍適用的給定之物，而是受社會和歷史兩方面因素構建而成的。透過不斷地抽象、概括，我們漸漸得出一種關於各種場域的經濟機制的一般性理論（我目前正在寫一本書，想用更加正規化的語言，抽象概括出場域的一般性特徵）。這樣，我們就可以對諸如資本、投入、利益這樣一些最一般不過的機制和概念，在各個場域裡採取的特定形式，做出描述和分辨，從而避免各種化約論，首先就避免了唯經濟主義，這種只看到物質利益、只看到處心積慮地追求貨幣利潤最大化的狹隘思路。

　　有關實踐經濟的總體科學，並不人為地局限於討論那些在社會上被認為是經濟的實踐形式。但即使如此，它也必須努力把握以各種不同形式存在的資本，把握這種「社會物理學的能量」（Bourdieu 1990a: 122），並揭示調控不同形式資本之間相互兌換過程的法則。[100] 我已經指出，資本表現為三種基本的類型（每一類還可以進一步劃分出層次更低的類型），這就是經濟資本、文化資本和社會資本

---

100 布赫迪厄（Bourdieu 1986b: 241）是這麼定義資本的：「資本是一種積累起來的勞動（它以物質化形式或是『肉體化』、身體化形式存在）。當行動者或行動者群體在私有的——也就是獨占排外的——前提下占有利用它時，他們便可以因此占有利用具有物化形式，或者體現為活生生的勞動的社會能量。」關於布赫迪厄對資本概念的這一概括，米歇爾‧格羅塞蒂（Grossetti 1986）提出了頗有啟發的批評。

（Bourdieu 1986b）；除了這些，我們還必須加上符號資本。當我們
透過各種感知範疇，認可上述三種形式的資本的各自特定邏輯，或
者，如果你願意說是誤識了這些資本占有和累積的任意性，而把握
了這幾種資本，我們就說這些資本採用的形式是符號資本。[101] 這
裡我不打算詳述經濟資本。而文化資本的獨特之處，我也已經分析
過，這個觀念有很大的普遍性，要把這種普遍性充分體現出來，實
際上應該把它叫作資訊資本（informational capital）。它本身的存在
形式又有三種：身體化的、客觀化的和制度化的。[102] 至於社會資
本，則是指某個個人或是群體，憑藉擁有一個比較穩定、又在一定
程度上制度化的相互交往、彼此熟識的關係網絡，從而積累起來的
資源的總和，不管這種資源是實際存在的還是虛有其表的。要對社
會中各種紛繁多樣的結構和動力做出解釋，不承認資本可以採取不
同形式是不行的。譬如面對像瑞典這樣的傳統社會民主主義國家或
是蘇聯模式的社會，要解釋其中社會空間的形塑過程，你就必須考
慮社會資本在這裡的獨特形式：它由政治資本構建而成，透過對集
體資源實行某種「家長式統治」（前例是透過各種工會和工黨，後
例則是共產黨），從而有能力產生可觀的利潤和特權。這種方式與
經濟資本在其他社會場域裡的作用比較起來，頗為類似。

---

101 符號資本的觀點是布赫迪厄提出的最複雜觀點之一，而他的全部學說，又可被
　　解讀為不斷努力地探索和追求符號資本的各種形式及效應。見Bourdieu 1972:
　　227-43, 1977a: 171-83, 1990a: 112-221, 1989a: part 5，以及1991e，可以看出他日
　　漸豐富和詳盡的闡述。

102 這三種文化資本的存在形式，如何被獲得、散布、轉換，並產生了哪些社會效
　　應，《社會學與社會》（Sociologie et Sociétés）1989年10月號的「作為資本的
　　文化」專號的各篇文章裡，從不同角度對這些問題進行了詳盡廣泛的闡述。特
　　別參見莫妮克・德・聖・瑪丹（Monique de Saint Martin, 989b）對性別資本與
　　文化資本如何決定「知識分子職業」過程所進行的分析。

　　人類的實踐活動不是受機械呆板的因素所驅使，就是出於自覺的意圖，來努力最大化自己的效用，從而也就服從了一種千古不變的經濟邏輯，這就是正統經濟學的觀點。它就是看不到，除了這些，實踐活動還可以有其他的準則。這就是說，是實踐形塑一種經濟，它遵循某種固著的理性，但這種理性卻不能局限於經濟理性，因為實踐經濟（the economy of practices）[103] 的全貌涉及到廣泛多樣的職能和目的。要是把豐富多采的行為形式歸結為機械的反應或是僅出於目的明確行動，又怎麼能夠說清楚所有那些雖不是出於有根有據的意圖，甚至沒有特意盤算過，但卻也是合情合理的實踐呢？

　　所以說，我的理論絕不是想對經濟學思路做什麼移植工作，儘管看起來如此。我期望有朝一日能夠充分徹底地證明，經濟學理論（以及它在社會學裡的派生物——理性行動理論）絕不是什麼不可動搖的樣板模型，它充其量只是場域理論的一種特例，受著歷史和情境的雙重限制。

● ────　**您已經闡明了場域和資本的概念。此外，還有第三個核心範疇，從理論上將這兩個概念聯繫起來。你的方法是指出存在一種機制，「推動」擁有一定數量資本的確定行動者採取種種策略，要不是起而顛覆，就是退而維持——或者，你還可以加上一種，就是漠然視之，遠離遊戲。如果我對您的理解是正確的話，您的慣習觀念就是這樣的關鍵概念。透過它，您把資本、市場、利益等等一些看起來屬於經濟學的觀念，重新加以組織和闡釋，形成了一套與經濟**

103　譯註：當代社會理論家，特別是研究文化的歐洲學者，往往使用Economy一詞的雙重涵義（「經濟」、「體系」）來描述文化、實踐等概念，例如史考特‧拉什和約翰‧厄里（1994）的新著，就名為《符號經濟與空間經濟》（*Economies of Signs and Space*；王之光、商正譯 [北京：商務印書館，2006]）。

學極為不同的行動模型。[104]

　　關於慣習這個概念的意涵和作用，我都解釋過這麼多遍了，再說一次恐怕只是自我重複和簡單化罷了，不一定能再澄清什麼。……我在這裡想指出的只是，此概念的宗旨主要在於擺脫唯智主義的（及理智中心論的 [intellectualocentric]）行動哲學。這種哲學尤其體現在把人看作理性行動者的經濟人理論裡。近來正當一大批經濟學家已經拋棄這種思路（雖然他們一般並不這麼明說，或並沒有完全認識到這一點）的時候，理性選擇理論卻又把它重新視為時髦。我之所以要提出一套實踐理論，把實踐活動看作是一種實踐感的產物，是在社會中建構的「遊戲感」的產物，就是要說明實踐的實實在在的邏輯（the actual logic of practice）——這是一種自我矛盾的逆喻（oxymoronic）[105] 表達法，因為所謂實踐的標誌就是「合乎邏輯的」，它具有某種自身的邏輯卻不把一般意義上的邏輯當成自己的準則（Bourdieu 1977a, 1990a）。客觀主義把行動理解成「沒有行動者」的機械反應；而主觀主義則把行動描繪成某種自覺的意圖的刻意盤算、苦心追求，描繪成某種良知自覺之心，透過理性的

---

104 有關布赫迪厄不斷的重新解釋慣習概念的發展，見Bourdieu 1967a, 1967b, 1971c, 1972, 1977a, 1980d,1984a, 1990a::第三章, 1986c, 以及1985c, 最後這篇文字言簡意賅地概括了慣習概念的發展歷史和理論作用。此外，要充分地把握這個概念的宗旨和意涵，你必須著重考慮它的各種使用方法，也就是說，著重觀察布赫迪厄在具體經驗分析的過程中是怎樣引入這個概念，又產生怎樣的分析效果。隨著時間的流逝，看起來布赫迪厄對這個概念的強調已慢慢地由偏於心智轉向重在肉體，也許，這在一定程度上是因為布赫迪厄早期作品受結構主義語言學模型影響更強吧。

105 譯註：逆喻是一種矛盾性的陳述，由人們通常採用、但意思完全相反的兩個片語構成，如「令人愉快的痛苦」（參見艾布拉姆斯 [Meyer Howard Abrams] 著，朱金鵬、朱荔譯，《歐美文學術語詞典》[A Glossary of Literary Terms] [北京：北京大學，1990]，頁231-32。

盤算，自由地籌畫著如何確定自己的目標，使自己的效用最大化。我從一開始就想擺脫這兩種思路，以便說明在最細微、最平凡的形式中體現出來的那些實踐活動——譬如各種儀式、婚姻選擇、日常生活中的經濟行為等等。

　　我還必須指出，慣習這個概念，最主要確定了一種立場（或者你也可以說是確定一種科學慣習），即一種明確地建構和理解具有其特定「邏輯」（包括暫時性的）的實踐活動的方法。除了克服上述主觀主義與客觀主義的對立，慣習觀的第二個主要作用還在於克服另一個對立，即實證主義唯物論和唯智主義唯心論。這一對立同樣具有很大的危害，無疑也更難以克服，與實證主義唯物論不同，我們在理論上把實踐作為實踐來看待，認為知識的對象是被建構出來的，而不是被消極被動地複製的；與唯智主義唯心論不同，慣習觀提醒我們注意，這種建構的原則存在於社會建構的性情傾向系統裡。這些性情傾向在實踐中獲得，又持續不斷地旨在發揮各種實踐作用；不斷地被結構形塑而成，又不斷地處在結構生成過程中。遵循馬克思在《關於費爾巴哈的提綱》（*Theses on Feuerbach*）中提出的方案，慣習觀旨在使一種唯物主義的知識理論成為可能；它承認：所有知識，不管是世俗的還是學究的，都預含了某種建構工作的觀念，但同時又力爭不陷入唯心主義之中。[106] 但還必須強調指

---

106 布赫迪厄（Bourdieu 1977a: vi）在《實作理論綱要》的開頭，引用了馬克思《關於費爾巴哈的提綱》第3條（譯註：原文如此）：「從前的一切唯物主義（包括費爾巴哈的唯物主義）的主要缺點是：對對象、現實、感性，只是從客體的或者直觀的形式去理解，而不是把它們當作感性的人的活動，當作實踐去理解，不是從主體方面去理解。因此，和唯物主義相反，能動的方面卻被唯心主義抽象地發展了，當然，唯心主義是不知道現實的、感性的活動本身的」（譯注：根據中共中央馬克思恩格斯列寧斯大林著作編譯局譯，《馬克思恩格斯選集》卷1 [北京：人民，1995]，頁54，《關於費爾巴哈的提綱》第1條）。

出，上述的建構工作根本不是什麼知識分子的那種唯理智工作，而存在於實踐建構活動中，甚至存在於實踐的反思（practical reflection）中。而那些關於思維、意識和知識的陳腐觀念，使我們不能徹底充分地對此進行思考。我相信，從黑格爾的精神（ethos），到胡塞爾的習慣性（Habitualität），到牟斯的素性（hexis），[107] 所有那些在我之前使用「habitus」這一古老用語或類似概念的人，都受到與我相似的理論意旨的啟發（儘管他們總不能明確意識到這一點）。這種理論意旨就是既要擺脫主體哲學的陰影，又不拋棄行動者（Bourdieu 1985c）；既要克服結構哲學的束縛，又不忽略結構作用於行動者且透過行動者體現出來的各種效應。但是，困境在於，絕大多數評論者都完全忽視了，在我對這一觀念的使用與前人的各種用法之間，有著顯著的差別（Héran 1987）。我說的是慣習，而不是習慣（habit），即深刻地存在性情傾向系統中的、作為一種技藝（art）存在的生成性（即使不說是創造性的）能力，是完完全全從實踐專精（practical mastery）的意義上來講的，尤其是把它看作某種創造性藝術（arsinveniendi）。一句話，這些批評者仍堅持用一種機械式的觀念去認識一種為反對機械論而建構起來的觀念。

●──── **有些作者，如維多・凱斯滕鮑姆（Victor Kestenbaum 1977）和詹姆斯・奧斯特羅（James Ostrow 1990），認為您的慣習理論和美國實用主義哲學傳統，尤其是與杜威之間有類似的地方。您認為這種比喻符合自己的想法嗎？**

我直到最近才偶然接觸到這些研究的，這些研究促使我更詳細地看了杜威的哲學思想，以前我對這方面的知識十分零散而且粗淺。的確，我們之間有許許多多的親和與會同之處，我想我能理解它們的由來：在所有的歐洲哲學思想裡（維根斯坦、海德格和梅洛

---

107 譯注：hexis，源出希臘語，意即習慣、素養、經驗等。

龐蒂是少見的例外），一向有著根深柢固的唯智主義特點，這正是
我致力反對的，也正是這一點使我不知不覺地與那些被歐洲哲學思
潮所不屑的思想走得很近。在「艱深」含混的歐洲思潮看來，那些
哲學思想未免淺薄，只能充作反面的陪襯。

　　我不能在這兒一一羅列所有異同之處，實際上，就是一句話，
實踐感理論和杜威的理論確有許多相似之處，都十分重視習慣觀
念，把它看作是與世界之間積極而有創造性的關聯，對於各種二元
概念對立——在笛卡兒之後，幾乎所有的哲學都以之為前提——都
一概加以拋棄：包括主體和客體，內在（本質）與外在（表象），
物質與精神，個人與社會，諸如此類。108

●──**　　這樣的社會行動概念，使您的觀點與一個影響廣泛的思潮直接
對立（雖說這一思潮內部也有分歧），因為近年來，在理性行動理
論或理性選擇理論的旗號下，這一思潮在整個社會科學領域都有相**

108　杜威在《藝術即經驗》（*Art as Experience*, Dewey 1958: 104）中這樣寫道：「習
　　慣是在與世界的交流中形成的，透過這些習慣，我們也棲居在（in-habit）這個
　　世界中。世界成為我們的家園，內在於我們每一刻的經驗之中。」他把「心靈」
　　定義為「一個積極主動、熱切渴盼著的背景，時刻等候在那裡，預備融入任何
　　不期而遇的遭遇」，這顯然與布赫迪厄的慣習有相似之處。
　　近來，學術界對慣習這一觀念的興趣又有所回升，社會理論對它的忽視乃至貶
　　低，（例如，Perinbanayagam 1985, Camic 1986, Baldwin 1988，以及Connerton
　　1989: 特別見22-30，84-95和第3章裡對「銘刻化」[inscribing] 實踐和「肉體化」
　　[incorporating] 實踐的論述。）這在一定程度上是意在反擊日漸統治美國社會科
　　學的赤裸裸之「認知與決策的理性主義模型」（Collins 1981b: 985）。由於杜威
　　和喬治・赫伯特・米德（George Hebert Mead）很早就闡發了以習慣為基礎的行
　　動社會學，他們成為最常被「重新發現」的大師；而奧斯特羅（Ostrow 1990）
　　和詹姆斯・施密特（Schmidt 1985: 尤見第3、4章）則闡述了梅洛龐蒂的著
　　作，指出他有關世界和主體之間前對象性的和非設定性（preobjective, nonthetic）
　　的關聯所具有的肉體性這一學說具有重大意義。看看這一觀點是否能在美國生
　　根開花，並和布赫迪厄的思想相互聯繫，將是件頗有趣味的事。

當強的號召力（Elster 1986, Coleman 1990b；**參見**Wacquant and Calhoun 1989**的批判性綜述**）。

　　理性行動理論是學究謬誤的一個典型的例子。所謂學究謬誤，是持有某種邏輯的專業人士常犯的錯誤。說起來，這種謬誤就表現在馬克思對黑格爾的批評之中：「將邏輯的事物錯當成事物的邏輯。」理性行動理論用科學家們概括實踐的思維概念，取代行動者們在社會中建構的實踐感。用這種視角解釋出來的行動者，不是別的，只是學究本人的一種虛構投射罷了，即在行動主體（acting subiect，法語為sujet agissant）裡面投射了一個認知主體（knowing subject，法語為sujet connaissant）。這是一頭怪物，它有著行動者的身體，裡面安裝著思想者的腦袋，這個腦袋以反思、邏輯的方式思考置身行動中的他的實踐活動。在理性行動理論的觀照裡，除了行動者對各種實際或潛在的機會進行「理性反應」外，就什麼也看不到了。而行動者在這裡的面目模糊不清，是張三或李四，沒什麼兩樣。它的這種「虛構人類學」（imaginary anthropology），就是要把行動——是否「經濟」行動都一樣——建立在行動者有意圖的選擇上，而行動者本人在經濟方面和社會方面都不受什麼條件限制。這樣狹隘地用唯經濟主義的眼光理解實踐活動中的「理性」，自然看不見行動者的個體歷史與集體歷史。而正是透過這些歷史進程，寄居在行動者身上的偏好結構，與那些產生偏好、也往往被偏好再生產出來的各種客觀結構一起，在一種複雜多變的辯證關係中，被建構出來。

●——**一些批評者**（如Jenkins 1982），**把慣習觀念看成是某種以否定歷史為宗旨的歷史哲學的核心概念。那麼，慣習觀的目的之一，是不是就想提醒我們注意經濟行動者的歷史性，注意他的欲求和偏好的生成過程呢？**

　　人類的行動不是對直接刺激的即時反應。個人對他人哪怕是最細微的「反應」，也是這些人及其相關的全部歷史孕育出來的產物。

為了更清楚解釋這一點，我可以提一提《摹仿論：西方文學中所描繪的現實》（*Mimesis: The Representation of Reality in Western Literature*）（Erich Auerbach 1953）裡有一章題目叫作〈棕色的長筒襪〉（The Brown Stocking），奧爾巴赫引述維吉尼亞・吳爾芙（Virginia Woolf）的小說《燈塔行》（*To the Lighthouse*）中的一段，展現了一個瑣屑的外在事件如何觸動了拉姆賽太太的意識活動，產生出一系列表象，或更確切地說，一系列回應（repercussions）。穿襪子這一事件只不過是個出發點，只是透過它所引發的一系列間接反應，才呈現出意義。當然，它不是完全偶然的一個事件。你可以透過這個例子很好地看出，僅僅了解刺激，並不能使我們更多地理解它們所引發的即時反應和持續作用，除非你對慣習有所了解。慣習自身脫胎於一整套歷史，它就和這整套歷史一起，篩選著可能有的各種反應，並強化了其中某些反應。

這就是說，既然這些慣習爲實踐活動提供了動力原則，那麼要想眞正地理解實踐（包括經濟實踐），只有先弄清楚是哪些經濟條件和社會條件，影響慣習的產生和實際表現。

理性行動理論錯誤地把經濟的內在法則，曲解成某種適當實踐的普適規範，隨時隨地都能夠實現。它忘記了——並掩蓋了——一個事實，所謂「理性的」（rational）慣習，或者更恰當地說，合情合理的（reasonable）慣習，確實是某種適當的經濟實踐活動的先決條件，但它本身卻是特定經濟條件的產物。要想真正察覺到並把握住那些形式上向所有人開放的「潛在機會」，你必須占有最低限度的經濟資本和文化資本，正是這一條件限制著所謂「理性的」慣習。而理性行動理論隨意就把所有的能力和性情傾向都賦予了它眼中抽象存在的「行動者」：估價機遇、把握機遇的技巧；根據實踐歸納進行預測的本事；面對各種可能，在可測量的風險下進行選擇的能力、投入的傾向、獲取經濟資訊的辦法等等，可是這些能力和

性情傾向都只能在確定的社會和經濟條件下才能獲得。實際上，這些能力和性情傾向總是取決於一個人在特定的經濟裡所享有的權力，以及他能夠左右這一經濟的權力。[109] 正因為理性行動理論不得不無中生有地設定一種普遍既定的利益存在，所以它完全不考慮各種在歷史上千變萬化的利益形式本身的社會起源問題。

而且，慣習理論還說明了為什麼理性選擇理論的目的論雖然從人類學意義上來說是虛假的，可在實際經驗中卻顯得若有其事。個體主義的目的論，把行動看作是心目中具有明確提出目標的行動者的意識所決定的，實質上這不過是一種冠冕堂皇的幻覺罷了：實際上所謂遊戲感，就是意味著根據與場域俱在的各種必然性和可能性，對慣習做出可以預見的調整，但表面上卻好像是在成功地「針對」未來狀況下謀畫而成的。與此類似，屬於同一階級的許多人的慣習具有結構上的親和（structural affinity），無須借助任何集體性的「意圖」或是自覺意識，更不用說（相互勾結的）「圖謀」了，便能夠產生出客觀上步調一致、方向統一的實踐活動來。就用這種

109　在《阿爾及利亞1960》（*Algeria 1960: The Disenchantment of the World: The Sense of Honour: The Kabyle House or the World Reversed: Essays*）裡，布赫迪厄（Bourdieu 1979c: 68，也可見全書其餘各處）指出，阿爾及利亞的準無產者無法跨越「現代性的關口」，正是後者造成了他們和穩定的工人階級之區別。在關口的這一邊，只要這些準無產者們「整個的職業生存都受制於任意武斷性的規則」之支配，就無法形成理性化的（資本主義）經濟所要求的那種「理性慣習」。任意武斷的規則之所以大行其道，是因為這些人處於持續不安全感和極端的被剝奪之中。在這裡，他們對世界的確信和他們的內在支撐以前是由農耕社會保障的，現在突然消失了，這種消失導致了文化的震盪，從而進一步加劇上述狀況。由於行動者們完全被束縛在與基本生存相聯繫的那些緊迫的經濟活動之中，他們無法形成根據時間進行籌畫的性情傾向，而沒有這種性情傾向，就不可能體察蘊含各種選擇的未來可能性，不可能做出有意義的決定。一個來自君士坦丁的無業者概括得好：「當你朝不保夕的時候，你又怎麼能把握明天呢？」

方式，社會世界裡可以觀察到的許多準目的論現象得到了解釋，譬如那些給理性行動理論造成無法克服的兩難困境的集體行動或集體反應形式。[110]

這樣那樣的理性行動理論觀點，都有人努力為之鼓掌歡呼，這不禁使我想起了第谷，[111] 他在哥白尼之後，還企圖拯救托勒密的天體運行範式。這些鼓吹者裡，有的提倡機械論，用某些影響因素的直接效力來解釋行動（譬如市場約束）；有的主張目的論，純粹的目的論眼中只有一個純粹的頭腦秉承一個完美的意願進行著選擇，還有一種較溫和的目的論，承認選擇有所約束，譬如「有限理性」（bounded rationality），「非理性的理性」（irrational rationality），「意志薄弱」（weakness of the will）等等，變化多端，不一而足。看著這些人反反覆覆，在上述各種立場間舉棋不定，有時幾頁之間也會不相一致，不免有些滑稽。在這個根本站不住腳的範式旗號下，大概埃爾斯特（Jon Elster 1984b）就算是個英雄了，但他是個運氣不好的英雄。埃爾斯特在他那本《尤利西斯和海妖》（*Ulysses and the Sirens: Studies in Rationality and Irrationality*）中，步沙特的後塵，堅持同樣的原因產生同樣的效果，對欺詐和宣誓進行分析。[112]

---

110 這些困境裡，最著名的要算是「搭便車」問題了（Olson 1965）。布赫迪厄指出：「生存狀況的同質性，使得群體或階級的慣習在客觀上也變得同質起來。正是這一點，使得實踐無須出於什麼策略計算或自覺的規範參照，就能在客觀上協調一致，這樣無須什麼直接互動，更無須什麼明確的協調合作，就能得到相互調適」（Bourdieu 1990a: 58；英譯文有所改動），從而消解了這一問題。

111 譯註：第谷·布拉赫（Tycho Brahé, 1546-1601），丹麥天文學家。

112 參見布赫迪厄（Bourdieu 1990a: 42-51），依照上述的思路，他詳盡徹底地批判了沙特的現象學和埃爾斯特的理性選擇理論。布赫迪厄還在別處寫道（Bourdieu 1990e: 384）：「理性行動理論的宣導者筆下那體現人類實踐原則的理性計算者……比起某些前牛頓時代的思想家眼中掌管星體運動的那位遠見卓識的舵手，那位天使長（angelus rector）……荒謬的意味也少不了幾分。」

●──── **慣習的觀念是否也有這樣的作用，就是避免在個人和社會間做選擇，從而也就迴避了方法論上的個體主義和整體主義？**

　　我們提起慣習，就是認為所謂個人，乃至私人、主觀性，也是社會的、集體的。慣習就是一種社會化了的主觀性。正是在這一點上，我與像赫伯特・西蒙（Herbert A. Simon）及他的「有限理性說」這樣的觀念分道揚鑣了（Simon 1955；March 1978）。理性的確是有限的，但不僅僅是因為可以得到的資訊殘缺不全；也不僅僅因為人類的思維從總體上來說是有局限性的──確實沒辦法對各種情境做出充分認識，行動緊迫時就更是如此；而且還因為，人類的思維是受社會限制的，是由社會加以組織、加以構建的。就像馬克思所說的那樣，不管他願不願意，個人總是陷入「自己的頭腦的局限」中，也就是說陷入他所受到的教化裡獲得的範疇體系的局限中，除非他意識到這一點。（我注意到自己近來比以往更多地引用馬克思，所謂近來，也正是馬克思被拿來作為社會世界裡的一切邪惡病患的代罪羔羊的時候。毫無疑問，這是同一種桀驁不馴的性情在推動著我，正像當年馬克思主義的教條主義者們力圖排斥韋伯的學說時，我則引述韋伯一樣……）

　　所以說，社會科學的對象，正確說來，既不是個體（不是被所有的「方法論個體主義者」幼稚地推崇為既是至高無上、又是根本基礎的現實所言之「現實的個體存在」[ens realissimum]），也不是群體（作為在社會空間裡分享相似位置的個體之間的具體聚合），而是歷史性行動分別在身體中和在事物中的這兩種實現方式之間的關係。這種關係，就是慣習與場域之間的關係，它是一種雙向的模糊關係。所謂慣習，就是知覺、評價和行動的分類圖式構成的系統，它具有一定的穩定性，又可以置換，它來自社會制度，又寄居在身體中（或者說生物性的個體裡）；而場域，是客觀關係的系統，也是社會制度的產物，但體現在事物中，或體現在具有類似物

理對象那樣的現實性機制中。當然，社會科學的對象就是慣習和場域之間的這種關係所產生的一切，即社會實踐和社會表象，或者在被感知、被評價的那些現實形式中展現自身的場域。

●———**慣習和場域之間這種「雙向的模糊關係」（您在別的地方說是某種「本體論的對應關係」[ontological correspondence]），它的實質是什麼？它又是怎樣明確地展現自身？**

慣習和場域之間的關聯有兩種作用方式。一方面，這是種制約（conditioning）關係：場域形塑著慣習，慣習成了某個場域（或一系列彼此交織的場域，它們彼此交隔或歧異的程度，正是慣習的內在分離甚至是土崩瓦解的根源）固有的必然屬性體現在身體上的產物。另一方面，這又是種知識的關係，或者說是認知建構的關係。慣習有助於把場域建構成一個充滿意義的世界，一個被賦予感覺和價值，值得你去投入、去盡力的世界。這裡還有必要補充兩點。首先，知識的關係取決於制約的關係，後者先於前者，並塑造著慣習的結構。其次，社會科學必然是一種「知識的知識」，必須包括一種具有社會學基礎的現象學，用以考察場域裡的那些原初經驗，或者，更確切地說，是在不同類型的場域和不同類型的慣習之間的關係方面，存在著一些不變的因素和可變的東西，所以要用這種以社會學為基礎的現象學來考察這些方面的原初經驗。

人的生存，或者，以社會形塑的身體的方式存在的慣習，是包含了無數的生存或慣習的世界中的一部分。這有點像巴斯卡說的一句話：「世界包容了我，但我能理解它」（le monde me comprend mais je le comprends）。這麼說吧，社會現實是雙重存在的，既在事物中，也在心智中；既在場域中，也在慣習中；既在行動者之外，又在行動者之內。而當慣習遭遇了產生它的那個社會世界時，正像是「如魚得水」，得心應手：它感覺不到世間的阻力與重負，理所當然地把世界看成是屬於自己的世界。[113] 為了確使大家更清楚理

解我的思路，我想再澄清一下巴斯卡的那句格言：世界包容了我，但我能理解它，這恰恰只是因為它包容了我。正是因為這個世界創造了我，創造了我用於這個世界的思維範疇，所以它對我來說，才是不言而喻的，不證自明的。在慣習和場域的關係中，歷史遭遇了它自己：這正像海德格和梅洛龐蒂所說的，在行動者和社會世界之間，形成了一種真正本體論意義上的契合。這裡的行動者，既不是某個主體或某種自覺意識，也不是某種角色的機械扮演者，不是某種結構的盲目支持者，也不是某種功能的簡單實現者。這裡的社會世界，從來也不是什麼「物」，哪怕在研究的客觀主義階段，必須把它暫時作為「物」來建構。[114] 這種實踐知識的關係，不是我們在一個主體和一個客體之間建構出來，把它當個問題來體會的那種關係。慣習是社會性地體現在身體中的，在它所居留的那個場域裡，它感到輕鬆自在，「就像在自己家一樣」，直接能體會到場域裡充滿了意義和利益。它所追求的實踐知識，可以比作亞里斯多德

---

113 「因為慣習的結構是作用於它的行動的各種力量所組成的那個場域的產物，所以，只有當慣習完完全全地融入這個場域之後，它才能切實地把握它的行動場域」（Bourdieu 1989a: 327）。

114 「與社會世界間的關係，並不是某種『情境氛圍』與某種『自覺意識』之間機械的因果關聯，而是一種本體論的契合關係（ontological complicity）。同樣的歷史寓居於慣習和居所（habitus and habitat）、性情傾向和位置、國王和他的宮廷、老闆和他的企業、主教和他的教區。在這種情況下，從某種意義上講，歷史是與自身交往溝通的歷史，體現在它自身的影像中。作為『主體』的歷史，在作為『客體』的歷史中發現了自身；在『先於述謂的』（antepredicative）的『消極綜合』（assive synthesis）中，未經任何結構形塑過程或語言表達就被結構形塑的結構之中，作為『主體』的歷史認識了自身。對生於斯長於斯的世界的信念關係（doxic relation），是一種從實踐體驗中流露出來的近於本體論意義上的認同（a quasiontological commitment），這種信念關係同時還是歸屬和擁有的關係。在這樣的關係中，被歷史所把持的身體，反過來直接完全地把持了被同一歷史所占據的事物」（Bourdieu 1981c: 306；英譯文有所改動）。

的「實踐智慧」（phronesis）[115]，或者更恰當些，比作柏拉圖在
《美諾篇》（*Meno*）中所說的正統信念（orthe doxa），從某種意義上
來說，就像「恰當的意見」「適得其所」，不知道原因，也不知道過
程，就這樣，性情傾向和位置彼此適應，「遊戲感」和遊戲互相契
合，從而告訴了我們，為什麼行動者做了「不得不做」的事，卻並
沒有把它作為一個目標明確地提出來，未經盤算，甚至也沒有意識
到，在話語和表象裡也反映不出來。

●────　可是，在我看來，這樣的分析會使您完全忽略了策略這個概
念，而這個概念在您的學說裡又是個關鍵（Bourdieu 1986a）。

事實上，慣習觀念裡所展現的策略，絕不是什麼透過某種明確
公開的、自覺意識到的籌畫體現出來的東西，它是以胡塞爾在《觀
念 I》（Ideas Pertaining to a Pure Phenomenology and to a
Phenomenological Philosophy. First Books: General Introduction to a
Pure Phenomenology, Husserl 1982）裡充分描述的「預存」
（protension）的方式，努力去追尋、把握遊戲，追求在當下現實裡
直接給定的「客觀潛在性」。也許你會納悶，為什麼我們乾脆就不
用「策略」來分析問題呢？誠然，這個詞與一直支配著近現代西方
哲學（從笛卡兒到沙特）的唯智主義與主觀主義傳統的聯繫，一直
就很緊密，現在又隨著理性行動理論一起甚囂塵上，而理性行動理
論又頗迎合那些唯靈論知識分子的胃口，解決對他們來說是攸關名
譽的問題。但是，話又說回來，我們不能因此而不用這個概念，我
們可以用全然不同的理論宗旨來運用它，用它來描述客觀取向的行
動路線，這些行動路線都是社會行動者們在實踐中並透過實踐建構

---

115 譯註：《政治學》中譯為「明哲端謹」，為希臘四德之一「智」，此處據英漢大
　　詞典編輯部編、陸谷孫主編，《英漢大詞典》（上海：上海譯文，1991）所
　　譯。

的。[116]

●——　**可是這樣的話，就有點自相矛盾了。慣習和場域之間的直接相**
符關係是在某些情況下實現的，可正是這些情況，又最有可能使人
們對慣習的真實性提出質疑，懷疑它在科學上是否具有價值。

　　要徹底展現這種自相矛盾的困境，你甚至還可以說，慣習理論
有可能讓你借助循環論證（vis dormitiva，為什麼有人做出小資產
階級的選擇？因為他有著小資產階級式的慣習！）和見機行事的解
釋來完成說明。我不否認使用這個概念的人中，有些也許會陷入各
式各樣的陷阱，或者兩種錯誤都犯了。但我堅信，我的批評者們在
我的著述裡，絕對找不到一處諸如此類的破綻——這不僅是因為我
自始至終一直敏銳地意識到這種陷阱。在現實生活中，每當慣習遭
遇的客觀條件就是產生它的那些客觀條件，或者類似於那些客觀條
件時，慣習總能很好地「適應」那個場域而無須什麼自覺地追求目
標明確的調適。你可以認為，如此看來，慣習的效應和場域的效應
是彼此重合的。在這種情況下，慣習這種觀念就顯得不是那麼必不
可缺了，但它仍可以幫助我們避免用「理性選擇」來解釋行動，這
是因為情境呈現出「合情合理」的特點，看起來似乎「理性選擇」
的解釋也不無道理。

　　存在這樣一個現實：社會行動者不一定是遵循理性的，但總是
「合情合理」的，這正是社會學得以成立之處。對此，你不得不提
出慣習這個概念來說明它。人不是傻子，他們遠不是我們所設想的
那麼行為乖戾、那麼易受哄騙。因為經過漫長的多方制約過程，他

116「對於小資產階級的道德主義來說，是否有自覺意識的問題，也就是行動者行事
　　是出於真誠善意還是慣世嫉俗的問題，是一個關係重大的問題」，但一旦你認
　　識到，這只是慣習與驅使著它們的場域的特定狀況之間的相互作用時，原本重
　　要的問題就顯得「愚蠢荒謬、無甚意味」了（Bourdieu 1990d: 37，註3）。

們所面對的各種客觀機遇都已經被內在化了。他們知道怎樣去「識別出」適合自己的未來，這一未來為他們而設，他們也為這一未來而生（「這不屬於我們這類人」這句話所指定的意涵正與此相對）。這一切都是透過一種實踐性的預期完成的，這種預期僅僅透過現狀的表面現象，就能把握那些無庸置疑地強加在行動者身上的，讓他們認為是「不得不」去做、「不得不」去說的東西，而那些東西事後若回想起來，也好像是「唯一」能做，「唯一」能說的了。

　　不過也存在一些情況，慣習和場域之間並不吻合。在這些情況裡，除非你考慮到慣習和它特有的慣性，特有的磁滯現象（hysteresis），否則其中的行為就不可理解。我在阿爾及利亞觀察到，那些本來渾身都是前資本主義慣習的農民，突然被迫改變了生活方式，置身於資本主義世界中（Bourdieu 1979），這種情況就可以說明上面的問題。還有一個例子，在具有革命性意義的歷史局面裡，客觀結構中的變遷過於迅猛，那些還保留著被以往結構形塑成的心智結構的行動者，就成了守舊落伍的傢伙，所作所為也就有些不合時宜，目標宗旨也未免與潮流相悖；這麼說吧，他們在虛無中徒勞地思想著，利用那些遺老的方式進行思考；對於這些人，我們可以有充分理由說他們「不合拍」。總之，在整個社會世界裡都發揮作用的那種主觀希望和客觀機遇間不斷變動的辯證關係，會導致各種各樣的結果，從完美無缺的相互契合（此時人們所欲所求的，正是他們在客觀上被指定的），一直到強烈的脫節（就像馬克思熟知的那種堂吉訶德效應）。[117]

---

117 各種社會策略，不管是在學校、勞動力市場和婚姻市場、科學場域還是政治場域，在布赫迪厄的分析中，以主觀希望和心智圖式的形式出現的客觀機遇的內在化都發揮了重大作用（主要的論述見Bourdieu 1974a, 1979b, 1977b）。考慮到人們經常錯誤地理解布赫迪厄的這一觀點，認為它意味著行動者們的預期必然

　　我們之所以不能沒有慣習這個觀念，還有另一個原因。只有它能讓我們考慮到性情傾向、品味和偏好的持續存在，並對此加以說明，這正是新邊際主義經濟學感到十分困惑的問題。（許多研究消費者行為的經濟學家已經注意到，人們的支出結構和水準並不受短期收入變動的影響，消費開支明顯依賴於以往的消費模式，所以表現出很強的慣性。）不管怎麼說，要說清楚這個概念同時具有的自覺啟發和解釋說明兩方面的特性，最好是在實踐活動中分別加以考察，可以透過同一門學科，譬如婚姻行為和生育率，也可以透過不同的學科，譬如研究向上流動的小資產階級，他們在語言行為上的東施笑顰、低生育率和高儲蓄傾向等（參見Bourdieu 1984a: 第6章）。

　　總而言之，慣習理論不僅比理性行動理論說明了更多實際的實踐活動（特別是經濟實踐）的實在邏輯（請讀者原諒，我覺得我責無旁貸應為此辯白）——而理性行動理論只是將它簡單化、純粹化，搞得面目全非——而且，它還闡發出一系列的假設，並已經得到大量的經驗驗證，這絕不只是在我的書裡才能找到的。

機械地複製著他們的客觀機會（例如Swartz 1977: 554；McLeod 1987），在此詳細引述布赫迪厄對這種解釋的斷然拒斥是很有益處的：「群體總是想固守他們所處的生存狀況，這種傾向有好幾個緣由，其中特別是因為，組成這些群本的行動者們都被賦予某些穩定的性情傾向，這些性情傾向可以在生產它們的諸多經濟、社會條件發生變化的情況下繼續存在，並發揮作用。而這樣的一種固守、維持的傾向，既可以確保調適，也可以引發不適（maladjustment），既可以積澱與世無爭的順從心態，也可以激奮起反抗的叛逆勇氣。在性情傾向和客觀條件的關係方面，我們只要舉出它的另外一些可能形式上就足以看到，慣習對客觀條件的所預期之調適不過是『所有可能情況中的一種特例』，從而避免下意識地將再生產近乎完美的準循環關聯模式加以普遍化。要知道，只有當慣習生產的各種條件與慣習運作的各種條件同一或對應時，這種模式才完全有效」（Bourdieu 1990a: 62-63；英譯本有所改動）。從布赫迪厄的早期作品，我們也能發現一些類似陳述，譬如Bourdieu 1974a，關於「可能性的因果性」。

●───　**在慣習理論看來，是否不可能把策略性選擇和自覺的思量作為行動樣式呢？**

根本不是如此。慣習和場域之間的直接吻合只不過是行動的一種樣式，即使是最普遍的一種（萊布尼茨 [Gottfried Wilhelm Leibniz] 說：「我們的大部分行動是經驗的行動」，他所說的經驗的行動，實際上指的就是實踐的行動。）慣習所指示的行動路線極可能伴有對成本和效益的策略性計算，這種策略性計算就將慣習以自己方式運作的過程提到自覺的層面上。當主客觀結構間的常規性的相互適應受到嚴重干擾時，危機就發生了。每當危機到來的情況下，至少對於那些處在依理性行事的位置上的行動者來說，真正的「理性選擇」就可能接過這個擔子。

●───　**引進慣習這一仲介性的概念，真能使我們掙脫結構主義的「鐵籠」嗎？在您的大多數讀者看來，慣習觀似乎還是保留了明顯的決定論色彩：如果說慣習是一種「生成策略的準則，使行動者得以應付難以預見的各種情境」，如果說慣習脫胎於這世間各種穩定的客觀結構的具體化，又如果說慣習調控下的「即興演奏」本身就是受那些結構「調控」（Bourdieu 1977a），那麼，創新和能動作用的因素又從何而來呢？[118]**

---

118 對於布赫迪厄的詮釋者和批評者來說，慣習觀念又是一個難以達成一致意見的難點。在這些人裡，有一派人，其中包括加特曼（Gartman 1991）、吉羅克斯（Giroux 1982）、任金茲（Jenkins 1982），他們認為慣習表面上緩和了決定論，實質上進一步加強它了。吉羅克斯（Giroux 1983: 90）認為：「慣習的定義和使用方式在概念上無異於作繭自縛，毫無調整或是迴避的餘地。因此，慣習概念扼殺了社會變遷的可能，淪為一種管理方面的意識形態。」另一派觀點，如哈克（Harker 1984）、米勒和布蘭森（Miller and Branson 1987: 217-18）、賽潘（Thapan 1988）、席爾茲（Schiltz 1982: 729）、哈克（Harker et al. 1990: 10-12），以及蘇爾肯（Sulkunen 1982）等等，則認為慣習是個仲介性概念，而不是結構性概念。這一概念在社會行動中引入了一定程度上的自由活動、創造性和不可

　　在我回答這個問題之前，我想請你先問問自己，為什麼這個從某種意義上說來極其平庸的觀念（每個人都會毫不猶豫地承認，至少在一定程度上，社會存在是各種社會條件制約的產物），在某些知識分子，甚至在某些社會學家，會激起這樣的不滿，且不說憤恨吧。它究竟觸及了什麼問題，如此具有震撼力？我想，答案就在於它和知識分子那種能夠（用思想）主宰自我的幻覺發生了直接衝突，而他們又是那麼深深浸淫在這一幻覺裡。在哥白尼、達爾文和佛洛依德給人性所帶來的三種「自戀創傷」（marcissistic wounds，這個概念正是佛洛依德本人所提出的）之外，我們還應該加上，社會學使我們所遭受的那種「創傷」，尤其是在社會學對那些所謂「創造者」進行分析時。譬如沙特，我經常說，是他給知識分子提供了他們的「職業意識形態」，或者，借用韋伯的話更確切地說，帶來了「維護他們自身特權的神義論」。沙特用他的「原創設計」（original project）觀念把一個流傳已久的神話──創造者不是由任何其他力量所創造的──發揮到登峰造極的程度（Bourdieu 1971a）。沙特的這個概念，在慣習觀看來，就像進化論看待創世起源說的神話一樣。（你可以回想一下，所謂「原創設計」，是一種自由、自覺的自我創造行為，借助它，一個創造者可以自己承擔起

預見性。而福克斯（Fox 1985: 199）則是這樣表達這種詮釋立場的：「在慣習觀的描繪下，社會生活和文化意義成了一種不斷發展的實踐，與此類似，文化的概念也總是處於形塑之中。」薩林斯（Sahlins 1985: 29, 51, 53）、鮑威爾和迪瑪奇奧（Powell and DiMaggio 1991），以及卡宏（Calhoun 1990: 232-33）都在慣習概念中，同時發現兩方面的意涵。在昂薩爾（Ansart 1990: 40）看來，正是慣習這一概念，使得布赫迪厄發展出一種積極主動的社會行為概念，從而突破了結構主義的範式。勒默特（Lemert 1990: 299）也持有同樣的觀點：「慣習是個極為有力的概念，布赫迪厄據此發展出一種獨具特色的結構理論，這一理論的特點就在於它敏銳地把握了那個最使各種結構理論總是舉棋不定的難題：在結構形塑過程的約束力下，能動作用是如何繼續存在，並發揮作用的？」

設計自己生命的使命。在他對福樓拜的研究裡，沙特認為這個過程
發生在少年期將盡之時 [Sartre, 1981-1991]。）我相信，慣習觀激起
了憤怒，甚至招來了絕望，因為它威脅到「創造者」（特別是那些
雄心勃勃、志向遠大的人們）對自己、對自我認同、對「非凡之處」
的看法。事實上，只有親身經歷這個關鍵問題的嚴重性，你才能解
釋，為什麼那麼多睿智之士會反對我，不是反對我所寫的，而是他
們認為從我的書中所讀到的。

　　與某些人的理解正好相反，慣習不是宿命。由於慣習是歷史的
產物，所以它是一個開放的性情傾向系統，不斷地隨經驗而變，從
而在這些經驗的影響下不斷地強化，或是調整自己的結構。[119] 它
是穩定持久的，但不是永久不變的！不過，在指出這一點的同時，
我還必須指出另外一個問題，即這裡存在某種可能性（它深刻地體
現在與確定的社會條件維繫在一起的社會命運之中），那就是經驗
也會鞏固慣習。因為從統計角度看，大多數人必然要遭遇的情境，
很可能與起初形塑他們慣習的那些情境一致。

　　說實話，社會化的生物個體的生成，也就是生成性偏好結構
（正是這種偏好結構將慣習建構成體現在身體上的社會性）的形成
和獲得的各種社會條件，是一個極其複雜的問題。我認為，基於邏
輯思考，這個過程具有某種相對的不可逆性：時時刻刻，我們都透
過已由以往經驗建構而成的範疇來領會感知各種外在刺激和制約性
經驗。也就是說，初始經驗必然是優先的，更為重要；因此構建慣

---

119 慣習不僅受到一定的社會軌跡的影響，而且也可以透過社會分析來加以轉變，
也就是說，透過意識的覺醒，或者某種形式的「自我努力」，個人可以對他的
性情傾向施加影響。這一點，布赫迪厄在下文也有所論述。這種自我分析的可
能性和有效性，部分取決於所考察的慣習的原初結構，部分取決於自我意識覺
醒所以發生的客觀條件（具體請見本書〈反思社會學的論題〉之「作為社會分
析的社會學」所論及的法國哲學家之「反制度」性情傾向）。

習的性情傾向系統也就具有相對的封閉性。[120]（譬如說，可以把年歲的增長看作是這些結構封閉性的增強：一個人的身心圖式，隨著年歲的增長而變得越來越死板，對外來要求和誘惑的反應也越來越遲鈍。）而且，各種各樣的事情都使我日益堅信，像男女兩性對立這樣的一些基本結構，是在極幼小的年齡時就形成了。近來馬克比（Eleanor Maccoby 1988）的發展心理學研究中發現，三歲以前的男孩、女孩在托兒所裡，就開始學習怎樣分別對待與男女同伴交往，以及對男女同伴的行為有不同的期望：在男孩那裡會碰上攻擊，從女孩那裡則會得到溫柔。如果我們認為，性別對立的原則發揮著十分重大的作用（譬如在政治場域中，各種重大的政治對立都交織性別對立的意涵），而且，體現在身體上的對性勞動的分工和勞動的性分工的感知圖式，是構成社會世界觀的基礎部分（Bourdieu 1977d），像我已經主張的那樣，[121] 那麼，我們就必須承認，在某

120「慣習生成的邏輯本身就說明，這是一系列按時間順序安排的結構。在這個結構的序列裡，某種既定的等級秩序上的結構規定著在序列中等級較低的各類結構（也就是在形成過程中居先的那些結構），同時還透過形塑行動，作用於等級較高的各類結構所生成的各種具有一定結構的經驗，從而也對這些等級較高的結構發揮著形塑的作用。因此，具體地說，像在家庭中獲得的慣習就成了形塑學校經驗的過程的基礎……而反過來，本身千差萬別的學校中的行動，又改變著慣習，成為此後所有經驗的基礎……依此類推，慣習不斷走向一次又一次的重新形塑的過程」（Bourdieu 1972: 188；引者自譯）。

121 布赫迪厄從一開始就把性別對立問題置於思考的中心（有一次他半開玩笑地招認，「是女性『教給』[他] 社會學」），並且在步入職業生涯之始，便曾就這一主題進行廣泛深入的論述。他最早的幾篇主要文章是以家鄉貝亞恩地區和阿爾及利亞的考察為基礎的，探討的就是〈農民社會的兩性關係〉（Les relations entre les sexes dans la société paysanne, Bourdieu 1962c），〈獨身現象與農民的生活狀況〉（Célibat et condition paysanne, Bourdieu 1962b），以及〈卡比爾社會的榮譽感〉（The Sentiment of Honour in Kabyle Society, Bourdieu 1965）。在最後那篇文章裡，他認為支撐卡比爾社會榮譽感的，正是籠罩著整個社會的男性氣概。他

種程度上，早期的社會經驗具有特別重要的意義。

　　不過，我還想解決另一個疑難之處。我們說，慣習只是就某一確定的情境來說，才展現自身，要記住，它是由一整套性情傾向所組成的，也可以說，是由一系列現實情況、潛在可能性和最終結果所組成的。只是在確定的結構之關聯中，慣習才產生出一定的話語或一定的實踐活動。（這裡你會發現，把我對文化繼承的分析簡化為這種觀點——認為父親的職業和兒子的職業之間存在直接的機械關係，該是多麼的荒唐。）我們應該把慣習看成是一種發條，需要去發動它。完全相同的慣習，在不同的場域刺激和結構中，會產生出不同的，甚至是相互對立的結果。這裡，我可以以我那本研究主教的書為例（Bourdieu and Saint Martin 1982）。主教們一般都很長壽。我在同一時期內一一訪問他們時，發現自己與一批從35歲一直到80歲不等的男人交談，也就是說，他們有些在1936年就當上主教，有的是1945年，而有的直至1980年才擔任主教，因此建構他們的宗教場域狀態是極為不同的。在本世紀的三〇年代，貴族的

寫了篇著名的文章，題為〈柏柏爾人的民居，或一個顛倒的世界〉（The Berber House, or the World Reversed，寫於1968年，重印於Bourdieu 1979c），探討的中心就是構建卡比爾社會世界秩序和居家儀式性活動的兩性對立。在《實作理論綱要》和《秀異》中，也可找到大量有關性別差異和性別範疇化的論述。不過，自從六〇年代初期以來，布赫迪厄就一直未再正面探討這一問題。近來，他有篇題為〈男性的支配〉（Male Domination, Bourdieu 1990i）的文章，總算彌補了這個缺憾。在這篇文章裡，布赫迪厄主張，性別支配構成了所有支配的範例，而且可能還是最為頑固的一種支配形式。性別支配既是最具任意武斷性的一種支配形式，又是一種最嚴重的誤識，原因就在於，基本上性別支配是透過現存的世界結構與體現在身體上的世界觀圖式之間的協調一致來運作的。這種協調一致雖然深藏不露，根深柢固，卻無須仲介，直接構成，它可以一直溯源到數千年前，可以從女性被逐出符號資本遊戲的過程中窺見端倪。參看本書〈反思社會學的論題〉之「語言、性別與符號暴力」的討論。

兒子會成為邁斯地方（Meaux）的主教，並會要求其教區的信徒們依照半封建式的貴族統治傳統親吻他的指環；而今天，他則可能成為聖・丹尼區（Saint Denis）的「赤色主教」，[122] 即一名激進的神職人員，積極地捍衛被壓迫的窮苦人民之利益。貴族式的高傲、疏遠、孤立，脫離了「中等」、「小」、平常的人群，也就是脫離中產階級、小資產階級、並因此脫離一切的陳腐貧乏、庸俗瑣屑和稀鬆平常。同樣的這種高傲、疏遠，在它們發揮作用的情境已經面目全非的情況下，會產生截然不同的行為。

● ——有些人用「結構產生慣習，慣習決定實踐，實踐再生產結構」這樣的公式化語言來歸納您學說的特徵（Bidet 1979: 203；又見 Jenkins 1982；Gorder 1980；Giroux 1982: 7），也就是說，在結構中所處的位置，直接決定了社會策略。您以上的論述已經駁斥了這種決定論色彩濃厚的圖式。確實，與某個既定位置相聯繫的種種決定因素，總是要透過早年獲得的、積極發揮作用的性情傾向的多層過濾，透過社會空間裡這一位置的結構史，才對行動者的社會軌跡和個人閱歷軌跡產生影響。

我們設想用慣習觀克服的，正是這種循環論證的機械模式（Boudieu 1980d, 1988c, 1990a）。同時，我也能理解這樣的錯誤解釋：既然性情傾向本身是由社會決定的，那麼好像可以說我在某種意義上是個極端決定論者。的確，那種既考慮位置的效應，又考慮性情傾向的效應分析，確實可能被理解為具有難以克服的決定論論調。慣習這個概念，揭示的是社會行動者既不是受外在因素決定的一個個物質粒子，也不是只受內在理性引導的一些微小的單子

---

122 邁斯位於一個小型教區，是外省的一個傳統主義宰制的市鎮。這個教區的主教通常具有貴族血統。而聖・丹尼區則是巴黎北郊一個典型的工人階級聚居區，傳統上就是共產黨的勢力範圍。

（monad），實施某種遵照完美理性設想的內在行動綱領。社會行動者是歷史的產物，這個歷史是整個社會場域的歷史，是特定子場域中某個生活道路中積累經驗的歷史。舉個例子來說吧，要想弄清楚在一定的局勢中（譬如說，1968年的五月風暴），或是在任何日常的學術情境裡，甲教授或是乙教授會怎麼做，我們就不僅必須知道，他在學術空間裡占據什麼樣的位置，還要知道他是從社會空間的哪個原點出發的，又是怎麼獲得目前的位置，因為他獲得這個位置的方式，就深深地銘刻在他的慣習之中。換句話說，在這些透過社會和歷史建構而成的感知和評價範疇的基礎上，社會行動者將積極主動地去決定那個決定他們的情境。甚至你可以這麼說，只有當我們說社會行動者是決定自身的時候，我們才可以同時說社會行動者是被決定的。話說回來，這種（自我）決定的原則是由各種感知和評價的範疇提供的，可是在很大程度上，這些範疇本身又是由制約它們的建構過程的社會條件和經濟條件所決定的。

　　說了這些，你就可以用如此的分析路數，從性情傾向裡解脫出來，與它保持距離，冷靜地進行觀察。斯多葛派的先賢們曾經說：我們能夠決定的，並不是第一反應，而只是第二反應。控制慣習的第一傾向是很困難的，可是反思性的分析告訴我們，情境強加給我們的力量有一部分正是我們賦予它的，我們可以去改變對情境的感知理解，從而改變我們對它的反應。這使我們有能力在一定程度上，對某些透過位置和性情傾向之間的直接契合關係而發生作用的決定機制，進行監督和控制。

　　說到底，只有借助無意識，在與無意識的契合中，決定機制才能充分發揮作用。[123] 為了讓決定機制不受限制地自由馳騁，就不

123「『無意識』……不是別的，實際上就是對歷史的遺忘。歷史透過將它自己生成的客觀結構轉為慣習所具有的那些半自然天性，從而自己炮製了對自身的忘

能讓性情傾向任意發揮。這就意味著，只有當行動者有意識地自覺把握了他們與自身性情傾向的關係，行動者才能獲得某種「主體」之類的位置。借助自覺意識，行動者可以經過反覆思量，讓他們的性情傾向「發作」，或是相反壓制住這些性情傾向。或者，按照十七世紀那些哲人提出的方法，可以讓兩種性情傾向彼此對立、爭鬥。萊布尼茨就曾提出，你不能像笛卡兒宣稱的那樣，以理智做武器，來和激情作戰，只能是用「有偏向的意願」（volontés obliques），即在其他激情力量的協助下抗擊激情。但是，只有明確地澄清了上面的過程，才可能管理一個人的性情傾向，管理不是由個人選擇的作為各種「選擇」原則存在的慣習。要是不好好地分析這種透過性情傾向體現出來的微妙決定過程，你就成了無意識的性情傾向行動的附屬品，而這樣的無意識性本身就是所謂決定機制的同謀。

●──── 用慣習和場域之間被建構的關係，來取代「行動者」和「結構」間似是而非的表面關係，也是將時間引入社會分析的核心的一種方法。[124] 而且，它還從反面揭示了體現在結構主義行動觀和理性選

────────

卻」（Bourdieu 1990a: 56；英譯本有所改動）。換句話說，「只要確定實踐方向的原則仍是無意識的，用馬克思的話來說，就是日常生存的互動是『以物為仲介的人際關係』：經濟資本、文化資本分配結構於它轉型後的形式——感知和評價的原則——就會以一種所謂判斷『主體』具有的無意識方式，介入判斷者和被判斷者之間，影響判斷的過程」（Bourdieu 1989a: 13；引者自譯）。

124 布赫迪厄對時間的關注由來已久，可一直追溯到五〇年代，那時他還是一名哲學系學生，正系統地研讀胡塞爾和海德格的思想。他早期在阿爾及利亞所做的人類學考察，有許多地方涉及到阿爾及利亞經濟體系中，資本主義部門與傳統產業部門之間，在時間的使用和社會形塑過程方面存在的對立。他早期的幾篇文章，譬如說「阿爾及利亞工人對失業的憂慮」（La hantise du chômage chez l'ouvrier algérien. Prolétariat et système colonial, Bourdieu 1962d），〈阿爾及利亞的次無產階級〉（The Algerian Subproletariate, Bourdieu 1973a；初次發表於1962

擇行動觀中的非時間化（detemporalized）行動概念中所存在的缺
陷。

　　慣習和場域是歷史的兩種存在狀態，它們之間的關係使我們得
以建立一種新的時間理論，而這種理論可以同時擺脫兩種相互對立
的時間哲學：一方面，有一種形而上的觀點將時間看作是某種自在
實體，獨立於行動者存在（正如在「時間長河」的隱喻裡所說
的）；另一種則是意識哲學。我們說，時間絕不是什麼先驗的條
件，超越了歷史性，而是實踐活動的產物。實踐活動正是在創造自
身的同時，創造了時間。因為實踐是慣習的產物，而慣習又源於世
界固有的規律和趨向在身體層面上的體現，所以，實踐自身就包含
了對這些規律和趨向的預期，也就是，包含了對未來的一種非設定
性的指涉（nonthetic reference），它深刻地存在於現在的直接性之
中。時間產生於行為或思想的實現過程中，而所謂實現過程，則是
指現時化（presentification）和去現時化（de-presentification）的結
合，在常識語言中，這就是所謂的時光「流逝」。[125]

　　我們已經指出，除非有例外情況，否則實踐活動並不需要像經

　　年），〈阿爾及利亞農民的時間觀〉（The Attitude of the Algerian Peasant Toward
　　Time, Bourdieu 1964），探討了「經濟結構與時間結構」（這是《阿爾及利亞
　　1960》一書的開篇，也是最長的一篇文章的副題，見Bourdieu 1979c）間的辯
　　證關係。在很大程度上，正是透過恢復了實踐的時間性向度，才使布赫迪厄超
　　越了結構主義範式。因為布赫迪厄在對社會空間進行概念建構時，融入時間的
　　觀念，故此時間在他的分析中也是一個中心。在《秀異》一書中，布赫迪厄提
　　出一個具有三度的社會空間結構模式：一是社會行動者所擁有的資本的數量，
　　一是資本的結構，此外，還考慮到了這兩種性質在時間上的演化。
125 正如梅洛龐蒂（Merleau-Ponty 1962: 239-40）所說的：「在每一個我凝神注目
　　的時刻，我的身體都維繫了現在、過去和未來。我的身體隱藏著時間……我的
　　身體占有著時間；它為現在，將過去和未來帶入了現時的存在；我的身體不是
　　什麼了不起的東西，但它並不屈從地消融於時間，而是創生著時間。」

過思慮的自覺意願行為所安排的籌畫或方案那樣，明確地構建未來。實踐活動是言之成理、富有意義的（make sense），是合乎情理的（reasonable，法語為sensée），也就是說，是來自與場域固有趨向相應的慣習的。在這個意義上，我們說，實踐活動是一種時間化的行為，在這個行為中，行動者透過組織調動過去經歷的實踐，對以客觀潛在性狀態深藏在現存事物中的未來進行實踐預期，實現了對直接現實的超越。由於作為過去產物的慣習，以實踐的方式指涉蘊含在過去中的未來；所以，在慣習藉以實現自身的行為中，它同時使自身時間化了。顯然，這樣的分析還需要在細節上大大地加以豐富，對過程予以區分。這裡，我只是想表明，當實踐理論被濃縮在場域觀和慣習觀裡以後，我們可以透過這樣的實踐理論，拒棄以往的形而上學觀念，它把時間和歷史看作自在實體、外在於實踐而且先在於實踐，同時，也不至於陷入意識哲學的時間觀，後者在胡塞爾或理性行動理論那裡都有所體現。126

● ——**您已經接受了一種徹底的歷史主義，它的基礎是將（社會）存在視同於歷史（或是時間），當然，這直接來源於您對時間的思考。**

　　慣習，作為一種處於形塑過程中的結構，同時，作為一種已經被形塑了的結構，將實踐的感知圖式融合進實踐活動和思維活動中。這些圖式，來源於社會結構透過社會化，即透過個體生成（ontogenesis）過程，在身體上的體現，而社會結構本身，又來源於一代代人的歷史努力，即系統生成（phylogenesis）。提出心智結

126「重提不確定性，就是重提時間，重建時間的節律、取向和不可逆性，用各種策略的辯證關係來代替模型的機械關係。但這並不是說要一頭栽進各種『理性行動者』學說裡，那些不過是虛構的人類學而已」（Bourdieu 1990a: 99；英譯本有所改動；也參見Bourdieu 1986a）。

構的這種雙重歷史性（double historicity），正是我設想的實踐理論與卡爾－奧托・阿佩爾（Karl-Otto Apel）和哈伯瑪斯那樣建構普遍語用學的努力的分歧所在。（還有一點，我與這兩位學者不同：我的實踐理論拒絕在工具行動和溝通行動間做這樣的粗糙化約論區分。這樣的區分根本無法用來分析前資本主義社會，甚至在分化程度最高的社會裡也從未充分實現過。我們在研究資本主義社會時，只須分析像買二送一式的商業手法或公共關係這樣的典型制度，就可以認識到這一點。）實踐理論是一種普遍人類學，它考慮到認知結構的歷史性，從而考慮到認知結構的相對性，同時繼續承認行動者普遍作用於這類歷史結構的事實。

●──── **慣習的這種雙重歷史性，使您對社會再生產的實際邏輯所進行的分析有了一個人類學的基礎。**

　　社會秩序的再生產遠不是什麼機械過程的自動產品，它只能透過行動者的各種策略和實踐來實現自身。在這樣的策略和實踐中，行動者把自身時間化了，並塑造出這個世界的時間。（這一過程並不能阻止他們時常將這個世界作為一個超驗現實來體驗，對於它，他們好像沒有任何控制能力，有的只是等待、焦慮和不確定感之類。）具體說來，我們知道，像科層組織這樣的社會集合體，具有一些內在固有的本質傾向，要維持它們的存在。這是一種類似記憶或忠誠的東西，就是行動者的慣常行為的「總和」。這些各種約束深刻地存在於各種力量關係之中，這些關係構成了行動者參與其中的場域，構成了使他們彼此對立的各種爭鬥。在這些約束的限制下，慣習引導這些行動者體會到一種情境，而行動者則憑藉他們的實踐竅門（know-how，法語為métier），憑藉他們的慣習，醞釀出與這種情境相適應的行動路線，因此像一個量身裁衣的裁縫一樣，再生產了那個產生他們慣習的結構。

　　這些行動者，透過有意無意地致力於再生產，以慣習的方式將

特定的結構性必要條件內在化了，成為積極主動的生產者。在這些行動者的合作下，結構的這種自我再生產趨向才能得以實現。這些行動者已經以慣習的形式將結構固有的法則內在化了，也就在他們的生存這一自發的運動本身中實現著結構的必要條件。然而，要再生產結構，所必須的仍是一種歷史的行動，由許多真正的行動者所實行的歷史行動。總之，慣習理論的宗旨就在於清除各種意識哲學傳統所偏愛的所謂「主體」（你總是可以把它作為一個有限的理想狀況），但並不為了樹立一個實體化的結構，而完全犧牲了行動者的能動作用。儘管這些行動者正是這一結構的產物，但他們一刻不停地塑造著、再創造著它，在特定的結構條件下，甚至可以徹底改變它。

可我並不十分滿意就這麼回答這個問題，因為我十分清楚地了解，儘管從言詞和內心來說，我都是經過了一定的證明（沒有人能直接傾聽我內心的證明，但一個優秀的解讀者，一個寬厚待人、「仁義至上」的細心解讀者，理應能體會這樣的證明），但我怕還是不由自主地陷入了簡單化，這是「理論交談」不可避免的對應產物。事實上，對於你就社會再生產的邏輯向我提的所有問題，在我看來，長達五百頁的《國家精英》（Bourdieu 1989a）已做出了最充分的回答。也就是說，最充分的回答在於一整套經驗研究和理論分析，能充分闡明心智結構與社會結構、慣習與場域之間複雜的關係體系，並揭示出它們的內在動力機制。

5 語言、性別與符號暴力

●──── 在《語言與符號權力》（*Language and Symbolic Power*, Bourdieu 1982b, 1991e）[127] 一書中，您對結構主義語言學（或許人們也可以稱之為對語言的「純粹」研究）進行一次徹底的批判。您

提出另外一個可資替代的模式。用極簡化的方式說，您的模式將語言看作權力關係的一種工具或媒介，而並不僅僅是溝通的一種手段，因此必須在生產和流通語言的互動情境和結構環境中研究它。您能否總結一下這一批判的要點？

「純粹」語言學的特徵就是它賦予優先性於共時性的、結構的或內在的視角，認為這些因素在分析上比語言的歷史的、社會的、經濟的或外在的決定因素重要。在我的許多文學中，特別是《實踐感》（Bourdieu 1990a: 30-41）和《言說意味著什麼》（*Ce que parler veut dire. L'économie des échanges linguistiques*）（1982b: 13-98，即《語言與符號權力》的法文版）中，我已經力圖提醒人們注意這一視角中暗含的與對象之關係，以及與實踐理論的關係。索緒爾的觀點是一種「不偏不倚的旁觀者」之觀點，它只是為理解而理解，並因此進而認為社會行動者也具有這種「詮釋學的意圖」，把它看作行動者實踐的原則。「純粹」語言學採取的是語法學家的態度，而語法學家的目的是研究並編纂整理語言，這與言說者的態度迥然不同，後者力圖透過言辭用以行事的能力在世界中完成各種行為，並影響這個世界。有些學者把語言看作分析的對象，而不是用它來思考，用它來交流，這些人自然而然會把語言視為一種「邏各斯」（logos），與實踐（praxis）相對，把語言看作「僵詞死字」，沒有實

---

127 法文版的《實作理論綱要》和英文版《實作理論綱要》在書的內容和結構上都頗為不同。與此類似，《語言與符號權力》的英文版（Bourdieu 1991e）和法文版（法文書名的字面涵義是「言說意味著什麼」—— Ce que parler veut dire, Bourdieu 1982b）也幾乎完全是兩本不同的書，儘管在形式上英文版譯自法文版。這本書的英文版是由湯普森編纂的，收入幾篇法文版所沒有的關鍵文章，這幾篇文章有助於讀者清晰地理解布赫迪厄的社會學語言學與他分析政治場域，以及集團形成的政治活動的理論之間的密切關聯。本節所有的引文都是我從法文版直接翻譯的。

踐用途，或者說除了以一種藝術作品的方式被詮釋外，沒有任何其他用途。

這種語言與實踐的對立是一種典型的學究式對立，它是學者的領悟感知與自我定位的產物，是我們在前面就已論及的學究謬誤的又一例證。這種對語言「加括弧」的學究式做法，使語言的日常用法所暗含的作用被中性化[128] 了。根據索緒爾的說法，或者在詮釋學的傳統看來，語言是智力活動的工具，是分析的對象，在這些人眼裡是一種僵死的語言（正如巴赫汀 [Mikhail Mikhaĭlovich Bakhtin] 所指出的，這是一種書面語和外來語），是一個自足的系統，完全斬斷了與它的實際運用之間的任何關聯，並剝奪了它的所有實踐功用和政治功用（福多爾 [Jerry A. Fodor] 和卡茨 [J. J. Katz] 的純粹語用學正是如此）。「純粹」語言學秩序的自主性是一個幻覺，這種語言學秩序的確定，是透過賦予特權於語言的內在邏輯才得以實現的，但同時這一做法付出的代價是忽視了語言的社會使用的社會條件和相關因素，這種做法為後來的許多理論開了先例，它們的思路都好像是說：一個人一旦掌握了語言的規則，就足以賦予他一種能力，使他可以在實踐中操持一種社會上視為得體的語言。

● ⎯⎯ **您這麼說，是不是要反對結構語言學的主張，明確提出語言中**

---

128 譯註：「中性化」（neutralize）是一個與現象學有關的概念，或稱中性變樣，是現象學還原方法的一個重要部分，儘管它的涵義十分廣泛，但一個基本意旨是透過各種手段（如想像）懸擱所考察對象的非本質因素，特別是一些與對象的設定性有關的方面，因此「中性化」與信念概念有密切的關係。胡塞爾在《觀念 I 》頁234的邊上，曾增加如下批註：「……純粹的中立行為，在其意向作用的構成物中不包含任何信念可把握的東西，或者說它不包含任何實顯的意向對象，只包括意向對象的對應想像」（參看 Kersten 的英譯本：Ideas Pertaining to a Pure Phenomenology and to a Phenomenological Philosophy, 1982；引文見相關頁碼的註腳。）但在布赫迪厄的理論中，他以一種與胡塞爾截然相反的方式處理了兩者的關係，布赫迪厄強調指出這種「中性化」的「意識形態」效果。

言說的意義是不能從對它們形式結構的分析中推導或演繹出來的？

是這樣的，並且可以更堅決地說，合乎語法並非產生意義的充要條件。杭士基（Chomsky 1967）力圖讓我們相信這一點，但他忽略了這樣一個事實：創造語言並不是為了進行語言學分析，而是用來說話，用來得體地說話。（從前，智者們總是說，在習得一門語言時，重要的是學會在適當的時候 —— 智者們稱之為「Kairos」—— 說適當的話。）所有結構主義 —— 不論是在語言學中的，還是在社會學和人類學中的 —— 的全部預設，以及因此產生的所有困境，都來源於有關人類行動的唯智主義哲學，它們都把這種哲學作為理論基礎；這些結構主義將言語行為簡化為執行（規則模式）的單純問題，並一直龜縮在最初的這一做法所限定的狹隘範圍內。結構主義區別了語言（langue）和語言在言語（parole）中的實現，後者即實踐和歷史中的語言。正是這種基本區別使結構主義只能從模式及其執行、本質與存在的角度來設想語言和言語這兩種存在屬性之間的關係。這就把科學家 —— 這種結構主義模式的信守者 —— 推到了一種萊布尼茨式的上帝[129]的位置，對於這個上帝，實踐的客觀意義是既定的。

在對這一態度提出挑戰的同時，我也力圖克服語言的經濟學分析和純粹語言學分析兩方面的缺陷，力圖拋棄在唯物主義與文化主義（culturalism）之間形成的常見對立。這兩種分析角度都忽視了

---

129 譯註：德國哲學家萊布尼茨（1646-1716）曾撰寫《神義論》（*Die Theodizee*）一書，表達他的神學觀點，當時這種觀點曾盛極一時。在萊布尼茨的神義論中與本文有關的思想可以簡述如下：他認為上帝是這個「所有可能世界中最美好的世界」的「存在根據」。從本質和實在的區別考慮，萊布尼茨認為上帝並不締造可能本質，而是面對既定的可能本質決定實在之物（就像結構主義語言學理論中，面對語言模式的言說者一樣），即「任何真實之物的存在都是上帝規定和授予的」。

什麼因素呢？從根本上看，可以用一句話來總結概括一個繁複艱難的論證，那就是，語言關係總是符號權力的關係，透過這種關係，言說者和他們分別所屬的各種群體之間的力量關係轉而以一種變相的形式（transfigured form）表現出來。因此，只在語言學分析的範圍內兜圈子，是不可能闡明什麼溝通行為的。[130] 哪怕是最簡單的語言交流，也涉及被授予特定社會權威的言說者與在不同程度上認可這一權威的聽眾（以及他們分別所屬的群體）之間結構複雜、枝節蔓生的歷史性權力關係網。我力圖證明的是在言語溝通中，如果不考慮在交流中發揮了作用、但不被肉眼察覺的權力關係結構的總體，那麼交流中一個非常重要的部分，甚至包括言談的資訊內容本身，就始終是不可理解的。

● ── **您能不能舉例說明這一點？**

讓我們以殖民時代或後殖民時代的殖民者（或外來移居者）與原住民之間的溝通為例吧。首先要提出的問題就是，他們會使用哪種語言？是否支配者會採用被支配者的語言，以示他們對平等的關切？如果他們這麼做了，那麼很可能是透過一種我稱之為「屈尊策略」（strategy of condescension, Bourdieu 1984a: 472-73）的方式做的，即透過一種暫時的、但卻大肆渲染的方式放棄他的支配地位，「屈尊俯就」來同他的交流者打交道，這樣，支配者透過拒絕這種支配關係而維持了它的存在，並從中漁利。符號性拒絕（symbolic denegation，就是佛洛依德所說的「否棄」──verneinung），即虛假懸擱權力關係，正是利用這種權力關係，以生產來認可這種權力關係，這也正是上述的那種對支配關係的表面放棄所力圖產生的結果。現在，讓我們轉而考慮實際上最常見的情況，即被支配者被迫

---

130 參見Bourdieu and Boltanski 1975, Bourdieu 1975a, 1977c, 1983b, 1980b: 95-112, 121-42。最後提到的這本書對這一點做了進一步的發展。

採用支配者的語言——這方面，標準的白人英語和美國黑人所用的方言之間的關係，就是個很好的例子。在這種情況下，正如威廉・拉波夫（William Labov 1973）所指出的，被支配者說的是一種「蹩腳語言」，而且，不論是在學校裡，在工作中，或是在社會上與支配者打交道，他們的語言資本都差不多被徹底地貶斥，認為不值一提。這裡，被談話分析（conversation analysis）[131] 過於輕描淡寫地予以排除的，就是這樣一個事實，即白人與黑人之間的所有言語互動都受到他們所分別操持的英語之間的結構關係之制約，而且還受兩者之間的權力不平衡之制約，這種權力不平衡不僅維持了語言的結構關係，而且賦予某種自然天成的外觀於那些任意以武斷方式強行樹立的中產階級的「白人」英語。

要想進一步發展這種分析，就必須在分析中引入各種位置方面的相關因素，諸如性別、教育水準、階級出身、居住地點等。在決定所謂「溝通行動」（communicative action）的客觀結構之過程中，上述這些變數時時刻刻都在發揮作用，而語言互動所採取的形式在實際上又會取決於這種結構。這種結構是無意識的，而且幾乎總是「隱藏在」言說者的「背後」發揮作用。簡言之，如果一位法國人與一位阿爾及利亞人談話，或一名美國黑人與一名白種盎格魯－薩克遜血統的新教徒（WASP）談話，那就不只是兩個人在彼此交談，而是借助這兩個人的喉舌，整個殖民歷史，或美國黑人（或

---

131 譯註：談話分析是以研究日常實際發生的談話為主的流派，脫胎於俗民方法學。早期的研究與俗民方法學的分析方法頗為類似，中期的研究開始以一種標準化的轉錄（transcript）方式使用錄音資料，分析各種談話模式，被批判為「俗民方法學中的實證主義」。近年來，談話分析的主流轉向對制度性談話（institutional talk）的分析，已經開始擺脫前期為社會學家所詬病的傾向，將語言使用與社會的制度安排和權力關係聯繫在一起。談話分析的代表人物包括哈維・薩克斯（Harvey Sacks）、伊曼紐爾・夏洛夫（Emanuel A. Schegloff）等。

婦女、工人和少數民族等）在經濟、政治和文化方面的整個屈從史
都參與了談話。俗民方法學家往往「把注意力集中在顯而易見的有
秩序性」上（Sharrock and Anderson 1986: 113），而使分析盡可能接
近「具體現實，這樣的考慮激勵著談話分析學派（例如Sacks and
Schegloff 1979），並對「微觀社會學」的研究主旨起了推波助瀾的
作用。順便提一下，這裡的分析表明，這些研究思路致使我們完全
忽視了某種直覺無法捕捉到的「現實」；而這樣的「現實」會超越
直覺，就是因為它們處於各種結構之中，這些結構滲透在互動之
中，但又超越了互動。[132]

---

132 「形形色色的場合主義者錯覺（occasionalist illusion），都誘使人將實踐直接與滲
透在情境之中的各種性質關聯起來。必須指出的是，與這些人的錯覺相反，
『人際』關係並非僅僅是表面看得到的一個人與一個人之間的關係，互動的真
相也從未完全存在於互動之中」（Bourdieu 1990a: 291）。在布赫迪厄對韋伯的宗
教社會學進行的批判性詮釋中（1971b, 1971e: 特別是頁5至頁6的圖表，
1987h），他以最明晰的理論論述了結構層面和互動層面之間的區別，以及兩種
分析方式的區別。布赫迪厄用結構概念重新闡述了韋伯用互動概念所描述的宗
教行動者之間的關係，藉此消解了不少韋伯所不能解決的困難。布赫迪厄曾經
對單人住宅的買賣雙方在他們打交道的搜集資訊階段和討價還價階段中所採用
的各種話語策略進行了研究。在這一研究中，他進一步闡明了結構分析的層面
與互動分析的層面之間的區別，並就此指出：「由於只在話語本身中尋求話語
構成的法則，『話語分析』反而阻礙了我們找到這些法則，因為這些法則存在
於生產話語的社會空間的構建法則中」（Bourdieu and Christin 1990: 79）。他對
大選後的電視辯論分析中，也同樣強調了這一區別，在本書〈反思社會學的實
踐〉之「參與性對象化」還會討論他對大選後電視辯論的研究。
這種「場合主義者的謬誤」（occasionalist fallacy），在馬喬里·哈尼斯·古德溫
（Marjorie Harness Goodwin）所做的一項非常出色的研究中表現得淋漓盡致。古
德溫運用民俗學的方法，分析了在鄰里社區的自然場景中，費城的黑人孩子們
之間發生的溝通行為。將「孩子看作行動者（actors）」，透過語言遊戲的媒介
「他們積極地從事創造他們的社會世界的工作」（Goodwin 1990: 284）。這沒什
麼不對的，只要同時認識到這些世界的結構都已經預先被更廣泛的種族、性別

●——　您認爲每一次語言表達都是一次權力行爲，即使不是一種公開的權力行爲。難道就不存在某些實踐領域（諸如聊天、親朋好友之間的談話，或其他高夫曼曾經分析過的世俗「談話形式」[Goffman 1981]），其中，言語交流與不平等結構的等級秩序並無直接的相互促進關係，或者乾脆與之無關嗎？另外，有沒有什麼地方，言語行爲並不是根植於各種支配關係呢？

　　每一次語言交流都包含了成爲權力行爲的潛在可能性（potentiality），當交流所涉及的行動者在相關資本的分配中占據不對稱的位置時，情況就更是如此。這種潛在可能性可以被「加上括弧」，暫時不予考慮，就像在家庭和亞里斯多德所說的友愛關係（philia）[133] 中所經常發生的那樣，在這情況下，暴力以一種符號互不侵犯協約的方式被懸擱了。不過，即使在這些情況下，拒絕施展支配權力也可能是屈尊策略的一部分，或者藉此更好地來否定和掩蓋暴力真相，強化誤識的效果，從而強化符號暴力的效果。

●——　您也痛斥「語言共產主義的錯覺」（Bourdieu and Boltanski

和階級關係所確定，就可以了。只有在直接的面對面情境的狹隘框架中，你才會主張這樣一種觀點，即「言語事件本身規定了參與言語交流的人的社會組織、形塑他們的聯盟陣線和他們的認同身分」。進一步來說，言語交流的參與者的所作所爲，所依據的社會規則和社會對立並不局限於情境之中。（在古德溫所分析的這個經驗現象中，所謂的社會對立是黑人和白人的對立，是學校與街頭的對立，而白人在所謂「自然場景」中並未直接出現。）只有當人們忽視了構建語言互動「框架」（frame——就高夫曼用這個詞的意義而言）的宏觀社會政治方面的因素時，人們才會斷言「在用人類學方法理解人們如何在結構上形塑他們的生活方面，談話材料具有根本的重要性」（Goodwin 1990: 287）。

133 譯註：亞里斯多德在《尼各馬科倫理學》（*Nicomachean Ethics*）的卷8中探討了「友愛」及其與平等、公正的關係，並特別提到德性的友誼涉及友誼雙方的平等，參見苗力田主編，《亞里斯多德全集》卷8（北京：中國人民大學，1992），頁165及以下。

1975），這種觀點認為言說的社會技能對於所有人來說都是平等分配的。

任何言語行為，或任何話語，都是某種聯繫的關節點，是兩個方面因素共同作用的產物。一方面是語言慣習，即一套社會因素構成的性情傾向，它暗含了一種以某些方式言說、並且說某些確定的事情的傾向（一種表達旨趣 [an expressive interest]），還包括言說技能、產生合乎語法的無窮無盡的話語系列的語言能力，以及在既定情境中以適當方式運用這種技能的社會能力，這三方面的能力都以不可分割的方式被確定；決定言語行為的另一方面的因素是語言市場（linguistic market），即作為一個特定的約束和監督系統強加自身的力量關係系統，這一系統透過決定語言產品的「價格」來推動語言生產方式的更新。由於我對自己的話語將會具有的價格有一個實踐預期，那麼這種價格就會對我的話語的形式和內容的確定過程產生影響，[134] 使我的話語多少「謹嚴」一些，「審慎」一些，有時甚至取消話語──就像在緘默不語、畏而不言的時候。語言市場越官方，越正式，越嚴謹，即在實踐上越遵守支配性的語言規範（想一想所有那些官方政治活動的儀式：就職典禮、演說、公開辯

---

134 不能把這句話理解為限於用某種簡單的理性主義的經濟模式來分析語言。為了避免這一點，有必要強調指出「他的（這種）預見，根本不是出自有意識的計算，而是一種語言慣習支配的行為，這種語言慣習，又與某個既定市場的法則之間存在一種基本的、生成性的長期關係，語言慣習正是作為這種關係的產物發揮著作用。語言慣習是一種用來確定言說的可接受性的分辨感，並可以用來確定在不同市場上，它自身產生的語言產物和其他語言產物的可能價值。並且正是這種對言說可接受性的分辨感，而非某種旨在使符號利潤最大化的理性計算方式，決定了（語言中）各種方式的糾正修補和自我監督，決定了我們對社會世界的認可。這種分辨感的決定過程就是讓我們心甘情願地想成為社會上可接受的人，說出可接受的話，並且讓我們在生產話語的同時就考慮話語的可能價值」（Bourdieu 1982b: 75-76；引者自譯）。

論），監督就越強，市場就越受支配者的支配，受那些合法語言技能的擁有者之支配。

　　語言技能並非一種簡單的技術能力，而是一種規範能力（statutory ability）。這就意味著並非所有的語言說法都是同樣可接受的，並非所有的言說者都是平等的。[135] 索緒爾（Saussure 1974）借用了孔德以前曾使用過的一個比喻，稱語言是一個「寶藏」，並將個人與語言的關係描述為以一種神祕莫測的方式介入這個共同擁有的寶藏，這種寶藏以普遍一律的方式開放給所有「屬於同一共同體的主體」。「語言共產主義」的錯覺困擾著所有的語言學理論。（杭士基的技能理論至少有一個很大的好處，就是它使得索緒爾傳統中隱而未顯的那種「普世共有的寶藏」觀念清晰可見。）這種錯覺認為，所有人參與語言交流的方式，就像享有陽光、空氣或水一樣──一句話，語言並不是一種稀缺的商品。但事實上，進入合法語言的管道是很不平等的。語言學家在理論上認定語言技能是普遍共用的，並且慷慨大度地將它授予每一個人，但這種技能在現實中卻是由某些人壟斷的。屬於某些範疇的言說者被剝奪了在某些情境下說話的能力──而且，人們還經常接受這種剝奪，就像一個農夫解釋為什麼他從未想到競選他所在小鎮的鎮長時，他會說：「我不知道該怎麼說呀！」

　　語言技能的不平等不斷地在日常互動的市場中展示自身，即在兩個人的閒聊中，在公共聚會中，在研討班上，在求職面談中，以及在廣播電視上展示自身。技能以各種不同的方式有效地發揮作用。而且，就像在經濟商品的市場上一樣，在語言商品的市場上也

135「因為技能不能被化約為產生某種話語類型的專門語言能力，而是涉及構成言說者的社會個性的全部性質……所以，由於交流者的不同，同樣的語言生產可能獲得完全不同的利潤」（Bourdieu 1977c: 654）。

存在著各種壟斷。這一點也許在政治活動中最顯而易見。在政治活動中，各種發言人被授予壟斷權，可以合法地在政治中表達某個集體的意願，他們不僅替他們所代表的集體說話還經常越俎代庖，取代他們來表達自己的意見。[136]

● ── **發言人可以透過將對現實的某種確定表象（分類圖式、概念、定義等）投射到現實中，來塑造現實。發言人的這種能力就提出了一個言辭的權力問題：言辭的社會效力存在於何處？這裡，您又一次和以奧斯丁，尤其以哈伯瑪斯爲代表的純粹的「溝通」模式唱反調，這種模式認爲用一個話語的語言內容就可以說明它的效果。**

我們必須感謝語言哲學家，特別是奧斯丁（Austin 1962），因爲正是他們提出這樣的問題──究竟是什麼因素使我們可以「以言行事」（do things with words），可以使言談產生效果。如果在某種條件下，我告訴某人：「開窗！」是什麼使他會真的去打開窗戶呢？（而且，如果我是一個老派的英國貴族，坐在安樂椅上，百無聊賴地讀著一份週末版的報紙，對於我來說，也許只要對僕人說句「約翰，你不覺得天氣有點冷了嗎？」他就會去關上窗戶。）當我們靜下心來，想想這件事，想想這種用言語左右事情的能力，想想言語賦予秩序、帶來秩序的力量，不能不說這實在是有些神奇。

要想努力用語言學的方式理解語言表達的力量，力圖在語言本身中找到語言效力的原則和機制，就是忘記了班維紐斯特

---

136 這就是布赫迪厄所謂的「演說效應」（oracle effect, Bourdieu 1985b；又見1981a）：正是在授權的邏輯中深刻地蘊含了這種「合法騙局」（legitimate trickery）的可能性，透過這種授權，發言人得以使他的言辭、並因此使他的世界假充那些他所代表的人的言辭和世界，並把他本人對他們的情境、條件以及利益的界定強加給他們。馬雷斯卡（Maresca 1983）對這一效果在法國農民中的體現進行了典範性的研究。並參見華康德（Waquant 1987）對這一問題所做的進一步分析。

（Benveniste 1969: 30-37）在他對「權杖」（根據荷馬的說法，它是親手交給要發表演講的演說家的）的分析中所提醒我們注意的一個事實，即語言的權威來自外部。言語的效力並不像奧斯丁所主張的那樣，存在於「以言行事的運算式」（illocutionary expreesions）或者話語本身，因為這些不過是制度的授權（delegated power）而已。（公平地說，奧斯丁本人在分析語言時確實賦予核心地位於制度，但他的許多評論者，特別是雷卡亞蒂 [Récanati 1982]，一般都曲解了奧斯丁的語言行為理論，轉而研究語言的內在性質。）[137]符號權力透過陳述某個被給予之物[138]來構成它，透過影響世界的表象來影響世界。這種權力並不處於以「以言行事的力量」為表現形式的「符號系統」中，而是在一種確定的關係中被這種關係所確定。這種關係創造了人們對言辭的合法性以及說出這些言辭的人的合法性的信念，而且，它正常運作的條件就是那些承受這種權力的人要認可那些施展權力的人。（隨著構成宗教的社會關係世界的瓦

---

137 在奧斯丁（Austin 1962）的言語行為理論中，他分析了一組他稱之為「完成行為」的言談（例如「我將這艘船命名為伊莉莎白皇后號」），這種運算式無所謂真假，只能根據是否尊重某種「約定的程式」來判斷它是否「得體」（felicitious）。因此這位英國哲學家明確指出符號效力是依賴制度條件的，不過他並沒有分析這些制度條件（行動者、時間、地點、權威等）的社會特性，而是退入一種語言學的區別，將言語行為分為「表意行為」（locutionary）、「以言取效的行為」（perlocutionary）和「以言行事的行為」（illocutionary）（參見Thompson 1984: 47-48對這一點的討論）。福內爾（Fornel 1983）從一種語用學的角度對奧斯丁的「得體」觀念進行了更為詳盡的理論考察，他的思路頗受布赫迪厄關於語言的政治經濟學的理論的啟發。

138 譯註：被給予（德文原文為Gegebenheit）是一個現象學中常見的術語，有「直接顯示」的涵義（Kerstern在《觀念 I 》中，就經常將此詞的形容詞形式譯為presentive），但要比一般哲學中所謂「對對象的感知」要寬泛得多，概念，甚至本質也可以是「被給予之物」。

解，宗教語言的效力往往也急劇下降，在這一過程中，上述論述的
要點清晰可見。）這意味著要說明這種長距作用（action at a
distance），說明這種無須有形接觸就可以產生變化的過程，我們必
須像牟斯（Mauss 1950a）分析巫術魔力一樣，來重構社會空間的
總體，正是在這個總體中產生那些使語言的魔力得以發揮的性情傾
向和信念。[139]

●───**這樣看來，您對語言的分析並非偶然「侵入」語言學的領域，
而是將以往分析其他文化產物時所用的方法，自然拓展到一個新的
經驗領域中，用以考察語言和言語或更一般的話語實踐（包括語言
學家的那些話語實踐）。**[140]

　　正是如此。我這一輩子就是在與各種任意分割的學科疆界做鬥
爭。不論是在社會學和人類學之間，在社會學和歷史學之間，在社
會學和語言學之間，在藝術社會學和教育社會學之間，在體育社會
學和政治社會學之間等等，諸如此類的疆界完全是學院再生產的產
物，也毫無認識論方面的根據。這裡再一次表明，哪裡突破了學科
的藩籬，那裡就會取得科學的進展。

　　我認為，如果不把語言實踐放在各種實踐共存的完整世界中，
就不可能充分理解語言本身。這些共存的實踐包括飲食習慣，文化
消費，以及人們在藝術、體育、衣著、家具、政治事務等諸多方面
的品味。之所以這麼說，是因為整個階級慣習──即在社會結構中

───────────

139 牟斯的〈巫術魔法綜論述要〉（Outline of a General Theory of Magic, Mauss
　　1950a）最初於1902至1903年間發表在《社會學年鑑》（*Année sociologique*）
　　上。布赫迪厄和德爾索（Bourdieu and Delsaut 1975）在研究最新服裝式樣的場
　　域中設計者標籤的社會巫術時，就直接受到這篇文章的啟發。
140 約翰‧湯普森（John Thompson 1991）非常中肯地指出了這一點。斯努克
　　（Snook 1990）在他的一篇文章分析尼采和維根斯坦對布赫迪厄語言概念的影響
　　中也談到了這個問題。

占據的共時和歷時的位置——都透過語言慣習表現自身，但語言慣習只是階級慣習的一個方面。語言是一種身體技術，[141] 而且，語言技能（特別是語音方面的技能）也是身體素性的一個重要方面，與社會世界的整個關係都在身體素性中展現自身。具體來說，所有的事例都表明，作為一個社會階級的特性的身體圖式，透過吉羅（Guiraud 1965）所謂的「發音風格」（articulatory style），決定著作為一個階級的口音標誌的語音特徵體系。這種發音風格是已經體現在身體上的生活方式（即一種軀體的行為 [fait corps]）的重要組成部分，並與嚴格確定這種生活方式的對身體和時間的運用密切相關。（如果說資產階級費盡心力在它與語言的關係方面創造與其他階級的區隔，它也同時在與身體的關係方面千方百計地保持自身與他人的距離，這些都不是巧合。）

　　一門充分恰當的語言社會學，必須同時既是結構性的，又是生成性的。這門語言社會學要預先假定，我們在理論中發現並在經驗中予以復原的，是作為整個存在的人類實踐，而語言實踐只是其中的一個側面。這種假定自然導致語言社會學把那種將結構形塑的語言差異系統（指那些對於社會學來說是至關重要的語言差異），與同樣結構形塑的社會差異系統結合起來的關係作為自己的研究對象。[142]

● ——讓我試著總結一下您剛剛論述的主張。一條資訊的意義和社會效力只是在一個既定的場域（例如新聞業或哲學界）中被決定，而這個既定場域又處於一個與其他場域相關聯的等級關係網絡中。如

141「身體技術」這一概念，借自牟斯的一篇富有創見的同名論文（Mauss 1950b）。

142 拉克斯（Laks 1983）考察了巴黎市郊一群十幾歲的少年，並對他們各自的階級慣習進行了細緻入微的構建，透過這一構建工作，這一研究詳盡地闡明了在他們的社會實踐與語言實踐之間存在的系統的對應關係。

果不能理解確定這個場域中的各種位置的整個客觀關係結構，不能理解每種關係所強加的特定形式之監督，而且對那些占據了這些位置的人的生平軌跡和語言性情傾向也沒什麼了解，就不可能充分地澄清溝通的過程——爲什麼說這些話而不說那些話？這些話由誰來說？它們的意思是什麼？被理解成什麼？還有最爲重要的是，這些話產生了什麼樣的社會效果？

　　這正是我在研究《馬丁・海德格的政治本體論》（*The Political Ontology of Martin Heidegger*, Bourdieu 1975c和1988b）中所力圖表明的。[143] 事實上，正是我對語言和場域觀念進行研究的內在邏輯使我關注海德格。我假定在文化生產場域中，場域對生產者施加監督，這種監督有明顯的效應。在我看來，海德格的著作（我在年輕的時候，曾準備寫一本關於情感生活和時間體驗的現象學的書，所以在很早的時候我就開始熟知這些著作）是一個特別合適的領域，可以用來檢驗我在這方面的假設。海德格是一位言談模稜兩可的大師，或者如果你願意，你也可以稱其爲複調[144]話語的大師。我甚至傾向於稱他爲這方面獨一無二的大師。他力圖同時用兩種方式來言說，一種是學者式的哲學語言方式，一種是日常語言的方式。這

---

143 這一研究，是布赫迪厄在馬克思・普朗克社會研究所（Max Planck Institut für Sozialforschung）做訪問學者時撰寫成文的，最初由德國法蘭克福的聯合出版社（Syndicat Verlag）於1976年出版，在法國則是於1975年作爲一篇文章在《社會科學研究探索》上發表。之後它又經過修訂，1988年出版了法文版。

144 譯註：自從巴赫汀在研究陀斯妥耶夫斯基時提出了「複調小說」的概念後，「複調」就成爲當代哲學和詩學的重要概念。複調是指「有著眾多各自獨立而不相融合的聲音和意識，由具有不同價值的不同聲音組成」的話語。有關複調概念的詳細論述，參見巴赫汀著，白春仁、顧亞鈴譯，《陀斯妥耶夫斯基詩學問題：複調小說理論》（*Problemy poetiki Dostoeskogo*）（北京：生活・讀書・新知三聯，1988），引文見頁29。

一點在「煩神」（Fürsorge）145 這個表面看起來是「純哲學」的概念中得到充分地體現。「煩神」這個概念在海德格的時間理論中發揮著關鍵的作用，然而在「社會救助」的表述中，則涉及了一種政治情境，並暗含對福利國家、帶薪休假和健康保險等社會福利的譴責。但我之所以對海德格感興趣，還在於他以一種「純哲學家」的典範化身的形式出現，而我則想要表明，對我所一向主張的研究全部文化產物的社會學來說，即使在一種表面看起來最不合宜的情況下，我所宣導的分析方法仍不僅能說明產生該文化作品的社會政治條件，而且可以使我們更能理解這一作品本身。我們現在考察的這個事例中，也就是意味著，有助於我們更理解海德格哲學的核心要害，即對歷史主義的本體論改造。

海德格作為一位「純粹的」、非歷史性的思想家的楷模，明確拒絕將思想與思想家本人，與他的生平聯繫起來考察，更不用說將思想與他的所處時代的社會條件和經濟條件放在一起分析了。（而且長期以來，海德格一直被人以一種排除任何歷史因素的方式來解讀。）海德格這種「純思想家」的價值就是迫使我們去重新思考哲學與政治的關聯。我為這一研究所起的題目就是要指明這一點：本體論是政治性的，而政治活動則成為本體論。但海德格這個例子，比任何其他例子都更明顯地表明：在「哲學導師」與德國政治和德

---

145 譯註：Fürsorge一詞在海德格著作的中譯本中被譯為「煩神」（參見陳嘉映、王慶節合譯，《存在與時間》[北京：生活・讀書・新知三聯，1987]，頁149），或「憂心」（參見倪梁康，《現象學及其效應：胡塞爾與當代德國哲學》[北京：生活・讀書・新知三聯，1994]，頁223）。而在德語中，Fürsorge一詞的一個主要涵義是「幫助」，soziale Fürsorge即今日社會保障中的「社會救助」一項（英文為social assistance），不過英文和中文都無法再現海德格用語的這種微妙之處（上引的《存在與時間》的段落中，海德格就表述了自己對「社會救助」的生存論理解，讀者可以參見）。

國社會之間所存在的這種可以進行研究理解的關係，遠非一種直接的聯繫，而只有透過哲學小世界自身的結構才能得以確立。對海德格話語所進行的恰如其分的分析，必須以雙重拒絕為基礎：一方面，它要拒絕接受哲學文本對絕對自主性的聲稱，及與此相關的對其外在關聯的否認；另一方面，它也拒絕將哲學文本直接化約為生產和流通這一文本的最一般性的環境。[146]

● —— **這種雙重拒絕也是您用社會學來分析文學、繪畫、宗教和法律的指導原則**（分別參見Bourdieu 1988d, 1983d, 1987i, 1971b, 1987g, 2002）。**上述各種情況中，您都宣導將各種文化產物與生產這些產物的特定場域聯繫起來，並且既拒絕純粹的內在解讀，也反對將它們直接化約為各種外在因素。**

的確如此。如果考慮到特定生產場域及其自主性——這種自主性是該場域特有歷史的產物，而這種歷史是不能化約為整個社會世界的「通」史的——你就能夠避免兩種互為表裡、彼此開脫的錯誤：一種錯誤在於將這些產物視為自足的實體，而另一種錯誤則是把它們直接化約為各種最一般的社會和經濟條件。[147] 因此，舉例

---

146 「只有當我們清楚地看到（哲學話語的）獨立性只不過是用另一個詞來表明它對哲學場域運作的特定法則的依賴關係時，我們才能承認（哲學話語的）獨立性。同樣，只有當我們在考慮這種依賴關係所產生的（對思想的）系統性改變時，意識到這種改變的根源是這樣一個事實，即這種依賴關係只有透過哲學場域的特定機制才能發揮作用，我們才可以承認存在（這種）依賴關係」（Bourdieu 1988b: 10）。

147 培德‧布爾格認為，在對藝術和其他文化實踐進行分析時，「布赫迪厄採取了一種激進的立場，即一種完全外在性的視角」（Bürger 1990: 23）。培德‧布爾格這類的主張體現了對布赫迪厄理論的根本誤解，因為它等於完全抹煞了符號生產的場域觀念，而布赫迪厄在最早期的文章中就明確使用了這一觀念（例如，1966年的一篇論「創造性設計」的文章就包含了這一觀念，參見Bourdieu 1971a: 185）。

而言，那些在海德格的納粹主義問題上相互衝突的人，賦予海德格哲學話語的自主性，不是太多，就是太少：海德格是一個納粹黨徒，這是一個不容爭辯的事實，但無論是早期的海德格還是成熟的海德格，都不是克雷克（Krieck）[148] 校長那樣的納粹理論家。強調外在因素、破除迷信崇拜的解釋和強調理論內在邏輯、將之奉為圭臬的解釋有一個共同點，即它們都忽略了哲學特有的風格（stylization，法語為 mise en forme）所帶來的效應：它們都未能注意到這樣一種可能性：海德格的哲學受到哲學生產場域的特定監督的約束，只有透過哲學昇華的方式，才能體現那些決定了他追隨納粹行為的政治原則和倫理原則。要洞察這一點，就必須避免對海德格的作品所進行的政治解讀和哲學解讀對立起來，而要進行一種雙重解讀，將哲學解讀和政治解讀不可分離地結合在一起，因為海德格的這些作品從根本上說，即是由蘊含在其中的模稜兩可性所確定的，也就是說，這些作品總是同時涉及兩種社會空間，而與這兩種社會空間相對應的，則是兩種心智空間。

因此，要把握海德格的思想，你就不僅必須知曉他所處時代的所有「公認觀念」，（這些觀念往往以各種不同的方式表現出來，諸如報紙社論、學術論文和演講、哲學著作的前言、教授之間的交談等等，）而且還不得不理解哲學場域的特定邏輯，在這一場域中，各派專家巨匠——即新康德主義者、現象學家和新湯瑪斯主義者等——爭辯不休。海德格為了推行他在哲學中所貫徹的「保守革命」，不得不求助於他出類拔萃的技術創新能力，即一種罕有與之匹敵的哲學資本，（只要看看他在《康德與形而上學問題》[*Kant and the Problem of Metaphysics*] 中的論述裡所展現出來的嫻熟精湛

---

148 克雷克（Ernst Krieck, 1882-1947），德國教育家，1932年起公開擁護國社黨的教育政策和意識形態，著有《國家社會主義與教育》等書。

的分析技巧，你就會相信這一點，）以及另一種同樣罕有匹敵的能
力，可以賦予他的立足點一種哲學上可接受的方式，而這種能力就
預先要求在實踐中能夠從整體上把握場域中的所有立足點，一種哲
學遊戲中得心應手之感。與史賓格勒（Oswald Spengler）[149]、恩斯
特‧榮格爾（Ernst Jünger）[150] 或恩斯特‧涅克施（Ernst Niekisch）
[151] 之類純粹的政治小冊子撰稿人不同，海德格確確實實將以往被視
為不可協調的各種哲學立足點揉合成一個新的哲學立場。在晚期海
德格那裡，可以更清楚地看出他所擁有的這種對各種可能性構成的
空間的把握。一個人根據哲學場域中的其他立足點，對海德格過去
與當時的立場可以產生各種不同的見解；而晚期海德格，則不斷地
相應調整自己的立場，透過先發制人和事後反駁來對抗這些見解。

**——　您不是主要從研究海德格思想所處的社會環境出發，而是更能
從解讀文本，闡明文本產生影響的多重語用框架出發，推導出他的
政治思想。**

　　正是針對作品本身的雙重意涵和人們對作品可能產生的雙重理
解（double entendre），採取雙管齊下的方式來解讀作品本身，我們
才揭示了海德格哲學中那些最出乎意料的政治意涵：對福利國家的
拒棄隱藏在時間性理論的核心之中，反猶主義「昇華」成對「漫遊」
（wandering）的譴責，拒絕否定他此前對納粹的支持則深刻地體現
在他與榮格爾的對話中那些拐彎抹角的暗示中，等等。正如我於
1975年所指出的那樣，所有這些可以輕易地在文本中找到，不過，
對於那些哲學的正統解讀方式的衛道士來說，他們可沒法把握這些

---

149 譯註：奧斯瓦爾德‧史賓格勒（1880-1936），德國歷史哲學家，著有《西方的
　　沒落》（*The Decline of the West*）、《普魯士精神與社會主義》（*Preussentum und
　　Sozialismus*）等著作。

150 譯註：榮格爾（1895-1998），德國自由撰稿人，著有《對技術的完善掌握》等
　　書。

東西。這些衛道士，就像一群沒落的貴族，面對將他們排除在外的科學進展，深感威脅，死死地抱住本體論與人類學的神聖疆界，裝腔作勢地維持他們與眾不同的一點東西。純粹的邏輯分析也好，純粹的政治分析也罷，都不能說明一種雙重話語，這種雙重話語的真相就存在於被公開宣稱的體系與被暗自壓抑的體系之間的關係中。

　　與人們通常設想的恰恰相反，要想充分理解一種哲學，並不要求透過文本的去歷史化，透過對這種「經典」文本的非時間性解讀產生的永恆化，來達到這一目的。這種解讀往往將「經典」文本構建為永恆哲學（philosophia perennis），或者更糟，無休止地將這些文本改頭換面，以適應某個時代的問題和爭論，有時還不免付出很高的代價，導致歪曲事實和曲解原意，其程度幾乎令人難以置信。（當我聽到有人說「海德格有助於我們理解大屠殺」時，我幾乎以為我是在做夢──或者，可能是因為我還不夠「後現代」！）正好相反。一種真正的歷史化，允許我們透過重構哲學著作的問題框架，重構它被構建時所關聯的各種可能性的空間，以及賦予哲學著作所採取的那種特定形式的場域的特有效應，來探明哲學著作的潛在原則。只有從這種真正的歷史化方式出發，才能恰如其分地理解一種哲學。[152]

---

151 譯註：涅克施（1889-1967），曾是一個社會民主黨人，後來任《反抗報》主編，在希特勒上台期間參與了反對希特勒的文人小集團。

152 布赫迪厄（Bourdieu 1988a: 118）對這一點做了如下總結：「海德格的思想……在『哲學的』秩序中，是『保守革命』的結構對應物。納粹主義是保守革命的另一種形象的對應物，是根據另外一些形成規律產生的。因此，海德格思想對於有些人來說的確是不可接受的；不管是過去還是現在，這些人都只能把它看作哲學的鍊金術產生的那種『昇華』形式。」與此類似，只有將福樓拜徹底歷史化，即將他的文學實踐重構為場域和他的慣習之間，以他的生平軌跡為仲介的相互作用的結果，「我們才能理解，他怎樣使自己擺脫了那些芸芸眾生的宿命中所蘊含的那種刻板的歷史性」（Bourdieu 1988d: 557）。

●——　在法國以專著的形式出版《馬丁・海德格的政治本體論》，距
離最初德文版出版的時間已過了十多年。不過，這也提供了一個機
會，可以用一種非常尖銳的方式，來突出哲學的政治盲目性問題，
或至少提出某些從事哲學的人如何以政治方式運用哲學的問題。

　　圍繞海德格作品爆發的爭論[153]中，某些哲學家（其中最著名
的是菲力浦・拉古－拉巴特 [Philippe Lacoue-Labarthe] 和讓－弗朗
索瓦・利奧塔 [Jean-François Lyotard]）比以往任何時候都更明顯地

---

153 法里亞斯出版的研究專著（Farias 1987；英譯本為1989），用各種材料證明了海
　　德格對納粹政治活動的支持及親身參與。這本書引發十分激烈的爭論，吸引了
　　所有法國知識界的「大腕」學者，並滲透了濃厚的政治色彩。德希達和布赫迪
　　厄就這個問題在左翼日報《解放報》（Libération）的版面上，進行了猛烈的交
　　鋒，此外在各種私下和公開的場合中，還發生了許多言辭激烈的論戰。此後，
　　這一「事件」就逐漸演變成國際性的（並在一定程度上，和「保羅・德・曼事
　　件」[譯註：指保羅・德・曼（Paul de Man）早年在比利時曾發表過幾篇支持納
　　粹的文章。八〇年代這一「內幕」被揭露以後，在美國和西歐，有關理論（特
　　別是「後現代主義」或「尼采主義」）與政治實踐的關係引發了進一步的爭論]
　　攪在一起），直到本書出版之時，仍然盛行不衰。相關書籍層出不窮，幾乎每
　　週都有新書問世，它們或聲稱證明了對海德格的指控，或宣布否定這一指控，
　　並且各自宣稱他們對海德格哲學的詮釋才算切中了要害。法國和德國有很多學
　　者參與了這一爭論，這裡只舉其中一些重要人物，可以參見以下文章：在阿
　　諾・I. 大衛森所編輯的《批判理論》（Critical Theory）雜誌的專號（Davidson
　　1989），約瑟夫・馬戈利斯（Joseph Margolis）和布魯奈爾（Paul Burrell）所編
　　選的文集（Margolis and Burrell 1990），以及《新德國批評》（New German
　　Critique）雜誌的1989年冬季號中，漢斯－格奧爾格・加達默爾（Hans-Georg
　　Gadamer）、哈伯瑪斯、德希達、布朗修（Maurice Blanchot）、拉古－拉巴特，
　　和伊曼紐爾・列維納斯（Emmanuel Levinas）發表的文章。正如《明鏡》（Der
　　Spiegel）雜誌的編輯魯道夫・奧格斯坦（Rudolf Augstein）——是他拿到了著
　　名的海德格「生前未發表的」訪談——所強調指出的，布赫迪厄對海德格與納
　　粹主義之間聯繫的研究比所謂「（海德格）事件」早了整整十年（羅伯特・馬
　　吉歐里 [Robert Maggiori] 於1988年3月10日《解放報》第6版的書評文章中曾
　　引述了奧格斯坦的這段話）。

暴露出他們在政治上的不負責任。我曾以此為例，來強調指出六○
年代以來逐漸在法國盛行的那種領會哲學的方式中所蘊含的含糊不
清之政治意涵。主要是透過抬高尼采和海德格著作的地位，這種哲
學觀導向一種崇尚越軌的唯美主義（aestheticism of transgression），
或像我的一些美國朋友所說的，導向一種「以激進為時髦」
（radical chic）的形式。這種哲學觀無論在思想上，還是在政治上，
都是那麼模稜兩可，含糊不清。

　　從這個角度看，我的著作──我想特別是《藝術之戀》[154] 或
《秀異》──與自從沙特以來的一種哲學角色針鋒相對，這種哲學
角色總是念念不忘一種美學向度。我所批判的不是文化，而是文化
的社會用途，即將文化用作一種符號支配的資本和工具。這種立場
與羅蘭·巴特（Roland Barthes）或泰凱爾小組（Tel Quel）[155]（更
不用說尚·布希亞 [Jean Baudrillard] 了）那種披著科學外衣的唯美
主義娛樂消遣水火不容。某些法國哲學家們怡然自得於這樣的唯美
主義立場，在他們手中，哲學的美學化達到了前無古人的程度。在
這一點上，德希達無疑是最駕輕就熟、也是模稜兩可的一位，因為
他力圖給人造成這樣一個印象，即他已與那些畏首畏尾、唯恐陷入
「粗鄙事物」中的分析徹底地分道揚鑣。我在《秀異》的後記
（Bourdieu 1984a: 485-500）中就指出了他身上的這些問題：將自己
既定位於遊戲之內，又定位於遊戲之外；既在場域中活動，又在場
外旁觀。德希達這樣做是在玩火，他只與哲學體制發生一些小衝
突，卻不肯對這種體制進行真正而徹底的批判。

154　有關藝術的社會決定因素和社會用途，也可參見 Bourdieu et al. 1965，和
　　　Bourdieu 1968a, 1971c, 1974c, 1985d, 1987d。

155　譯註：「泰凱爾」小組，1960年在法國由索賴爾（Philippe Sollers）建立的一
　　　個著名哲學小組，尤其以研究符號學，進行文化分析著稱。主要成員有德希
　　　達、茱莉亞·克莉斯蒂娃（Julia Kristeva）等。

　　因此，對於我來說，「海德格事件」是一個機會，使我可以揭示哲學唯美主義植根於某種社會貴族主義，而社會貴族主義本身正是對社會科學的蔑視之基礎。這種蔑視很不利於促進一種現實主義的社會世界觀，而且，儘管這種傾向不會必然導致像海德格的大蠢事這樣巨大的政治「錯誤」，但仍然對知識分子的生活具有絕不可輕視的意涵，而且對政治生活也具有間接的重要意義。從根本上看，六〇年代法國哲學家與所謂的「人文科學」之間，存在著一種既親近又排斥的矛盾關係，正是在這種關係中，他們形成了自身的哲學設想。這些哲學家從未徹底放棄與哲學家地位相連的那種種姓式（caste）的特權。因此，正是這些哲學家在全世界範圍內（尤其是在美國），打著「解構」（deconstruction）和「文本」批評的旗號，煽動了一種不假多少掩飾的非理性主義，使那種老式的哲學對社會科學的批判死而復生，這並非出於偶然。有時，出於某些我們也不太清楚的原因，這種非理性主義被冠之以「後現代」或「後現代主義者」的名號。

● ──── **因此，您對海德格的分析，以及更一般而言，分析哲學話語在社會中的生產和運作方式，**[156]**都預先要求並進一步引發了對與哲**

---

156 除了海德格的本體論之外，布赫迪厄還分析了哲學話語和哲學體制。這種實踐往往聲稱是「自由漂移的」，不受階級和其他社會身分的限制，而且透過拒絕面對影響自身的社會決定因素，從而將自己和他人都予以神祕化。因此，這種實踐可以作為一種知識分子實踐的理想類型狀況來加以研究（Bourdieu 1983a, 1985e）。在這方面，法國社會學家已經分析批判了許多相關的問題，包括阿圖塞式馬克思主義的雄辯之辭，沙特塑造的「總體性知識分子」（total intelletual）形象，孟德斯鳩（Montesquieu）的「學術神話」，以及五〇年代法國大學中哲學職業的意義（分別參見Bourdieu 1975b, 1980e, 1980f, 1991a）。布赫迪厄的許多學生和合作者也對哲學場域進行了實質性的分析，其中包括：博斯凱蒂（Boschetti 1988）對沙特的研究，法比亞尼（Fabiani 1989）對第三共和國時期哲學家的考察，以及平托（Pinto 1987）對當代哲學的分析。

學相關的社會學的客觀位置之分析。

　　自從十九世紀下半葉以來，歐洲哲學就不斷針對社會科學，特別是針對心理學和社會學確定自身。（並透過與它們的對立，反對任何直接明確地面對社會世界的「粗俗」現實的思想形式。）這些哲學家拒絕屈尊俯就，去研究那些被視為上不了檯面的對象，也不肯運用那些「不夠純粹的」方法，不論是統計調查，還是簡單的對文獻進行歷史分析。哲學家無時無刻不對之嚴加指責，斥之為「化約論」或「實證主義」之類。與此相應，哲學家還拒絕投身研究歷史事物不斷流逝的偶然性，念念不忘自身的地位尊嚴，一再要回到那種最「普遍」、最「永恆」的思想中去。[157]（有時是以一種最出乎意料的思路，就像今日哈伯瑪斯所證實的那樣。）

　　六○年代以來，法國哲學的許多特性都可以用我在《人：學術者》中所指出的一個事實來解釋，即大學和知識分子的場域第一次

　　看來，對於布赫迪厄（Bourdieu 1983c）來說，如果哲學不能自我消融在社會科學中，就只能透過運用他所宣導的那種反思性，才能徹底實現自身的任務。運用這種反思性，也就是將哲學的問題框架、各種範疇以及習慣做法都予以社會定位，並且承認控制哲學自身內在運作方式的那些社會法則——哪怕這樣做只是為了可以幫助哲學超越那些深深地存在於哲學的歷史基礎中的限制性因素。

157 譯註：布赫迪厄（Bourdieu 1983c）認為，歷史性與真理之間的二元對立的難題始終困擾著哲學，它的唯一方法就是注經式的解讀，除此之外它無力解決這個問題。儘管這種解讀使過去的著作得以現實化，但這種方式或多或少地完全否認了歷史性。黑格爾（揚棄的辯證法）、康德（對過去哲學的回顧式建構）和海德格（解除對原初解蔽的遮蔽）各自提出了對這個二元對立問題的解決方案，這些方案有一個共同點，就是都否認歷史。海德格透過對早期希臘思想的研究，指出後世哲學是對這些原初性的「解蔽」（或「無蔽」）思想的重新遮蔽。海德格正是透過對這種「遮蔽」的重新「解蔽」，奠定了自己晚期思想的基礎。有關海德格這方面的研究，以及他對「遮蔽」和「解蔽」這組對偶概念的分析，參見孫周興，《說不可說之神祕：海德格爾後期思想研究》（上海：三聯書店上海分店，1994），特別是第2章。

被人文科學方面的專家（由李維史陀、杜梅澤爾和費爾南‧布勞岱爾等人領軍）所支配。一時間，所有討論的核心焦點都轉向了語言學，語言學被建構成為所有人文科學的範例，甚至像傅柯這樣從事哲學工作的學者也把語言學作為自己的範例。這正是我以前稱之為「某某學效應」（-logy effect）的緣起，我用這個詞來指許多哲學家竭力從各門社會科學中搬用方法，並模仿這些社會科學的科學性特徵，但與此同時，他們卻不肯放棄「自由思想家」的特權地位，譬如：巴特的符號學，傅柯的考古學，德希達的論文字學（grammatology），或阿圖塞式的企圖——他想把對馬克思進行的所謂「科學」閱讀假冒為一種獨立自足的科學，並且充當所有科學的尺規。（Bourdieu 1975b。參見考皮 [Kauppi 1991, 1993]，在這些作品中，考皮對六〇、七〇年代法國知識分子場域中的「某某學效應」進行了更為詳盡的分析。）

●——　**這聽起來像是在宣稱哲學的終結。那麼能否給哲學留下一個獨特的使命，一塊富有意義的認識論空間，使它在各守一隅的各門社會科學的重圍之中仍留有一席之地？社會學是否注定要奪取哲學這頂科學皇后的桂冠，使哲學變得陳腐過時，而不得不被淘汰？對於一種「社會學哲學」（Collins 1988-1989；參見 Addelson 1990 站在哲學的立場上所進行的類似論述）的提法來說，時機是否已經成熟？或者，這樣的觀念本身就是一種自相矛盾的說法？**

　　回想一下哲學思維得以實現的那些條件，不論是學院中的學究處境，還是在學術界裡它加諸自身的封閉性，以及它受到保護的市場和穩定的主顧，或者更廣泛地說，它與所有世俗要務和緊迫之事之間的超然距離，這樣做——研究哲學思維的條件——並不意味著要採取一種旨在使所有知識和思想相對化的酷嗜爭辯的斥責。在文化生產場域和歷史性的社會空間中取代哲學位置的，是一種對哲學進行的真正的社會學分析。這種分析的目的絕不是要導致哲學的毀

滅，而應被視為僅有的一種手段，可以用來理解各種哲學和它們的相互繼替，並因此可以幫助哲學家擺脫深深隱藏在他們的哲學遺產中的無思（unthought）。[158] 這種分析會使哲學家發現，那些他們最習以為常的思想、概念、問題、類型學的工具，都根源於（再）生產它們的社會條件，根源於深刻體現在哲學體制作用和運作方式所固有的社會哲學中的各種決定機制，從而得以重新把握哲學思想背後的社會無思。

如果說歷史性社會科學構成了哲學的威脅的話，那麼，這種威脅與其說是出於社會科學搶占了以往被哲學所壟斷的領域，不如說是因為這樣一個事實，即這些社會科學傾向於重新界定知識分子的活動，這種新的界定中明顯或暗含的哲學理念（歷史主義者的，並且也是理性主義者的）與客觀地體現在職業哲學家的職守和立場上的理念相互衝突（Bourdieu 1983a, 1983c）。因此我可以理解，為什麼那些哲學家（不論是自封的，還是名副其實的），尤其是在法國的哲學家，都特別喜歡像那些沒落貴族一樣，死死地抱著不放那些體現他們威嚴顯赫的形象的外在標誌，而這種形象實際上已經岌岌可危了。

● ── **但您會認為您的著作屬於哲學的範圍嗎？**

我對這個問題倒不太操心，而且我很清楚，那些念念不忘保住自己地盤的哲學家可能會對這個問題做出什麼回答。如果我想要用一種多少有些理想化的方式來回顧我的思想歷程，那麼我可以說，這是一項能夠允許我去實現一種理念的事業，在我看來，這種理念

158「哲學家作為哲學家的存在，是與哲學遊戲本身息息相關的，只有當我們敢於將這種遊戲置於被質疑的危難之境，哲學家才會利用他們的自由，掙脫那些授予他們以權威、為他們提供思考的根基、使他們可以將自我呈現為哲學家的那些東西」（Bourdieu 1983c: 52；也參見Bourdieu 1990e）。

正是哲學不可或缺的──這裡，我也是在用另一種方式指出，那些一般被稱為哲學家的人並非都能一以貫之地信守這一理念。當然，這樣一種回顧多少有些虛幻，因為在任何一個人的生平經歷中，都有大量機會的成分；我的大部分所作所為，並不是真的由我自己做出抉擇的。不過，上述回答確實也包含了一種真理，因為我相信，面對社會科學的發展，任何人都已經越來越不可能孤芳自賞、完全置身於社會科學的大量成就和各種技術之外──雖然看起來大多數哲學家似乎仍對此無動於衷。我想，我非常幸運，避免了只憑「一頁白紙，一桿孤筆」就能研究社會的錯覺。對我來說，隨便讀一篇近來發表的政治哲學論文，同時設想如果我唯一的思想武器就是所受過的哲學訓練，那我對這樣的問題會談些什麼，就已經足以證明我上述的回答了。不過，話說回來，這種哲學訓練也絕對是必不可少的。我幾乎每天都要閱讀（或者重讀）一些哲學著作，特別是那些我必須認可並且加以敬重的英國和德國學者的著作。我不斷與哲學家並肩研究，並且使哲學家的觀點起作用。但對我來說，哲學技藝（這麼說，也許有點「褻瀆神聖」）和數學技術，儘管有所差別，可完全處在同一層次上：我看不出，康德或柏拉圖的某個概念和一次因素分析之間，有什麼本體論上的差別。

●───　既然我們正在談論「理論」，那麼請允許我提出一個頗為棘手的問題。您經常被列入「社會理論家」之列，並且確實被人當作「社會理論家」來閱讀。（而且正如您所知，在美國，在形形色色的社會學眾生相中，「社會理論家」是一個有明確所指的類型。）但我十分驚奇地發現，您很少在作品中提出純粹「理論性」的論述和主張。相反，您在文中不時地提及，在搜集、編碼或分析材料，以及深入思考某個實質性問題時，所遇到的各種具體的研究問題和困境。您在巴黎的高等社會科學研究院舉辦的研討班上（參見本書〈反思社會學的實踐〉），一再坦率地告誡您的聽眾們，不要期望從

這門課程中獲得「有關慣習和場域概念無懈可擊的表述」。您也極不願意討論那些您自己首創的概念，不願意在脫離這些概念的經驗論證的情況下使用它們。您能否闡明一下理論在您著作中所占據的位置？

我無須提醒你注意，對一部作品的領會有賴於它的讀者所處的思想傳統，甚至有賴於讀者所處的政治環境（Bourdieu 1990j）。在作者（或文本）和文本的讀者之間，是（對作品的）接受的場域結構，它對這些行動者的影響是借助場域向所有屬於該場域的人所強加的心智結構，尤其是那些貫穿於正在盛行的各種爭論之中的、具有結構形塑力量的對立範疇（例如今天，在英國是再生產和抵抗的對立，在美國是微觀與宏觀的對立）。這裡的要害是對作品一整套的歪曲，經常使人驚詫莫名，有時甚至有點讓人無法忍受。就我來說，接受場域中的這種過濾過程最惹人注目的結果是：在法國和在國外，對我的作品的接受狀況存在著很大的差距。在法國，很大程度上無人理會我的著作中的人類學基礎和理論意涵（奠定我著作基礎的實踐理論和行動哲學）。這樣的接受狀況有許多原因，其中最突出的原因是因為對這些論述本應最有感觸的那些人，諸如哲學家，卻並不想考察這些論述。使問題更為嚴重的是因為這些人往往苦苦糾纏於我著作中那些被他們領會為政治的、批判的，甚至純屬為爭辯而爭辯的向度，始終在這些問題上兜圈子。事實上，與兩次大戰期間那種知識爭辯的過時狀態相聯繫的那些典型學究式討論，諸如自由還是決定論，相對主義的問題，以及其他一些蹩腳話題，之所以延續下來，部分是因為許多知識分子囿於馬克思主義的分析方式，部分是因為哲學課傳習下來的學術問題框架的慣性。我認為，這裡至關重要的一點是：在我眼中，我的努力是以對當代社會的特定性質進行的歷史分析為前提，構建一種廣義的人類學，而別的人卻將它解釋為一套政治綱領——特別是有關學校體制或文化的

政治綱領。

　　無疑，這種對我的意圖的茫然不解，在某些方面要歸因於這樣一個事實，即我從未要求自己生產一種有關社會世界的一般性話語，更不用說生產一種以關於這個世界的知識為分析對象的普遍性後設話語。我的確認為，一旦論述科學實踐的話語取代了科學實踐本身，後果會不堪設想。因為一種真正的理論是在它推動產生的科學工作中不斷磨鍊，才最終完成的。對那些自賣自誇的理論，我沒多大好感。我也反對那種只是意在顯示、讓人注目的理論，或者像我們用法語說的——「眩人耳目」（tape a l'oeil）的理論，這樣產生的理論徒有其表，華而不實。我意識到，這個態度不大適合今日過於習以為常的口味。

　　有一種認識論反思的觀念，導致我們將理論或認識論看作空洞含糊的話語，在這種話語中，本應成為分析對象的科學實踐，卻被拋在一旁。而太多時候，我們卻死死抱住這樣的觀念。對我來說，理論反思只有把自身不事聲張地深藏在它所貫穿的科學實踐之下，或者與科學實踐融為一體，才能展現自身。這裡，我可以引述智者希庇亞斯（Sophist Hippias）的形象。在柏拉圖的《小希庇亞斯篇》（*The Lesser Hippias*）中，希庇亞斯表現得就像一個笨伯，不能使自己超出具體事例。當他被問及「美」的本質時，他頑固地堅持透過列舉各種特定的事例來作答：一個「美」的水壺，一位「美」的少女等等。事實上，正如迪普雷爾（Dupréel 1978）所指出的，希庇亞斯這樣做是有明確意圖的，他拒絕一般化的概括，以及這種概括所促成的抽象觀念之物化。我並不接受希庇亞斯的哲學（儘管我猜想，在社會科學中，抽象觀念的物化比在別處更為普遍和常見），但我認為，除了在借助理論方式構建的經驗事例中思考，並透過這種事例來思考，人們不可能有其他好的思考方式。

●————**但您不能否認，在您的作品中存在一種理論，或者更準確地**

說，借用一個維根斯坦的概念，是存在一套具有廣泛適用性（哪怕不是普遍適用性）的「思考工具」。

確實不能否認。不過這些工具只有透過它們產生的結果，才能為人所察覺。而且，這些工具並非出於自身目的被構建的。它們的根基就在經驗研究中，就在一種獨特的構建對象的方式所遇到和產生的實踐問題和疑難困惑中；這種獨特的方式，就是在努力構建一系列現象上千差萬別的對象時，用比較的方法來處理這些對象，來思考這些對象。舉例而言，我在六○年代早期提出的文化資本概念，[159] 就是用來說明這樣的事實，即在剔除了經濟位置和社會出身的因素的影響後，那些來自更有文化教養的家庭的學生，不僅具有更高的學術成功率，而且幾乎在所有領域中，都表現出與其他家庭出身的學生不同的文化消費和文化表現的類型與方式。

貫穿我各種著作之間的線索，是具體研究的邏輯。在我眼中，這種研究邏輯的經驗和理論是不可分割的。正是在我的實踐中，在從事一次訪談，或者對一份調查問卷進行編碼這樣的過程中，我摸索出那些被視為最重要的理論觀念。例如，對社會分類範疇的批判，引導我重新徹底地考慮了社會各階級的問題（Bourdieu and Boltanski 1981；Bourdieu 1984a, 1985a, 1987b），而這種批判卻是我們在對被訪談者的職業進行分類時所遇到的許多具體困難並對這些困難進行反思的結果。正是重新考慮這種社會階級問題，使我避免了對階級進行含糊空洞的概括，正是這種概括不斷地重演了馬克思和韋伯之間本不存在、但後人卻不肯善罷甘休的對立觀點。

●⋯⋯「唯理論主義的理論」和您所認為的理論之間有什麼區別？

159　參見Bourdieu 1979a論文化資本的「三種形式」（體現在身體上的、客觀化的和制度化的），以及Bourdieu 1986b，這篇文章討論了文化資本、社會資本、經濟資本和符號資本之間的關係。

　　對我來說，理論不是一種預言性或綱領性的話語，這種話語往往是將其他理論拆拆拼拼而成，其唯一目的就是與其他這樣的純粹「唯理論主義的理論」相抗衡。（在帕森斯 [Parson] 去世十餘年後的今天，他的 AGIL 圖式[160] 仍然是「唯理論主義的理論」的最佳例子，而且最近又有人力圖使這一觀念復活。）[161] 相反，我認為科

---

160 譯註：美國著名社會學家帕森斯在五〇年代提出了「AGIL圖式」的理論，這一理論貫穿了他晚期的絕大多數作品。「AGIL」是四個基本的功能要求，是所有（社會）系統都必須滿足的。其中，「A」即「適應」（adaptation），指社會系統與其環境的關係，在整個社會的層面上，主要由經濟系統來完成這一功能；「G」即「目標達成」（goal attainment，或譯「達鵠」），指確定一個社會系統的目標，在整個社會的層面上，主要由政治系統來完成這一功能；「I」即「整合」（integration），指社會系統的各種成員之間的團結，在整個社會的層面上，主要由社區來完成這一功能；「L」即「維持潛在模式」（latency pattern maintenance），指確保社會系統的行動者表現出適當的特徵，在整個社會的層面上，主要由文化系統來完成這一功能。在通用圖式中，「AGIL」則分別對應有機系統、人格系統、社會系統和文化系統。當然，由於「AGIL」圖式被帕森斯用於各個不同的分析層次和側面，所以存在各種不同的「說法」，上述的論述是最簡單和比較公認的。關於帕森斯的這一理論，可以參見杰夫瑞‧C‧亞歷山大（Alexander 1987b）的簡要討論，特別見第6講。近年來，美國（如亞歷山大）和德國（如明希）的一些新功能主義者，重新提倡「AGIL圖式」的分析方法，尤其以明希的研究影響最大，參見 Richard Münch, "Parsonian Theory Today: In Search of a New Synthesis"（收入 Giddens and Turner 1987: 116-55），或 "The Interpenetration of Micro Interaction and Macrostructures in a Complex and Contingent Institutional Order"（收入 Alexander et al. 1987: 319-36）。

161 傳統上將理論視為概念的積累性彙編、分類或精緻化（布赫迪厄經常將帕森斯和古維治 [Georges Gurvitch] 所進行的工作比作中世紀那些宗教法規學者的所作所為），對於布赫迪厄（Bourdieu, Chamboredon and Passeron 1973: 44-47）來說，這種觀念是「學究常識」（Scholarly common sense）的一個組成部分。社會學必須毅然決然、不畏艱苦地與那些試圖重新在社會學的實踐中引入連續論（continuist）和實證主義科學哲學的做法相決裂，這種科學哲學與巴舍拉所謂「新科學精神」的特徵正好相悖。

學理論應該以感知方案和行動方案——如果你願意，可以稱其為科學慣習——的形式出現，它只能在使之成為現實的經驗研究中一展身手。它是一種形塑經驗研究，但同時又是為經驗研究所形塑的臨時性構造。[162] 因此，接觸新的對象比投身理論爭辯得益更多，後者除了支持一種圍繞被視為思想圖騰的概念而創造的永不止歇、自我維持並且往往空洞無物的後設話語以外，毫無益處。

要把理論作為一種做法（modus operandi），以實踐的方式引導並形塑科學實踐，顯然意味著我們要放棄所謂「理論家們」經常為理論所樹立的那種帶些拜物教色彩的無所不包的形象。正是出於這一原因，我從未感到有一種迫切的要求，要對我所發明或重新賦予活力的那些概念，諸如慣習、場域或符號資本，去追本溯源。這些概念不是理論因素單獨衍生的產物，因此把它們同以往的用法相對照，並無多大裨益。這些概念的構建和使用都發軔於研究設想的可行性，而且也必須在這樣的情境中加以評價這些概念。我所採用的概念，其首要作用是，以一種簡明扼要的方式，在具體研究的程式中指明一種既具否定意涵又有建設意義的理論立場或一種方法論選擇的原則。隨著卓有成效的類推的逐漸凸顯，隨著概念的各種有用特點成功地被嘗試和檢驗，系統化自然水到渠成。[163]

我可以將康德的一段名言稍加變通並指出：沒有理論的具體研

---

162 參見Bourdieu and Hahn 1970；Bourdieu, Chamboredon and Passeron 1973: 第一部分；並參見本書下文的詳述。

163 例如，「社會資本」這個概念，只是在歷經數年、在各種不同的經驗場景中廣為運用——從農民的婚嫁關係，到各種研究基金會的符號策略，或從高級時裝設計師到菁英學校的校友聯誼會（分別參見Bourdieu 1977b, 1980a, 1980b, 1981；Bourdieu and Delsaut 1975）——之後，布赫迪厄才撰寫了一篇扼要概括這一概念的一般性質論文（Bourdieu 1980c）。在聖・瑪丹的文章中（Saint Martin 1980, 1985），透過研究法國貴族，用經驗方式闡發了這一概念。

究是盲目的，而沒有具體研究的理論則是空洞的。但十分遺憾的
是，今天，在社會上占支配地位的社會學模式，其基礎恰恰就是具
體研究和純理論家的「無對象理論」之間壁壘森嚴的區別和實踐中
的相互脫節。關於前者，我特別想到的是集中體現在公眾輿論調查
上的那種「沒有科學家的所謂科學」和被稱為「方法論」的科學荒
謬行為；而後者，目前的典型代表是圍繞所謂「微觀—鉅觀連結」
（micro-macro link，例如Alexander et al. 1987）問題展開的一系列
時髦討論。這種對立，一方是「誦經員」（lector）的純理論，這些
「誦經員」獻身於對社會學鼻祖經典（如果不是他本人的著作）的
詮釋學崇拜中，而另一方則是調查研究和方法論。這種對立完全是
一種社會對立。它深深體現在社會學職業的制度結構和心智結構
中，並根植於資源、位置和才能的學術分配中。當整個學派（例如
談話分析或地位獲得研究 [status attainment research] [164]）都幾乎完
全是以一種特定方法為基礎時，情況就更是如此。

也許有一種更好的方式，可以使您闡明對「理論工作」的觀
念，那就是詢問您在自身的科學實踐中，是如何透過對一段時間內
所處理的特定研究對象的反思，將理論構建根植於具體研究的過程
中的。這裡，我想到您最近發表的一篇論文，這篇文章發表在一本
不太引人注目的雜誌《農村研究》（*Etudes rurales*）上，討論的是
您家鄉貝亞恩地區農民中的單身狀況，題目是〈被禁止的再生產
──濟支配的符號基礎〉（Reproduction Forbidden: The Symbolic
Bases of Economic Domination, Bourdieu 1989b）。我發現這篇文章

---

164 譯註：地位獲得研究，是美國社會學中研究社會分層與社會流動的一個重要學
　　派。這一學派的成員大都採用路徑分析（path analysis）的方法來進行研究，最
　　重要的代表作是 Peter M. Blau and Otis Dudley Duncan, The American
　　Occupational Structure, New York: Free Press; London: Collier Macmillan
　　Publishers, 1967。

最令人感興趣之處是，您又回到大約三十年前您在一篇接近一本書的篇幅的文章中所討論過的話題，那篇文章題目是〈獨身生活和農民的狀況〉（Celibacy and the Condition of Peasants, Bourdieu 1962b），也發表在這本《農村研究》上。在該篇文章中，您就曾試圖以一個特定的經驗事例為基礎，勾勒出有關符號暴力對經濟支配作用的一般理論之輪廓。

　　這一研究的出發點是很個人化的經歷，我在文中已經詳細敘述過了，只不過略加掩飾，因為在文中我感到應該使自己「消失」在幕後。我想方設法，用非人稱代名詞的句子，以便保證不使用第一人稱代名詞「我」。我盡可能用一種中立的筆觸，來描述原來的場景：大約三十多年前，我的一個朋友曾經帶我去一個小村子，參加那裡的舞會，這個舞會是在鄉下小酒館裡舉辦的，當時正是星期六的夜晚，又值平安夜。我在那裡目睹了一幕令人驚詫不已的場景：來自鄰近市鎮中的青年男女們在屋子中央盡情起舞，而一些當時年紀和我不相上下的年長青年——他們還都是單身漢——懶散地站在角落裡。這些人不去跳舞，而是別有用意地細細打量跳舞的人，並且無意識地前後挪動，以交替避開那些跳舞的人所占用的空間。親眼目睹這樣的場景，我將之視為一種挑戰：當時在我的腦海深處，正想找一個熟悉的世界來作為分析的對象。在此之前，我已在卡比爾這個異族世界中做了幾年研究，我想現在如果進行一種《憂鬱的熱帶》（*Tristes tropiques*, Lévi-Strauss 1970）這樣的研究是十分有意思的（那時候對我們所有人來說，這本書都是最崇敬的思想樣板之一），不過應該以一種顛倒的方式來做，即觀察一下將我的本土世界作為研究對象，會對我產生什麼效應。因此我有個小小的理論目標，而舞會的場景則就此提出了挑戰性的問題。我著手研究，力圖超越那些日常解釋，而那些解釋至今仍在土生土長的本地人和記者之中盛行不衰。每年，在許多村莊舉辦「鵲橋會」時，人們總說

「女孩不再願意留在鄉下了」，事情就是如此。所以，我就去聽取經歷這種令人難以啟齒的事實的人的講述，他們告訴我，在正常情況下，那些年長男青年，被賦予合法性去再生產自身，現在卻不能結婚娶妻。於是我搜集了統計材料，並根據大量變數構建了單身比例。我在1960年那篇長文（Bourdieu 1962b）可以找到詳細的分析細節。

　　然後，到了七〇年代中期，一家英國出版社請我將這篇文章修訂成冊。我想這一分析有些過時，所以幾乎將它推翻又重寫。經過這一番大改動，形成了另一篇題為〈再生產策略體系中的婚姻策略〉（Marriage Strategies in the System of Strategies of Reproduction）[165] 的文章。在後面這篇論文中，我力圖揭示出自己認為以往研究中所隱含的哲學理念。我試圖用另一種理論取代在那時占支配地位的親屬關係理論模式，即結構主義的理論模式。我所採用的這種研究婚姻交換的方式，在於將婚姻看作一系列複雜的再生產策略，[166] 其中涉及了大量參數，從潛在配偶彼此間的地產規模和出身等級方面的差異，到居住地點、年齡或財富方面的差異等等因素。這種研究方式，自那時候起已經日益變得瑣屑細碎，尤其是在家庭史學者手裡（Medick and Warren 1984；Crow 1989；Morgan 1989；Hareven

---

165 這篇論文最終發表時的那個題目，〈作為社會再生產策略的婚姻策略〉（Marriage Strategies as Strategies of Social Reproduction, Bourdieu 1977b），有失原意。在原來的題目中，策略被視為自成一類的體系，而現在這層涵義就不見了。題目的變動是因為歷史雜誌《經濟、社會和文明年鑑》（*Annales: Economies, sociétés, civilisations*）的編輯們不喜歡原來題目的那種嵌套語體（Bourdieu 1987a: 85）。在《國家精英》（Bourdieu 1989a: 386-427）一書中，布赫迪厄深入探討了各種不同的再生產策略及其相互關係。

166 布赫迪厄在〈從規則到策略〉（From Rules to Strategy, Bourdieu 1986a）一文中，討論了這一範式轉向，以及它對於社會理論和具體研究中的實踐操作（搜集何種類型的資料，如何對它們進行編碼等等）意味著什麼。

1990；Woolf 1991）。正是從第一次修改中我們可以汲取下面的教訓，這種教訓對那些津津樂道「斷裂」的人來說尤其重要：科學斷裂不是一蹴而就的，不是像在創始哲學（initiatory philosophies）（和阿圖塞式的馬克思主義）那裡的一種原創性行為。它有可能要花費三十年的工夫。因此，我們有時不得不三番五次地回到同一個對象上，即使批評家有可能抱怨我們是在一再重複同一件事。

　　因此，我堅信自己所做的初次修改將原來的分析中所包含的大量命題提升到一個新的高度，使這些命題更加明晰，並提出轉向一種更為動態、更強調「策略」的分析方式。這種修改也促使我們考慮「直覺」的觀念。當一個社會學家被稱為擁有大量「直覺」時，很難說這是一種讚美之辭。但我可以說，我花了幾乎二十年來盡力理解我為什麼會選擇那個鄉村舞會作為分析的對象……目睹那個場景，我感到同情（就sympathy這個詞最強烈的涵義而言），流露出悲憫。我甚至相信，這種情感，肯定就是我關注這一對象的根本原因——這些話，即使在十年前，我絕對不敢設想會說出口。

● ——**不過您在1989年發表的文章既拓展了您早年的分析，又與之決裂……**

　　在這篇文章中，正如副標題（經濟支配的符號基礎）所顯示的，我力圖將這個事例作為符號暴力的一般性理論——使用這類的詞，我總是有些躊躇——的一個特例。我所研究的這些單身漢大多數是有地產的家庭（都是小自耕農，其中大多數所擁有的土地最多十幾英畝）裡的長子，他們在以往的體系狀況下是享有特權的，現在卻成了他們自身特權的犧牲品，注定要單身，「被禁止再生產」，因為他們不能拋棄特權地位，屈尊俯就來適應新的婚嫁規則。要想理解這些單身漢經歷了什麼，理解上面我們所描述的現象，我必須構建出暗含或隱藏在舞會場景中的事實，或者更準確地說，舞會的場景同時坦然展示和悄然掩飾、半露半蓋的事實：舞會

是一個婚姻市場的具體體現，就像一個具體的市場（譬如說阿姆斯特丹的鮮花市場）是新古典主義經濟學模式中的市場的體現一樣，儘管兩者之間很少共同之處。

　　我所看到的是一個處於特殊狀態的婚姻市場，這裡我可以援引波蘭尼（Polanyi）的說法，指出這種新興的交往形式發生的場所是「開放市場」（open market）的具體體現，只是近些年來才取代了過去由家庭控制的受保護市場（protected market）。這些單身漢站在舞會的邊上，就像舞會上沒人邀舞的孤芳自賞的少女。他們是開放市場取代封閉市場這一過程的犧牲品。在一個開放的市場上，每個人都得自力更生，只能依靠自身的財產，自身的符號資本：打扮、跳舞、表現自我，與女孩攀談等方面的能力。從受保護的婚姻體制過渡到「自由交往（換）」的婚姻體制，產生許多犧牲品，而且這些犧牲品並不是隨機分布的。在這一分析階段，我轉向統計材料，以顯示根據這些被研究者的居住地點、「城市化」程度、教育等方面的因素，這一過程如何以不同的方式影響他們。現在我可以從那篇文章裡摘引一段，它總結了我上面所見證的這一過程之意義：

　　　統計材料表明，農民的兒子若娶到妻子，他們娶到的是農民的女兒，而農民的女兒則更多嫁給了非農家庭的孩子。這些分裂性的婚姻策略，恰恰透過這種對立，表現這樣一種事實，即一個集團（的成員）想要給他們兒子找的配偶與要給他們女兒找的並不是同一類，或者更糟的是，在內心深處，他們並不想讓他們的兒子來高攀別人的女兒，儘管他們有時會願意自己的女兒高攀別人的兒子。透過訴諸這些截然對立的策略（採用何種策略，取決於他們是娶還是嫁），農民家庭暴露出這樣一種事實，即在符號暴力的作用下（人們既是這種暴力的主體，又是它的對象），所有人彼此劃分，相互爭鬥。內部通婚驗證了

評價標準的統一性，以及集團內部能夠達成一致，而婚姻策略
的二元性則表明集團使用雙重標準來評估一個個體的價值，並
因此也使用雙重標準來評價它自身——作為一個包含無數個體
的階級——的價值。（Bourdieu 1989b: 29-30）

這段表述比較連貫統一地表明了我力圖證明的觀點。[167] 這裡
我們可以看到，從原初對舞會場景的直覺感知出發，已經取得很大
進展。

對單身漢進行的這一個案研究之所以令人關注，是因為它涉及
一個極為重要的經濟現象：法國沒有使用任何國家暴力（除了對農
民示威的鎮壓），就在三十年的時間裡消滅了大半的農村人口，而
蘇聯卻採用了最粗暴不過的手段來清除農民。（這只是一個提綱挈

---

167 布赫迪厄接著指出：「所有發生的事都像是表明：在符號上占被支配地位的集
團（與他人）合謀反對自己。這個集團的所作所為，好像自己和自己不是一個
心眼。不過正是這種因素產生那些使繼承者獨身和農村人口外流的條件。人們
往往哀嘆這種農村人口的流失是一種社會災難。將集團的女孩嫁給——一般是
高攀——城市居民，這一事實表明，這個集團有意無意之間接受了城裡人對農
民的實際價值和預期價值的看法。城裡人心目中的農民形象雖說有時受到壓
制，可總是一再出現，這種形象甚至強加到農民的意識中。隨著農民設法維續
自身，並反對任何形式的符號侵襲（包括學校教育的一體性影響）的那種自我
確證（certitudo sui）化為烏有，更加劇這種符號支配強加過程帶來的問題……
在每個個體的層面上，都可以感受得到這種內部潰敗，而這種潰敗正是這些人
相互孤立的背叛（他們所屬的集團）之根源。這種潰敗是在市場的匿名隔絕狀
態掩蓋下完成的，並導致意料之外的集體性後果——女性的流失和男性的獨
身。農民對於學校體制態度的轉變，其基礎同樣也是這個機制……這些機制所
產生的效應，不僅切斷了農民與他們的生物再生產和社會再生產手段的聯繫，
還易於在農民的意識中培植一種有關他們集體未來的災難性圖景。而且，那些
宣稱農民行將消亡的技術專家之預言，只能進一步強化這種觀念」（Bourdieu
1989b: 30-33；引者自譯）。

領的說法，但如果你讀一下我的文章，你就會看到，我的所有論述考慮了其中涉及的各種細微差別，也更站得住腳。）換句話說，在某種條件下，在付出某些代價後，符號暴力可以發揮與政治暴力、員警暴力同樣的作用，而且還更加有效。（馬克思主義傳統的一個巨大缺陷，就是沒有為這些「軟性」的暴力形式留出餘地，而這些形式即使在經濟領域中也發揮作用。）

在結束前，讓我們再讀一段我所撰寫的註腳，這段註腳就在文章最後一頁的最後一行上。這段話應該讀給那些在這篇文章中看不到所謂理論要害的人聽。（但誰又會在一篇發表在《農村研究》上面的探討單身現象的文章中尋找「宏大理論」呢？）

> 雖然我很不喜歡那種典型的學究式的工作方式，對所有其他的敵對理論品頭論足，以使自己的理論與眾不同——哪怕我的不喜歡僅僅是因為這種做法會使人相信，這種分析除了有意尋求區隔以外，沒什麼別的原則——我仍要強調指出：這裡我所論述的所有方面，都使場域這樣的概念與傅柯的支配理論（諸如紀律 [discipline] 或「操練」，或者認為支配具有另一種不同的秩序，類似開放且細微的網絡）區別開來。

簡言之（雖然我竭盡全力不去明言——除了這個我再三斟酌才加入文中的註腳），重要理論問題是可以成為最卑賤的經驗研究中的核心宗旨的。

● ——在該篇論文中，您援用符號暴力的概念。在您對廣義上的支配現象進行分析時，這一概念發揮了至關重要的理論作用。您認為，要想說明那些表面上看起來千差萬別的現象，諸如發達社會中存在的階級支配、國家之間的支配關係（像在帝國主義或殖民主義的情況下），甚至更具獨特性的性別支配關係，符號暴力概念是不可或

缺的。您能否更精確地論述一下您用這個概念來指哪些現象，以及這個概念是如何發揮理論作用的？[168]

　　盡可能簡明扼要地說，符號暴力就是：在一個社會行動者本身合謀的基礎上，施加在他身上的暴力。現在我們提出的這樣一個說法有一定的危險，因為它很可能導致學究式的討論，爭辯權力是否「自下而上」地運作，或者為什麼行動者會「欲求」強加在他身上的制約等等一類的問題。所以更嚴格的說：社會行動者是有認知能力的行動者（knowing agent），甚至在他們受制於社會決定機制時，他們也可以透過形塑那些決定他們的社會機制，對這些機制的效力「盡」自己的一份力。而且，幾乎總是在各種決定因素和將人們構成社會行動者的那些感知範疇之間的「吻合」關係中，才產生了支配的效果。（這也同時表明，如果你想用自由與決定論、選擇和約束這樣一些學術界的二元對立來思考支配關係，就必將一事無成。）[169] 社會行動者對那些施加在他們身上的暴力，恰恰並不領會那是一種暴力，反而認可了這種暴力，我將這種現象稱為誤認（misrecognition）。

　　社會行動者往往將世界視為理所當然的，接受世界的現狀，並

---

168 布赫迪厄論述宗教、法律、政治和知識分子的作品對同樣一個基本現象提供了不同的視角。例如，他將法律視為「有關命名和分類的一種凌駕一切的符號暴力形式，這種命名和分類創造了被命名的事物，特別是創造了那些被命名的集團；現實從法律的分類操作過程中產生出來，而法律則賦予現實以全部的永久性，形形色色的事物的永久性。這種永久性，能由法律這樣一種歷史性的制度授予社會中的各種歷史性制度」（Bourdieu 1987g: 233-34；英譯本有所改動）。

169「任何符號支配都預先假定，在受制於符號支配的社會行動者那裡，存在某種形式的共謀關係，這種合謀既非被動地屈從於一種外在的約束，也不是自由地信奉某些價值……符號暴力的特殊性恰恰在於這樣一種事實，即它要求那些承受符號支配的人具有一種態度，這種態度使自由和約束之間那種尋常的對立站不住腳」（Bourdieu 1982b: 36）。

覺得它是自然而然的,因為他們的心智是根據認知結構構建的,而
認知結構正是來自於這個世界的結構;恰恰基於上述這樣的事實,
社會行動者持有一套基本的、前反思性的假定;我用「認可」
(recognition)這個術語,所指的就是這套假定。我用誤識概念所理
解的現象當然並不僅限於影響(influence)這個範疇所指的範圍;
我從不提及影響這個概念。這裡發揮作用的,並非是像某些人針對
他人進行宣傳時的那種「溝通性互動」的邏輯。這裡所涉及的邏輯
遠為強大有力,也更加深藏不露:我們一降生在某個社會世界中,
就有一整套假定和公理,無須喋喋不休的勸導和潛移默化的灌輸,
我們就接受了它們。[170] 這就是為什麼分析行動者接受對世界的深
信不疑(doxic acceptance)——這種接受源於客觀結構與認知結構
之間直接的一致關係——是一種現實主義的支配理論和政治學的真
正基礎。在所有形式的「潛移默化的勸服」中,最難以變更的,就
是簡單明瞭地透過「事物的秩序」(order of things)發揮作用的那
種勸服。

● ── 在這方面,人們也許會覺得詫異,是否您的作品在英美所遇到
的一些最常見的誤解(例如,遠比在德國或其他歐陸國家要常
見),肇始於一種學術心智無意識地將其特定結構予以普遍化的傾
向,也就是說,在這些國家中,它們的大學傳統導致出現這種誤
解,這種傳統,既包括理論標準(就像那些人將您與帕森斯相提並

---

170 這裡就是布赫迪厄的符號暴力理論與葛蘭西的霸權(hegemony)學說(Gramsci
1971)之間的主要差別之一:前者並不要求後者所必須的那種蓄意之「捏造」
(manufacturing)或「說服」工作。布赫迪厄在下面的一段論述中更明白地表述
了這一點:「社會秩序的合法性不是……深謀遠慮、目標明確的宣傳或符號哄
騙的產物;毋寧說,它來自這樣一種事實,即行動者面對社會世界的客觀結構
所運用的感知和評價的結構,正是社會世界客觀結構的產物,並且,這種感知
和評價的結構傾向於將世界視為不言自明的」(Bourdieu 1989e: 21)。

論一樣）和方法標準，也包括風格方面的因素。

　　某些評論文章就是體現這種「民族文化中心論」（ethnocentrism）教訓的絕妙事例，一方面趾高氣揚，同時卻又完全陷入它自高自大的「鐵籠」中。這裡我特別想到近來一篇討論《人：學術者》的書評（Jenkins 1989），它的作者建議我回到大學裡——當然是英國的大學——去學會怎樣寫作。（「能不能有人給布赫迪厄教授一本高爾 [Gower] 的《淺顯易懂的詞》，讓他學學？」）（Could Somebody Pass Professor Bourdieu a copy of Gower's Plain Words?）任金茲先生會對紀登斯或帕森斯（更不用提高芬克了）寫這樣的話嗎？[171] 任金茲指責我信守一種他所斷言的法國傳統（「布赫迪厄一直按照法國學術界中歷史久遠、碩果累累的傳統從事研究」），這不過是他的誤解而已。他在這方面對我的指責暴露出他未加討論，就想當然地固守一種寫作傳統，而這種寫作傳統本身就與信念密不可分——因為信念本身就包含了這層意思——而信念比任何誓約都更好地將學術界整合成一個整體。因此，舉例而言，當他離譜地誦斥我使用了諸如「言說的信念樣式」（the doxic modality of utterances）的表述時，他不僅暴露了他的無知（「信念樣式」是胡塞爾使用的一個概念，俗民方法學家至今還沒有將這一概念納入理論之中），而且更重要的是，暴露了他對自身無知的無知，以及對造成他的無知的歷史條件和社會條件的無知。

　　如果任金茲先生採用了《人：學術者》中所宣導的思考方式，反思性地觀注一下自己的批評，他本可以在他對簡明性的推崇的背

---

171 譯註：在英美，帕森斯一直被批評為理論深奧難懂，概念晦澀不清；也有人批評紀登斯（不過遠比帕森斯為少）在概念的使用方面前後不夠一貫，在英美主流社會學界裡，高芬克（以及幾乎所有俗民方法學家）的著作被公認為晦澀難解，他作品的表述風格也為人詬病，《俗民方法學研究》（*Studies in Ethnomethodology*）甚至被稱為「一本現象學原作拙劣的譯本」。

後，發現隱含著深刻的反智的性情傾向，也就不會用如此淺顯易懂的赤裸裸觀點，表達一種幼稚的民族文化中心論偏見。正是基於這種偏見，他對我別具一格的論述、特立獨行的風格嗤之以鼻（這種風格與其說是法國的，不如說是德國的）。我在《人：學術者》一書中，反覆告誡讀者，費盡心機來避免使讀者誤以為我的論述與那些佯裝客觀對象化、實為學界無謂爭端的言論是一丘之貉。任金茲先生在這一方面對我發動攻擊（「[這本書] 真正要表達的，不過是大人物的與眾不同而已」）之前，他也許可以問問自己，對「淺顯易懂的詞」，對淺顯易懂的風格、淺顯易懂的英語，或者對輕描淡寫的論述的頂禮膜拜（這也許會導致某些人技巧嫻熟地運用這種反修辭的修辭方式，在他們的專著或文章的標題中模仿兒童歌謠的幼稚單純，譬如奧斯丁），會不會是與另一種學術傳統，他本人的學術傳統相聯繫的，因此，也許並不適合被規定為所有可能的風格表現形式的絕對尺規。而且，如果他理解了《人：學術者》的真實意圖，在他對我發起攻擊時，不，是對我作品憎恨之情的發洩時，他本可以伺機質疑不同國家學校體制所強加和灌輸的風格傳統之任意武斷性，也就是說，他可以藉機自問，英國大學在語言方面所強加的那種苛求，是否並不構成一種審查監督的機制，當這種苛求成為一種心照不宣的事物時，就變得更加令人生畏，而且，正是透過這種苛求，（學校體制使我們所遭受的）某種為人忽視的禁錮因素和戕害力量得以產生影響。[172]

　　這裡，我們意識到文化任意性概念（這個概念經常受到我的批

---

172 對於布赫迪厄來說，思想跨越國界，進行「自由貿易」，障礙之一就在於闡釋國外著作借助的是本國的理解圖式，而「進口者」對此卻渾然不覺，因此，我們迫切需要學術界擺脫根植於國家學術傳統的概念偏見和判斷偏見，因為「思想範疇的國際化（或『非國家化』[denationalization]）是知識分子普遍主義的前提條件」（Bourdieu 1990j: 10）。

評家的質疑）的作用，即這個概念可以作為一種手段，與思想方面的智識中心信念（intelletualocentric doxa）相決裂。[173] 知識分子經常處於最不利於發現或認識到符號暴力的位置上，特別是那些由社會系統施加的符號暴力，因為他們比一般人更廣泛深入地受制於符號暴力，而自己還日復一日地為符號暴力的行使火上添油。

● ──近來，您在一篇論述性別的文章（Bourdieu 1990i）中，進一步發展了符號暴力這一概念。在這篇文章中，您以不同尋常的方式揉合了各種資料來源。（您掌握的阿爾及利亞傳統社會的人類文化學資料，吳爾芙的文學觀，以及被認為屬於經典巨著的 [從康德到沙特的] 哲學文本──您把這些文本作為「人類學文獻」來處理。）借助這些資料，梳理出男性支配在理論方面和歷史方面的獨特性。

　　對我來說，性別支配是符號暴力的典型體現。為了力圖揭示這種支配的邏輯，我選擇在阿爾及利亞卡比爾人中所做的人類學研究，作為我的分析根據。這樣做有兩個理由。首先，我想避免空洞無物地臆想理論話語，這種話語中有關性別和權力的陳腔濫調和空洞口號，與其說澄清了問題，不如說將問題攪得一塌糊塗。其次，我使用這種方式來避免分析性別時所面臨的關鍵困難：我們在這裡所探討的制度，歷經千百年，已在社會結構的客觀性和心智結構的主觀性之中打下深深的烙印；以至於分析者一不小心，就會把本應作為知識的對象的那些感知範疇和思想範疇，錯當成知識的工具來加以利用。北非的山區社會對於分析者來說是十分具有啟發意義的，因為它是一座真正的文化寶庫，透過它的儀式實踐、歌謠、代

173《再生產：一種教育系統理論的要點》（Bourdieu and Passeron 1977）一書廣泛地討論了「文化任意性」的概念。另一個用來與學究信念決裂的手段是思想工具的社會史，特別是「教學判斷的範疇」的生成及社會運用的社會學分析（Bourdieu 1988a: 194-225；以及Bourdieu 1989a: 第一部分）。

代口述相傳的傳統，以活生生的方式保留了一套表象體系，或者更
準確地說，保留了整個地中海文明所共有的一種觀照與劃分的原則
體系（a system of principles of vision and di-vision）。這種體系至今
仍殘存在我們的心智結構中，並部分殘存在我們的社會結構中。因
此，我把卡比爾這個個案看作一種「放大圖」，借助它，我們可以
更容易地對男性世界觀的根本結構進行解碼。這種男性世界觀即
「陽具自戀症」（phallonarcissistic）的宇宙論，從中產生出一種集體
性和公共性的呈現（或表象），盤踞在我們自身的無意識之中。

　　首先，這種理解表明，男性秩序具有如此深的根基，以致根本
無須為之提供什麼證明：它把自身強加為不言自明、普遍有效之
物。（男人 [英語的man，或拉丁語的vir]，是一種特殊存在，將自
身體驗為具有普遍性，掌握了對整個人類 [英語的human，拉丁語
的homo] 的壟斷權。）男性秩序借助在社會結構和認知結構之間所
獲得的近乎完美、無須仲介的相符關係，被行動者視為理所當然
的。這裡所說的社會結構，往往表現在那些空間和時間方面的社會
安排，以及兩性的勞動分工上；而認知結構則體現在身體和心智之
中。實際上，被支配者，即女性，將那種無思性的思想圖式，運用
到這一支配關係藉以實現自身的人們身上，並類似地應用到（自然
和社會）世界中的萬事萬物之上，特別是她們身陷其中的支配關係
之上。這種權力關係化身在成雙出現的各種對偶範疇（高貴／低
賤，坦蕩／瑣屑，深刻／膚淺，直率／隱曲等等）中。正是這些範
疇在身體上的體現產生了上述思想圖式，而且因此導致女性從支配
者的立足點來構建這種支配關係，也就是說，將其視為自然而然
的。

　　性別支配比其他任何例子都更好地顯示：符號暴力是透過一種
既認識，又誤識的行為完成的，這種認識和誤識的行為超出了意識
和意願的控制，或者說是隱藏在意識和意願的深處。而慣習圖式

（這種圖式既以性別差異為前提，又產生了性別差異）的模糊難辨則正好體現了這種認識加誤識的行為。[174] 而且，它還表明，如果不徹底放棄強制和一致、外在強加和內在衝動之間的學究式對立，我們就不能理解符號暴力和符號實踐。（經過了兩百年來柏拉圖主義深入人心的影響，我們已經很難設想，人的身體可以透過一種與理論反思的邏輯格格不入的邏輯來「自我思考」）。就這個意義而言，我們可以說，性別支配就存在於我們法語中所說的 contrainte par corps，即透過身體產生的一種禁錮。社會化的過程，傾向於逐漸導致性別支配關係的軀體化（somatization），這一軀體化是透過兩方面的作用過程實現的：首先是透過對有關生理上的性的觀念予以社會構建來實現的，這種觀念本身可以作為各種有關世界的神祕觀照之基礎；其次是透過灌輸一種身體素性來實現的，這種灌輸構成了一種名副其實的身體化政治（embodied politics）。換句話說，男性的社會正義論的特定效力來源於這樣一個事實，即它透過將一種支配關係深深地銘刻在一種生物性的因素（這種因素本身就是一

---

174 一種性別慣習與充滿兩性不平等的社會世界之間存在的直接相符關係，可以說明婦女面對強姦這樣的以她們為犧牲品的攻擊行為，怎麼會心甘情願地參與合謀，甚至主動地去捍衛它，或為之辯護。錢瑟（Lynn Chancer）對這一過程提供了一個活生生的說明，她研究這樣一個個案：1983年3月，在麻薩諸塞州的貝德福德，一名葡萄牙婦女遭到輪姦，大眾媒體對此廣為報導。而她所調查的那群葡萄牙婦女卻對此事做出了消極的反應。在參加為六名受審的強姦犯辯護的遊行人群中，有兩名發表了下述的言論：「我是個葡萄牙人，而且我為此驕傲。我也是個女人，但你絕不會看到我被人強姦。蒼蠅不叮沒縫的蛋——如果你一絲不掛地蕩來逛去，男人自然就會撲上來。」「他們對她沒幹什麼。她照理就該和她的兩個孩子一起呆在家裡，做個好母親。一個葡萄牙女人應該和她的孩子在一起，事情就是這樣。」這些言論揭示了在這一社區中，當那些有關男性和女性的假設被各種社會因素加以確定，它們變得深入人心，使人們認為它們是理所當然的（Chancer 1987: 251）。

種生物化了的社會構造）上，來賦予這一關係以合法性。

這種雙重的灌輸過程——以兩性差異為前提，本身又強化了兩性差異——在男女兩性身上強加互不相同的整套性情傾向，這些性情與在社會上舉足輕重的社會遊戲有關，諸如榮譽遊戲和戰爭遊戲（被認為適於展示男子漢的陽剛之氣），或者在發達社會中所有被視為最有價值的遊戲，諸如政治、商業、科學等。男人身體的男性化（masculinization of male body）和女人身體的女性化（feminization of female body）導致了文化任意性的軀體化，正是這種文化任意性持續地構建無意識。[175] 說了這些，我就可以從文化空間的一極轉向另一極，來從被支配者的立場出發，探討一下這種原初性的排斥關係。維吉尼亞・吳爾芙的小說《燈塔行》（Virginia Woolf 1987）表現的正是這種立場。在這部小說中，我們可以發現，吳爾芙對符號支配中一個頗為悖謬的向度進行了富有洞察力的分析，而這個向度卻往往為女性主義的批判所忽視，即支配者運用他（對別人）的支配關係來對自身進行支配：一個女性的眼光注意到，任何男人都必須在他洋洋自得的無意識中，不顧一切地，有時甚至是令人同情地，竭盡全力去達到公認的男人形象。吳爾芙還讓我們進一步理解，女性是如何透過迴避那種引導一個人從事社會中的核心遊戲之幻象，擺脫涉身其中所必然沾染的支配力比多（libido dominandi），因此在社會中更容易對男性的遊戲獲得一個相對明晰的觀念，而這些遊戲，平常她們並不直接參與，只是託付他人。

● ——有一個極為普遍的現象，即給婦女指定的社會地位總是很低下，這個問題依舊是一個待解之謎。這裡，您提出了一種與某些女

---

175 亨利的研究（Henley 1977）表明，婦女是如何被教導，她們的舉手投足、坐臥行走，都應該與她們在兩性勞動分工中的角色相稱。也就是說，亨利的分析顯示了社會安排如何以一種性別特定的方式意味深長地塑造了我們的軀體。

性主義的論述（例如O'Brien 1981）**「和而不同」的解答。**

在絕大多數的已知社會中，婦女都被分派在低下的社會位置上。要想說明這一事實，就必須考慮到在符號交換的經濟中，不同性別之間存在著地位不平等。當男人作為婚姻策略的主體，並且運用婚姻策略來維持或增加他們的符號資本時，婦女卻總是被視為這些交換的客體，並在交換中作為門當戶對的符號來流通。既然被賦予一種符號職能，婦女就被迫不斷地去盡力維持她們的符號價值，為此費盡心機地要遵守男性理想中的女性美德（誠實守節），並且在體貌容顏、裝束打扮這些有利於增加身體價值和魅力方面，不甘落人後。在卡比爾人的神話儀式體系中，女性被賦予的那種客體地位，在體系認定的女性力量對繁殖的作用方面，體現得最為清楚。這一體系十分荒謬地否認了女性特有的懷孕勞動（就像它否認農業週期中土壤的類似作用一樣），以更有利於男性進行性行為。與我們的社會頗為類似，婦女在特定的符號生產——不論是居家，還是在外——中所發揮的特殊作用，即使不被抹煞，也總是被貶低（例如聖・瑪丹 [Monique de Saint Martin 1990b] 對女作家的分析）。

因此，男性支配是基於符號交換的經濟邏輯，也就是說，基於在親屬關係和婚姻關係的社會構建中被制度規定的男女之間的根本不平等：即在主體與客體、行動者與被動工具之間的不平等。而且，正是符號資本的經濟具有相對自主性這一點，解釋了男性支配何以不管生產方式如何變化，仍然能夠維續自身。因此，我們得出結論，婦女解放只能來自於一種針對符號鬥爭的集體行動，這種鬥爭可以在實踐中向身體化結構和客觀結構的直接呼應提出挑戰。也就是說，婦女解放要來自一種符號革命，這一革命對符號資本的生產和再生產的基礎本身提出了質疑，尤其質疑那種矯飾和區隔的辯證關係，這種關係正是作為區隔標誌的文化商品被生產和消費的基礎。176

6 捍衛理性的現實政治（Realpolitik）

●────1967年，您在《社會研究》（*Social Research*）上發表了一篇文章（Bourdieu and Passeron 1967: 212），**抒發自己的希望：「曾幾何時，美國社會學以其嚴格的經驗實證，充任了法國社會學中付之闕如的科學良知。就像這樣」，法國社會學也可以「憑藉無可辯駁的理論說服力，擔當起美國社會學裡黯淡無光的哲學良知」。二十年過去了，如今，這一期望應如何評價呢？**

　　巴舍拉教導我們，認識論問題始終需要在特定時機、特定局面下判定：它的命題陳述，它的要旨取向，都取決於特定時刻中需要著重考慮應付的局面。而今天，我們所面對的主要威脅，就是理論與經驗研究的日益脫節。你隨處都可看到這種狀況。而方法論誤入歧途的過分擴張，理論空中樓閣式的推論臆想之所以一併加劇，背後的緣由也正在於此。所以我想，必須質疑的，正是你的問題所引述的我那一段話中，本身所預含的理論和經驗研究的分野。而且，要切切實實地將這樣的質疑付諸實踐，而不是當作花稍的言辭。如果說，法國社會學有朝一日也想彌補美國社會學中的科學良知（反過來也是這樣），那麼它首先必須成功地透過推行某種新形式的科學實踐，克服上述的分離。這種新型科學實踐，要同時建立在日益

176「事實上，一切都使我們認為，婦女解放的前提就是以集體的方式真正地把握支配的社會機制。這種支配的社會機制妨礙我們正確地理解文化。文化原是人性藉以建立自身的苦行和昇華，而現在被理解為一種區隔於自然本性的社會關係，而所謂自然本性也不過是在被支配集團──婦女、窮人、被殖民統治的人民、飽受侮辱的少數民族等等──那裡被視為自然而然的命運。因為即使婦女不是完完全全、始終如一地認同那種作為所有文化遊戲偽裝的自然本性，她們在進入矯飾與區隔的辯證關係時，也更多是作為一種客體，而不是作為一種主體」（Bourdieu 1990i: 20）。

急迫的理論需求和逐漸嚴格的經驗實踐上。

●——　在什麼意義上，我們可以談論科學進步呢？在過去的幾十年裡，社會學是否有所進展，或者說我們現在仍與查爾斯·賴特·米爾斯（C. Wright Mills 1959）在五○年代末提出的「宏大理論」和「純屬形式上的經驗主義」（Abstracted Empiricism）這兩大不良傾向進行鬥爭？

　　從某個層次上看，經過了四分之一個世紀，社會學的圖景並無多大變化。一方面，經驗研究仍舊把矛頭指向那些更多地源於「學究常識」（scholarly common sense），而不是嚴謹的科學思考問題。而諸如此類的經驗研究又總是抬出所謂「方法論」來證明自己的合法性。這些「方法論」，太過於把自己看作是獨立存在的專門領域，網羅了一大堆方法訣竅和技術戒律，對於它們，你還必須敬若神明。而這些東西的目的，卻不是去探知對象，而是要讓人們認為，它們是在探知如何去探知對象的方法。另一方面，你又面臨那種脫離任何具體研究實踐的宏大理論之復歸。於是，實證主義的經驗研究和理論主義的理論探討攜手共進，互相幫襯，彼此吹捧。話說回來，從另一個層次來看，社會科學還是經歷了一些重大的變化。從六○年代以來，隨著拉查菲爾德－帕森斯－莫頓三位一體的正統觀念之崩潰，湧現出一大批思潮，產生了許多進展，開闢了新的論辯空間（Bourdieu 1988e）。這裡我所指的，就包括由符號互動論和俗民方法學開創的「微觀社會學革命」（Collins 1985），以及女性主義影響產生的一系列學說等等。在「宏觀社會學」裡，一種勢力強勁的歷史思潮業已捲土重來，現在又波及到文化社會學，以及組織社會學、經濟社會學的某些新學說之中，諸如此類，不一而足，這些顯然都已經產生了積極影響。

　　不過，我寧願探討進步面臨的阻礙，以及克服這些阻礙的方法，而不是直接說什麼進步。進步無疑是有的，而社會學作為一門

科學，比起它的旁觀者和評論家，甚至是它的身體力行者所願意承
認的，顯然更為發達，更為完善。我們在評價一門學科的發展狀況
時，經常是有意無意地陷入某種潛藏的進化模式之中：孔德那著名
的科學等級圖式，像一曲完美的樂章，至今仍餘音不止，縈繞在我
們的頭腦裡，而「硬」科學也仍舊被看作「軟」科學不得不據之以
評價自身的尺規。[177] 社會科學裡的科學進步之所以如此困難，原
因之一在於過去屢屢亦步亦趨地刻意模仿所謂「硬」科學的結構：
譬如說，二戰以後以帕森斯為中心的範式，它虛有其表，漏洞百
出，卻主宰了美國社會學和絕大部分世界社會學，直至六○年代中
期局面才有所改觀。

　　實際存在的科學邏輯是爭議性（agonistic）的，而假冒的科學

---

[177] 我們可以回想一下，孔德在他的《實證哲學教程》（*Cours de Philosophie
Positive*）裡，根據逐漸增長的複雜性程度，以「三階段」法則為基礎，勾畫出
科學的等級序列，自簡單到複雜依次為：天文學、物理學、化學、生物學，最
後是雄踞其上、傲視萬物的社會學。

在社會學和經濟學之間，存在著客觀上的不平等關係，從中很明顯地體現出
「硬」科學被賦予的較高價值。在這樣的不平等關係下，經濟學家以一種輕蔑
的眼光質疑社會學的研究，覺得後者不過是兒戲，無須正眼相待。他們的這種
態度，在社會學家對經濟學時常表現出的癡迷和妒羨的推動之下，得到了進一
步的強化。理查德・斯威德伯格（Richard Swedberg）曾訪談過一些縱橫馳騁於
這兩個學科交界前沿的傑出經濟學家和社會學家，並將這些訪談編輯成書。他
在書中寫道：「權勢等級（pecking order）看來是這樣的：物理學、數學、生
物學，這些都比經濟學的地位高；而後者的地位，又勝過社會學、心理學和歷
史學。越是應用繁複系統的數學分析，就越能享有更高的地位」（Swedberg
1990: 322）。最近斯梅爾塞（Neil J. Smelser）編的《社會學手冊》（*Handbook of
Sociology*），開篇便是華萊士（Wallace 1988）有關「學科的基礎模式」
（disciplinary matrix）基本原理的論述，這篇文章說明一味效仿自然科學的科學
主義設想仍活躍在今日社會理論之中（參見路易斯・A. 科塞 [Lewis A. Coser]
對這種可行性設想的不同見解 [Coser 1990]）。

秩序所遵循的，並不是這種邏輯，而是由某種實證主義認識論所闡發的有關科學的看法，各種正統科學觀念也正源於這種假冒的科學秩序。[178]（湯瑪斯・庫恩 [Kuhn 1970] 的功績之一，就在於他揭示了這種實證主義正統教條的實質。他指出在積累、系統法則化等的名義下，以這種實證主義正統教條為基礎，可以煞有其事地偽造出一種科學的正統。）這樣說來，我們就陷入一種科學的虛幻影像（simulacrum）的以假亂真中，實質上，這樣的以假亂真助長了科學的退化。原因就在於，一個真正的科學場域，其實應是這樣的一個空間，在這裡，研究者們對各自所持異議的根據，對運用哪些方式途徑解決這些異議，能取得共識，除此之外，別無其他共識。

● ── **在您看來，社會學場域應該是怎樣的？您能大致談談對科學場域的看法嗎？**

　　五○年代的美國學術正統是透過一種彼此心照不宣的互讓互惠，各安其所，從而得以組織起來的，一邊產生了「宏大理論」，另一邊是「多變數統計」，最後是「中層理論」。你看，在新的學術聖殿（Academic Temple）上，又迎來了卡匹托山式[179]的三巨頭。這樣，你就可以說什麼美國社會學是世界上最好的社會學，而世界各地其他的社會學，都是它不成熟、不完善的翻版了。緊接著，你就會看到冒出一個克拉克（Terry Nichols Clark）。他寫的那部有關涂爾幹及整個法國社會學歷史的書（Clark 1973），曲解歷史，認為涂爾幹及整個法國社會學不過是一個準備階段，只是為肇始於美利

---

178 科學在實質上是爭議性的，這種觀點見Bourdieu 1975d。又見布萊恩（C. G. A. Bryant）對「工具實證主義」的剖析（Bryant 1985），這種「工具實證主義」自二戰以來一直影響美國社會學的發展，至今仍在繼續滲透、深化。

179 譯註：卡匹托山（Capitoline），為古羅馬城建於其上的七山丘之一，山上有朱庇特神廟（Temple of Jupiter）。

堅的真正科學的社會學發展鋪路。[180] 當我步入社會學領域時，我不得不面對所有這套觀念，和它們交鋒。

要維妙維肖地假扮科學，還有另一種方式，就是占領具有學術權力的某個位置，以便控制其他位置，操縱培訓計畫，決定教學要求等等，一句話，控制教職人員再生產的機制（Bourdieu 1988a），然後強加一種正統教條。這樣的壟斷狀況絕無半點科學場域應有的氣象。科學場域應是這樣的一個領域，研究者置身其中，保持自立，在彼此發生異議時，應該拋開一切不合科學的手段——首先就要避免以學術權威壓人的行徑。在一個真正的科學場域裡，你能無拘無束地參與自由討論，用科學的武器大膽率直地反對任何與自己觀點相衝突的人，因為你的位置並不依附於他，或者說，因為你可以在別處另謀他職。知識史告訴我們，一門充滿爭議、飽含真正的（也就是科學的）衝突活力的科學，比起充斥著不溫不火的共識的科學，要發達、完善得多，在後一種科學場域裡，占支配地位的是些左右逢源的概念，含糊不清的綱領，息事寧人的論辯立場和曲意刪改的著作編輯。[181]

一個場域，交流管道越是暢通，越是能把各種不可明言的動機轉化為合乎科學的行為，也就越發具有科學性。一個結構鬆散的場域，其特點就是自主程度較低。在這樣的場域裡，不合法的動機產生不合法的策略，甚至是在科學上毫無價值的策略。在一個自主程

---

180 尚博爾東對克拉克這本《先知與守護神》（*Prophets and Patrons: The French University and the Emergence of the Social Sciences*）進行了細緻入微的精闢批評，揭示出它對法國大學的見解背後，隱含著進化論式的美利堅中心主義（Chamboredon 1975）。

181 巴舍拉在《否定的哲學》（*La philosophie du non: Essai d'une philosophie du nouvel esprit scientifique*）中寫道：「如果兩個人真心期待走向共識，就必須首先相互對峙。爭論才是真理之母，而同情孕育不出真理。」

度較高的場域，譬如說今日的數學場域裡，情況則截然相反。一個
頂尖的數學家要想勝過他的競爭對手，就不得不受場域力量的制
約，透過精研數學來達到這一目的，否則就會被逐出場域。意識到
這一點，我們就必須努力去建設一座科學城（Scientific City）。在
那座城市裡，最祕而不宣的意圖也須淨化自身，把自己轉化為科學
的表達。這種觀點絕不是什麼烏托邦，我可以就實現它的方法提出
一系列非常具體的措施。具體來說吧，如果什麼地方有一個國家性
的裁判或評判者，我們可以在那裡建立一個國際專家小組，由三名
他國「法官」組成（當然，那時我們就該控制相互結識與彼此聯盟
的國際網絡的發展，防止出現不良後果）。一旦某個研究中心或期
刊雜誌走向一言堂，我們可以設法扶植一個與它一爭長短的對手。
我們可以透過一系列行動，以提高進入該場域所必須的培訓水準和
專業技能方面的最低限度要求，從而改善科學監督制度。這方面的
措施尚有許多，不一而足。

　　總而言之，我們必須創造這樣一些條件，以使那些最低劣、最
貧乏或最平庸的參與者不得不依照現時通行的科學性規範行事。最
為發達完善的科學場域也是某種鍊金術的鍛造場所，借助這種鍊金
術，科學的支配里力多不得不轉化成一種科學里力多。在我眼裡，
最糟糕的可能狀況莫過於不溫不火的共識。我反對它，排斥它，是
有一整套理由為依據的。如果沒有別的東西可以分享，那就讓我們
至少擁有衝突吧！

●────除了理論和經驗研究的分野，您還指出了一系列二元論或二元
　　對立，它們都有礙一門充分完善的關於社會的科學的發展。[182] 這

────────

182 在這些「社會科學中的虛假對立」裡，布赫迪厄列出了理論與經驗研究或方法
　　論間的脫節，各學科間的對立，被安插進不同理論派別的學者間之分化（譬如
　　馬克思主義者、韋伯主義者、涂爾幹主義者之類），結構與行動（或歷史）、微

些二元論對立韌性十足，歷久不散，對此您作何解釋？

這些二元論對立的確很頑固，有時候我也疑惑，是否真能使它們相互抵銷。一種真正的認識論，其基礎是關於科學圖式實際上賴以發揮作用所憑藉的社會條件之知識，這種認識論的主要任務之一，就是處理這些二元對立繼續存在所帶來的問題。有一些二元對立（譬如個人和社會，以及個體主義和整體主義間的對立，還有極權主義：但我實在拿不準和極權主義對立的應該是什麼）沒有任何意義，而且在科學發展史中已被成千上百次地消解過。但是，它們可以很容易地死而復生，而且，那些使它們起死回生的人們將從中得到好處，後面這一點很重要。換句話說，要想徹底摧毀這些對立，就得付出巨大的代價，因為它們已經深深地存在於社會現實之中，所以說，擺在社會科學家面前的任務，是薛西弗斯[183]式的使命：他們不得不一次又一次地從頭開始他們的立論和證明；他們知道，所有這些工作隨時有可能毀於一旦，因為他們將被迫返回那些虛假的二元對立。亞蘭‧杜漢（Alain Touraine）曾說過：「言談總是發生在沉默至極之時。」而在社會科學裡，即使是最為沉默寡言的人，[184]也總能援引常識，求得根據。

自從社會科學誕生——在法國，就是從涂爾幹之後——以來，

觀與宏觀、定量方法與定性方法間非此即彼的抉擇，以及客觀主義與主觀主義間的根本對立（Bourdieu 1988e）。

183 譯註：薛西弗斯（Sisyphus），古希臘神話中的人物，是一個瀆神的暴君，死後被罰墮入地獄，每日推石上山，但至山頂，重又滾下，必須重新再推。法國作家卡繆（Albert Camus）對此所做的現代詮釋《薛西弗斯的神話》（Le mythe de Sisyphe），用薛西弗斯來象徵一種在沒有終極意義的前提下，不肯妥協、始終如一的精神，對當代讀者影響最大。

184 譯註：原文為dumbest，兼有「最為沉默寡言」、「最為沉寂無聲」、「最為蠢笨木訥」等涵義，這裡作者顯然在使用雙關筆法。

總有人一而再、再而三地宣告「主體的回歸」，宣告那被社會科學無情地釘上十字架的個體的復活。每一次宣告都能換回掌聲喝采。而文學社會學或藝術社會學之所以如此落後，原因之一就在於這些領域裡，個性認同被敬若神明，讓人望而生畏，不敢逾越雷池一步。因此，當某個社會學家觸及這些領域，開始例行科學實踐的公事時，當他提請我們注意社會是由關係，而不是個人充塞而成時，會面臨無數巨大的阻礙。他隨時可能被拋回常識層次。只要科學（秉承薛西弗斯式的使命）把石頭推上山坡一丁點兒，就會有人跳出來說道：「你們聽見了嗎？某某某否定了個體的存在！這太讓人氣不過了！」（要不是就說，「比起法蘭克・辛納屆 [Frank Sinatra] [185] 來，莫札特不知要好多少！」）於是乎這個人就會大受青睞，於是乎他就被奉為一位思想家……。

其實，有關「主體哲學」的爭論（就像六〇年代保羅・里克爾等「主體哲學家」所掀起的），只不過是社會科學和哲學之間多種鬥爭形式中的一種罷了。哲學總是發現自己難以容忍社會科學的存在，把它看作是威脅自身的領導權，而且難以接受有關社會世界的科學知識之根本原則，特別是任何一位名副其實的社會學家或歷史學家都宣稱享有的「對象化的權利」。那些簡略概括起來可稱之為唯靈論者、唯心論者、「人格論者」（personalist）之類的哲學家及其哲學思想，自然也處在這場鬥爭的前沿。（這在涂爾幹的時代是顯而易見的，而在教宗若望・保祿二世 [John Paul II] [186] 的時代，在暢談「人權」的時代，它也仍然適用，只是面目已更加深藏不露了。）所以說，今天的一些文化雜誌所鼓吹的「回歸主體」，對於

---

185 譯註：法蘭克・辛納屆，美國流行歌手和電影演員，一九四〇年代深受少女們崇拜。

186 譯註：約翰・保羅二世（Pope John Paul II, 1920-2005），前任梵蒂岡教皇。

某些人來說沒什麼稀奇，在這些人眼裡，這些「世界觀」風水輪流轉的更替邏輯，早已了然於胸。六〇年代我們就發表過一篇文章（Bourdieu and Passeron 1967），在那裡我們揭示過，六〇年代所謂「無主體哲學」（可以用「人的死亡」和其他一些精心錘鍊出來以震住《思想》[*Esprit*] 雜誌的讀者的格言來概括）的勝利，不是別的，只是具體體現在涂爾幹社會學中的「無主體哲學」的「復活」罷了（不過更加時髦了些）。與此針鋒相對的，正是戰後初期的一代——與沙特的《存在與虛無》相比，艾宏的《歷史哲學導論》（*Introduction to the Philosophy of History: An Essay on the Limits of Historical Objectivity*）所起的作用毫不遜色——所以確立自身的東西，而存在主義也力圖使這種「無主體的哲學」招致公眾的痛斥。（這裡我想起了曼尼羅特 [Jules Monnerot] 的那本《社會事實不是物》[*Les faits sociaux ne sont pas des choses*, Monnerot 1945]，它現在已經被大家忘記了 [甚至包括某些社會學家]。這些人自認為正在開闢新天地，其實只不過是些人云亦云之輩。）七、八〇年代的後起之秀，針對當時支配這一場域的人（尤其是針對傅柯），不得不發動一場復辟運動。這些人是一幫與社會學格格不入的小品文風格的作家，他們針對支配場域的人，用某種氣勢洶洶——如果不說是自相矛盾——的筆調自充社會學主義（sociologism），齊聚「六八年思潮」的招牌門下。[187] 借助當時有利的環境（因為政治局勢是保守

---

187 這裡布赫迪厄暗指呂克·費里（Luc Ferry）和亞蘭·雷諾（Alain Renault）寫的《1968年的思想：論當代反人文主義》（*La pensée 68*, Ferry and Renault 1989）。這本書對「六〇年代的一代知識分子」進行地毯式轟炸似的全面批判，認為他們的設想是使「歐洲和西方價值理念變成惡魔」，是德國哲學中幾種虛無主義流派的「極端」體現，在他們中間，傅柯代表「法國尼采主義」，德希達宣揚「法國海德格主義」，拉岡（Jacques Lacan）鼓吹「法國佛洛依德主義」，而布赫迪厄則揮舞「法國馬克思主義」的旗號。

主義的復辟），一場復辟就這麼開始了，目的在於捍衛個人，捍衛
與群體相對的個人（individual），以及與非人相對的人（person），
宣揚高貴典雅的文化（Culture），重塑西方的獨特理念（the
West），保障人權，謳歌人道主義（Humanism）。[188]

　　這種煞有其事的衝突，吸引了眾多新聞記者、隨筆評論家，吸
引了那些想在這場聲名大追逐中分一杯羹的科學場域參與者，卻掩
蓋了一些真正的對立。這些真正的對立本身很少直接與「世俗的」
衝突發生關聯。社會科學家安身立命的空間並不是什麼「時事問題」
的空間，不像我們在有聲望的文化報刊的書評專欄中劃分的所謂政
治時事問題和知識性時事問題，它哪一種都不是。它是徹底的國際
性空間，是相對地超越時間限制的空間，是馬克思和韋伯，涂爾幹
和牟斯，胡塞爾和維根斯坦，巴舍拉和卡西爾的空間，也是高夫
曼、愛里亞斯和西考雷爾的空間。所有那些為創造出今日的研究者
所面對的問題域做出貢獻的人們，都屬於這個空間。而這裡所說的
問題域，與那些眼裡只盯著時興話題的人們所提出或所面對的問
題，可說是風馬牛不相及。

● ── **這種情況，對於大多數二元對立都適用嗎？**

　　為什麼這些二元對立如此頑固呢？這在很大程度上是因為它們
預先注定要成為集結點，彙集起那些以場域的敵對性劃分為軸而組
織起來的各種力量。從某種意義上說，它們是圍繞二元對立的劃分
構建起來的社會空間之邏輯表述。如果確實如此，那麼要消滅某種
二元對立，僅僅駁斥它顯然是不夠的，這是種天真幼稚而又含有危

---

188 譯註：此處的幾個詞原文皆為大寫，往往特指與西方特定的歷史文化相聯繫的
　　一些被賦予特權地位之觀念。自從十九世紀末以來，這些觀念受到越來越猛烈
　　的批判（特別是在法國），當然也有許多西方學者和「社會」輿論對這種批判
　　持有反對意見，不過這些字眼在今天仍具有明顯的「保守主義」意涵。

險的唯智主義幻覺。純粹的認識論如果不伴之以對認識論有效性條件的社會學批判，就會一次又一次地陷入束手無策的境地。你不可能光憑認識論角度的論證，就把蘊含了人們的重大──和切實──利益的爭執給一舉消解掉。（實際上，我認為如果你想要扯社會科學的後腿，所需做的一切就只是胡亂炮製一些愚蠢無聊的爭執，就像扔根骨頭給一群狗。）

　　但這還不是問題的全部。我的確想過，這些二元對立，表面上是科學對立，實際上卻根源於社會對立的二元對立，危害就在於它們在教育中找到了另一種社會支撐。我在其他一些地方已經寫過，教授也許正是科學知識進步的主要障礙，至少在社會科學中是如此。我的經驗告訴我（我已經教了大約三十年的書了），為了教學的需要，教授們迫切地要求在社會科學中存在一些簡單明瞭的對立。現在這些二元論派上用場了：第一部分我們講一下共識取向的觀點（或者微觀社會學），第二部分講衝突學派（或者宏觀社會學），第三部分嘛，就是我的觀點……一大批虛假的爭論早已壽終正寢了（譬如文學研究中的內在分析與外在分析，「方法論」中的定量技術與定性技術），但是它們之所以還存在，只是因為教授們需要它們來組織自己的授課大綱，安排學生的考試提問。

　　社會學的社會學本身並不能瓦解這些力量的作用（正所謂說時容易做時難），但它至少可以削弱這些力量。它可以透過發展和完善反思性，告訴人們時刻保持警惕，認識到自己在思考某事、談論某事的時候，可能受制於理性前提，也可能被各種其他因素牽著鼻子走。如果建起一座科學城的烏托邦，在裡面社會學的社會學可以無一遺漏、不偏不倚地傳播給每一個人，也就是說，每一個人都可以獲得這種「思維的戰爭藝術」，那麼，你將會發現，科學生活將發生天翻地覆的變化。這一切的前提就在於，它不淪落為畸形膨脹的教學遊戲，從而把社會學歸納為忒爾西忒斯（Thersites）的見

解。[189]（你不能提出一條實踐建議，卻不同時加上一條有針對性的注意事項，以防在運用建議時可能出現的錯誤。這一點大家都能理解。）

——我們怎樣才能把這種了解社會科學特有的困難，融入旨在增強科學自主性和反思性的具體行動方式或組織形式呢？

如果存在一批共用的反思性手段，能被集體性地掌握和運用，這就是爭取自主性的一種強大武器。（研究者之所以經常在對他們的實踐進行理論建構時，不能像他們實踐理論時那麼引人入勝，富有啟發，原因之一就在於缺乏最起碼的認識論素養。）不過，我們也必須考慮到資助問題。社會學和其他知識——特別是哲學——間的差別就在於它耗費甚多（而產出的利潤卻沒多少）。社會學非常容易陷入走一步算一步的境地，每一個新的設想雖然總能「應運而生」，卻很難說得清是出於研究者或研究本身的需要，還是迎合資助者的目的。不管研究資金是來自政府、基金會還是私人贊助者，我們都需要充分發展一種理性的政治學，用來處理和這些供給者的關係。（譬如說，我們可以根據認識論的反思或者政治上的敏銳直覺，確立如下原則，即只有對那些業已完成的研究，或是只在一些答案已大致顯露的問題上，才應考慮接受撥款，訂立合約。這樣做，可以保障你的自主性，確保你不受任何粗暴無禮的干預或是潛移默化的左右。）

除了以上這些，我還想加上一條原則，就是你需要將研究綱領得以實行的實際條件，發展成為研究綱領設想的一個內在部分。一

---

189 忒爾西忒斯是莎士比亞的《特洛埃圍城記》（*Troilus and Cressida*）裡的一名步兵，出於嫉妒和無名的怨憤，他詆毀比自己優越的人們，對歷史持著一種幼稚的宿命論觀點。參見布赫迪厄在《人：學術者》裡對這一觀念的討論（Bourdieu 1988: 3）。

份問卷再精緻，一套假設再完善，一整套觀察程式再漂亮，不包括
具體實施的實踐條件，全部是廢話，一文不值。可是你看現在，這
種科學實在論既沒有傳授給學生，也沒有在大多數從事社會科學學
者的慣習中得到自發的體現。我碰過數以百計的研究設想，它們的
確給人留下了深刻印象，可因為這些抽象構思的研究設想沒有從社
會條件方面結合考慮他們理論綱領的可行性，結果半途而廢。總而
言之，你必須學會在你的社會學實踐中，避免成為社會力量的玩
偶。

●——　**您提倡並捍衛反思性，認為它是提高科學自主性的手段。但
是，決定是自主性還是他律（heteronomy），還有另一種因素：即
學術場域中的某些特定位置所內在固有的東西。我們無須旁徵博
引，說到李森科（Trofim Denisovich Lysenko, 1898-1976）或坎姆洛
特計畫（Camelot）這樣的事例[190]，就能明顯地看出，在外在權力
面前，不是所有的社會科學空間中的位置都享有同樣程度的獨立自
主。對於芝加哥大學的一名終身教授來說，反思性是可以獲得的
（對於法蘭西學院的教授也是如此）。但是，對於社區學院的一名助
理教授，或者對於一名任職於政府的研究人員，情況還是如此嗎？**

　　自然啦，反思性本身不足以確保自主性。我明白你想用芝加哥

---

190 譯註：李森科，蘇聯遺傳生物學家，長期擔任蘇聯科學院遺傳研究所所長、農
科院院長，創立李森科主義，攻擊壓制孟德爾－摩爾根（G. Mendel-T. H.
Morgan）的遺傳學說，二十世紀三〇至六〇年代長期統治蘇聯生物學界。
坎姆洛特計畫（Camelot）：1964年，美國軍方提供了數百萬美元的經費，招
收社會科學家參加一項名為「坎姆洛特計畫」的研究，這項研究的主旨是研究
民族國家內爆發內戰的可能性，主要針對拉丁美洲地區的國家。實際上，此項
研究很可能被用於干涉他國內政。計畫進行不到一年，有關該計畫及其經費來
源的消息就在智利被揭露，在美國內外引起軒然大波，使軍方被迫放棄這一計
畫。由於大量社會科學家曾參予這一計畫，因此就向人們提出了有關社會科學
的倫理學和政治學方面的尖銳問題。

大學教授這個例子說明什麼：你是想說，有一些位置享有法律保障的獨立性，在這樣的位置上，你可以衝著世俗權威大喊「見你的鬼」；如果是在其他位置上，你可就沒這個福氣了。同樣的意思，亞里斯多德的表述更值得玩味，他說：「德性需要一定的閒適。」沒有自由所需的社會條件，就談不上什麼自由的德性。對於許多人來說，從結構上就不允許他們朝贊助者或政府說什麼「見你的鬼」。（順便說一句，這並不是說那些真的敢斥罵政府或企業界的人就毫無功德，因為還有著那麼多科學家，抱守著世上所有必須的社會條件，卻從未對政府和企業界有過相似舉動）。如此說來，也就是沒有自主性的社會條件，就沒有自主性，而這些條件是不可能靠個人單槍匹馬去贏取的。

　　最後，自主性的必要條件就是存在自主的科學資本。為什麼這麼說？這不僅是因為科學資本有著各種防禦、建構、論辯之類的手段，而且還在於受到認可的科學權威能使你免受異治性的誘惑。有一條社會法則，適用於我所研究的所有文化生產場域，包括藝術、文學、宗教、科學等等，就是說引入異治性的行動者，是那些根據場域或特定標準處於被支配地位的人。[191] 這就是福樓拜的小說《情感教育》（*L'Education sentimentale*）中那位于松內先生所遵循的模式。于松內先生是位不成功的作家，最後爬上了文化事務委員會的職位，利用他在政府中的位置，向往日的朋友無情地行使著權

---

191 布赫迪厄問道：「在這個社會世界裡，誰能從一門有關社會世界的獨立自主的科學中獲得好處？不管怎麼說，不是那些在科學上最受剝奪的人：他們在結構上傾向於尋求與外部權勢——不論是什麼——的結盟，面對原本來自內在競爭的各種約束和控制，強化自身的力量，或者對整個競爭機制發動報復式的反擊，他們總能輕而易舉地用政治指責來代替科學的批判。真正自主的社會科學是充滿競爭的，而世俗權力或超靈權力的把持者們絕不會這麼認為」（Bourdieu 1982a: 25-26）。

威。他是一個那群作家中最具異治性的，按照文學場域的特定標準，他正是一個最沒出息的人，也正因為如此，他最容易受到美人魚的蠱惑，也就是說受到政府、社會顯要、政黨等方面的利誘。

當社會科學要與常識決裂，奏響自己獨有的音調時，會遇上一些困難，其原因很大程度上是由於那些在科學上受支配的人們，總是要情不自禁地站在未經科學建構（即社會預先建構）的觀念。這些人總能夠從解構已建構的，曲解已理解的，從而竭力迫使每一個人都從頭開始這樣的舉動中，獲得很多好處。這樣的人，場域內外都能找到。不過，如果沒有場域內部的人助一臂之力，場域外的這種人影響就會小得多。[192] 社會學要獲得自主性，之所以如此舉步維艱，困難重重，關鍵原因之一就在於，兜售常識的人，在場域內總能有機可乘。這裡面的道理就是經濟學家所熟知的一條原理：劣幣驅逐良幣。

● ── **在您看來，社會學在前進的路上遇到特有的阻礙，也就是說，它「在向其他科學看齊時遇到的」特殊「困難」（Bourdieu 1982a: 34），並不在於它處理的是充滿意義的行動，按照詮釋學思潮的主張，這些行動是我們更需要加以解釋和移情而不是加以客觀說明的「文本」（例如 Geertz 1974, Rabinow and Sullivan 1979）。真正的困難在於，社會學非常容易受到社會力量的左右。**

───────

192「社會學至少同時具有兩種涇渭分明的邏輯：一種是政治場域的邏輯，一種是科學場域的邏輯。在政治場域裡，觀念的力量主要取決於把它們樹立為真理的群體之權力；而在科學場域極其完善的狀態下，就只能去了解、去體察斯賓諾莎所說的『真正觀念的內在力量』。」正因為存在兩種邏輯所發揮的作用，那些「毒瘤式的預設命題」，那些在科學的角度審視下「不足為憑」的判斷陳述，成了「值得稱許」（plausible）──就該詞源而言──的東西，容易獲得大多數人的頷首默許乃至拍手稱快，能在社會學中暢行無阻，甚而挺過邏輯上的批評和經驗上的駁斥（Bourdieu 1989f）。

　　的確，我堅持認為，學者們關於人文科學獨特性的所有討論都是站不住腳的，人文科學和所有其他科學一樣，遵從同樣一些規則。你必須提出一整套連貫一致的變數說明體系，各種假設也必須通通納入十分簡明的模型中，這樣的模型還必須說明可在經驗中觀察到的大量事實。要想推翻這個模型，必須再拿出其他更強有力的模型來，新的模型也得符合同樣的條件：邏輯連貫性、系統性和經驗可證偽性。[193] 我有一些朋友是化學家、物理學家或神經生物學家。當我和他們交流時，驚訝地發現他們的實踐活動和社會學家所做的是如此相似。一個社會學家典型的日常安排，大致就是實驗摸索，統計分析，學術論文閱讀，與同事探討，在我看來，這些和一名普普通通的科學家沒什麼兩樣。

　　社會學碰到的許多困難，恰恰是因為我們總是想把它搞成一種與眾不同的科學。我們既對它期望過高，以為它對各種問題無不勝任，而同時卻又過分嬌縱它，放棄了許多基本的要求。可總是有那麼多的社會學家想滿足各種最大而無當的要求。如果我把新聞記者要求訪談我的所有題目列一張清單，你會大吃一驚：從核戰爭威儡和裙襬的長度，到東歐演變、足球流氓現象、種族歧視，乃至愛滋病。人們把社會學家看成是先知預言家，對社會存在中的萬事萬物，他都能給出系統連貫、合乎邏輯的解答。讓社會學家發揮這種

---

193 布赫迪厄希望「否認社會學在認識論上有特殊地位」。他反對狄爾泰（Wilhelm Dilthey）的二元論，即把對文化的解釋性理解，與對自然的因果說明分開處理。然而，這並不等於說他將社會學等同為一門關於社會的自然科學：「社會學是否一門科學，是否一門和其他科學沒什麼兩樣的學科？必須取消這個問題，代之以新的問題，即那個最適宜孕育和培植受到嚴格科學控制的研究的科學城，它具有怎樣的組織類型？它的運作機制又如何？後面的新問題，你可不能斷然做出非此即彼的極端回答」（Bourdieu, Chamboredon and Passeron 1973: 103；引者自譯）。

作用是站不住腳的，與社會學家很不相稱，安排在誰身上，都十分愚蠢無聊。[194] 而與此同時，對於有充分發言權的社會學家，那些認為自己有能力科學地建構問題，而且還能對這些問題給出精確的、可證實的答案的社會學家，人們卻抱著一種嗤之以鼻的態度。

　　社會學顯得獨具一格，在很大程度上是社會圖景的作用，這一圖景迫使人們（大多數情況下，學者也不能倖免）不得不接受它。涂爾幹喜歡說，構建一門有關社會的科學，主要障礙之一在於，有關社會的科學方面，人人都堅信自己對社會世界擁有與生俱來的知識，擁有天賦的科學。譬如說那些新聞記者，他們絕不敢妄談生物學或物理學領域裡的進展，也不會介入一位物理學家和一位數學家之間玄奧的爭論。可是對於各種「社會問題」，他們很少會猶豫再三、緘默不語。他們會積極地討論大學或知識界的作用機制，對這方面的科學分析做出裁決，卻渾然不覺這分析中特有的關鍵問題所在，譬如說，社會結構和認知結構之間的關係。而這種特有的關鍵問題，正是科學研究和學術爭論的自主歷史之產物。在這點上所有的科學無一例外。（我想起有一位新聞記者，在我那本《國家精英》出版後，跑來邀請我參加一次討論，與法國行政管理學院校長進行當面辯論，要求我在三分鐘時間裡「開誠布公」地為明星學校說好

---

194 對於那些道貌岸然，儼然「官封預言家」（韋伯語）的社會科學家，布赫迪厄極為不滿，認為他們提供的說法不過是「在日常經驗所遭遇的廣泛範圍的各種生存問題中，自發性社會學做出的回答的一種虛假系統化」（Bourdieu, Chamboredon and Passeron 1973: 42；引者自譯）。布赫迪厄揭露這些人僭越了他們特定能力許可權所及，經常裝模作樣地為著大眾或「普世」的事業出力，其實不過是為了滿足自己作為知識分子的利益（而所謂普遍的公共福祉，在許多時候最終不過是國家代理人當下所關注的問題罷了）。有關從認識論角度對「社會學中先知主義的誘惑」進行的批判，見 Bourdieu, Chamboredon and Passeron 1973: 41-43。

話，而校長先生則發表反對意見……你想想看，我怎麼可能答應這樣的事？）這是最重要不過的社會事實：對於外界不加掩飾的直接評判，社會學往往門戶洞開，易受它們的影響。任何一個技術官僚或是政客，哪怕對某個問題一無所知，也可以在報紙、電視上公開發表意見，而絲毫不必擔心遭到嘲笑或者被人們認為沒有資格這麼做。

我們可以這麼來解釋社會學在「騰飛過程」中遇到的困難：它總是不斷地受到非常強烈的壓力，要求它回答一些與每一個人都有所關聯的問題，有時這些問題還牽涉到「生死攸關」的大事（在韋伯筆下，預言就擔當此任），而且，它也不是無時無刻都能享有抵制外來需求壓力所必須的所有自主前提和手段，而這種狀況本身就是以前外來需求對學科的支配所造成的。[195] 情況之所以如此，有很多原因，尤其是因為受各種條件的限制，社會學不可能阻止、貶斥乃至驅除某些投機分子。這些人企圖以最低限度的代價，回答各種要求，以尋求直接利益，卻無須做一些必須而又艱苦的工作。而這些工作，對於將普通民眾的各種「社會問題」轉化成導向科學解答的社會學問題來說，又是必不可少的。

● ——說到宣導知識場域的自主性，您可真是孜孜不倦啊！

---

195 布赫迪厄在《社會學的問題》（*Questions de sociologie*, Bourdieu 1980b: 8）列出了社會科學在捲入公開論戰時所面臨的其他幾個障礙：「在和各種社會群體的喉舌、政客、政論家、新聞記者之流的言語爭戰中，處處暴露出科學話語的缺陷：由於它必須要詳細闡述自己的見解，這樣所導致的困難和遲滯，使它往往跟不上論戰節奏，成了『事後諸葛亮』；它具有不可避免的複雜性，容易使那些習於簡單而失之偏頗的思維，或者更直接地說，使那些缺乏理解科學話語所需文化資本的人望而卻步；它是抽象概括的、非個人性的，不利於自我的認同，不利於各種讓人欣然忘己的心理投射；尤其有一點，是它遠離人們所廣為接受的觀念和基本信條」（引者自譯）。

　　是的，對於科學的自主性，我就是這麼一個絕對不肯讓步的宣導者，堅定不移，頑固不化（有些人也許對此迷惑不解，不過我相信，我的社會學不至於被懷疑為迎合既有秩序）。我想，社會學理應獨立自主地確立自己的社會需求和作用。現在有些社會學家覺得有責任為自己作為社會學家的存在提供證明、尋求依據，並履行他們覺得有責任履行的義務。可是，為誰履行義務？履行什麼義務？社會學必須首先確立自身的自主性，必須在關係自身的獨立性問題上，拿出咄咄逼人、目空一切的強硬勁道出來。196 只有憑藉這種方式，它才能獲得各種精確嚴格的手段，從而獲得政治上的重要地位和潛力。至於它可能擁有什麼樣的政治潛力，就得看它是否擁有純屬科學的權威，即它是否擁有自主性。197

　　要想增強科學場域的自主性，只能訴諸旨在鞏固社會科學中理性溝通的制度性條件的集體反思與行動。韋伯（Weber 1978: 1148-150）曾提請我們注意，戰爭技藝的最大進步不在於創新技術，而在於創新軍士的社會組織，譬如說馬其頓方陣。同樣，社會科學家要想為自己科學的進步出力，使自己的努力卓有成效，就應該努力建立並鞏固各種能夠克制不寬容傾向的制度機制，以促成更為公開暢通的溝通形式，讓各種觀點更加順利地相互撞擊。這裡說的不寬

196「社會科學只有拒絕迎合社會讓它充當合法化或社會操縱工具的要求，才能構成其自身。社會學家只能借助自己研究的邏輯來確立自身的地位，也許他們會為此傷感痛惜，但除了這種邏輯，他們並沒有別的，沒有他人委託的工作或賦予的使命」（Bourdieu 1982a: 27-28；引者自譯）。

197 在布赫迪厄看來，自主與涉入（autonomy and engagement）之間並不存在對立。在他眼中，這兩個方面在科學上和政治上的「不穩定的結合」實際上正決定了現代知識分子的特殊性，即歷史上與「普遍取向的法團主義」（corporatism of the universal）聯繫在一起「自我矛盾的雙面存在」（bi-dimensional, paradoxical being）（Bourdieu 1989d）。

容傾向是說存在不同的各個國家傳統，有可能演變成孤立主義乃至帝國主義，從而引起科學上的偏狹。[198]

如果說並不存在什麼超歷史的溝通的普遍條件——請哈伯瑪斯先生原諒我的不同看法——那麼，可以確定的是，仍然存在一些溝通的社會組織形式，有助於促進生產普遍條件。我們不能只有靠道德訓誡，從社會學中剔除那些「受到系統地扭曲了的」溝通。要想改革溝通結構，只能依賴一種現實主義的科學理性政治，方法是協助改變那些生產科學的領域的作用方式，改變在這些領域中參與競爭的行動者之性情傾向，從而改變在形塑行動者性情傾向中發揮著最重要作用的制度機構，那就是大學。

●──　在您所提出的科學場域觀中，隱含著這樣一種科學史哲學，它主張超越另一組重大對立。這組對立至少從康德和黑格爾以來就一直纏繞著我們，也正是德國方法論爭論（Methodenstreit）[199] 的核

---

198 近年來布赫迪厄為了推進他所謂的「真正的科學國際主義」採取了三項舉動：首先，創辦《圖書評鑑》；其次，1991年2月在法蘭西學院舉辦有關「觀念的國際流通」工作會議，預備在全歐範圍內就跨國知識交流組織一項研究專案；第三，1989年5月在芝加哥召開了「紀念薩基（Russell Sage）變遷社會中的社會理論研討會」，他和詹姆斯·科爾曼作為會議的兩位主席，共同主持了會議（參見Bourdieu 1989f, 1990j；Bourdieu and Coleman 1991）。

199 譯註：發生在德國十九世紀末二十世紀初的所謂「方法論爭論」，歷時數十年，涉及哲學、社會學、政治經濟學和歷史學等諸多學科。儘管參與爭論的各方立場紛紜，不能簡單地劃分出清晰的陣營，不過在政治經濟學中歷史主義學派和理性主義，在哲學中的所謂「歷史主義的危機」和新康德主義等思潮對實證主義的批判，以及社會學中與此相關的理論、價值等問題是整個方法論爭論的焦點。爭論中最核心的問題是：在充分考慮各門社會科學研究對象的歷史性、所涉及的「意義」或「價值」的同時，是否保證和怎樣保證社會科學的科學性，以及抽象概括的理論如何把握獨一無二的歷史現實。這一爭論對社會學和經濟學產生了深遠的影響，尤其是韋伯、舒茲等人的社會學思想，都必須放在這個大爭論的背景中才能理解。

心。從許多方面來看，它也在哈伯瑪斯與「後現代主義」的宣導者間的論戰中有所反映。這組對立就是歷史主義和理性主義。

　　我確實相信科學徹底是歷史性的，但這並不等於說它與歷史絲絲相扣，可以被化約為歷史。理性在歷史中的生成和發展，有它具體的歷史條件。[200] 當我說虛幻的學術共識 —— 拿高夫曼的話來說，就是「操作共識」（working consensus）——的情境還不如公開衝突的狀況來得好時（哪怕後者並不完全合乎科學），背後的依據是一種歷史哲學，從它可以得出一種大寫的理性（Reason）的政治學。我並不認為理性存在於心智結構或語言結構之中，正相反，它存在於一定的歷史條件中，存在於一定的對話和非暴力溝通的社會結構中。在歷史中，存在一種特殊的進程，我們可以仿照愛里亞斯的話稱之為科學的文明化過程，它的各種歷史條件是與那些具有相對自主性的場域的建構過程相伴而生的。在這樣的場域裡，一舉一動都受到牽制。什麼應該包含在內，什麼應該排斥在外，並且隨時要考慮誰有權進入場域的問題，這些都有著無須明言的原則和公之於世的規定，有著各種內在的規律性。科學理性應當不再將自身寄託在某種實踐理性的倫理規範中，不再依賴某種科學方法論的技術規則，而是銘刻在不同策略之間相互競爭的社會機制中，這種機制表面上看來無法可依，實際上其中所涉及的策略都具備了足以調控自身的用途的各種行動與思維手段，而且這種科學理性還要銘刻在這一場域的作用機制所生產和預設的持久性的性情傾向中，只有在

---

200 對於布赫迪厄來說，科學場域既是一個與其他所有場域相仿的場域，又是各種爭鬥充斥其間的獨特空間，因為它所生產的產品（真實知識）能超越生產的歷史條件。這種「科學理性歷史的獨特性」的提法見 Bourdieu 1991f，並且，布赫迪厄在將科學場域與「司法場域」的運行機制所做的對比研究中，也凸顯了這一看法（Bourdieu 1987g）。

這個時候，我們才可以說，科學理性實現了自身。[201]

　　你不能只是單槍匹馬地尋求什麼科學的救贖。正如一個人不可能光是個藝術家，卻不參與藝術場域，我們同樣也可以說，正是科學場域的作用機制本身，使科學理性有可能成為現實。在這一點上，哈伯瑪斯是站不住腳的，因為理性自身也有歷史：它不是什麼天賜之物，早已內在於我們的思維或語言中。所謂慣習（無論是否科學），固然是超驗的，但也是一種歷史的超驗（historical transcendental），受制於一個場域特有的結構和歷史。

換句話說，如果存在一種知識分子的自由，那也不是像笛卡兒的「我思」那樣的個體自由，而是透過在歷史的時空限定下，建構一個受到調控的討論與批評的空間，作為集體性獲得的自由。[202]

　　知識分子很少能意識到這一點，他們總是樂於特立獨行地思考，期望從個體解放中尋求救贖，遵照智慧的邏輯，信奉獨創性的征服。可他們卻總是忘記了「知識分子自由」背後存在一種政治。從我上面所說的一切可以清楚地看到，只有使一種解放的科學成為可能的各種社會條件和政治前提都存在時，這樣的解放科學才可能成為現實。例如，它要求消除某些外來支配的作用，這些外來支配拒絕可能產生優秀成果的項目申請人，或是裁減研究基金（這種辦

---

201 與各種形式的前衛論針鋒相對，布赫迪厄把康德－黑格爾式的問題框架徹底地予以歷史化，以圖消解理性與歷史之間的對立：「我們必須承認，只有當理性深刻地存在於某種有序競爭的客觀機制中，而這種受到調控的有序競爭面對受利益驅使的壟斷欲求，又有能力迫使它們將自身轉化為對普遍大同事業的貢獻，哪怕這種貢獻是被迫的，並非出於本意，只有在這個意義上，我們才說理性在歷史中實現了自身」（Bourdieu 1991f）。

202 布赫迪厄用「集體性知識者」的觀點（Bourdieu 1989d），希望綜合乃至超越有關戰後知識分子活動的兩個主要政治模型，一是「總體知識分子」（沙特是其化身），一是「專門知識分子」（傅柯是個典型）。

法更赤裸裸，但我們不應忘記簡直每天都會發生這樣的檢查控制，這種做法阻止那些想介入科學場域的人，可以避免扭曲了科學競爭。當然我們還得克服一些較為溫和的規矩，譬如透過學術規範（bienséance）實行的監督：強制一個才思泉湧的人花上大量時間，去根據當時的實證主義「教規」對她的命題逐條做出完整充分的證明，這樣就可以阻止她提出很多新設想，這些設想的完整的驗證工作本來是可以留待他人完成的。正如我在《人：學術者》中所說的，正是主要透過這種對時間的控制，得以施行學術權力。[203]

　　所謂普遍大同的主體（universal subject）是一項歷史性的努力，絕非朝夕之間可以一勞永逸地完成。正是透過在各種力量的歷史空間中發生的無數次歷史鬥爭，我們才一步一步地走向普遍大同的目標（Bourdieu and Schwibs 1985）。要想將理性推向前進，我們唯有投身於為了理性的鬥爭，將理性置於歷史之中，即實踐一種「追求理性的現實政治學」（Bourdieu 1987k）。具體來說，我們可以干預大學體系的改革，也可以採取行動以確保讀者面不廣的著作得以出版，可以示威反對出於政治原因驅逐助理教授，可以奮起反對在種族歧視這樣的一些問題上使用偽科學的論證手段，如此等等，不一而足。[204]

　　但是，社會學的許多缺陷弊病，不正是因為錯誤地認為自己有能力探究人類的所有實踐，包括像科學、哲學、法律、藝術等等這樣一些聲言具有普遍性的實踐嗎？簡而言之，不就是因為它並不總能勝任自定的「後設」科學主張嗎？

　　這就得看你怎麼定義「後設」（meta）了。要成為「後設」的

203　參見〈時間與權力〉（Time and Power, Bourdieu 1988a: 90-105。

204　參見本書〈邁向社會實踐理論——布迪厄社會學的結構和邏輯〉之「7　理性、倫理和政治」對布赫迪厄的政治觀念，尤其是他的學術政治取向的探討。

東西，就是要成為凌駕萬物之上的東西，而在科學領域的爭奪中，
人們總是試圖成為「後設」的，也就是說，要凌駕於他人之上。關
於這一點，我想到了一個例子，就是動物行為學家凱洛格（W. N.
Kellogg）做的一項十分巧妙的實驗，他在房間裡關了一群猴子，
把一串香蕉吊在牠們構得著的地方。猴子們隨即發現了香蕉，一擁
而上，最後，這群猴子中最機敏的一隻——牠名叫撒旦——把牠的
小「女朋友」推到香蕉下，迅速爬上那隻雌猴的頭，抓過香蕉就
吃。接下來，所有的猴子都單足而立，圍站在香蕉下，伺機爬上其
他猴子的後背。只要稍微想想，你就會認識到這個範例適用於許多
科學探討。那些爭論幾乎總是毫無成果，因為人們關心的並不是彼
此理解，而是彼此壓過對方。社會學家這門職業，其無意識的動機
之一就在於它是一門力圖成為「後設」科學的職業。在我看來，社
會學理應成為「後設」科學，但始終應該是針對它自身來說的。它
必須利用自身的手段，確定自己是什麼，自己正在幹什麼，努力改
善對自身立場的了解，並堅決否定那種只肯將其他思想做研究對象
的「後設」觀念，那種「後設」觀念的唯一用途就是煽起毫無學術
價值的爭辯。

● ——**人們可能對此有不同看法，認為這樣將反思性針對自身風險頗
大，極有可能導致為反思而反思。這種對知識界的反思，難道是一
項自成一體的事業嗎？或者說，這種反思能造就一種更為嚴格的關
於社會的科學，並由於其嚴格而產生更加強大有力的政治影響？**

這樣的反思分析有兩種效應，一是科學方面的，一是政治方面
的；科學效應反過來又產生政治效應。前面我在考察個體運行者時
說，無意識與決定論彼此契合；同樣，我認為知識分子的集體無意
識是知識分子與支配性的社會政治力量間契合關係的特殊表現。知
識分子對於統治著知識界，從而統治著他們實踐的各種社會力量視
而不見。我相信，這一事實正說明了知識分子群體如何作為一種集

體性的力量，表面上開口閉口一種十分激進的論調，實際上卻促成了支配力量的維續。我也意識到這樣直言不諱會激起軒然大波，因為它與知識分子虛構出來的自我形象大相逕庭：知識分子喜歡把自己設想成為解放者，代表著進步力量（或者至少是保持中立，自在悠遊，在美國尤其是這樣）。當然，知識分子也還經常站在被支配者的一邊。這裡有結構上的原因，要知道他們在支配者中是處在被支配的位置。[205] 但他們原本遠可以比現在更多地為被支配者搖旗吶喊，特別是和他們願意相信的作用相比起來，他們為被支配者所說的話，所做的事，實在是很不相稱。

● ——這是否您反對自己被冠之以「批判社會學」的原因？您總是故意與那些以「激進」社會學或「批判」社會學的名義自我標榜、昂首前行的理論保持距離。

　　你說得沒錯。甚至我可以告訴你，當我還是個初出茅廬的青年

---

205 在布赫迪厄看來，知識分子（或更廣義地說，是符號生產者：藝術家、作家、科學家、教授、新聞記者等等）構成了「支配階級中被支配的集團」，或者，在更為晚近——在他看來也是更為充分完善——的說法中，他稱他們占據了權力場域裡被支配的一極（Bourdieu 1984a: 260-67, 283-95, 315-17；Bourdieu 1989a: 373-85, 482-86；Bourdieu 1989d）。他們「擁有文化資本，甚至對於他們之中的某些人來說，這種文化資本的數量足以使他們能夠對文化資本行使權力，正是因為如此，他們成為權力和某些特權的占有者。在這一點上，他們是支配者」。但是，考慮到他們「與政治權力、經濟權力占有者的關係，他們又是被支配者」。作為支配者中間的被支配者，或者透過與政治場域的結構對應關係，作為右派的左翼，他們的位置是矛盾的，這一點可以說明為何他們的立場模稜兩可，因為「比起基於位置同一性的、從而基於條件和慣習同一性的團結一致，基於位置的結構對應關係（被支配的支配者＝被支配者）的聯盟總是不那麼確定，也更脆弱多變些」（Bourdieu 1987a: 172-74）。主教典型地體現了權力場域中被支配的支配者之特有矛盾：他們在神聖超靈的世界裡行使著世俗的權力，可他們既不擁有世俗權威，也非超靈權威的占有者（Bourdieu and Saint Martin 1982）。

社會學者時，最初的想法之一就是讓自己成為某種法蘭克福學派形象的對立面。[206] 我認為，無視政治和倫理方面壓制的集體機制，過高估計知識分子所享有的自由，使得像沙特這樣最為真誠的進步知識分子也總經常與那些他們自認為正與之戰鬥的力量同流合污。所有旨在擺脫知識分子的決定論桎梏的努力最終被證明走向自己的反面。原因就在於這樣過高估計知識分子的現實自由，會鼓舞他們投入一些不切實際、天真幼稚的鬥爭，或許你可以把這叫作「青春期」的鬥爭。

　　這裡的困難在於，一個人想捍衛像我這樣的立場，就必須考慮到許多危險，其中就有我們初涉人世的青年人希望幻滅後的危險（這裡說的青年是就它的社會學意義來說的，特別是指那些年輕學者和研究生）。所有的知識分子都渴望成為「青年人的教唆犯」……縱使如此，要是告訴青年，他們的顛覆意圖一般是不成熟的，譬如用夢幻般的、烏托邦的、非現實的類似字眼，對青年人來說，也無異是朝頭頂澆下一瓢冷水。有各種各樣諸如此類的顛覆策略，實質上不過是移置（displacement）[207] 的策略罷了。我之所以研究知識分子，目的之一就是想揭示所有這些暗中受惠，表裡不一的話語，這種兩面手法（doubles jeux），它們的準則，正在於知識分子沒有坦率地承認他們在知識場域中的嵌入位置之間的關係。

---

206 「我始終樂於與法蘭克福學派保持某種若即若離的關聯：儘管我們之間有著明顯的親和性，但我面對總體化批判所流露出的那種貴族作派，始終有種不自在的感覺：它保留了宏大理論的所有特徵，顯然，它死活不肯放下架子，胼手胝足地去做經驗研究」（Bourdieu 1987a: 30）。大衛・加特曼（David Gartman）批判性地比較了布赫迪厄與法蘭克福學派在文化理論方面的異同（Gartman 1991）。

207 譯註：移置係借自精神分析的概念，此處有「轉移矛盾」、「換湯不換藥」之義。

　　知識分子掩飾自身的特殊利益時，往往具有非凡的創造力。譬如說，1968年五月風暴之後法國知識界的特定處境會促使人們問：「可你是從哪一點出發說這話的？而我這麼說，又是站在什麼立場上？」這種故作姿態、顧影自憐的自我表白，大約是受精神分析激發的，所起的作用就像佛洛依德所說的「屏障」，阻隔了坦誠的表達，也就是說，妨礙了對言談者社會定位的發現：在我們這個例子裡，就是在大學等級制的位置。在探討知識界和藝術界方面，我首先詳細闡述了場域觀念，這絕不是偶然的。[208] 我有意構建這一觀念來瓦解知識分子的自戀症，揭穿有些人使用客觀對象化時極其有害的把戲。在他們手中，客觀對象化要不是孤立地針對某個人，這裡精神分析就派得上用場了；不然就是過於廣義地擴大客觀對象化的範圍，眼裡的個人完全成為所代表範疇的一個標記，使個人的職責義務消失殆盡。光嚷嚷什麼「我是個資產階級知識分子，我是個可恥的鼠輩！」就像沙特總喜歡宣稱的那樣，並沒有什麼實質內容。但要是說「我是一名來自格勒諾布林[209] 的助理教授，正和一位巴黎的教授交談」，你就不得不捫心自問，這裡所發生的一切，是否實際上這兩種位置之間的關係正在借助兩個人之口表達出來？

──如果我對您的理解是正確的，那麼就是說，要對支配進行批判，我們最好的工具仍然是科學。這一點，您不折不扣地與啟蒙運動的現代主義設想站在同一立場上（而與後現代主義者截然相反），因為你主張，只要社會學是科學的，它就是一種內在的政治進步力量。[210] 可是這裡事實上不是有個悖論嗎？一方面您認為，由於符號

---

208 這一概念的最初形成發展可見Bourdieu 1971a, 1971b, 1971d。

209 譯註：格勒諾布林（Grenoble），距離法國巴黎東南方約569公里的一座外省城市，市內有大學。

性的支配，由於對社會世界的信念式理解（doxic understanding）[211]
所暗含的誤識，有很多種歷史可能性直到今天一直受到排斥，您主
張解放自我意識，這種覺醒將拓展自由的空間，從而能把這些歷史
可能性包容到理性所及的範圍內。另一方面，您的理論又同時促成
了一種激進的解魅除魔，致使我們必須繼續掙扎於其間的社會世
界，變得幾乎令人難以容忍，不能生存下去。一方面你要為增進自
由、發展自覺意識提供工具，另一方面極度敏銳地意識到社會決定
機制無所不在，這又很可能起到渙散人心的作用，兩者之間有一種
強烈的張力，甚至是有一種矛盾對立呢。

　　《人：學術者》就是一個很好的例子，從中可以看出，我試著
用反思性所提供的工具，來遏制由無反思性所引發的各種偏見，努
力探索有關各種機制的知識，這種知識往往能夠改變反思的條件。
反思性這種工具將產生更多的科學知識，而不是相反。之所以要提
倡它，並不是要對科學的雄心壯志潑冷水，只是想幫忙讓這樣的雄
心變得更為現實一點而已。透過推動科學的進步，從而也是推動有
關社會世界知識的增長，反思性使一種更加現實、更負責任的政治
成為可能，無論這種政治在學術圈內還是在學術圈外，都是如此。
巴舍拉曾經寫道：「唯有關於隱藏事物的知識才是科學」。這種破

---

210 布赫迪厄在法蘭西學院的就職演講中最後強調指出，以各種制度及支撐這些制
　　度運行的各種信念為研究對象的科學，「預設著一種為科學的信仰」。「科學
　　的德性就是旨在解放，而這一德性無疑是所有符號權力中最不具有非法意味
　　的」，社會學家「倘若不堅信這一點，他就不可能相信社會學可以為普遍推行
　　某種獨立於制度的自由提供可能性和必然性」（Bourdieu 1982a: 56；引者自
　　譯）。

211 譯註：信念式理解，正如前文譯註中所指出的，「信念」一詞強調「接受……
　　的存在，並將之視為不言而喻的」，即與所謂「設定性」有關。這裡所說的
　　「對社會世界的信念式理解」，是指在理解中預設了社會世界既有秩序的存在及
　　其合法性。

除遮蔽的見解，其結果是引發某種超出本意的批判。科學越強大，越能夠發現各種機制——這些機制的效力至少有一部分是來自於人們對它們的誤識——從而直達符號暴力的基礎，這種批判也越有力。[212]

　　如此說來，反思性的目的根本不是什麼「為藝術而藝術」式的老套。反思社會學能夠有助於知識分子走出他們的幻覺，首先是擺脫他們自認為自己全無幻覺的幻覺，尤其是認為對他們自己全無幻覺的幻覺，並且至少可以從反面使這些知識分子不能輕易地以被動的無意識方式來助長符號支配。

●——　**這裡，您使我回想起涂爾幹的一句名言，他說社會學「之所以擴大了我們的行動範圍，只不過是因為它擴大了我們的科學領域」（Durkheim 1921: 267）。但我還是得回到問題上：反思性使我們祛除幻象，這是不是也帶來了一定的危險，導致我們倒退到那種「消極保守的立場」？涂爾幹這位《社會學年鑑》的創建人，早就一貫將自己與這種立場劃分得一清二楚。[213]**

　　對於這個問題，我可以初步給出以下回答：如果危險只在於削弱青年的反叛，消除了其間的魔幻魅力，那這並不是什麼大不了的損失。這些青春期的反叛，一般說來，過了知識上的不成熟期，也就自然消退了。

●——　**這就體現了您反先知的立場，[214] 或許，這一點也是您和傅柯**

212「如果我們明白『所有的科學都是關於被隱藏的事物的科學』，就會清楚地了
　　解：為什麼在每個歷史階段，社會學會與力圖強迫各種權力關係的真相公諸於
　　世的各種歷史力量結為盟友——哪怕是透過迫使它們更深地掩蓋自身而使其真
　　相公諸於世」（Bourdieu and Passeron 1979: X X I）。

213 涂爾幹的名言是這樣開始的：「社會學絕非要把一種消極被動的保守態度強加
　　於人。事實上恰恰相反」（Durkheim 1921: 267）。

214「如果像巴舍拉說的，『每個化學家都得打心底裡反對煉丹術士』，那麼，面對

學說之間分歧的一個標誌？

確實，在傅柯的著作中有這樣一種傾向（當然，這種傾向被他的著作的闡釋者大大發揮了），他在理論上概括了處於青春期的青年的反叛，探討青年與他的家庭、與接替家庭的教育職能、與施加「紀律」（disciplines）制度（譬如學校、診所、精神病院、醫院等等）之間的衝突，即與各種形式的非常外在的社會約束之間的衝突。青春期反叛經常體現為一種符號性的否認，一種帶有烏托邦意味的，對普遍社會控制的反應，這種態度使人不必費神去做全面的分析，探究各種約束施加在不同情境下的行動者身上所體現的具體歷史形式，特別是它們所具有的千變萬化的形式；也不用去分析各種複雜的社會約束形式，它們的運作機制比起那些透過對身體的操練（dressage）來發揮作用的社會約束遠為細緻微妙。215

向青年人潑冷水，解除他們的幻覺，自然並不是那麼令人愉快的事情，特別是考慮到他們的反叛中還是有不少真摯而深刻的成分在內：他們反抗既有秩序，看不慣甘於受制的大人們與世無爭的屈從，冷眼面對學術界的虛偽，以及一切一切他們體察得非常出色的東西，因為他們還沒有看破紅塵，還沒有學會悲觀失望，還不曾像大多數我這一輩的人——至少在法國——那樣不問世事，完全放棄自己當初的抱負。也許，要成為一名出色的社會學家，很有必要融匯一些代表著青春的性情傾向，譬如擁有一定的力量和勇氣，去毅然決裂，去起而反抗，面對社會不平保留一份無邪的天真；此外再納入一些更多地體現著老成的性情傾向，譬如說現實主義的立場，

公眾期望他成為社會先知的化身的要求，每個社會學家也必須打心底裡拒絕這種形象」（Bourdieu, Chamboredon and Passeron 1973: 42）。

215 這裡，布赫迪厄說的是傅柯在《規訓與懲罰：監獄的誕生》（*Discipline and Punish: The Birth of Prison*）中對身體「操練」的分析（Foucault 1977a）。

譬如有能力直面社會世界冷峻艱辛、令人沮喪的現實情景。

　　我相信，社會學的的確確有著除魔去魅的效果，但在我眼裡，這種效果正標誌了邁向進步的科學現實主義和政治現實主義，這與那種天真幼稚的烏托邦思想簡直是天壤之別。科學的知識讓我們能夠實事求是地確定科學得以發揮作用的方面，腳踏實地地去追求擔負責任的行動，讓我們能夠擺脫沒有自由的爭鬥。在沒有自由的爭鬥中，往往迴避了真正的職責所在，不過是常常欺詐背德行為的託辭，而科學知識卻可以使我們避免這種情況。[216] 當然，是有那麼一種社會學，也許尤其是我所實踐的這種社會學，可能助長唯社會學主義（sociologism），屈從於社會的「無情鐵律」（儘管它的本意正好與此相反），不過我想，像馬克思那樣在烏托邦思想和唯社會學主義之間設立一種非此即彼的抉擇，或許多多少少會使我們誤入歧途：在唯社會學主義的與世無爭和烏托邦式的唯意志論之間，存在可以迴旋的餘地，我把它叫作深思熟慮的烏托邦思想（a reasoned utopianism），即借助有關社會法則的真正知識，特別是有關這些知

216「有些人總想將對社會法則的闡釋曲解為預定的命運，並想從中找到宿命論者或悲觀失望的屈從者的藉口。對於這些人的想法，我們必須記住，科學說明為我們提供理解的手段，甚至提供寬恕的手段，而這些科學說明也同樣可以賦予我們改造的可能。對支配知識世界的機制，我們的知識已經日漸增長，這一點不應或不一定會（should not，我特意使用這種模稜兩可的語彙）導致『使個人解脫令人困擾的道德義務的負擔』，而這正是賈克・布弗萊斯（Jacques Bouveresse）所擔心的。正相反，它會教導人們，讓她們在自己自由的真正所在之處，承擔起義務，毅然決然地拒棄卑微至極的懈怠和畏縮，那樣只會讓社會必然性為所欲為；它會讓人們努力戰勝自己與他人身上那種事不關己、高高掛起的機會主義，以及看破紅塵、隨波逐流的無所謂態度，那樣只不過給了社會世界它想要得到的東西：東一點西一點的退讓，直至放棄抵抗，對一切漠不關心，並且卑躬屈膝，成為社會世界支配過程的同謀」（Bourdieu 1988a: 4-5；英譯文有所改動）。

識得以發揮效用的歷史條件的知識，以理性的方式，在政治中自覺地利用自由的各種局限。[217] 社會科學的政治任務在於既反對不切實際、不負責任的唯意志論，也反對聽天由命的唯科學主義，透過了解有充分依據、可能實現的各種情況，運用相關的知識，使可能性成為現實，從而有助於確定一種理性的烏托邦思想。這樣的一種社會學的烏托邦思想，亦即現實主義的烏托邦思想，在知識分子看來是極不可靠的。首先是因為這種思想看起來有著小資產階級的面目，表現得不夠激進。當前極端的東西總是更時髦些；而且政治行為中的美學意涵，對於許多知識分子來說更為重要。

您的上述見解，也可以用來否定一種知識分子十分喜好的政治觀。這種觀念認為，人是一種理性的政治動物，透過行使自由意志，透過政治上的自我表白，構建著自我。

我不十分同意這種看法，不太願意這麼說。正相反，我認為這種政治觀本身也是某種歷史設想的組成部分。那些持有這種政治觀的人們理應認識到，他們是一長串前輩的歷史接班人。他們的前輩們曾身處各種歷史條件之中，從而有機會促進自由大幅度發展（Bourdieu 1989d）。他們首先必須認真地考慮一個事實，即要推進這種設想，就必須有一批哲學教席、社會學系（暗含著某種特定形

---

217 「社會法則是種歷史法則，只有當我們任它發揮作用，就是說當它所維護的人（有時這些人自己也不知道）所處的位置可以維持它發揮效力的前提條件時，這種社會法則才能維持自身……你可以宣稱發現了永恆的法則，就像保守派社會學家說他們發現所謂權力通向集中的趨勢。但實際上，科學必須認識到自己除了用傾向性法則（tendential laws）的形式記載某種特定的邏輯外，並不能再做什麼別的事。這裡所說的特定邏輯，反映了特定時刻特定遊戲的特徵，滿足那些支配遊戲的人的利益，滿足那些有能力在實質上和在法律上制定遊戲規則的人的利益。而一旦法律被制定出來，它就成了爭鬥的焦點……要想採取行動，以證明這些傾向性法則並非靈驗有效，其成功前提便是去揭示這些法則的存在」（Bourdieu 1980b: 45-46；引者自譯）。

式的異化），即必須業已創建出受國家保障的、作為正式官方學科的哲學或社會科學等等。知識分子覺得自己有責任站出來，針對南非的種族隔離、中美洲和羅馬尼亞的壓迫統治、發生在身邊的性別歧視，仗義直言。對於這些知識分子來說，他們力圖使這種神話靈驗，使它真正有可能作為現實存在，於是乎便有了巴黎公社（Paris Commune），有了德雷福事件，[218] 有了左拉等一大批人。[219] 我們必須始終牢記一點，那就是，文化自由的制度也是一種社會努力的成就，贏得這種制度的艱苦程度，比起「社會保險法」或法定最低工資毫不遜色（Bourdieu and Schwibs 1985）。

　　●────**能否如此說，您所實踐的社會學，所運用的分析方法，既是一種關於社會世界的理論，也是一種倫理學說？從您的社會學裡，我們是否能推導出某種個人行為的理想模式？**

　　我不得不說，答案既是肯定的，又是否定的。如果抱守舊有的實證科學與規範科學的對立二分法，我的回答就是否定的；但如果我們同意超越這種對立來思考問題，那我就回答說「是」。實質上，因為它是一門科學，所以就蘊含著一種倫理。如果我上述的主張是正確的，如果確實只有透過科學對各種決定機制的了解，才能揭示出一種特殊形式的自由，一種相對倫理來說既是前提條件又是

---

218 譯註：德雷福事件，1894年法國猶太軍官德雷福（Alfred Dreyfus）被軍事法庭以叛國罪判處終身監禁。不久，左拉在《震旦報》（*L'Aurore*）上發表了一篇題為〈我控訴〉（J'ACCUSE）的文章，揭露了事件的真相，並對當局提出尖銳的批評，此後由於大量知識界和文化界人士的介入，全法國掀起了要求釋放德雷福的政治風波，直至1906年德雷福才有機會使他的案件被重新審理，並被平反昭雪。德雷福事件對法國乃至整個西方知識分子的形成和發展，產生十分重大的作用。

219 現代知識分子的形象，作為日益滲入心智結構和社會結構的「靈效神話」，是一種「歷史創造」，有關這方面的分析參見Charle 1990和Pinto 1984b，更進一步的描述見Kauppi and Sulkunen 1992。

相關因素的自由，那麼，一種有關社會的反思性科學也同樣確實暗含了，或者說蘊含了一種倫理，當然這並不等於說這倫理就是唯科學主義的倫理。（不用說，要建立一種倫理，也不是只有這一種途徑。）在這裡，道德之所以可能變為現實，是在一些特定的情況下，科學可以激發自覺意識的覺醒。

　　我相信，只要社會學還是高度抽象，高度形式化，它就無所作為。不過一旦它放下架子，深入現實生活的細枝末節，人們就可以拿它作為一種工具，就像去診所求醫問藥來為自己服務。社會學給予我們的真正自由在於給予自己一點機會，讓我們去知曉自己參與其間的遊戲，讓我們在置身某個場域的時候盡可能地少受這個場域的各種力量之操縱，同樣也少受從我們的內部發揮作用的、體現在身體層面上的各種社會力量的擺布。[220] 我並不是想告訴大家社會學能解決世上所有的問題，事實遠非如此，可是社會學能使我們得以分辨在哪些地方自己切實享有一定程度的自由，在哪些地方並沒有什麼自由可言。這樣，我們就不會白白浪費精力，在本無出路的戰場上爭來殺去。[221]

---

220 布赫迪厄寫道：「透過社會學家這種處於具體的歷史處境中的歷史行動者，這種受社會決定的主體，歷史——也即那個社會，那個歷史在其中維持著自身的社會——都得以反思自身；而透過社會學家，所有的社會行動者也都可以對他們的所作所為了解得更清楚一些。但對於那些在誤識知識、否棄知識和拒絕知識方面擁有既得利益的人來說，上述的工作恰恰是他們最不願意讓社會學家承擔的」（Bourdieu 1982a: 29；引者自譯）。

221 在布赫迪厄看來，自由和必然性並不是此消彼長的對立範疇；正相反，他們的關係是相互增進的：「我懷疑，除了由必然性知識引發的自由以外，還能有什麼別的自由……事實與表面現象恰好相反，正是透過提高對必然性的理解，透過對社會世界法則方面更多更好的認識，社會科學才給我們更多的自由……必然性知識的所有進步，都可能使自由得以發展」（Bourdieu 1980b: 77, 44；引者自譯）。

　　因此我認為，反思社會學的確可以發揮某種哲學用途或倫理用途。它的宗旨，並不是要對別人「吹毛求疵」，化約其他人，譴責他們，攻擊他們「不過是某某人的孝子賢孫罷了」。不，絕不在此。反思社會學使我們可以去理解這個世界，說明這個世界，或者借用我很喜歡的法蘭西斯・蓬熱（Francis Ponge）的說法，去「使世界成為不可或缺之物」（Bourdieu 1986f）。要想充分理解處於某個空間中的個體的行為，就等於理解他所作所為背後的必然性條件，就是使那些乍看上去不過是機緣湊巧的偶然行為，表現為不得不如此的必然事件。這不是在為世界提供正當性說明，而是學會接受許多本是那麼令人難以忍受的事情。[222]（當然啦，我們必須無時無刻不記住，採取這樣的社會寬容是有它的社會條件，而這樣的社會條件不是每個人都能一視同仁地得到的。對於那些無法朝此努力的人，我們不應該強求他們做到這一點。譬如說吧，要人做一名反種族歧視者，固然很好，無可非議，但如果不同時在各種社會條件方面，譬如住房供應、教育機會、就業管道等等，大力促進平等獲得權，使反種族歧視成為現實可能的立場，那麼，這樣的口號就未免只是虛情假意的姿態罷了。）

　　只要你將反思社會學用於自身，就為自己開闢一種可能性，以確定和識別自由的真正所在，並因此踏上了塑造小範圍的、謙和而又切實可行的道德的征途，別看這樣的道德不起眼，它完全符合人

---

[222]「是什麼需要向人透露？需要被廣為宣揚？是這種科學的觀注方式，這種同時能夠理解世界，也對世界進行對象化工作的觀注。它反過來作用於我們自身，使我們能夠勇於接受自身，甚至──如果可以這麼說──宣揚自身的特性……這並不是把社會行動者約束起來，一成不變地將他們看成『原初性的社會存在』，看成某種命定之物，某種自然天性，而是要讓他們有可能無所愧疚、無怨無悔地接受他們的慣習，承擔他們的慣習」（Bourdieu 1980b: 42；引者自譯）。

類自由的範圍要求，在我看來，這種人類自由並非大而無當的東西。在社會場域這樣的領域裡，事情總是不停地變化著，從沒有什麼徹底的預先決定。但話說回來，這種決定機制發揮作用的程度比我初涉社會學時所認為的高得多，有許多時候，面對事物被決定的程度如此之高，我也不免震驚，有時我對自己說：「這絕不可能。人們會認為你是在誇大其辭」。不過，請相信我並非對這種決定機制津津樂道。實際上，我認為即使我對這些必然性因素過於敏感，那也是因為我發現它特別令人難以容忍而已。就個人而言，當我看到別人深陷必然性之中不能自拔，不管是窮苦人還是富人，我都會感覺到一種切膚之痛。

● ──── **您近年開始著手進行考察「社會疾苦」（social suffering）的經驗，在我看來，這一研究的出發點正是把社會學看作是某種社會助產術（social maieutics）[223]的倫理立場。它十分具有啓發性，因為它把社會科學、政治學和公民倫理都貫穿成一個整體，而且還說明了社會學能發揮怎樣的一種類似蘇格拉底式的作用：使社會表象和政治表象的既有形式中根深柢固的監督機制失靈。**

　　在過去十年裡，整個政治領域變得越來越封閉，爭鬥的對手只限於內部的一些人，彼此的爭吵獨具一格，爭奪的焦點也極為特殊。政府的領袖們實質上成了囚犯，被一群阿諛奉承之徒所包圍，這些隨從是一些原本一片好心的技術官僚們，可惜他們就是不懂公民們日常生活中的一舉一動，不懂自己無知到何種地步。他們樂於借助民意調查的巫術來進行治理，這些調查用一些被調查者不用的字眼，提一些被調查者一般不會提出來的問題，而被調查者直到問

---

223 譯註：助產術，語出蘇格拉底，他曾將自己比喻為知識的助產士，將自己的言談看作催生真正知識的「助產術」，即教導人們對立思考、認真分析問題的方法，又稱「蘇格拉底式的諷刺」。

題擺在了面前，面對調查者的催促和逼迫，才會不情願地提供一些
牽強的答案。這種強加的問題，貌似合理的技術，其實不過是蠱惑
人心的偽科學。為了反對這種做法，我提出一個設想，對社會的疾
苦、悲慘的境遇、難以明言的不滿或怨恨進行探索性的考察。這些
東西隱藏在近來諸多非制度化的抗議形式之下（出自高中生、大學
生、護士、教師、電車司機等群體），是圍繞「阿拉伯婦女的頭紗」
和大眾住房供應的滯後這樣的問題所產生的緊張局勢背後的關鍵。
而且日常生活中廣泛存在的各種歧視待遇和相互指責的現象中所體
現的「私人政治」，也正是受社會疾苦等因素推動的。224

　　伊曼紐爾・泰雷曾經告訴我們（Emmanuel Terray 1990），從希
波克拉底（Hippocratic, c. 460 B. C.-377 B. C.）225 的傳統看來，真
正的醫學發軔於治療不可見的疾病，也就是要探知病人未曾提及的
癥候，這可能是因為她未曾意識到這些癥候，或者她疏忽了，忘了
提及。我的研究就是要把社會上難以明言的病患轉化成清晰可辨的
癥候，從而可以用政治的手段加以治理。就這點而言，有必要突破
各種心理投射的遮罩，這類遮罩有時流於荒謬，經常令人作嘔。在
這些遮罩的背後，掩飾的是社會疾苦。同時有必要動員那些助長最
不正當的社會幻想和社會仇恨（如種族歧視）流行的人們控訴那些

224 布赫迪厄分析住房供應市場，探討了「小資產階級的苦悶的一個主要根源；或
　　者更確切地說，是所有小人物的苦悶，對他們所有的自由、希翼與欲望加以限
　　制的一個主要根源。生活從此舉步維艱，充滿了各種擔憂、失望、約束、挫
　　敗，還有那幾乎不可擺脫的落落寡歡和無名怨恨」（〈風氣之先〉[Un signe des
　　temps]，《社會科學研究探索》「住房經濟」專號導言，81/82期 [1990年3月]：
　　頁2；引者自譯）。
225 譯註：希波克拉底，古希臘醫師，後世人普遍認為他是醫學史上傑出人物之
　　一。希波克拉底將醫學發展成為專業學科，與巫術、哲學分離，對古希臘之醫
　　學發展貢獻良多，故現代人多尊稱其為「醫學之父」。

使他們變得不道德、變得墮落的社會運作機制。當然，這肯定會大費周張，但正是這些社會機制滋養了他們的反感、苦惱、絕望。不講道德乃至墮落，本身同樣沒有可以開脫的理由。

　　這項研究背後的前提假設是，最具個人性的也就是最非個人性的。許多最觸及個人私密的戲劇場面，隱藏最深的不滿，最獨特的苦痛，男女眾生但凡能體驗到的，都能在各種客觀的矛盾、約束和進退維谷的處境中找到其根源。這些到處都是的客觀外在因素，體現於勞動力市場和住房供應市場的結構中，表現於學校體制毫不手軟的約束中，銘刻在經濟繼承與社會繼承的機制中。所以說，研究的目的在於使那種未被闡述、倍受壓抑的話語昭然若揭，而方法就是與各種人交談，與那些由於置身於社會空間中特別敏感的區域而很可能成為自身疾患的忠實「記事者」（historians）的人交談，與官方的「社會問題」從業者們（員警官員、社會工作者、工會活動家、法官等等）交談，即與那些占據著社會世界中的戰略性位置的「實踐專家」交談，這種「實踐專家」對社會運行機制有著極為豐富的了解，有關這方面的自發性知識，他們是活生生的寶庫。在充分了解個人的社會閱歷和生活背景後，我們就可以進一步進行非常詳盡、高度互動的深度訪談，以協助被訪者發現和表述他們生活中所存在的慘痛悲劇，或日常的不幸背後所潛藏的規律，幫助他們擺脫這些外在現實的禁錮和襲擾，驅散外在現實對他們的內在占有，克服以「異己」（Alien）的怪獸面目出現的外在現實對人們自身存在中的創造力的剝奪。所謂「異己」，可以被看作是一種現代的神話，藉此可以很好地理解我們所說的異化，也就是說異他性就存在於主體性的核心。

　　我本應借助具體的例子來說明如何逐步開展這項工作，但時間不允許我這麼做。簡而言之，實施這些訪談會十分折磨人，令人苦惱，對被訪者是如此，對研究者來說也時常是如此。我永遠不會忘

記自己曾在一個夜晚訪談過一位受雇當郵件分揀員的青年女子，那是巴黎阿萊街一間空曠陰暗的大廳，她每三天就得有兩個晚上在這間瀰漫著灰塵的大廳裡履行她的工作：從晚上九點一直到第二天早上五點，她就這麼一直筆直地站著，把源源而來的郵件逐個分發到身前的六十六個小格子裡去。她操著南方口音，但這不妨礙我透過她那陰鬱憂傷的語調，聽她用平淡的辭彙，敘說她晝夜顛倒的生活，敘說她夜班之後，迎著清晨巴黎的寒冷，匯入浩蕩的人流，趕回遠郊那間小公寓，還有那個夢想，對故鄉的懷戀，返回家園的渴望，一切看起來都已是遙不可及了……我要著手進行這項研究，背後的動力之一就是一種樸素的倫理情感。我們不能讓政府的技術官僚再這樣下去了，他們全然不顧及對民眾的責任和義務。作為一名社會科學家，不去介入、干預，恰如其分地認識到各自學科的局限，而是袖手旁觀，這是背叛良心，是讓人無法容忍的選擇。

關於這項研究，還有什麼可說呢？它幾乎衝破了所有正統方法論的清規戒律，正因為如此，我們才有可能捕捉到所有的官方科層調查根據定義所不能捕捉到的東西。我想，至少我希望，這項研究可以同時實現兩種作用，一是科學性的，一是政治性的。例行公事般的慣常調查阻礙了研究者的視線（更不用說循規蹈矩、形式主義的方法論或理論的演習了），我們的研究將讓研究者們重新開啟他們的觀照。那些治理著我們社會各個方面的技術官僚們，官方性的政治生活所依循的正規民主程序（特別是黨派活動的儀式性活動，如政策討論會、公眾演講、提出動議等等），訓練有素地與媒體打交道，用經濟預測取得像那麼一回事的科學根據，已使得他們看不到：新的疾苦、不斷積聚的不公正感、已喪失公開表達的手段。而我們的研究，就是要讓這些技術官僚重新意識到這一點。

7　個人性即社會性

───　在法蘭西學院的就職演說中，您指出「（社會科學）所提出的
每個命題都可以而且應該適用於社會學家本人」（Bourdieu 1982a:
7）。那麼，我們能否用布赫迪厄的社會學對布赫迪厄本人進行分析
呢？您能解釋自身嗎？如果能，您為什麼堅持對談論布赫迪厄的私
人事務不置一詞呢？

　　我確實一直保持一種職業警醒，它使我避免陷入那種極端唯我
主義的立場。但學術體制往往讚賞，甚至褒獎這種立場，法國的學
術界更是如此。不過，我不願談論自身，還有另外一個緣由。如果
我大肆披露某些私人資訊，對我個人、生活方式、喜好進行一種包
法利夫人式的[226]自白，也許會給某些人用以反對社會學的最基本的
武器──相對主義──提供彈藥。人們可以將簡化主義的相對化既
用到研究對象上，又用到分析的主體上──而進行分析的主體原是
科學話語的前提（「畢竟，這只不過是某某人的意見，譬如一個教
師的女兒，在怨恨和嫉妒等情感的驅使下，提出了這種看法」）[227]；

---

226 譯註：「包法利夫人式的」一詞來自法國著名作家福樓拜的名作《包法利夫人》
　　（*Madame Bovery*），該書的女主人公包法利夫人，是個追求浪漫生活，不願面
　　對庸俗鄙陋的現實的典型。在書中，她曾向教堂神父尋求懺悔，期冀得到宗教
　　（而非現實生活）上的解脫和安慰，卻無法獲得神父的理解，後者認為吃飽喝
　　足的人，就是有福的人了。在本文，此詞有「只顧直抒胸臆，不問個人所處的
　　社會狀況和歷史條件」之義。

227 霍夫曼對《秀異》的評論（Stanley Hoffman 1986: 47），提供了這種心存貶斥的
　　個體化化約（individualizing reduction）的一個典型例證，他的如下質問，表明
　　他的評論根本無視科學場域的存在：「如果我們每個人多多少少都是階級慣習
　　的產物，那麼，還有可能對慣習進行科學觀察嗎？（布赫迪厄的）體系能夠說
　　明他自己的特殊慣習嗎……？那麼這本書打著科學研究的旗號，實質到底是什
　　麼呢？實際上，這本篇幅浩繁的書，表面上是對法國社會提綱挈領、可以爭辯

這種一石二鳥的手法可以很方便地摧毀科學工作。針對我而提出的個人問題，經常是被一種康德會稱之為「病態動機」（pathological motives）的力量所驅使的：人們對我的背景或品味意興盎然，因為這類材料可以為他們提供武器，他們可以用來對抗在我論及階級和品味時，字裡行間所包含的那些令他們寢食難安的東西。

我的社會學話語是透過我的社會學實踐，與我的個人經驗是有所區分的。而我的社會學實踐本身在一定程度上，又是一門以我的社會實踐為對象的社會學產物。而且我始終不懈地將我自身作為研究對象來分析，只不過不是在自戀症的意義上，而是作為一種範疇的一個代表。我在《人：學術者》中花費大量筆墨來分析自己，我差不多也可歸入自己所謂的「獻身者」（oblates）之列了。人們時常感到不悅的是，我透過談論自己道出了他人的真相。

我這樣說，並非要捍衛我自身、身分、隱私，而是要保證我的話語和發現——如果我們可以這麼說的話——在與我這個獨一無二的個人關係中，具有一種獨立自主性。這並不意味著具體的個人——皮耶・布赫迪厄——可以逃避對象化：我可以像其他任何人成為研究對象，而且和其他人一樣，我所具有的品味和偏好，喜愛之事與厭惡之物，也大致與我在社會空間中的位置相對應。我也被社會分派在某一個類別中，而且我清楚地知道自己在社會空間中所占據的位置。如果你理解我的作品，就能夠非常輕易地從這個位置的知識中，從我寫的文字中，推算出有關我本人的不可勝數之事。我已經向你提供了這方面的一切必須工具；至於其他方面嘛，還是留

的解釋，但深入的看，只是皮耶・布赫迪厄的自我暴露和精神宣洩而已」。有關這種「特殊化約」的論述，參見布赫迪厄的文章〈《秀異》日文版導讀〉（Espace social et espace symbolique: Introduction à une lecture japonaise de 'La distinction', Bourdieu 1991d）。

給我自己吧……

● ── 我們可否這麼說，儘管您的社會學不能像上述所批判的予以簡單化約，但在一定程度上，它仍是一種努力，以力圖分析您的生平軌跡和所受訓練帶來的「社會皈依」（social conversion），並充分地把握這些過程使您獲得的那種社會世界觀？

　　我在社會學和人類學方面的所作所為，既歸功於我所受的教育，也是為了對抗這一教育。我這麼說，希望你不要將它理解為一種在藝術家和作家那裡司空見慣的聲音，聲稱我是一個偉大的開創者，是一個不欠任何人任何東西的「橫空出世的創造者」。[228] 我這麼說，僅僅是要表明，我曾不得不努力擺脫那種理論上故作深沉的虛假姿態。當我在巴黎高等師範學校攻讀哲學的時候就有了這種傾向，自從那時候起，對它的態度就已經成了我學術生涯的一部分；但同時我又要不斷地借助所受的訓練，特別是理論訓練和哲學訓練，讓它們發揮作用。在我的學生時代，那些因為講授了「出類拔萃的課程」（就像我們在法語中所說的，brilliant cursus）而使自己卓爾不群的人，除非讓他們自貶身價，否則他們絕不可能去做社會學這個行業中必不可少的那類「粗鄙不雅、平淡無奇」的實踐工作。這裡我們再次看到，基於某些社會原因，社會科學是十分艱難的：社會學家這種人，必須走上街頭，訪談男男女女，聽取他或她的看法，並力圖從他們那裡獲曉一些資訊。這正是蘇格拉底當年身體力行的，但今天恰恰是那些整日讚美蘇格拉底的人最不肯理解和接受的事實：面對社會學所要求的「粗鄙」工作，需得捨棄這種哲學王的角色。

---

228 對這種意識形態的批判，具體請閱讀〈那又是誰創造了創造者呢？〉（But Who Created the Creators?, Bourdieu 1980b: 207-21）和布赫迪厄對福樓拜的分析（Bourdieu 1988d）。

　　不用說，我開始從事社會學時，所不得不經歷的那種轉變，是與我自身的社會軌跡不無關聯的。我青少年時代的大部分時間，是在法國西南部一個偏僻的小村莊——就像城裡人所說的是一個「落後」的地方——中度過的。而我要適應學校教育的要求，就只能放棄我的大量原初經驗和早年習得的東西，而不僅僅是某種口音……人類學和社會學可以使我重溫這些原初經驗，使我可以依舊保留它們，而無須喪失我其後獲得的任何東西。這種觀念在階級「背叛者」那裡並不常見，他們對自己的出身和早年經歷極為不悅，恥於談及。[229] 1960年前後，我在這個村子裡所做的研究有助於發現大量有關我自己和我的研究對象的東西。

　　在閱讀福樓拜的過程，我發現另外一種社會經歷對自己的意義也很重大，就是作為一個公立學校寄宿生的生活。福樓拜在某個地方曾經寫到：「長到十歲還對寄宿學校是怎麼回事兒懵懵懂懂的人，對外面的社會只會一無所知。」我已故的朋友高夫曼在《收容所》（*Asylums: Essays on the Social Situation of Mental Patients and other Inmates*, Goffman 1961）中曾表明，一個精神病院的住院者如何發展形成了極具創造性的策略，面對「總體性制度」強加在他們身上的那種時常是令人震愕的約束之下，仍然可以挺下來。有時我很驚訝，自己是從哪裡獲得這種能力，使我能夠理解、甚至預感到

---

229 例如，參見收入《學術界裡的陌生人：來自工人階級的學者》（*Strangers in Paradise: Academics from the Working Class*, Ryan and Sackery 1984）中的自述，以及蘭西‧羅森布拉姆（Nancy Rosenblum）和唐納‧克雷西（Donald Cressey）坦率的自傳（收入Bennett Berger 1990），這些都以令人感動的經歷，證實那些具有普通人背景的學者所承受的「隱藏著的階級創傷」。與此相關。霍加斯的著作（Hoggart 1967）透過社會分析的方式，力圖接受這一矛盾處境。安妮‧埃爾諾的《地位》（*La place*, Annie Ernaux 1984）不同凡響地用文學的方式對這種經歷進行入木三分的說明。

那些從未親身經歷的情境中的經驗，諸如裝配生產線上的工作，或無專門技術可言的辦公室工作中那種單調乏味的例行公事。如在那些向上流動的人們中經常可以看到的，我的整個社會軌跡穿越了千變萬化的社會環境。我相信，在我的年輕時代，以及具有了這樣一個社會軌跡後，我的腦海裡已經留下了紛繁複雜的各種畫面，而我的社會學工作，就是力圖加工這些「畫面」。

● ── **您現在的日常生活中，是否仍繼續在腦海裡捕捉這類畫面呢？**

福樓拜曾經說過一番話，大意是，「我樂意經歷各種各樣的生活」。在這一點上我與福樓拜頗為契合，我也同樣希望體驗所有的人類經驗。我發覺，社會學技藝的一個最不尋常的報償，就是它可以讓我們進入他人的生活。譬如當人們參加聚會時，資產階級的禮儀禁止他們談論任何「嚴肅」的話題，如他自己，他的工作等等，在這種時候與人交談，你會厭倦得要死；但一旦他們談起各自的工作經歷，馬上會讓人覺得有趣得多。這並不是說在日常生活中，我也總是在從事社會學的研究，而是說在不知不覺中，我捕捉了一些社會的「瞬間畫面」，攝製了一些「快照」，這些我在將來都會予以發展（develop）[230] 並利用。我相信所進行的許多研究中的假設和分析，作為其基礎的所謂「直覺」，部分就肇始於那些「瞬間畫面」、那些「快照」，而且經常還是年代久遠的東西。

從這個角度看，社會學家的工作與作家或小說家（這裡，我特別想到馬塞爾・普魯斯特 [Marcel Proust, 1871-1922] [231] 的作品）的

---

230 譯註：develop一詞，在英語中既有「發展」之義，也有「顯影」、「沖洗」、「放大」之義。這裡布赫迪厄用的是雙關語。

231 譯註：普魯斯特（Marcel Proust, 1871-1922），法國小說家，以《追憶逝水年華》（*A la recherche du temps perdu*）一書著稱於世。在這本被譽為本世紀最偉大的小說中，他別具匠心地採用第一人稱的手法描述了主人公對所經歷的各種人生場景的「追憶」，在小說的一些著名段落的描寫中，如回憶萊奧妮姑姑請「我」

工作頗為類似：與後者一樣，我們的任務也是為人們提供進入各種
經驗的途徑，並且向大家闡述這些經驗，不論這些經驗是普遍共用
的，還是少數人特有的，只要它們在平常是被忽視或者未經整理
的，我們的工作就有價值。

● ——**您認為，社會學家可以從威廉・福克納（William Foulkner）、
詹姆斯・喬伊斯（James Joyce）、克勞德・西蒙[232]或普魯斯特（您
經常喜歡引述他，例如在《秀異》中）那裡汲取靈感，並且可以從
他們的作品中學到許多東西。您並不認為在文學和社會學間存在必
然的對立。[233]**

吃的馬德蘭蛋糕，都具有布赫迪厄所說的那種「瞬間畫面」，或者說「快照」
一樣豐富的色彩，只是正如許多批評家所指出的，這些「快照」更像幻影，而
非現實的描述。

232 譯註：克勞德・西蒙（Claude Simon, 1913-），法國作家，新小說派代表人物，
小說不注重情節，時間和場景自由跳動，擅長描述各種瞬息間的感覺和現實生
活中許多小事的混亂狀態。最主要的作品為《佛蘭德公路》（*La route des
Flandres*），1985年獲得諾貝爾文學獎。

233 布赫迪厄的作品廣泛地討論了文學和作家，不論是福樓拜、福克納、維吉尼
亞・吳爾芙，比利時文學，讀者和讀物，連環漫畫冊，還是整個文學場域（分
別見Bourdieu 1987i, 1988d, 1987a: 132-43, 1985g, 1971c, 1983d）。七〇年代，他
在巴黎高等師範學校指導一個研究文學的研討班，從中產生了大量論文和專
著，其中的一些發表在《社會科學研究探索》（包括呂克・博東斯基 [Luc
Boltanski]、尚博爾東、克里斯多夫・夏爾 [Christophe Charle]、雷米・蓬東
（Rémi Ponton）、聖・瑪丹和安妮－瑪莉・蒂埃斯 [Anne-Marie Thiesse] 的文
章）。那些一見到文學與社會科學之間存在親緣的觀點就頓生排斥心理的人，
應該參見一下羅伯特・尼斯貝（Robert Nisbet）的《社會學作為一種藝術形式》
（*Sociology as an art form*, Robert Nisbet 1976），在書中，尼斯貝對經典社會學與
文學之間在心理衝動、歷史、表現手法和認知宗旨諸多方面的共通之處，做了
簡單而又富於啟發的探討。也可以閱讀一下布魯斯・麥茲黑希（Mäzlish 1989:
第4章）的論述，他指出，無論是革命性社會學，還是學院社會學，它們誕生
的背景都有小說中常見的那種「哀悼傳統」（tradition of lament）的因素。

　　當然，在社會學和文學之間存在明顯的差異，但我們必須小心行事，不要把他們變成水火不容的「仇敵」。不用說，社會學家不必、也不可能聲稱自己要在作家的地盤上和他們比個高低。長期歷史積累下來的各種嚴格要求和潛在可能，在文學場域本身的邏輯上打上了深深的烙印。由於社會學家對此一無所知，充當作家的角色會使他們的表現像一個「票友」（就像我們稱那些未受過正規訓練的繪畫愛好者為「票友」一樣）。但社會學家還是可以在文學作品中發現研究的線索和研究取向。而科學場域所特有的監督體制，卻傾向於阻止或者妨礙我們獲得這些線索和取向。[234] 而且，社會學家可以透過他們記錄和分析的工作，闡明那些產生文學效果的話語（儘管那些話語不一定純粹出於「文學」意圖的驅使），並且可以像十九世紀末攝影對畫家提出的問題，對作家也提出類似的問題。

　　我想利用這個機會，指出作家可以教我們的東西遠比此為多。讓我舉個例子來告訴你，作家如何幫助我避免了唯科學主義和實證主義對科學工作的見解中所暗含的監督和預設。幾個月前，我小時候的一個朋友從貝亞恩來看我，他非常戲劇性地經歷和體驗了某些個人問題，就此來聽聽我的意見。他向我提供的描述完全稱得上是福克納式的，對這些描述，我開始還無法理解，儘管我幾乎對所有相關的事實都一清二楚。經過幾個小時的交流，我開始明白：他同時向我講述了三、四個結構類似而相互交織的故事：他自己的生活故事——他和他妻子（她幾年前就死了，他懷疑她一直欺騙他，和他的哥哥通姦）之間的生活故事；他兒子的生活故事，他兒子及其未婚妻（他認為他兒子的這個未婚妻不是什麼淑女）之間的生活故事；他媽媽的生活故事。他媽媽一直是上述兩個故事中沉默不語的

---

234 參見布赫迪厄的作品（Bourdieu 1990i），他運用維吉尼亞‧吳爾芙的小說來闡明男性對性別支配過程的體驗。

神祕見證人；此外還零星地插入幾個不太重要的生活故事。我看不出哪個主要的生活故事給他造成最大的痛苦——是他自己的，還是他兒子的（在後一個故事中，要害是父子關係的未來發展，這一點體現在農場和土地的未來前景問題上）。而且，由於這些故事在結構上都很類似，我也看不出究竟是哪一個故事掩蓋了其他故事，或者說，使其他故事以一種遮遮掩掩的方式被講述。可以確定的是，這種描述的邏輯就在於不斷重複出現的句首代名詞總是十分模稜兩可的，特別是「他」、「他的」或「她」和「她的」這些詞：我不能分辨這些詞指的是他本人，他的兒子，他沒過門的兒媳婦，還是他媽媽。這些詞作為可以相互替換的主語發揮作用，這些主語的可替換性正是他生活在其中的戲劇的源泉。那時候，我非常清楚地意識到，人類學家和社會學家所心滿意足的那種線性生活故事，完全是人為製造的，而且，今天在我看來，吳爾芙、福克納或西蒙那些表面上極為形式化的探索，要比我們所習慣的傳統小說的線性敘事更具「現實主義」（如果這個詞還有什麼意義的話）精神，在人類學上更真實，也更貼近時間體驗的真相。

這樣，我又將一整套曾經受到壓制的問題重新帶回自己思考的前沿。這些問題涉及生平問題。[235] 而且從更廣泛的範圍而言，這

---

235 有關這些問題提綱契領的討論，包括攻擊生活故事的線性概念，可以參見〈傳記的幻覺〉（The Biographical Illusion）一文。在這篇文章中，布赫迪厄提出要取消那種「生活故事」的「人為產物」，這些產物往往「在社會上享有不可指責的地位」，代之以理論構建的「軌跡概念，這一概念應該被理解為在一個空間內，由同一行動者（或同一集團）相繼占據的一系列位置；而這個空間本身也不斷演變，並且受到持續不斷的變化影響。有些人力圖把生活看作是一些相繼發生的獨特、自足的事件序列，這一序列只是透過某個『主體』才連接在一起，而這個『主體』恆定不變，無疑完全就像一個專有名詞那樣，沒有變化。這樣理解生活是十分荒謬的，就像在考慮一條地鐵線路的意義時，不問整個地鐵網絡的結構，也就是不理睬不同車站之間客觀關係的聚合體。生平事件可以被適當

些問題還涉及了作為一種過程的訪談邏輯，也就是涉及體驗的時間結構和話語的結構之間的關係，同時，這些問題還質疑合法（值得作為科學問題來發表和爭論）的科學話語地位，探究了我更多出於無意（而非有意地）所傾向於排除在研究之外的那一整套所謂「原始」材料。在我論述福樓拜的作品中，我同樣艱難地處理了福樓拜曾遭遇的許多問題——和答案，諸如如何結合使用平鋪直敘、婉轉迂迴或自由隨便的風格，這個方面正是將訪談改寫和發表的關鍵所在。

　　總體而言，從社會學誕生到現在，總有為數不少的社會學家認為，為了確定社會學學科的科學性，必須透過反對文學來界定自身（正如萊佩尼斯 [Wolf Lepenies] 在《三種文化》[*Die drei Kulturen: Soziologie zwischen Literatur und Wissenschaft*, 1988]）一書中所論述的）；而我堅信，文學在許多方面要比社會科學先進得多，其中蘊藏著大量有關根本性問題的寶貴思想——例如那些與敘事理論有關的思想所體現的東西。社會學家應該從中借鑑，並予以批判性的考察，而不是虛張聲勢地將這些被視為有損社會學科學性的表達方式和思考方式拒之以千里之外。

●┈┈　與許多聲名卓著的法國學者（如涂爾幹、沙特、艾宏、李維史陀、傅柯和德希達）一樣，您也是巴黎于爾姆大街上的高等師範學校的畢業生。這個學校在傳統上一直是培養法國知識分子之處。而同時，您又是菁英學校最犀利的批評者之一，您對這些學校的畢業生和他們的特權進行了尖銳的批評，《國家精英》一書中這樣的論

　　地界定為社會空間中為數眾多的位置與位移（placements et déplacement），更準確地說，就是所考慮的場域中，處於利害關鍵的不同種類資本的結構相繼發生的不同狀態間，為數眾多的位置和位移」（Bourdieu 1987c: 71；英譯本有所改動）。

述俯拾皆是。您寫道，您「從未感到心安理得地做一個知識分子」，在學術界沒有「賓至如歸」的感覺。[236]

在我一生中，有兩個時刻，我對這種感受，感覺極為強烈，體驗也最為敏銳。一是在我進入高等師範學校時，一是我被選入法蘭西學院時。在高等師範學校學習的每時每刻，我都難以遏制地感到不自在，我對伯恩哈德・格雷圖伊森（Bernhard Groethuysen）[237] 描述盧梭初到巴黎的段落印象鮮明，始終難忘，因為那一段就像是我個人經歷的一幅寫照。我還可以推薦你去讀讀沙特論保羅・尼贊（Paul Nizan）的文章，這篇文章是為尼贊的《阿拉伯的亞丁》（*Aden Arabie*）所寫的前言，字裡行間、其情感，都與我入高等師範學校時的感受絲絲入扣、毫釐不爽。這又一次證明了，我的這種感受並不是什麼獨樹一幟的東西：它也是一種社會軌跡的產物。

在法國，原籍在一個偏遠的外省，降生在盧瓦河[238] 之南，這些賦予你許多揮之不去的特性，與那些處在殖民境況中的人沒什麼

---

236 「在學術界，我是一個陌生人，無疑正是基於這種情感，使我針對知識分子提出許多質疑。而這些探問，這些人總有如此之多的應答之辭，並且說到底，他們對自身的疑問又是如此之少。我之所以質疑這個世界，那是因為這個世界對我也滿懷狐疑，而且這種感覺已經遠遠超出了純粹的社會排斥感：我從未感到心安理得地做個知識分子，我並沒有『賓至如歸』的感覺；我覺得自己必須為那種對我來說是毫無根據的特權做出交代，儘管該向誰負責，向誰做出交代，我並不知曉」（Bourdieu 1980b: 76；引者自譯）。

237 近代史學者格雷圖伊森對法國「資產階級精神」的淵源進行了研究，他還撰寫一本論述盧梭的書，名為《尚－賈克・盧梭》（*Jean-Jacques Rousseau*, Bernhard Groethuysen 1977, 1983），在他的著作中還包括一些探討哲學人類學的專著。

238 譯註：羅亞爾河（Loire），1020公里，法國境內最長的河流，縱貫法國中部，一般上視作法國南北部的分界線。南部和北部無論在自然地理、氣候，還是人文景觀、經濟與社會結構方面都差別很大，南部是農業區，一般被認為比北部的工業區要落後一些，而且保留了較多的傳統社會結構因素和心態觀念。

兩樣。它賦予我一種客觀上和主觀上的外在性，使我和法國社會的核心制度，乃至知識界的體制處於一種十分特殊的關係中。我們周圍存在許多形式的社會種族主義，有的頗為微妙，有的甚至直截了當，這些都只會使你變得感覺靈敏，瞭如指掌；當人們不斷使你意識到自己的異他性（otherness）時，你的頭腦裡就會迸發出一種始終不懈的社會學警醒。這幫助我領會了那些他人觀察不到、感受不到的事物。當然，我確實也是高等師範學校的一個產物，只不過是一個暴露高等師範學校真相的產物。但你必須從高等師範學校的角度來寫這些有關的問題，才不會被人認為是由自身的怨恨所驅使。

——　您被選為法蘭西學院（這是法國獨一無二的、最富聲望的科學機構）的社會學教授，人們可以用您自己的語言稱這件事為「社會神聖化」。這一任命如何影響了您的科學實踐？或者更一般地說，您如何利用所掌握的有關學術界運作的知識？

我被任命為法蘭西學院成員的時候，也是大量研究我稱之為神聖化的社會巫術和「制度儀式」的現象（Bourdieu 1981b, 1982b: 121-34；Bourdieu and Saint Martin 1982；Bourdieu 1989a）的時候，這並非出於偶然。在此之前，我已經提出大量想法，探討一個制度機構，特別是一個學術性的制度機構，它的實質是什麼，又是如何運作的。既然如此，我不可能不清楚，同意用這種方式被神聖化意味著什麼。[239]

---

239 「文化神聖化確實賦予它所觸及的客體、人物和情境以某種本體論上的躍升，這很類似（天主教中面餅和葡萄酒化成了基督的身體和鮮血的）化體現象」（Bourdieu 1984a: 6）。在《國家精英》一書中，布赫迪厄指出，正是神聖化的權力，也就是產生神聖的社會劃分和社會秩序的權力（正如在一個包含了被視為神聖的菁英制度——就這個制度的現行意義而言——中的情況一樣，這些被視為神聖的菁英，不僅是一種高人一等、有別於常人的人，而且是「被社會認可的，並且將自身認可為值得被認可的」人）專門具體地確定了作為一種符號權

　　我透過反思所經歷的事情，力圖與正在發生的事情之間保持某種程度的自由。我的著作經常被解讀——在我看來是誤讀——為決定論和宿命論。但就在你被社會學這一遊戲接納的時候，你從事一種研究知識分子的社會學，一種分析法蘭西學院的社會學，在法蘭西學院發表就職演說究竟意味著什麼的社會學，就是在宣告你正在竭力擺脫它的束縛，獲得某種自由。[240] 對我來說，社會學發揮一種社會分析的作用，來幫助我理解和容忍（首先從我自身開始）那些以往發現不可容忍的事情。所以，回過頭還是看看你所提出的有關法蘭西學院的問題——既然我們是從這個問題開始的——我相信，我所具有的任何一點微小的機會，使我不被神聖化的過程所吞噬，都是因為自己已經盡力分析這一神聖化過程了。我甚至設想，或許自己可以利用這一神聖化過程賦予的權威，來賦予更多的權威於神聖化的邏輯和效果的分析。

　　不幸的是，不管我們是否樂意，對社會世界進行的科學分析，特別是知識界進行的分析，極易受到兩種不同的解讀，發揮兩種不同的作用。一種可以稱為臨床用法，就像我剛才運用社會分析的觀念所發揮的作用，人們可以透過這種用法將科學分析的結果當作一種袪除了自我吹噓的自我理解的工具；另一種用法可以稱為犬儒式的用法，因為，這種用法力圖在對社會機制的分析中尋找一些工

　　力而存在的「國家巫術」（magic of the State）（Bourdieu 1989a: 140-62, 533-39，以及全書各處，引文見頁6；引者自譯；也參見Bourdieu and Wacquant 1991）。

240 布赫迪厄的就職演說（Bourdieu 1982a）正如它的題目所顯示的，是一次「關於演說的演說」。面對濟濟一堂的聽眾（其中包括他的同僚，特意遴選出來的外賓以及主管科學的官員），布赫迪厄以一種除魔的敏銳，著手分析這些儀式機制，指出這些機制「產生了一種委託行為，透過這種委託行為，新的大師被授權用一種權威的腔調來發言，而且這種機制將他的言辭規定為從適當的來源發布的合法話語」（Bourdieu 1982a: 7；引者自譯）。

具，以便更適應社會世界（這就是某些《秀異》的讀者的所作所為，他們只把這本書當成一本禮節手冊），或指導在學術場域中的策略。無庸贅言，我始終竭盡全力地阻止犬儒式的解讀，鼓勵臨床式的解讀。但思想鬥爭和政治鬥爭的邏輯無疑會誘使我們採用犬儒用法，特別是一種涉身爭辯的用法，把社會學當作一種特別強有力的符號戰爭的武器；而不是採用臨床用法，這種用法提供了一種領會和理解自身與他人的手段。

●──**您從事社會學的研究，而不是哲學或精神分析，是否因為在社會科學中，您發現了去神祕化（demystification）和自我理解最強有力的工具？**

　　若想充分回答這個問題，要求我們對思想進行一長串社會分析。[241] 就這麼說吧，我想，考慮到我在社會中的位置，考慮到那些我們稱之為自己的社會生產條件的那些因素，社會學是我的最佳選擇，即使不能感到與生活完全情投意合，也至少可以發覺世界在某種程度上是可以接受的。在這種有限的意義上，我相信，自己在作品中已經達到了目的：我實現了某種自我治療。我希望，這種治療同時已經產生他人可資利用的工具。

　　我始終不懈地運用社會學，力求在作品中清洗那些勢必會對社會學家產生影響的社會決定因素。當然，現在我不能在須臾之間，認定或聲稱自己完全擺脫了這些決定因素。每時每刻，我都願意能停下來，考慮一下，哪些是我還未分析到的；我一直在永無止境地

---

241 布赫迪厄的一些論述（Bourdieu 1987a: 13-71, 1990a: 1-29）粗略地勾畫了這種社會分析的輪廓。布赫迪厄從哲學轉向社會科學，一個關鍵性的因素是這一轉向發生時的社會政治局勢和軍事局勢：在阿爾及利亞獨立戰爭那種驚心動魄的情境下，一切都表明社會學和人類學比起抽象玄奧、不食人間煙火的哲學爭論，能向他提供一種政治上更為有效，倫理上更為切合的思想天職（intellectual vocation）。

迫使自己去探詢：「現在，哪一個黑箱是你還沒有開啟的？你忘了哪些依舊操縱著你的因素？」我心目中的知識分子英雄之一是卡爾・克勞斯（Karl Kraus, 1874-1936）。[242] 他以一種別具一格的方式，真正地批判了知識分子。驅使他這麼做的原因，是他真心實意地信守知識分子的價值，而不是出於一種反知識分子的怨恨；而且他的批判產生了真正的影響。就這方面而言，在知識分子當中，卡爾・克勞斯這種人真是鳳毛麟角、寥若晨星。

我堅信，社會學只要是反思性的，就能夠使我們追本溯源，直到怨恨（ressentiment）的最初萌芽，並將之斬草除根。怨恨並不像舍勒（[Scheler 1963] 他探討婦女怨恨的論調實在令人生厭）所說的，等同於被支配者所體驗的對支配者的憤恨。而是像發明這個詞的尼采所言，是這樣一種人的情感，這種人將以在社會學意義上殘缺不全的存在形式——我是個窮人，我是個黑人，我是個女人，我是個沒權沒勢的人——轉化為人類卓越品質的一個樣板，一種唯有少數選民才能實現的自由成就，一種生存的本分（devoir－être），一種應為之事，一種宿命（fatum）。這種人具有上述怨恨感，它建

---

242 克勞斯是頗具克里斯馬魅力的奧地利劇作家、詩人、散文作家和諷刺作家。他窮其一生來揭示和譴責知識分子（特別是記者）與當權的政治經濟當局之間的妥協。他是頗有影響的維也納評論雜誌《火炬》（*Die Fackel*）的創辦人，而且在長達四十年的時間裡，在很大程度上，他是這本雜誌的唯一作者。在這本雜誌中，克勞斯堅持不懈地揭露正在浮現的文化生產職業化過程所導致的控制機制和監督機制，毫不留情地使用各種挑釁的技巧（文字「審判」、假造的請願書、人身攻擊等等）來揭露和斥責知識分子的機會主義，以及他所謂的「新聞盜匪」，他在這方面獨樹一幟。（邁克爾・波拉克 [Pollak 1981]）對「知識分子在行動中運用的社會學」進行了社會學的分析，提出克勞斯和布赫迪厄在知識分子場域中彼此的立場有一些共通之處。）艾德華・蒂姆斯的專著（Timms 1986）為生活在哈布斯堡王朝時代維也納的克勞斯，勾畫了一幅維妙維肖的生平和思想肖像。有關克勞斯的文章和格言，參見Kraus 1976a, 1976b。

立在對支配者無意識間的迷戀之上。社會學可以使我們擺脫這種病態的符號倒置策略，因為它迫使你去質問：難道我這麼寫，不是因為……當我描述瓦來里・吉斯卡爾・德斯坦（Valéry Giscard d'Estaing, 1926）[243] 打網球時（Bourdieu 1984a: 210），我的反感，我的譏嘲，我的諷刺，以及用來修辭的形容詞的弦外之音，這些的根源難道不是因為在骨子裡嫉妒他的身分嗎？在我看來，怨恨是人類苦難的最深重普遍的形式；它是支配者強加在被支配者身上的最糟糕不過的東西（也許在任何社會世界中，支配者的主要特權就是在結構上免於陷入怨恨之中）。因此對我來說，社會學是一種解放的工具，因此是一種慈悲（generosity）的工具。

●——　**作為我們討論的總結，讓我們回到《人：學術者》，這本書遠不只是您的自傳：它既可以看作一種昇華的努力，用科學的方式來把握您與大學之間的關係，其中包含您整個生平軌跡的一個縮影；也可以看作反自戀症的反思性或自我理解的一個典範。您在英譯本的前言中寫到，這本書「借助對他人的分析包含了篇幅可觀的自我分析」，您似乎是在向讀者指出這一點（Bourdieu 1988a: xxvi）。[244]**

我寧願說，《人：學術者》是一本反傳記（anti-biography），因為寫作自傳，經常既是一種為自己樹碑立傳的方式，也是一種自

---

243 譯註：瓦來里・吉斯卡爾・德斯坦，1974至1981年被選為法國第二十任總統。
244 布赫迪厄在這篇前言的結尾（Bourdieu 1988a: xxvi）承認「分析大學制度的社會學多少有些獨特，這種社會學之所以在我的著作中占有特殊的地位，無疑是因為我感到有必要藉此獲得某種特殊力量，以便用一種理性方式來把握一個『獻身者』所感受到的失望——在他眼裡，他所奉為圭臬、為之獻身的那些真理和價值被人棄若敝屣並行將湮滅——而不是在一種自我毀滅的怨恨感中尋求庇護、求得解脫」（英譯本有所改動）。我在另外一篇文章（Wacquant 1990a）中曾經指出，《人：學術者》歸根究柢是一個導引，意在提請知識分子用集體性的方式對自身進行社會學的說明。

掘墳墓的方式。這本書實際上既是一種嘗試檢驗社會科學中反思性的適用範圍，也是一項尋求自我知識的事業。平常，人們往往把自我知識看作是探索個人與眾不同的深層特性。與這種看法將會引導我們相信的那些觀念相反，「我們是什麼」這類問題最隱祕的真相，最不可思考的無思（I'impensé le plus impensable），本身也體現在（過去我們所把持的和現在我們所占據的）社會位置的客觀性和歷史性中。245

　　在我看來這就是社會學史構成科學實踐絕對前提的原因所在。我所說的社會學史，可以理解為透過闡明問題、思想範疇和分析工具的生成過程，探索社會學家的科學無意識。而且，社會學的社會學也同樣如此。我相信，如果我所提出的社會學與過去現在的其他社會學在什麼重要的方面有所不同，首先那就是它持之以恆地運用那些它所產生的科學武器，反過來針對自身。我所提出的社會學，透過研究那些可能對它發揮作用的社會決定因素，特別是透過對所有約束和限制因素——這些因素都與這樣一個事實有關，即在一個

245《實踐感》的前言是一篇篇幅很長的社會分析性導言，在它的結尾，布赫迪厄這樣寫到：「根據個人軼事進行的肆意反駁，拒絕進行科學的對象化構建，只能構建一個虛幻的人。社會學分析則與這種做法針鋒相對，特別是當它把自己置於探究分類範疇形式的人類學傳統之中時，就更是如此。社會學分析透過將那些在一貫被視為主觀性的領地中出沒的客觀性構建為它的研究對象，從而使一種名副其實的對自我的重新理解成為可能。我們所說的這些主觀性的領地，諸如思維、感知和理解的社會範疇，正是所謂客觀世界的所有表象背後的無思原則（unthought principle）。社會學透過迫使我們發現內在性中的外在性，揭示出稀有罕見事物的幻覺背後隱藏的司空見慣的機制，從獨一無二的事例中發掘出人所共有的過程，這樣就不僅在效果上否定了所有自戀式唯我主義的招搖撞騙，而且向我們提供了也許是唯一可行的手段，使我們不屈從於世界的力量，而是竭盡全力地構建某種類似主體的東西，哪怕只是透過意識到社會決定因素才能實現這樣的努力」（Bourdieu 1990a: 20-21；英譯本有所改動）。

特定時刻，具有某種軌跡的行動者（或集團）在某一既定場域中占據了一個確定的位置——進行科學的分析，獲得大量的知識。它利用這些知識來確定並抵銷這些社會因素的效果。

採納反思性的觀點，並不是要否認客觀性。恰恰相反，反思性透過對那種純思辨的、武斷地逃脫了構建客觀對象的工作的認知主體的特權提出質疑，賦予客觀性以充分徹底的一般性。反思性的工作，就是要用科學「主體」構建的客觀性——特別是透過把經驗「主體」置於社會空間中的一個確定位置上——來說明經驗「主體」，並且因此獲得對所有約束因素的明確意識和（可能的）清晰把握，這些因素可能透過科學主體與經驗客體，以及與那些利益、推動力和預設之間的紐帶損害科學主體，而要想完全將自身構成科學主體，就必須與後面這些因素決裂。

長期以來，經典哲學一直教導我們必須在「主體」中尋找客觀性的條件，並因此從中尋找「主體」所規定的客觀性之局限。反思社會學則告誡我們，我們必須在科學構建的客觀對象中尋找「主體」之所以可能的社會條件，（例如，使「主體」的行動成為可能的學校情境，以及概念、問題和方法中遺留下來的一系列包袱，）並且從中尋找他所從事的客觀化行為的局限。這就促使我們拒棄經典客觀性中的絕對論主張，但又不陷入相對主義的懷抱；因為科學「主體」的可能性和科學客體的可能性本是一回事。而且，有關科學「主體」生產的社會條件方面的每一項知識進展，都對應著科學客體方面的知識進展，反過來也是如此。當研究將科學場域本身，也就是科學知識的真正「主體」當作自己的對象時，這一點看得最為清楚。

因此，以決定社會學實踐的那些社會因素為分析對象的社會學，絕對不是要削弱社會科學的基礎，而是使我們有可能掙脫這些決定因素，獲得自由的唯一可能基礎。而且，只有當社會學家透過

鍥而不捨地使自身承受這種分析，以充分地利用這種自由時，社會學家才可能產生一門有關社會世界的嚴格科學。這種科學絕不是要向行動者宣判，他是身陷在一個嚴格決定論的鐵籠中，而是要向他們提供一種解放和喚醒意識的大有潛力、大有希望的手段。

反思社會學的實踐（巴黎研討班）

皮耶‧布赫迪厄

我打心底裡願意將笛卡兒的規則比作那種記不清具體操作的化學家的格言：從事你必須從事的工作，遵循你必須遵循的步驟，然後你就會如願以償，得到想要的東西。除了真正顯著的因素什麼都不要考慮（也就是說，只考慮你不得不考慮的因素）；將課題劃分為需要加以劃分的部分（即做你必須做的事情）；循序漸進地從事研究（遵循你必須遵循的步驟）；舉證完備（也就是說，提供你必須提供的舉證）。這正像有人一本正經地教給我們應當求善避惡一樣。所有這些肯定是再合適不過了，除非你缺乏衡量好壞的標準。

——萊布尼茨，《哲學論文集》（*Philosophische Schriften*）

1 傳承一門手藝

今天，與往常不同的是，我想試著說明一下，透過這次研討班，我想在教學上達到什麼目的。下次我就想請每一位參加研討班的人簡單地介紹一下自己，並用幾句話告訴我們他正在研究的課題。我主張大家不要為此做任何特別準備，只需非常隨意地談一下

就成了。我所希望聽到的，不是什麼正式的表述，也就是說，不要提交一篇組織嚴密、證據充分的論文來，憂心忡忡，擔心受到批評，光想著怎樣想方設法來擺脫它們（當然，在正式的論文中，這也是情有可原的）；我只想聽你們用簡單樸實的語言，開誠布公地談談你們所做的工作、碰到的困難、發現的問題等等。沒有什麼東西比困難更普遍、更能被普遍化了。我們每個人，當發現以往被我們歸之為自己本身的愚魯或無能的許多困難原來是大家所共同碰到的難題時，總會覺得大大地鬆了一口氣；而我也許會提出一些建議，表面上看好像就事論事，其實每個人都會從中獲益。

我想先在這裡順便提一下，希望在我的啟發下，你們能夠養成許多性情傾向，其中包括這樣一種素質，它使你們把研究工作看作是一項理性的努力，而不是某種充滿神奇色彩的探索：你雖可以用一些華美的詞藻充實自己的語言而增強自信，但你也會同時因此而增添幾分擔憂或困擾。我說的這種現實主義立場，就是想讓你從開始自主地進行研究時起，就努力尋求對自己資源的最佳配置，盡可能地擴大投入的產出（當然，這種現實主義立場並不意味著看破紅塵，憤世嫉俗）。我知道用這種方式來進行科學研究，多少是除魔後的結果，還有進一步除魔的作用；而我也冒了一定的風險，損害了許多研究者樂於維護的自身形象。不過，要想避免自己遭受遠為嚴酷的失望，這也許是最好的，也是唯一的途徑。有些學者長年累月地陷於自我神化的狀態，把自己看成一個前無古人的探索者，竭盡心思，以使自己符合那種神化後的光輝形象，而不是踏踏實實地履行本職工作。這樣的人，一旦從高處摔下來，走下神壇，等待他們的，將是那遠為殘酷的失落感。

研究報告在各個方面都迥然不同於那種陳列展覽，企圖賣弄一番、讓別人五體投地的自我炫耀，[1]而是一種袒露自己、甘當風險的陳述。（我會毫不猶豫地突然讓你們發言，讓你們在毫無預見和

準備的情況下開口，以解除你們的自我戒備，使你們樂於使用的各種自我表現策略發揮不了作用。）我敢肯定，你們越是敞開胸懷，就越可能從討論中獲益，就能得到更多富有啟發的、善意的批評與建議。要想克服我們的缺陷以及許多時候實際上是這些缺陷的根源的恐懼驚慌，最有效的辦法就是能夠和大家一起微笑面對它們、探討它們。你們很快就會發現，這樣的場面會經常出現在我們的研討班上……。

　　我會不時地給你們談談我現正在進行的研究——可能下次就會提到。你們一般所接觸到的是完成狀態的研究工作，到時候你們就會看到，我們正在從事的研究還是疑雲重重、一團亂麻，你們可以叫它作「進行」狀態的研究工作。學術人樂於欣賞成品，就像因循守舊的學院派（pompier）畫家，總想在自己的作品裡，使任何一點筆觸，各種反覆的潤色，完全消失得無影無蹤。我發現有些畫家，其中就有馬奈的老師古杜爾（Thomas Couture），他留下了大量素描，風格酷似旨在反對學院派繪畫的印象派畫風，但他和其他一些畫家經常對畫稿做最後修飾時，屈從於完美精細的標準，這樣的表現方式正是學院派的審美觀念，在某種意義上，這些人自己「破壞」了他們的作品。我發現這種現象後，時常感到非常氣惱。[2] 我將努力展現我們這項研究工作進展中的困惑，然而這種困惑紛亂卻孕育著成果。當然有許多限制，因為我清楚地意識到，出於某些明顯的社會原因，我不能像你們那樣有權理直氣壯地宣稱自己還很困惑，而你們也不大會像我針對你們的那樣，樂意把這種權利授予我，從某種程度上說，這些情況都是很自然的現象。（不過我又得

---

1 此處布赫迪厄在講課時用的是英語。

2 有關十九世紀法國印象派畫風興起所帶來的符號革命，參見Bourdieu 1987i對此所做的歷史考察。

提醒一句，所謂自然，只是就那種暗含的教育理念來說的。它要求我們根據課堂上講授內容的數量和簡明清楚的程度，來評估一堂課的價值，評估它的教學成果。這樣的理念當然有待質疑。）

這樣的研討班，作用之一就在於給你們一個機會，看看研究工作實際上是怎麼開展的。在最終的報告裡，你們不會得到所有挫折、歧途和反覆的完整紀錄，這些都被刪除了，但事實證明，沒有這些就不可能得出最終的報告。在「高速攝影所拍攝的照片」中，你們會對「實驗室」裡不為人知的研究過程有所了解。或者說得更謙遜一些，不是「實驗室」，而是「工作室」，是手工匠人或十五世紀文藝復興時期的畫家們的那種工作室，也就是說它有著各種各樣的錯誤，起步不當，搖擺不定，陷入困境，推倒重來，諸如此類，不一而足。研究者們儘管各自工作的進展程度不一，但都會把自己力圖建構的對象擺出來，接受其他所有人的質疑與批評。這些人的行動方式，用傳統行話來說，[3] 就像這行業裡的老同事、老夥計，他們會各盡所能，把過去所有的嘗試和失敗教訓逐漸積累起來的集體性經驗貢獻出來。

在我看來，社會科學裡登峰造極的藝術便是能在十分簡明的經驗對象裡考慮具有高度「理論性」的關鍵問題，而這樣的經驗對象，表面上看來，即使不說是微不足道、貽笑大方，也總是給人一種太過鄙俗的印象。社會科學家們太容易相信，某個對象的社會政治重要意義本身就足以確保探討它的論述也是十分重要的。這一點也許可以解釋，為什麼那些最容易把自己的地位等同於所研究對象

---

3 休厄爾從歷史角度詳盡地詮釋了法國舊制度下的「技藝」觀（William H. Sewell 1980: 19-39）。有必要在此引述他對十八世紀法國這一普遍習語的簡要概括，因為他捕捉到布赫迪厄所理解的社會學家之「技藝」的兩個關鍵維度：「『同行夥計們』（Gens de metier）可以被理解為在藝術領域或知識領域中各種相互交織的手工操作之努力或工作。」

的地位的社會學家（就像現在有些研究國家或權力的人所做的），
一般最不關心方法問題。實際上，在研究中重要的是對象建構過程
的嚴格性。當一種思維方式能夠把在社會上不引人注目的對象建構
成科學對象（就如高夫曼探討面對面互動的細微場面），或者能從
一個意想不到的新奇角度重新審視某個在社會上備受矚目的顯赫話
題時，它的力量表現得最為淋漓盡致。[4] 後面這種轉換視角的努力
正是我目前嘗試的：借助一種非常徹底的分析，切實考察證書文憑
（有關疾病、傷殘、教育程度等等）的實質和作用，探討國家壟斷
合法的符號暴力手段之效應。就這點來說，今天的社會學家正經歷
一種突變（mutatis mutandis）。他們的處境酷似當年的馬奈或福樓
拜，後者為了充分實現他們摸索創造出來的新的現實建構方式，不
得不將這種方式運用在新的對象上，而這些現象在習慣上往往被排
除在學院藝術領域之外，學院藝術領域只關注那些被社會看作是有
重要意義的人與事，這也可解釋他們為何被指為「現實主義」了。
社會學家們可以堅定地確立他們的福樓拜式座右銘：「好好地寫寫
那些平庸無奇的世事人情吧！」

　　我們必須學會如何將高度抽象的問題轉化成實踐上完全可行的
科學操作，我們將會看到，這一說法首先預設了我們平常所說的
「理論」和「經驗研究」之間的某種別具一格的關係。在這種轉化
中，像《社會學的技藝》裡所提出的那些抽象規則戒律，即使能喚
起我們的關注，使我們對問題有所留心，也不會有太大的幫助。毫
無疑問，這是因為除了依照某種指導，腳踏實地的進行實踐，沒有
什麼別的辦法可以熟練地把握一種實踐——所有科學研究實踐概不
能外——的根本原則，而那種指導可以作為參考和反覆檢驗的工

---

4 參見高夫曼英年早逝後，布赫迪厄為《世界報》撰寫的悼文（Bourdieu 1983e），
　也參見Boltanski 1974。

具，可以通過在特定情境下，提出些直接適用於手頭具體研究案例的方案規則，來校正你的做法。

　　當然，你們聽了兩個小時的討論，盡說些什麼音樂教學，競技體育的內在邏輯，政府資助的住宅建設市場是怎樣形成的，或是希臘神學的萌芽，你們很有可能會不知所措，懷疑自己是否浪費時間，是否一無所獲。從這次研討班中，你們不會乾淨俐落地概括出諸如溝通行動、系統理論的內容，甚至得不到場域及慣習的概念。關於現代數學和物理學裡的結構觀，關於在哪些前提條件下可以在社會學裡運用結構的思維方法，二十年前我曾正正規規地系統闡述過[5]（無疑這樣更能「給人留下深刻印象」）。如今二十年過去了，我想說的還是同一碼子事，可方式卻不一樣了，是要用一種實踐可行的形式，也就是說，借助十分細微的評論和基本的問題——事實上這些問題是基本，以至於我們總是根本想不起提出這些問題——以及每次研究都沉浸在具體研究的各種細節之中的方式。我們這裡所考慮的就是監督推行一項研究，而只有當你跟著主管負責的研究者一起，實實在在地從事一項研究，你才可以算作是這項研究的監督執行人。實際從事一項研究就意味著你要參與問卷設計，閱讀統計表，或者解釋檔案資料，如有必要，也可以提些假設，諸如此類的工作等等。很明顯，在這樣的狀況下，你只能監督執行極少數研究專案；而那些據稱手頭有一大批課題的傢伙，其實並沒有做他們號稱自己在做的事情。

　　既然交流和溝通的內容在本質上包含一種做法（modus operandi），一種預先假定了特定認知類型的科學生產方式，一套觀照（vision）和劃分（division）的原則，那麼，重要的就是讓人們

---

5 參見布赫迪厄在〈結構主義與社會學知識的理論〉（Structuralism and Theory of Sociological Knowledge）中的討論（Bourdieu 1968b），他在文中表明了結構主義作為一種社會認識論對他自己所產生的影響，以及他與它的分歧。

在實際操作中看看它是怎樣表現的，觀察一下這種科學慣習（我們滿可以這麼命名它）面對實踐中的各種選擇——如某種抽樣類型、某份問卷、某項編碼上舉棋不定的困難之類——是如何「反應」的，而不一定非得用正式的概念清楚無誤地表述這些東西；而且除此之外，也就沒有什麼別的方法可以掌握這種慣習了。

要傳授一門技藝（métier）、一門工藝、一門手藝，或者用涂爾幹（Durkheim 1956: 101）的話來說，一種被理解為「沒有理論的純粹實踐」的社會「藝術」，就需要一種特殊的教學方法，完全不同於適合教授知識（savoirs）的教學方式。在那些沒有文字、沒有學校的社會裡，我們能明顯地發現有許多思維方式和行動類型，經常還是些至關重要的東西，是以教授者和學習者之間直接的、長期穩定的接觸為基礎的，通過整體全面、實踐可行的傳遞方式，從實踐到實踐地傳遞，這些技藝被傳承下來（「照我的樣子做！」）。不過，即使在具有正規學校體系的社會裡，甚至在這些學校內部，傳授知識的方式在很大程度上也仍然如此。[6] 科學史學者和科學哲學家，尤其是科學家經常注意到，他們技藝中有很大一部分是完全通過實踐習得的。[7] 對於那些知識內容、思維方式與行動類型本身就不那麼明確、規範的科學來說，無聲的教學顯然發揮極其重要的作用。這樣的教學方法在傳授過程中，既沒有什麼必要去解釋清楚被

---

6 參見Bourdieu 1990a；Connerton 1989，後文簡潔有力地捍衛了這一觀點。也參見 Jackson 1989: 第8章。

7 參見Kuhn 1970；Latour and Woolgar 1979。Rouse 1987與Traweek 1989也支持這一觀點。唐納・舍恩在《反思的實踐者》（*The Reflective Practitioner: How Professionals Think in Action*, Donald Schon 1989）裡指出（在經營管理、工程技術、建築施工、城鎮規畫乃至心理治療等領域裡的），專業人員有許多只可意會、不可言傳的知識。作為有經驗的實踐者，他們「展現出某種『實踐中來、實踐中去』的知識，而大部分這樣的實踐知識是無須言傳的默契知識」，依賴的是行動中「即興」習得的技巧，而不是在研究院裡學來的法則。

傳授的圖式，也無須明確說明在傳授過程中實際運用的圖式。

　　社會學這門科學比起一般人所認為的，甚至比起社會學家所認為的要發達得多。也許，衡量一個社會科學家在他的學科領域裡占據著怎樣的位置，就是看他認為要跟上本學科的最新進展必須掌握哪些東西，他在這方面的認識不失為一個不錯的尺度。隨著增長有關方法、技術、概念和理論等最新進展的知識，你也肯定會更加傾向於踏踏實實地把握你的科學能力。但是，社會學是那麼不規範，缺少正規化、形式化，因此不能像在別的學科領域裡，依靠思維的自我運作，或者依靠已經取代了思維的自發機制（依靠終極證據 [evidentia ex terminis]，萊布尼茨借助這種「令人眩目」的符號「證據」來反對笛卡兒的「明證」[evidence] 之說），或者，依賴正確科學行為的準則——這種準則被認為包括了所有構成最規範的科學場域的行為，例如方法、觀察程式等等。所以說，為了獲得足夠的實踐經驗，必須從根本上依靠體現在身體層面上的慣習圖式。

　　科學慣習是一種「造就人」的規則，是體現在身體層面上的規則，或者更恰切地說，是一種科學的做法，它根據科學的規範在實踐中發揮作用，但並不明確意識到要把這些規範作為自己的準則[8]：正是這種科學上的「遊戲感」（sens du jeu），使我們在正確的時刻做我們所做的事，而無須系統闡發什麼是不得不為的事，更無須知道是哪些明確的規則使我們得以順利地進行這種實踐。如此說來，一位力圖傳授科學慣習的社會學家，與一位高級體育教練，而不是與巴黎大學的教授之間有著更多的共同點。社會學家絕少通過根本原則和普遍概念表達自己的想法，當然，他們可以像我在《社會學的技藝》裡所做的闡述自己的觀點，但這樣做的前提是他們要認識

---

8 Bourdieu（1990g）和Brubaker（1989a）把布赫迪厄的理論作為一種操作中的科學慣習進行了分析。

到不能僅限於此：從某種意義上，最糟糕的就是認識論成了社會交談的主要談資，成了長篇大論[9]的主題，成了經驗研究的替代物。社會學家的做法，往往是借助各種實踐性的建議，在這點上她非常像一位教練，維妙維肖地模仿一個動作（「我要是你，我會這樣做……」），或者，在實施過程中「校正」這些實踐（「我就不會問這個問題，至少不會以這種方式提出這個問題」）。

2 從關係的角度來思考

當我們遇到對象構建的問題時，我們就會發現上一節所談的那些觀念是千真萬確的。這個問題無疑是研究的操作過程中最至關重要的，不過也是最被徹底地忽視的，特別是在主流傳統中，這種傳統的核心是「理論」與「方法論」的對立。唯理論主義「理論」的範例（paradigm，就這個詞所具有的「典型例證」之意義而言）是帕森斯的作品，帕森斯挑選了幾位後設大師的作品（涂爾幹、維爾弗雷多·帕累托 [Vilfredo Pareto]、韋伯和阿爾弗雷德·馬歇爾 [Alfred Marshall] —— 而且，令人難以理解的是，這個名單裡沒有包括馬克思），只孤立地考慮這些作品中的「理論」向度，甚至更準確地說，只強調教學的向度，然後進行純粹的理論編纂（也就是完全不涉及任何應用），結果形成的是一個概念的大熔爐。[10] 在我們的時代，這方面的範例則是亞歷山大的「新功能主義」。[11] 這種

---

9 而英語中的「Essay」無法完全傳達這種蘊涵。法語「dissertation」蘊涵略帶嘲諷的意涵，即「滔滔不絕的空話」。

10 此處布赫迪厄在講課時用的是英語。

11 參見Parsons 1937；Alexander 1980-1982, 1985，和亞歷山大的《戰後社會學二十講》（*Twenty Lectures: Sociological Theory since World War II*, 1987b）——這本書最初就是對本科生講授的一系列講座。

折衷式的分類彙編既然源出於某種教學的必要性，所以對於教學是頗為有益的，但除此之外毫無用處。而與這種唯理論主義的理論相對，另一方面則有拉查菲爾德所謂的「方法論」。這種「方法論」既與認識論無干，又不涉及科學理論，只限於感覺的歸類羅列。這裡我說的認識論，應被理解為旨在揭示反思科學實踐的圖式，這種圖式既可以通過實踐的失敗，也可以通過實踐的成功來獲知。帕森斯和拉查菲爾德所形成的對偶（其間是莫頓和他的「中層」理論），已經成為一種在社會上非常強有力的「科學」頑固勢力，這股勢力在戰後三十年的絕大部分時間裡，主宰了整個世界的社會學。[12] 在「理論」和「方法論」之間的劃分對立是作為一種認識論對立確立的；事實上，這種認識論對立是某個特定時期裡科學勞動的社會分工（表現為教授和應用研究機構的職員之間的對立）的一個組成部分。[13] 我堅信，必須全盤拋棄這種將科學活動劃分為兩個相互分離的部分的做法，我也同樣堅信，人們不能只憑將兩種抽象過程結合在一起，就可以回到具體問題上。

　　實際上，在對象構建的過程中，最具「經驗性的」技術選擇也不能脫離最具「理論性的」選擇。只有作為一種確定的對象構建過

12 更為詳盡的有關闡述，參見Bourdieu 1988e。波拉克（Pollak 1979, 1980）扼要地分析了拉查菲爾德在美國之外的活動，這些活動旨在將實證主義的社會科學——從教條到制度——有條不紊地輸出到國外。

13 詹姆斯・科爾曼的回憶提供了有關哥倫比亞（大學）社會學這兩大「巨頭」（譯註：拉查菲爾德從1940年開始擔任哥倫比亞大學社會學教授，但帕森斯自1927年起一直任教於哈佛大學，並未執教於哥大，這裡所謂「哥倫比亞社會學兩大巨頭」的說法大概是因為帕森斯的理論著作，經過莫頓的努力，始終指導哥倫比亞大學社會學的經驗研究和日常教學。詳細情況可參見詹姆斯・科爾曼的文章，特別是頁83。但詹姆斯・科爾曼的文章更多地反映了莫頓和拉查菲爾德之間的關係，因此這裡恐有偏誤。）的豐富生平資料，並論述了五〇年代他們之間的和睦關係和相互賦予合法性的過程（Coleman 1990a）。

程的一部分，諸如此類的抽樣方法、資料搜集和分析的技術等才成為必不可少的操作。更準確地說，只有將所有經驗材料都看作從一套理論預設推演出來的假設整體的一部分，它們才能作為一種證明（proof）——或者像英美學者所說的一種證據（evidence）[14]——來發揮作用。我們現在從事研究時，經常把什麼是證據這一問題視為不證自明，這是由於我們信任和接受了一種文化慣例（cultural routine），而這種慣例大多是通過學校教育強加和灌輸給我們的（美國大學裡所講授的廣為人知的「方法論」課程）。對這種「證據」所形成的拜物教，有時會使一個人僅僅因為一些經驗研究沒有將有關「證據」的那個定義視為不證自明而拒絕這些研究。每個研究者，只將世界所呈現出來的一小部分經驗材料賦予證據的地位，但在文化慣例的影響下，他們並不是將自身的問題域所引發的那部分材料當作「證據」，而是將他們身在其中的教學傳統所恩准和保證的那一部分材料視為「證據」，而且在很多時候，只是單憑這一傳統來確定何為「證據」。

當整個學派或研究傳統都只是圍繞一種資料搜集和分析的技術來發展自身時，上述分析所指出的問題就畢露無遺了。例如，今日的某些俗民方法學家除了談話分析以外對其他方法概不承認，而這裡的談話分析也被化約成只剩下對文本的評註，而完全忽視了那些可以被稱為「當地生活」（ethnographic，傳統上一直稱之為「情境」）的有關行動者所處的直接語境的材料，更不用說那些能使他們將這一情境放在社會結構中考察的材料了。這些「材料」，往往被（錯）當成是具體現象本身，其實，它們都是一種艱難的抽象過程的產物——既然所有的材料都是構建的產物，所以情況總是如此——然而我們現在所考察的這種情況中，卻未將這種抽象過程看作是抽象

---

14 此處布赫迪厄在講課時用的是英語。

的。[15] 因此，我們隨處可以發現唯我獨尊的偏執狂，有人耽溺於對數－線性模型分析（log-linear modeling），有人則執迷於話語分析、參與觀察，開放式或深度訪談，或人類文化學的描述。刻板地固守某種搜集材料的方法，足以確定一個人的「學派」成員資格，例如只要是崇拜參與式觀察的學者，就可以認定是符號互動論者，對談話分析滿腔熱忱的學者，那就是個俗民方法學家，地位獲得的研究者的標誌則是對路徑分析（path analysis）的系統運用等等。事實上，如果將話語分析與人類學的描述揉合在一起，這就是一個令人鼓舞的突破，而且是勇敢挑戰方法論一神論！同樣，面對統計分析的各種技術，不論是多元回歸（multiple regression）、路徑分析，網絡分析，還是因素分析或事件史分析（event-history analysis），我們也需要一種類似的批判。在這裡，我們又一次發現，除了少數的例外，一神論也一統天下。[16] 但即使是最初步的社會學的社會學也可以告訴我們，方法論上的譴責，常常只不過是一種掩人耳目的方式，把那些不得不做的事情裝作出於深思考慮的結果，亦即假裝沒有意識到（也就是故意忽視）他們實際上出於無知和盲目所忽視的方面。

　　與此同時，我們還要去分析展現材料的修辭手法。當這種手法轉變成為一種炫耀賣弄的材料鋪排時，它一般是被用來掩蓋對象構建過程中的一些基本錯誤。相反，假設按照那種只知不加掩飾地炫

15 參見布迪尼（Bourdieu 1990d）對於住宅的買方和賣方之間的話語互動所做的分析，出於比較的目的，可以將布赫迪厄的結構建構論（structural constructivism）與伊曼紐爾・夏洛夫（Emanuel A. Schegloff 1987）直截了當的互動式話語分析框架相互對照。

16 亞伯拉罕・卡普蘭（Abraham Kaplan 1964: 112）告誡說：「給孩子一把大錘，你就會發現，在這個孩子的眼裡，這把錘子適合敲打所有的東西。」這裡，休斯（Everett Cherrington Hughes 1984）對「方法論自我中心主義」（methodological ethnocentrism）的探討和我們此處的觀點頗為契合。

耀材料的標準來看，如果我們採取一種嚴格而富有效率的方式來展示最切中要害的結果，就經常會引起那些科學報告（同時就「protocal」這個詞的雙重涵義而言[17]）的盲目崇拜者的先驗懷疑，他們懷疑這是否算得上屬於「證據」。可憐的科學！科學，科學，多少罪惡假汝之名以行！[18]……要把我們上述的所有批評轉化為一種建設性的忠告，我只能指出，我們必須謹防各種宗派主義的相互貶斥，在對某種方法或學派進行過分排他性的信念表白時，總是隱藏著這類傾向。不論何種情況，在對象已經確定，材料搜集的實踐條件既定的場合，我們都必須竭盡全力，調動所有的技術，只要它們與我們研究的問題相關並且可以在實踐中加以利用，就相容並包，為我所用。舉例來說，人們可以利用對應因素分析來進行話語分析，最近，我在研究法國建造單門獨戶的住宅行業中的幾個公司的廣告策略（Bourdieu 1990c）時，就採用了這一方法；或者也可以像在《秀異》（Bourdieu 1984a）中那樣，結合最標準的統計分析與一套深度訪談或人類文化學的觀察。總之，對於我們來說，社會研究是那麼關係重大，如此艱鉅繁難，以至於我們絕不能原諒自己錯將科學的刻板（rigidity）——它是知性和創造的死對頭和毀滅者——和科學的嚴格（rigor）混為一談，從而使我們不能充分利用自己學科（以及人類學、經濟學、歷史學等姊妹學科）的思想傳統中的全副裝備裡的某些資源。在這些問題上，我禁不住想提出唯一一條適用的規則：「不許禁止」，[19]或者是：提防方法論的看家犬！

---

17 譯註：「protocal」一詞兼有「科學報告」和「禮儀」之義。

18 譯註：法國大革命雅各賓（Jacobin）專政時期，著名的羅蘭夫人（Roland de la Platiere, 1754-1793）在登上斷頭台之前，曾留下一句振聾發聵的名言：「自由！自由！多少罪惡假汝之名以行。」此處，布赫迪厄是套用羅蘭夫人的這句話。

19 這裡讀者會想到1968年法國五月風暴時的著名口號：「不許禁止」（il est interdit d'interdire）。

無庸諱言，我在這裡所宣導的絕對自由（在我看來，這一自由的涵義是十分明確的，而且，我須趕快補上一句，這種自由與那種相對主義認識論的自由放任毫無共通之處，儘管後者在許多地方還是那麼時髦）伴之以極度的警醒，這種警醒使我們在運用各種分析技術時，必須考慮它們的條件，並確保它們適合我們手頭所研究的問題。我經常情不自禁地想到，那些方法論「員警」，在運用他們狂熱崇拜的方法時，實際上是極不嚴格的，甚至是馬馬虎虎的。

也許，我們在這裡將要探討的問題，對你來說似乎是無關緊要的。不過，首先，一個對象的構建——至少就我個人的研究經驗而言——並不是通過某種開創性的理論行為就能一勞永逸地予以解決的問題。決定構建對象工作的觀察和分析的方案，並不是一副機械師手中那樣的預先勾畫好的藍圖。相反，它是一項費時耗神、艱苦細緻的工作，只能一點一滴地通過一系列細小的矯正和修補完成，促成這些矯正和修補的，正是所謂「技藝」，即什麼時候該幹什麼的「訣竅」，也就是說，激發它們的是一套實踐原則，在這套原則的指引下，我們所進行的選擇，既與微妙的細節有關，也具有全局性的決定意義。因此，有些人依據某種冠冕堂皇卻並不現實的研究觀念，也許會驚訝地發現：我們居然要如此不厭其煩地來討論那些表面看起來微不足道的細節問題，譬如研究者是否應該向被研究者表明自己的社會學家身分，還是加以掩飾，採用某種不令人感到威脅的身分（譬如人類文化學者或歷史學家），或者索性徹底隱瞞身分；再譬如，是在以統計分析為目的的調查手段中包含這樣一些問題呢，還是把這些問題留給與有限數目的被訪者進行的面對面深度訪談更合適些？諸如此類的問題，不一而足。

研究程式涉及了特有的社會向度（如何確定老實可靠且富有洞見的被訪談者，如何將自己介紹給他們，如何向他們描述你研究的意圖，以及更籠統地說，如何「進入」你所研究的世界），這些方

面絕非無關緊要。始終關注這些研究程式細節，當會使你保持警惕，不至於陷入概念和「理論」的拜物教。這種拜物教，來自於將「理論」工具──慣習、場域、資本等──看作自在和自為的存在，而不是運用這些工具並使它們發揮作用。因此，場域的觀念乃是一種概念手段，濃縮地表現了構建對象的方式，這種構建方式可以用來指導研究中所有的實踐選擇，或確定它們的方向。它的作用可以被看作是一種喚起記憶的記號（法語是pense-bête，英語是memory-jogger）：它告訴我，我必須在研究的每一個階段都確信，我所構建的對象並未陷入賦予它最獨特性質的關係網絡而不能從中凸顯出來。場域的觀念提醒我們，只要一涉及方法，第一條必須考慮的準則就是要求我們利用一切可以利用的手段，想方設法抗拒我們骨子裡那種用實體主義的方式來思考社會世界的基本傾向。正像卡西爾在《實體與功能》（*Substance and Function: Einstein's Theory of Relativity*, Cassirer 1923）中所說的：必須從關係的角度來思考。畢竟，在某種意義上，從那些「觸手可及的」現實──諸如集團或個人──著手，要比從關係的角度著手容易一些。例如，分析社會分化，像實在論的階級概念，考慮那些根據人群界定的集團，乃至考慮這些集團之間的對抗，比起考慮某種關係空間要容易得多。[20] 通常的研究對象是這樣一些現實情況：在某種意義上這些情況突出醒目，不斷造成麻煩，例如「芝加哥黑人貧民窟裡依靠福利補助度日的少女母親」這樣的案例。大多數情況下，社會秩序問題和歸化（domestication）問題都會被研究者選為研究對象，這些問題是由或多或少武斷地界定的各種人群造成的，這些人群則是通

---

20 參見Bourdieu 1985a, 1987b, 1989e進行的詳盡討論。布赫迪厄借助邏輯學家彼得・F・斯特勞森（Peter F. Strawson 1959）的作品，為他的社會空間的關係概念以及個人在其中的位置的關係概念提供依據。

過將某一初始範疇予以進一步劃分的產物，而初始範疇本身又是社會預先構建的：「老人」、「年輕人」、「外來移民」、「半專業人士」或「貧困人口」等等。「維勒班西區住宅規畫中的青年」就是一個很好的例子。[21] 在所有這樣的情況下，科學應當優先處理的，首當其衝、至關重要的問題，就是將社會上預先構建的對象的社會構建過程本身當作研究的對象。這正是真正的科學斷裂之關鍵所在。

　　不過，要想避免實在論的思考方式，僅僅採用「宏大理論」的那些「大話」是不夠的。就拿權力問題來說，有些人會從實體主義和實在論的角度提出問題，探問權力存在的位置（這和某些文化人類學家的情況一樣，他們誤入歧途，漫無邊際地尋覓「文化的所在地」）；另外一些人會詢問權力從哪裡來，是從上到下，還是自下而上（「誰在統治？」），這又頗為類似那些社會語言學者，這些學者終日為語言的變遷來自何處而困惑不解，是發軔於小資產階級，還是肇始於資產階級等等。[22] 我談論「權力場域」而非統治階級，正是為了與這種實體主義的思維方式（統治階級就是一個實在論的概念，它指的是一個實在的人群，他們持有一種我們稱之為權力的有形實體）相決裂，而不是欣喜若狂地在理論的舊瓶上貼一個新標籤，實際上卻換湯不換藥。我用權力場域來指社會位置之間存在的力量關係，這種社會位置確保它們的占有者握有一定量的社會力量

---

21 在美國，與此在結構上相對應的是「芝加哥南城住宅規畫中的流氓團夥成員」之類。

22 羅伯特・達爾（Robert Dahl 1961）的《誰統治？》（*Who governs? : Democracy and power in an American city*），就是在尋求權力的所在位置；而有關「社會權力結構」的爭論則贊成「從上到下」的觀點。「自下而上」的觀點代表的是平民史學傳統和近來的人類學（例如Scott 1985）。有關對語言變遷發生的位置的研究，參見Labov 1980。

或資本，以便使他們能夠躋身於對權力壟斷的爭奪之中，而在權力壟斷方面的爭奪中，對合法權力形式的界定權的爭奪是一個至關重要的向度（這裡，我特別想到十九世紀晚期「藝術家」和「市民」之間的對抗）。[23]

　　必須指出，從關係的角度來進行分析，一個主要困難在於，大多數時候只能從個人或具體制度之間各種性質的分布來把握社會空間，因為可獲得的資料都是與個人或機構聯繫在一起。因此，要把握法國經濟權力的子場域及其再生產的社會和經濟條件，你除了訪談法國名列前茅的兩百家大公司的總經理外，別無選擇（Bourdieu and Saint Martin 1978；Bourdieu 1989a: 396-481）。不過，當你這麼做時，必須每時每刻都要謹防向未經科學構建的社會單位（social units）的「現實」倒退。要想防止這一點，我建議你們使用這種非常簡便的對象構建工具：有關一組行動者或制度機構的相關性質的列聯表（squaretable）。譬如說，如果我的任務是分析不同的搏擊類體育項目（摔跤、柔道、合氣道 [aikido]、拳擊等），或者不同的高等教育的制度機構，或者不同的巴黎報紙，我將會把這裡的每一種制度機構放在列聯表的橫行，將我所發現的用來說明這些機構的性質所必不可少的每一個特徵，放在列聯表的縱列上；這將迫使根據是否存在這一特徵，來對所有其他的制度結構進行探究。這一工作可以在最初確定材料的歸納階段中進行。然後，我會剔除冗贅現象，刪去在結構或作用上相等價的特徵標誌，以保留那些能夠區分不同機構、因此在分析上是相關的特徵標誌，而且實際上也只有這些標誌才有價值。這種非常簡單的工具的價值很大，它會迫使你從

---

23 有關權力場域的論述，參見Bourdieu 1989a以及本書〈邁向社會實踐理論——布迪厄社會學的結構和邏輯〉之「方法論上的關係主義」；有關十九世紀末法國「藝術家」與「市民」之間的衝突，參見Bourdieu 1983d, 1988d；Charle 1987。

關係的角度來思考所研究的社會單位和它們的性質特徵，這些性質可以用存在、不存在（是／否），或等級序列的方式（＋，0，－或1，2，3，4，5）來確定。

只有在這種構建工作——通過嘗試糾正的試錯法來完成，而非一蹴而就——上面投入精力，花費心血，人們才能逐漸構建出社會空間。這些社會空間，雖然只能通過高度抽象的客觀關係來顯示自身，而且我們既不能觸及到它們，也無法「指出它們」，但它們仍構成了社會世界的整個現實。這裡，我希望你們參考一下我最近出版的一本論述《國家精英》[24] 的專著（Bourdieu 1989a）。在這本書裡，有一個按時間編排的高度濃縮的大事記，記錄了一套歷經大約二十年的研究方案中的重要事件。通過這個大事記，我描述了自己如何從一篇專題文章開始，發展演變，形成一個真正構建的科學對象，在這本書裡，這個科學對象就是學術體制的場域，在法國它被賦予再生產權力場域的重任。根據定義，我這裡處理的是一個與我有切實利害（interest）的對象，而同時我又無法清楚地知曉這一「利害」的可證實的原則是什麼。由於這一點，就更加難以避免陷入那些社會預先構建的對象的陷阱。也許，舉例來說，這一「利害」正在於我是巴黎高等師範學校的畢業生。[25] 如果把高等師範學校體

---

24 法國的「名牌高校」是與常規的大學體制相分離的、偏重研究生教育的菁英學校。它們包括培養高級公務員的國家行政學院（ENA，創辦於1945年），訓練高層經理和商務專家的高等商務學校（HEC，創立於1881年），培養工程師的綜合工科學校及中央高等工藝製造學校（創辦於1794年），以及提供高級教師和大學教授的（巴黎）高等師範（創辦於1794年）。要進入這些學校，必須先在高中教育之後，接受一到四年專門性的預科教育，然後參加競爭極為激烈的全國性考試。

25 布赫迪厄於1954年從巴黎高等師範畢業（因此他成了所謂的「高師學生」[normalien]），比傅柯晚三年，比德希達早一年，與歷史學家埃曼紐·勒華拉杜里（Emmanuel Le Roy Ladurie）和文學理論家熱拉爾·熱奈特（Gérard Genette）同年。

察為已經祛除了神祕因素、並且能夠幫助我們進一步破除其他事物神祕性的力量，那我對這所學校所具有的親身感受就更加有害了，它往往會產生一整套極為幼稚天真的問題，但每一個「高師學生」都會覺得這些問題饒有興味，因為對於那些對自己的學校、同時也就是對自身感到好奇的「高師學生」來說，這些問題會不假思索地「湧上心頭」：例如，學校入學考試的成績高低是否對決定學生的學科選擇有所影響？決定他們是選擇數學、物理，還是文學和各種人文學科？[26]（事實上，自發式的問題框架——某種不可低估的、自戀式的自我吹噓手段往往會乘隙而入——一般要比我在這裡所提出的問題幼稚天真得多。過去二十年裡出版的那些以某一所名牌高校為考察對象的著作，卷帙浩繁，林林總總，往往自稱是科學的，而你們去看看，就知道它們究竟如何。）通過考慮這些問題，一個人最終可以寫出一本大部頭的著作，其中塞滿了事實，每一項事實看起來都是絕對科學的；儘管這樣，這本書仍可能沒有抓到問題的根本。為什麼會如此？我相信，如果說巴黎高等師範學校（對於這所學校，我也許在情感上存在千絲萬縷、割捨不去的關聯，它們不論是正面的還是負面的，都是我以往投入的產物）在現實中只是客觀關係空間中的一個點（這個點在結構中的「權重」還尚待確定），或者更準確地說，如果這一制度機構的真相存在於敵對和競爭的關係網絡之中，而這個關係網絡又和法國高等教育的一整套制度聯繫在一起，並且後者又將這一關係網絡與權力場域中的一整套位置（恰恰是我們研究的這些學校，賦予人們到達這些位置的途徑）聯繫起來，那麼這本篇幅可觀、塞滿事實的著作，由於只關注一些憑藉個人的自發性經驗提出的幼稚問題，而未能觸及社會空間這個關鍵方面，就勢必只會讓我們覺得隔靴搔癢，無關要害了。如果現

---

26 譯註：「philo」，如哲學（philosophy）、語言學（philology）等。

實的確就是關係的，那麼我很可能對一個自認為瞭若指掌的制度一無所知，因為拋開它與整體的關係，我們就根本無法把握它。

　　無論什麼時候，一個學者也無法避開研究策略的問題，在我們討論研究方案時，我們會屢次遇到這些問題。在這方面，首先可以提出如下這一問題：是先對被如此這般構建的對象的所有相關因素所構成的總體進行廣泛的研究，還是對尚缺乏理論根據的那種理論集合體的某個有限局部進行細緻深入的研究？究竟哪一種策略更好？最為社會所稱許（一般是在一種幼稚的關於精確性和「嚴肅性」的實證主義觀念的名義下）的選擇，顯然是對第二種策略的選擇，就像論文的指導老師經常說的那樣，「對一個十分精確、界線分明的對象進行研究」。（這些典型的小資產階級美德，諸如「謹小慎微」、「嚴肅認真」、「誠懇老實」，對於經營小本生意或者充當中層官僚是頗為適合的，而在這裡搖身一變，成了「科學方法」；而且，作為一種社會巫術的典型效果，一種受到社會贊許、但卻是子虛烏有的存在──「社會研究」或組織方面的專題分析──竟能夠成為受人敬重的科學存在。我們可以輕而易舉地展示這些事情是怎樣發生的。）

　　在實踐中，我們將會看到，場域的邊界問題一再出現。表面上，它是一種實證主義問題，人們可以給它一套理論的回答（一個行動者或一個機構之所以屬於一個場域，只是因為行動者或制度在其中產生了效果，並承受其中的效果）。結果，你就幾乎總是要面對這樣一種非此即彼的選擇，即是對一個實踐上可以把握的對象局部進行細緻深入的研究，還是對真正的對象進行廣泛的研究。而實際上，你往往會從一個空間中把你所研究的對象（例如，一所特定的菁英學校）孤立出來。如果這樣，那麼你就必須努力勾畫出這個對象所在的空間來，如果缺乏更好的資訊，就不惜使用二手資料，也要對這個空間有大致的了解。從這了解中，你會獲得許多科學裨

益。這些裨益在於：通過了解你的研究性質，了解現實（你所研究的局部就是從中抽象出來的）包含了哪些關係，你至少可以勾畫出形塑這個空間的結構的各種主要力量線，而正是這個空間的制約力量影響著你所考察的那個點（這種勾畫方式，頗為類似十九世紀建築師對建築物的整體所勾畫的令人驚嘆不已的炭筆速寫，對於建築物內部的那些他們力圖描繪的部分，他們在速寫上用細緻的筆觸——予以勾定）。這樣，你就不會誤入歧途，在所研究的局部中尋求（和「發現」）那些在現實中外在於這一局部的機制或原則，因為這些機制或原則在現實中都存在於這一局部與其他對象之間的關係中。

　　要構建一個科學對象，還要求你對「事實」採取一種積極而系統的態度。要與經驗主義的被動性決裂（後者只知道接受常識中未經科學構建的「事實」），而又不墮入宏大「理論化」的空洞話語，這些並不要求你提出宏大、空洞的理論構建，而是要求你抱著建立一個模型（這一模型並不需要用數學或抽象的形式來證明它的嚴格性）的宗旨來處理非常具體的經驗個案。你要用特定的方式將相關的材料聯繫起來，使這些材料能夠作為一種自我推進的研究方案來發揮作用，這一研究方案可以產生易於給出系統性答案的系統性問題。總之，要產生一個連貫統一的關係系統，這個系統可以被作為系統來加以檢驗。我們所面臨的挑戰就在於以系統的方式來探尋特定的個案，而方法就像巴舍拉（Bachelard 1949）所說的，把它構建為「所有可能情況的一個特例」而從中抽取一般性或恆定性的特徵，而這些特徵只能通過這種探尋方式才有可能被揭示出來（如果說在歷史學家的著作中經常缺乏這種意圖，那無疑是因為界定歷史學家的任務——它包含在社會對歷史學科的界定中——不僅與社會學家的主旨比起來，不那麼野心勃勃、自命不凡，而且在這點上也不那麼苛刻）。

　　類推的推理方式，往往基於一種對結構對應關係的合乎情理的直覺（本身又建立在對場域某些恆定性法則的知識基礎上）。它是一種強有力的對象構建工具。正是這種推理方式，使你得以全身心地投入手上正在研究的個案的特殊性之中，並藉此實現一般化（generalization）的意圖，而不會像經驗主義的唯特殊論（empiricist idiography）那樣，沉浸其中，不能自拔；而且這種推理方式還進一步使你認識到，這種一般化的意圖正是科學本身。但在這裡，一般化的過程不是通過以無關宏旨的人為方式應用那些空洞的形式概念構建來實現的，而是通過對特定個案的特殊性思維方式（而且正是這種思維方式，將人們的思維方式構成了實際存在的那種樣式）來實現的。從邏輯的角度看，這種思維方式就體現在比較方法中，並通過比較方法來實現自身。比較方法可以讓你從關係的角度來思考一個特定個案，而基於不同場域之間存在的結構對應關係（例如通過教授／知識分子關係與主教／神學家關係之間的結構對應，可以體現出學術權力場域和宗教權力場域之間的結構對應關係），或同一場域的不同狀態之間的結構對應關係（例如在中世紀和今天的宗教場域間的結構對應關係[27]），這一個案被構成為「所有可能情況的一個特例」。

　　如果這個研討班會像我所設想的那樣運作，它將會使大家以一種社會實踐的方式來認識我正在努力探索、完善的方法。在這個研討班上，你將會聽到許多學者的講座，他們研究不同的對象，並始終受到同一些原則的引導而對他們自己提出質疑，這樣就會使我希望傳達的那種「做法」能夠在某種意義上以實踐的方式得以傳達——通過將這種做法不斷應用於不同的事例，而無須同時明確地在

---

27 參見Bourdieu 1971b和〈邁克斯威爾的妖魔——宗教場域的結構和生成〉（Maxwell's Devil: The Structure and Genesis of the Religious Field, Bourdieu 2002）。

理論上予以闡明。在聽別人發言時，我們每個人都會想到自己所從事的研究，這樣，就創造了一個迫使每個人都參與其中的制度化的比較情境（和倫理學一樣，只有當這種方法深深地體現在一個社會世界的機制中，它才能發揮作用），使人們既能以特殊的方式來處理自己的對象，把它視為一個特殊事例（這一點，與社會科學中一個最常見的謬誤——將特殊事例普遍化——正相反）；又可以通過應用一般性的問題，將這一事例予以一般化，從中發現隱藏在獨特性表象背後的恆定特性；這兩個方面可以並行不悖，相得益彰。（這種思維方式最直接的效果之一，就是防止我們採用一種不徹底的概化 [semi-generalization]，由於這種概化把未經科學分析的天真說法或事實偷偷塞進了科學世界之中，所以它會導致我們產生各種抽象的具體概念 [abstract-concrete concept]。）以前，我還是較多從事指導工作的負責人時，曾態度堅決地建議，研究者至少應該同時研究兩個對象，譬如說歷史學家，除了他們主攻的研究方向（例如第二帝國時期的一家出版商）外，還應當研究一個與之對應的當代對象（一家巴黎的出版社）。對現狀的研究，至少有助於迫使歷史學家對他可能投射到過去的各種先入之見予以客觀化，並控制它們的影響。即使歷史學家只是運用當前的語彙來指認過去的實踐，也仍然可能將他們的那些先入之見夾帶進去，例如「藝術家」之類的說法，往往使我們忘記相應的觀念只是一個極為晚近的發明（Bourdieu 1987d, 1987j, 1988d）。[28]

---

28 與此類似，夏爾（Charle 1990）指出，「知識分子」作為一個現代社會集團，一種現代的感知圖式和政治範疇，也是一個晚近的「發明」。在法國，這一「發明」過程發生在十九世紀晚期，圍繞德雷福事件最終成形。夏爾的意見和布赫迪厄（Bourdieu 1989d）一樣，都認為不加分別地將「知識分子」的概念應用於這一階段之前的思想家和作家，要麼導致時代錯誤，要麼產生一種用現在代替過去的分析方式（presentist analysis），最終抹煞了「知識分子」的歷史獨特性。

3 徹底的質疑

要構建一種科學的對象，首當其衝的是要與常識劃清界線，也就是說，與那些被大家共同持有的見解劃清界線，不管它是日常生存狀態裡的老生常談，還是一本正經的官方見解。這些常識性東西往往嵌入在制度之中，從而既體現在社會組織的客觀性，又反映在社會組織參與者的思想裡。預先構建之物無所不在。社會學家和別人沒什麼兩樣，都實實在在地受著這些預先構建之物的重重包圍。所以說，社會學家承擔著一種特殊的任務，他本人正是他所要探知的對象——即社會世界——的產物，因此，他針對這個對象所提出的問題、所使用的概念，完全有可能正是這對象本身的產物。（尤其體現在他用來探知對象的分類觀念上，譬如職業名目這樣的日常觀念，或是由學科傳統傳承下來的學術觀念。）客觀結構和主觀結構相互契合，使這些東西顯得不言而喻、不證自明，免除了我們對它們的質疑。

社會學家是一種社會存在，因此她已經被社會化了，社會世界的結構已被她內在化了，她在這社會世界裡就會有「如魚得水」的自在感覺。在這些事實中包含了許多內在的預設，要想把所有這些預設都置入括弧，使其失去效力，就必須進行上述那種徹底的質疑。那麼，社會學家又怎麼才能在實踐中進行這種徹底的質疑呢？從某種意義上說，在對象建構過程中，社會學家表面上是主人，但實際上社會世界透過這些自然而然的操作（甚至連社會學家自己都沒自覺意識到）介入這種對象建構過程。那麼，我們的社會學家在對象建構過程中，又該怎樣避免社會世界的介入呢？像實證主義一派中的極端經驗主義那樣，不進行批判性的考察，就全盤接受提供給自己的概念（譬如「獲致」與「先賦」，「[專門] 職業」、「行動者」[actor]，「角色」之類），這樣做好像是沒去建構什麼，但這仍

然是在建構，原因就在於這樣全盤接受等於是把某些已經建構的東西又重複了一遍，從而也是對它們的認可。日常的社會學忽略了徹底質疑自己的操作過程、思考工具；在它看來，這種反思意向肯定像是種哲學心態的殘餘，從而是前科學時代的「遺跡」。這樣的社會學完完全全地沉湎於它聲稱要了解的對象中，不能自拔。可是如果它連自己都搞不清楚，又怎麼能真正把握這些對象呢？恰當地說，科學實踐要是不能自我質疑，也就無法了解自己做了什麼實踐。它陷入被它看作研究對象的客體裡，或者乾脆說被自己的研究對象牽著鼻子走，就算揭示出對象的一點東西，也不是什麼真正客觀對象化了的東西，因為其中摻雜著理解對象的原則本身。

我們很容易發現，這種半吊子學術氣的科學，[29] 它的問題、概念、知識工具，都是從社會世界裡搬來的；它時常把作為前科學階段的產物的事實、見解或制度忠實地記錄下來，僅僅看作各種資料，一種經驗上被給予的事物，它獨立於任何求知行為和進行求知的科學。一句話，它在對自己茫然無知的情況下，記錄自身⋯⋯。

現在讓我們一點一點地來詳細談談這些問題。社會科學總喜歡從它所考察的社會世界裡照搬一些好像是它向這個世界提出的論題。任何時候的任何社會，都要精心提出一套被視為合理的社會問題。這些問題是合法正當的，值得大家相互爭辯、討論，有必要公之於眾，成為公眾關心的問題，有時官方還加以認可，使之正規化，並在某種意義上，要由國家來加以保證。具體來說，這些問題被交給官方授權的高級委員會加以考察；或者多少更直截了當地交給社會學家，這樣做的方式也有許多，譬如各種各樣的科層命令、科研項目、資助規畫、合約、授權、贊助等等。[30] 正規的官方社會

---

29 法語為 science demi-savante。

30 美國的貧窮研究場域也許是個最合適不過的例子，它的形成在很大程度上是六

科學所認可的紛繁多樣的研究對象和名目繁多的考察課題，不過都
是些偷運進社會學大門的社會問題，譬如說貧困、行為脫軌、青年
問題、高中輟學、閒暇、酒後駕車等等。社會學中那些主要的貼近
現實的分支隨時間推移而不斷演變，正像對此所做的分析所證實的
那樣，這些研究對象都只是隨著社會上或學者們對時勢世事的自覺
把握而起伏不定、左右搖擺（要體會這些變化的實質及表現，我們
可以看看主流社會學期刊的欄目設置、各種研究團體的名目，或是
定期召開的世界社會學大會各分會的主題，就可以一清二楚）。[31]

○年代「向貧窮開戰」的副產品，也是隨之而來的國家急需了解它未能歸化的
那些人群情況的結果。1964年，經濟就業機會辦公室從官方的角度重新界定了
這個問題，把那段時間一直是屬於社會政治方面的話題轉化成為一個合法的
「科學」調查研究領域，從而吸引了一大批學者——特別是經濟學家——進入各
種新的研究中心，參加新的會議，關注支持新的期刊，致力於對貧困和它的公
共管理之研究，並最終導致形成一個制度化的、高度技術性（同時也具有高度
的意識形態色彩）的「公共政策分析」學科。這種現象所體現的，不僅是社會
科學家對各種科層分類範疇和政府衡量尺度（譬如著名的聯邦政府「貧困線」。
儘管時常有人指出它不完備的概念，而且越來越不適用，但它仍然在確定著話
語的界線）及不加批判地通盤接受關注焦點，從而合法地將支配者對貧困所持
的道德主義與個人主義的理解認可為「各種科學事實」。（這裡所說的關注焦點
如：福利贈券會不會使窮人更少去工作？公共援助的受援者所分享的文化、所
從事的行為，是不是觸犯了「主流」規範？要使他們「自給自足」——也就
是，使他們在政治舞台和社會舞台上銷聲匿跡——什麼是最有經濟效率的手
段？）（Katz 1989: 112-23）。羅伯特·哈夫曼有個很好的例子（Haveman
1987），他說在這過程中，聯邦政府也同時從整體上重新塑造了社會科學的面
貌：1980年，所有聯邦政府科研開支中有30%撥給與貧困有關的研究，而1960
年這一比例只有0.6％。近來對「底層階級」的討論多了起來，這更進一步說明
這樣一個事實，即由基金組織操縱的主導性資助流向可以重新界定社會科學爭
論的話題，而社會科學卻沒有對新要求的內在前提進行批判性的探討。

31 從書評雜誌《當代社會學》（Contemporary Sociology）用來給書分類的類別演變
裡，或從手冊性書籍（譬如Smelser 1988）的章節標題上，或者從社會科學百科

這些問題只是社會世界藉以建構自己的表象的仲介過程之一，社會學也罷，社會學家也罷，都是被用來滿足這個目的的手段而已。理由很充分：一個人如果只是將其思想停留在無思的階段，那麼他等於甘居一種工具的地位，服務於所宣稱要進行思考的東西。而這一點，比起其他各種思想家來說，社會學家尤有過之而無不及。

　　那麼，我們又怎麼努力與這種現象決裂呢？社會學家在讀報紙、看電視，甚至研讀同儕的成果時，無時無刻不受到某種不為人知、潛移默化的勸服的影響。社會學家怎樣才能擺脫這種影響呢？保持自我警惕當然很重要，但光是這樣遠遠不夠的。與常識決裂最有效的工具之一，就存在於各種問題、對象和思維工具的社會演變史中，也就是說，是與對現實的社會構建工作（牢固地樹立在角

類辭書的詞條上，我們也都能很容易發現這一點。《社會學年度評論》（*Annual Review of Sociology*）所使用的主題分類系統可作為一個不錯的例子，它混雜了自社會學誕生以來的（學術）歷史中固有的各種劃分，常識性的，科層性的，還有一看便知是任意性的劃分：誰要能回顧一下這本雜誌的各期，告訴我們，它劃分主題內容的方式在多大程度上能夠合乎邏輯地一致，或者在社會學方面連貫統一，那這人肯定是個非凡的聰明人。翻開《社會學年度評論》的任何一卷，第一欄都是「理論與方法」，好像這個題目總能夠自成一體似的。然後我們就會看到有一欄是「社會過程」，這一類所包含的內容是如此廣泛蕪雜，你很難發現有什麼東西可以不歸入它的範圍。還有一欄「制度與文化」，它假設文化是一種可以獨立研究的客觀對象。我們也不清楚，為什麼「正式組織」要從「政治社會學與經濟社會學」裡抽出來，另成一類，而為什麼前者又不同於「分層與分化」呢？這又是一件說不清道不明的事。「歷史社會學」具有令人生疑的特殊地位，成了分立的專門領域（這大概是出於方法上的考慮？可又為什麼不歸入「理論與方法」呢？為什麼其他的方法視角沒有「它們自己的」分類呢？）為什麼有「世界宗教社會學」這個名目？這對它自己都是個謎。「政策」這個東西，是科層制國家對社會知識提出要求的直接衍生物。最後，「個人與社會」這一欄，其中充斥著神化的常識觀念，使這些觀念大行其道，並使其他許多常識範疇也冠冕堂皇地出沒其中。

色、文化和青年的日常觀念裡，或是深深地扎根於各種分類體系裡，成了不可動搖的神聖之物）的歷史緊密相連的。而這樣的工作，可以在整個社會世界裡展開，也可以在某個專業化場域裡施行，尤其是在社會科學的場域裡（這就會使我們從一個與現在完全不同的角度，確立教授社會科學的社會演變史的宗旨──絕大部分這樣的歷史內容還有待我們去譜寫）。體現在《社會科學研究探索》上的大部分集體研究工作，探討的就是日常生存狀態中最普遍不過的對象的社會演變史。對所有那些已經變得太平常、被人認為太理所當然，以至於沒有人會去注意的事情，我都要再去想一想是怎麼回事，譬如法庭的布置與各人的位置，博物館的空間安排，投票亭的設置，「工傷」的涵義，「幹部」又是什麼意思，二乘二的列聯表有什麼講究，或者更簡單的，像書寫或打字的動作。[32] 在這樣的視角下，歷史重新煥發出生機活力，這不是出於文物搜集者的好古癖，而是出於一種明確的意願，想要搞清楚我們為什麼要去理解，我們又怎樣去理解。

　　要想避免受到我們拿來當作研究對象的那些問題的主宰，反過來成為它們的對象，就必須追溯這些問題的緣起，看看它們是怎麼一步一步地建構起來。這一構建是集體性的工作。只有通過集體性的工作──時常要借助競爭和爭奪──才使某個論題成為合法的問題，得到人們的了解和認可，成為可以宣揚、可以傳播、可以公開討論的、正規的官方問題。這裡，你可以考慮考慮雷米・勒努瓦所研究的「工傷事故」或「職業危險」問題（Rémi Lenoir 1980），想想派屈克・尚帕涅詳細考察的「老年人」觀念的歷史創生過程（Patrick Champagne 1979），還可以看看更具普遍性的東西，譬如研

---

32 可分別參見Lenoir 1980；Boltanski 1979；Garrigou 1988；Bourdieu 1977a: 36-38,188；Sayad 1985。

究各種「社會問題」的社會學，像研究家庭、離異、犯罪、毒品、女性勞動力市場歧視等的社會學。在所有這些例子裡，我們都會發現，在日常的實證主義（每一個經驗研究者的第一反應偏向）看來理所當然的問題，都是些社會的產物，體現在社會現實建構的集體性工作裡，並通過這種集體性工作產生出來，維持下去。[33] 在這樣的集體性工作下，通過各種各樣的會議、委員會、協會、聯盟，通過各種形式的祕密會議、集體運動、示威遊行、請願簽名，通過形形色色的要求、商議、投票支持或否決，通過名目繁多的專案、方案、決議等等，不管是什麼，都使得原先是、也本可以繼續保持下去的私人性的、特殊的、獨有的問題，轉變成某種社會問題，亦即某種可以公開討論的公眾話題（想想墮胎問題或同性戀問題最後變成了什麼），[34] 甚至變成了某種官方的正規問題，成了官方決策、政令及法規的討論對象。

---

33 儘管布赫迪厄探討社會問題的立場看起來或許與「社會建構論者」的途徑（例見Schneider 1985, Gusfield 1981, Spector and Kistuse 1987）頗為類似，兩者之間還是有實質性的差別。布赫迪厄的立場之根基是在社會空間的客觀結構中發生的符號建構和組織建構的社會工作。這種根基就是在聲明產生社會問題的人，和接受這種聲明的人的性情傾向和位置層面發揮作用。布赫迪厄的建構主義立場既不是「統對性的」，也不是「情境性的」（Best 1989: 245-89對此做了界定），而是一種「結構性的建構主義」，遵循因果關係將聲明的提出及其產物和背後的客觀背景條件聯繫在一起。尚帕涅根據這些思路，分析了「公眾輿論」的社會建構過程，參見Champagne 1990。

34 克里斯汀・盧克（Kristin Luker 1984）和菲・金絲柏博士（Faye Ginsburg 1988）從歷史和人類文化學的角度詳細地描述了墮胎作為一個公共論題在政治層面和基層老百姓層面的社會建構過程。波拉克（Pollak 1988a）為我們勾勒出近年來法國政治言論中，公眾如何在愛滋病和同性戀之間塑造一種關聯。存在許多旨在將個人的變故與不滿轉化為社會所接受的議題和不公正的策略，博東斯基在他論述「譴責活動」（denunciation）的重頭文章中，澄清了這些策略發揮效力的各種條件（Boltanski with Daré and Schiltz 1984；Boltanski 1990）。

就這個問題而言，我們有必要來分析一下，政治場域（Bourdieu 1981a），尤其是科層場域，具有哪些特殊作用？行政管理的委派授權有著它獨具一格的邏輯，正是通過這樣的邏輯，科層場域在「普遍性」社會問題的建構和神聖化的過程中，發揮了決定性的作用。近來，我正在考察法國1975年前後對個人建房實行的公共補助政策逐步完善過程。在這個案例中我所研究的邏輯正是上面所說的這種獨具一格的邏輯。[35] 在一個既定的社會世界裡被當作理所當然的問題，正是那些社會最有可能分配給予物質資助和符號贊同的問題，[36] 也是那些最有可能受到科學官僚機構的主管人，以及科研基金會、私營公司、政府機構這樣一些科學權威當局的賞識和歡迎──像我們在法語裡所說的，投其所好（bien vus）──的問題。只要情況如此，那麼和所有其他社會行動者一樣，社會學家所面臨的問題域（problématique），就非常可能只是某種被強加的產物，每當社會學家出於自身考慮拾起這些問題，當作他們研究的對象，他就會繼續完成這種強加活動，支持這種強加行為，使這些問題被理所當然地視為科學的社會問題，而實際上這些問題不過是社會政治方面的時代精神表現（譬如在調查問卷裡編入這些問題，或者更有甚者，乾脆以這些問題作為主線，圍繞這些問題來設計編排問卷）。（這也說明了為什麼對於民意調查這種「沒有科學家的所謂科學」，總是得到一些人的大加讚賞，這些人擁有各種手段，來委託進行此類調查，而一旦這種社會學的調查沒有滿足他們的要求，

---

35 可參見整個《社會科學研究探索》1990年3月號，該期是有關「住宅經濟」的專號（Bourdieu 1990b, 1990c, 1990d；Bourdieu and Saint Martin 1990；Bourdieu and Christin 1990）。

36 這裡的原文是英語。布赫迪厄在此玩了個文字遊戲，用「grants」（資助、贊同）和「for granted」（理所當然）來強調指出，在強加問題框架方面，物質方面的因素和認識方面的因素之間存在著有機的關聯。

或者沒有聽從他們的指示，他們就會翻臉，對社會學橫加指責，大肆挑剔。）[37]

　　我只想再補充一點：官方正規問題的生產工作。這些問題受到國家的保障，從而被賦予某種普遍性。幾乎總能為今日的所謂專家留有些餘地。這樣事情可就更有點複雜了。我補充這一點，是想讓你們知道，社會學家面臨怎樣的艱難——甚至可說是令人絕望的——困境。在那些所謂的專家中，就有社會學家，他們利用科學的權威，為官僚機關對問題的見解披上普遍性、客觀性、無私性的外衣。也就是說，任何一個名副其實的社會學家，都必須開誠布公地將社會學和社會學家（也就是他自己的同伴們）對官方正規問題的生產工作所發揮的作用當作自己研究對象的一部分，哪怕這樣做很可能給人一種無法忍受的倨傲無禮的印象，或者，看起來像是背叛了社會學家的職業團結和集團利益，但只有這樣，他才有些機會成為主人，來主宰他針對社會世界所提出的那些問題，從而成為名副其實的社會學家。

　　我們都很清楚，在社會科學裡，認識論決裂時常也就是社會決裂，是與某個群體的根本信念發生重大分歧，有時就是與一群專業人員的核心信念，與以學者共識（communis doctorum opinio）為基礎的一套共用的確定性觀念發生根本分歧。在社會學裡，一個人要實踐徹底的質疑，幾乎就等於想要成為一個不法之徒。這一點，笛

---

37 自從六〇年代法國政治生活中出現公眾民意調查以來，對於這種調查的社會用途，布赫迪厄一直是個不屈不撓的批評者，而且他的批評經常還很尖銳。在1971年，他寫了篇文章，題目就十分鮮明尖銳，叫作「子虛烏有的所謂公眾輿論」（Public Opinion Does Not Exist, Bourdieu 1979e），這篇文章已重新刊載在許多文集和期刊雜誌上，並被翻譯為六種語言。在〈沒有科學家的所謂科學〉裡（A Science Without Scientist, Bourdieu 1987a: 217-24），布赫迪厄又一次提出並探討了這一問題。

卡兒肯定有切身的感受。研究笛卡兒的評論家們既驚奇又有些失望地發現，這位在知識領域裡如此無所畏懼地宣揚自己思維方式的鬥士，從來也不進而用它來討論政治（我們可以看看他怎樣小心翼翼地談論馬基維里）。

現在我來談談社會學這門「職業」[38] 用來談論、思考社會世界的各種概念、辭彙和方法。對於社會學家來說，語言這個問題太具有戲劇性了，它實質上是個巨大的寶庫，充滿了各種已經被視為自然而然的預先建構的觀念，[39] 它們不被人認為是預先建構之物、而是被充當無意識的建構工具。這裡我可以舉職業分類為例，日常生活中通用的職業名目也罷，法國國家統計局（Institut National de la Statistique et des Études Économiques，簡稱INSEE）制訂的社會經濟類別（這是一種典型的科層式概念化的結果[40]）這種官僚機構通用的標準也罷，或者更為普遍的為社會學家所使用的那些分類體系（年齡組、青年與老年、性別範疇等，我們知道這些東西擺脫不了社會任意性的影響）也罷，情況都差不多。社會學家使用那些分類

---

38 此處布赫迪厄講課時用的是英語，他想藉此來批評英美社會學中的「專門職業」觀念。

39 或者，用維根斯坦的話來說（Wittgenstein 1977: 18），「語言為每一個人設下相類似的陷阱；它像個巨大的網，在每一個十字路口，你都很容易誤入歧途」。愛里亞斯也持有類似的觀點（Elias 1978a: 111），他認為對於一門有關社會的科學來說，「代代相傳的言語結構和思想結構」是最嚴重的障礙之一，「當前，社會學家可資利用的言說方式和思維方式，在很大程度上，是與我們要求它們完成的任務不相稱的」。他繼班傑明・李・沃爾夫（Benjamin Lee Whorf）之後，又一次著重指出西方語言易於突出獨立存在的實體和客體，忽視了關係，從而將各種過程化約為靜止的狀態。

40 另外一個例子是美國官僚機構如何創造了社會「科學」中「貧困線」的觀念，以及其後這一觀念被物化的過程（reification）（Beeghley 1984；Katz 1989: 115-17）。

體系時，他們往往不假思索，因為它們是被整個社會所共用的社會
理解範疇。[41] 或者，就像我所說的「職業判斷範疇」（成套的形容
詞體系，用來評價學生的論文或同事的優點 [Bourdieu 1988a: 194-
225]）的情況中那樣，這些範疇都屬於他們職業法團體系的一部分
（但歸根究柢，這並不排斥存在一種可能性，即這些範疇的基礎是
結構之間的對應關係，也就是說，它們是建立在社會空間的根本對
立上，譬如珍稀／平常，獨特／普通之類的對立）。

　　話說回來，我認為還必須更進一步，不僅要探討用來界定工作
類型的概念及職業分類體系，而且，還需思考職業（occupation）
這個概念本身或專門職業（profession）這個概念本身意味著什麼。
「職業」概念是整個研究傳統的基礎，而且在方法論上被某些人奉
為圭臬。我清楚地意識到，許多人已經對「專門職業」這個概念和
它的一些衍生概念（如職業精神 [professionalism]、專門職業化
[professionalization] 等）提出嚴肅深刻的質疑，並取得許多成果。
在這些人裡最突出的有拉爾森（Magali Sarfatti Larson 1977）、藍
道‧柯林斯（Randall Collins 1979），艾略特‧佛里德森（Elliot
Friedson 1986）、阿博特（Andrew Abbott 1988）等，他們都強調指

---

41 哈布瓦赫很早以前就指出，關於年齡分類範疇，並沒有什麼「天生如此」的東
　西（Maurice Halbwachs 1972: 329-48）。Pialoux 1978、Thévenot 1979、Mauger
　and Fossé-Polliak 1983，以及布赫迪厄的文章〈「青年」只是一個詞〉（Youth is
　Nothing But a Word, Bourdieu 1980b: 143-54），都進一步討論了青年問題。尚帕涅
　（Champagne 1979）和勒努瓦（Lenoir 1978）用這種思路分析了「老年人」觀念
　的社會政治建構過程。近年出現許許多多對性別關係的歷史研究，都證明了男
　性／女性範疇劃分的任意武斷性；在這些研究中，最尖銳的也許是史考特的專
　著（Joan Scott 1988）。也可參見《社會科學研究探索》中有關「男性／女性」的
　兩期專號上刊載的一些文章（1990年6月號與9月號）。勒努瓦的文章（收入
　Champagne et al. 1989: 61-77）用詳盡的篇幅探討了圍繞「天然」分類範疇定義
　所發生的各種爭鬥。

出專門職業領域裡內在的衝突。不過我想，雖然這些批評已經很徹底了，我們還是必須超越它們，努力用場域概念來取代專門職業領域這個概念，就像我所做的。

　　就像我們在類似的情況裡總能看到的，專門職業這種觀念雖然表面上看起來完全傾向於中立，而且，對於帕森斯一團亂麻似的理論，採用這一觀念能有助於澄清一些問題，但正因為如此，專門職業這種觀念也就越發危險。用「專門職業」來談論真正的現實，往往會固守這一現實，固定地看待一群具有同樣名稱的人（譬如說，什麼什麼人都是「律師」）；這些人都享有基本一致的經濟地位，而更重要的是，他們被組織成一些「職業協會」，有著一套倫理準則，要進入這些集體還要遵循明確的規畫。「專門職業」是個普通人用的概念（folk concept），沒有經過批判考察就被偷偷帶進科學語言之中，並因此將一整套社會無意識引入科學語言中。「專門職業」的概念是一種社會產物，背後是一種群體建構的歷史性工作，是群體表象，以這一群體為研究對象的所謂科學本身，就被暗中塞進這種群體表象。正因為如此，這個「概念」發生作用，從某種角度上來說簡直是過於有用了：如果你接受這個「概念」，用它來建構對象，你會發現手頭的工商行指南、所開列的各種名錄和傳記、編纂的書目、各種資訊中心和資料庫，都是根據「職業」團體分門別類形成的。而且，只要你不是太笨，就會得到一筆基金資助，來按照這種概念去研究它（譬如，我們經常能看到有人研究有關律師之類的案例）。職業範疇所指涉的現實，從某種意義上來說，「與現實的聯繫過於緊密」，以至於不能是一種真實，因為它同時表達某種心智範疇和某種社會範疇，社會生產這種職業範疇的方式，就是忽略或者說抹煞了各種差異和矛盾對立，有經濟的、社會的、也有倫理道德方面的。正是這些差異和矛盾對立，使「職業」——譬如說「律師」——成為一種充滿競爭和爭奪的空間。[42]

　　一旦我不從表面意義來看待「專門職業」這個觀念，而是著重探討產生這個觀念所必須的聚類工作與符號強加過程，一旦我把它看成一個場域，即一個具有結構並充斥著各種社會力量和爭鬥的空間，那麼一切就都不一樣了，而且也複雜多了。[43] 在一個場域裡，你怎麼去抽取樣本？如果你依照方法論教科書所規定的教條，做個隨機抽樣，就會肢解了你想要去建構的對象。譬如在研究司法場域時，你沒有抽選最高法院的大法官，或者，在考察一九五〇年代法國知識場域時你漏掉了沙特，或者在研究美國學術界時忽略了普林斯頓大學，但只要這些人物類型或制度機構還在獨當一面，占據著一個舉足輕重的位置，你的場域就是個殘缺不全的場域。某種場域或許有不少位置，但它卻允許一個位置的占據著控制整個結構。[44] 不過，要是把藝術家或知識分子理解成「專門職業」，做隨機抽樣或典型抽樣，出不了什麼問題。[45]

　　如果你把「專業職業」觀念作為一種分析工具來接受，而不是看作一種研究對象，就不會產生什麼困難。只要你依照被給予的經驗材料自我呈現的方式來領會它，這種被給予物（即實證主義社會學家尊崇的數據資料）就會毫不困難地顯現出來。所有的事都順理

---

42 參見《社會科學研究探索》中有關法律和法律專家的兩期專號，即第64期（1986年9月號）和第76/77期合刊號（1989年3月，特別是伊夫斯・德薩雷 [Yves Dezalay]、亞蘭・邦構 [Alain Bancaud]、安妮・布歐約爾 [Anne Boigeol] 的文章）。

43 本書〈反思社會學的論題〉之「場域的邏輯」詳細說明了場域的概念。參見博東斯基對法國社會中「幹部」類別在組織上和符號上的創生過程之深入考察（Boltanski 1984a, 1987），以及夏爾遵循相似的分析思路對「知識分子」創生過程所做的探討（Charle 1990）。

44 譬如五〇年代的法國知識場域，沙特既是個支配者，又反過來受到他自己所處的支配處境之支配（見Boschetti 1988；Bourdieu 1980e, 1984b）。

45 此處布赫迪厄在講課時用的是英語。

成章，所有的東西都是那麼理所當然。言路暢通，盡可暢所欲言。
又有哪個群體會拒絕接受社會科學家神聖化、自然化了的記述呢？
對主教們或公司領導人的研究如果（潛在地）接受了教會或商場這
樣的問題域，主教團和商業公會就會支持這樣的研究，而且既然這
些社會學家能夠成功地使這些人對於自身社會存在的主觀見解變成
一種客觀的──也就是公共的──現實，這些熱衷於評點研究結論
的主教和企業巨頭，又怎麼會放過機會，不反過來給這些社會學家
戴上客觀性的桂冠呢？總之，只要你還待在社會所建構的、受社會
約束的表面現象（appearances）構成的領域裡──這也是「專門職
業」觀念所從屬的秩序──你就會面對各種各樣伴隨著你、惠惠著
你的表面現象，甚至是看起來具有科學性的外表。相反，一旦你開
始探究被科學建構的對象，一切就都開始變得艱難了：「理論上的」
進展帶來的是「方法論上」更進一步的困難。至於那些「方法論專
家」，他們要想吹毛求疵；從你為了盡力更好地把握被建構的對象
而不得不採用的操作方法裡挑出一大堆毛病來，才不會有什麼困
難。（所謂方法論，就像我們在法語裡所說的，「這是門笨驢的科
學」[c'est la science des anes]。它就是一本錯誤手冊，在它面前，
你可真的是不得不啞口無言，乖乖地承認這兒錯了，那兒不妥，什
麼什麼地方又沒做對。）在研究科學建構的對象時，我們所遇到的
困難中，有一樣就是我早先談到的問題，即關於場域的界線，那些
立場最堅定的實證主義者解決這個問題是通過他們稱之為「操作定
義」方式（「在本研究裡，我將把『作家』定義為……」，「我將把
……看作是種『準職業』」）；即使他們在使用已有的職業名稱時，
並未完全忽略對它們的質疑，但他們還是沒有想到，有關定義的問
題（「某某人不是個真正的作家！」）正是對象本身內部爭奪的焦點
所在。[46] 在對象內部存在一種爭奪，爭奪誰是屬於遊戲的合格參與
者，誰真正享有作家的稱謂。作家，乃至律師、醫生，或者社會學

家，這些觀念本身就是各自場域裡的爭奪焦點，儘管各種場域都努力通過證書之類的手段來實現規範化和同質化，但都改變不了這樣一個事實：爭奪合法定義，是所有場域裡的普遍共同性；而爭奪的焦點（從「stake」的字面意思上來說）就是界線，就是邊線，就是

---

46 彼得·羅西費盡全力地試圖證明，原本是社會任意界定的「無家可歸」的觀念是基於「科學」考慮的，這典型地體現了實證主義者是多麼天真無知，對它自身的前提預設是多麼視而不見（包括認為「無家可歸」存在某種柏拉圖式的本質）（Peter Rossi 1989: 11-13）。羅西並沒有（哪怕是一丁點兒地）指出對這一概念的不同界定怎樣產生出規模、成分和閱歷都不盡相同的人群，也沒有分析各方彼此敵對的爭論中所涉及的政治利益和科學利益，而是滿足於斷言他的定義無可爭辯地（excathedra）適用於現有的數據資料和以往的觀念。羅西努力想將他從日常言談中借來的觀念「操作化」，在這一過程中，他所運用的方式並沒有觸犯日常言談，而是進一步鞏固強化它，羅西力圖維持任何一絲與日常常識、學者常識和官方調查研究中的實際局限相一致的地方。他也注意到，「在學術上做定義的努力很容易陷入泥沼」，可仍解釋道，「我使用『無家可歸』定義的方式，既保持這個用語的本質，又確保在實際研究中的實踐可行性。儘管我對概念最終的理解是，『無家可歸』只是個程度問題，可我只想依照我所參照的社會科學對『無家可歸』所進行的研究裡最常見的界定來開展我的研究……為什麼這麼許多對無家可歸者的研究在操作時都使用這樣的界定呢？這裡有些非常具有說服力的邏輯理由」。他對對象的建構——在這個例子裡，也許說解構更適當些——所遵循的，既不是現象可觀察到的主要關聯組合，也不是受理論指導的有關現象原因和變異的問題域。它最終產生的，是一種「十分狹隘的定義」，本質上只是原封不動地把政府官僚機關的定義照搬過來，加以合理論證而已。而政府機關之所以採用這樣的定義，它們的利益關注就是要把記述下的豐富現象加以規範化，最大限度地簡單化：這一定義的核心，「主要是最容易接觸到的無家可歸者，為無家可歸者所設置的、向他們提供居所和飲食醫療服務的機構的光顧者們」，而排除了所有那些國家並不想承認是真正的無家可歸者的人（住院病人、拘禁者、囚犯、養老院療養者，以及所有「居處朝不保夕」的人們，包括被迫在父母、朋友的居所裡租房和擠住的人等等）。

這真是實證主義者的絕妙之作，而羅西還要用另一分類範疇，即「極端貧困」來代替日常常識性的「無家可歸」範疇，從而走向登峰造極。這裡所說的「絕

進入權、參與權，有時也體現為數量限制（numerus clausus）。[47]

　　經驗主義者的全盤接受，就傾向於主張這種態度，並得到各方的贊許，原因就在於通過迴避了自覺的建構；它把科學建構的關鍵操作步驟，如選擇問題、概念和完善分析範疇，都留給了原模原樣的社會世界，留給了既定的秩序，從而圓滿地履行了骨子裡的保守作用——即證實某種信念（doxa）是合理的——即使它們在履行這種作用時，並沒有直接現身。一種合乎科學的社會學，在它的發展道路上橫亙著各式各樣的艱難險阻，最讓人望而卻步的一個困難就是這樣的現實：真正科學的發現，付出的成本最高，得來的收益卻最小。這不僅適用於社會生存狀態的日常市場，而且頻頻出現在學術市場上（人們本期望能從這樣的市場獲取更高的自主性）。我曾努力指出，在專門職業和場域這兩個觀念中，存在不同的社會的和科學的成本和收益，同樣，為了創造出科學，經常也不得不拋棄科學性的表面現象，甚至違背通行的規範，向科學嚴密性的日常標準發起挑戰。表面現象總是有利於似是而非的東西。許多時候真正的科學看上去並沒有什麼了不起，而且要推動科學的發展，不時也要冒點風險，在外表沒有展現科學性的所有標誌（我們經常忘了這些

對貧困」，按規定是收入低於「法定貧困線」以下75%的人，這又是一個官僚機關的建構之物，充斥著與他使用的「無家可歸」一模一樣的不證自明的意味（以及自我確立的任意性），又是個通行的「社會學行話」（sociological vernacular——語出莫頓）。從而無家可歸和貧困從某種社會政治處境轉化成一種新的狀態，前者是一系列歷史性的關係和範疇，來源於爭奪社會財富的生產和分配，而後者則是依據各種純粹、明晰、但卻孤零零的變數測量出來的，你可以用這些變數來清點個人，劃分個人，從而也就是控制和監督（discipline）個人。

47 有關法律專家的社會界定和社會作用近來有哪些變化，參見德薩雷（Dezalay 1989）對這方面的研究。有關在十七世紀的法國究竟什麼人算是作家的爭執，參見維亞拉（Viala 1985）。女性作家在爭取被人們承認為女性作家時，往往陷入兩難的困境，參見聖・瑪丹（Saint Martin 1990b）對這一問題的分析。

科學性的標誌是多麼容易被別的東西魚目混珠）。有些人眼裡只盯著表面上對基本「方法論」教條的冒犯，這些人就像巴斯卡說的，是些自作聰明的人（demi-habiles）。他們這樣做，原因有很多，其中就有那種實證主義者的自負。在這種自負的引導下，許多方法論上的選擇，原本只是出於有意識地拒絕採用「方法論」中逃避問題的「訣竅」，可在他們看來，都成了「錯誤」，成了無能和無知的表現。

　　心裡時時刻刻都想著反思性，這對於嚴格的科學實踐來說，確實是個前提條件，但它和目前盛行的對科學的偽激進主義質疑之間絕無任何共同之處。這一點不用我多說，大家也明白。（這裡我想起有些人還在宣揚由來已久的對科學的哲學批判。這樣的批判直至今日還多少遺留在美國社會科學裡占支配地位的思潮中，儘管有些自相矛盾的是，在幾代實證主義「方法論」學說的攻擊下，這種原本彷彿不可動搖的學說體系已遭到破壞。）在這些批判裡，必須提供一個特別重要的地位給俗民方法學家的學說，儘管他們的一些論述和那些把科學話語化約為有關世界本身的各種修辭策略（而世界本身也被化約為一個文本的世界）的人所得出的結論相去不遠。分析實踐的邏輯，分析那些旨在賦予世界意義的自發性理論，本身並不是目的。同樣的，批判普通社會學（即非反思性的社會學）的前提預設，特別是批評它應用統計方法所借助的預設，也不是最終的目的。與外行人的常識和學者的常識背後的前提預設決裂，絕對是個有著決定性意義的環節，不過，也只是一個環節而已。如果你必須把實踐感的圖式轉變為客觀的研究對象，這其中的目的並不在於去證明社會學，而只不過是提供了許多世界觀中的一種，比起其他形式的世界觀來，科學性既不更強也不更差，這樣做的真正目的在於把科學理性從實踐理性的重重包圍中解救出來，避免實踐理性侵蝕科學理性，避免那些本應該成為知識對象的東西，也就是所有構

成社會世界實踐感的東西，所有賦予活生生的世界以結構的各種知覺與理解的預設和圖式，都被當作知識的手段來使用。把一個人對社會世界的常識理解以及在社會世界裡的基本體驗，看作一個人的研究對象，不以設定性的方式接受社會世界，不把社會世界當成一個面向某個主體的客體來建構的世界，這恰恰是避免深陷客體對象重圍的好辦法。這種辦法把一切使有關這個世界的信念經驗（the doxic experience of the world）成為可能的東西，即不僅把這個世界的預先建構了的表象，而且把這種表象的建構背後潛藏的認知圖式，統統地置於科學的審視之下。俗民方法學家中有些人僅僅滿足於對這種（信念式）經驗做描述，而不去質疑是哪些社會條件使這種經驗成為可能，也就是說，不去探究社會結構和心智結構之間的對應關係，不去考察認知結構和通過它體察的世界的客觀結構之間的契合關係，這些俗民方法學家其實沒做什麼別的，只是在重複最傳統不過的哲學對現實的實在性（the reality of reality）所提出的最傳統不過的質疑。他們在認識論上的民粹主義取向賦予他們激進主義的假象（因為他們要恢復日常思維的地位）。要對這種激進假象所具有的各種局限做出評價，我們只須記住，俗民方法學者們從未看出對世界的信念經驗具有怎樣的政治意涵，他們看不到這種信念經驗是對既定秩序、對置身於批判範圍之外的既定秩序的根本接受。信念經驗是某種保守主義最穩固的根基。這種保守主義比那種竭力建立政治正統教條的保守主義更徹底、更全面。[48]

---

[48] 更進一步的討論，請見本書〈反思社會學的論題〉之「作為社會分析的社會學」。不難理解，為什麼在一定的歷史環境下，這種保守主義會走向它的反面：正如卡宏在他對湯普森分析英國工人階級形成的理論所做的修正批判中所指出的那樣，信念式的世界觀，即一種不加質疑、渾然一體的文化「傳統」，當受到挑戰、受到衝擊的時候，能夠為激進的集體行動提供必要的認知機制（Calhoun 1979）。

4 雙重約束與轉換

我剛才用「專門職業」觀念所舉的例子，其實只是想用一個特殊的例子說明更為普遍的困難。實際上，對於整個社會學的學術傳統，我們必須不停地追問、質詢，冷靜而有條理地進行懷疑。從而每一個名副其實的社會學家都不可避免地陷入了一種雙重約束：失去了他的學術傳統賦予他的知識工具，他就不過是個自我啟蒙、自我教育、自發性的業餘社會學家（大多數學術界人士的社會經驗顯然很有限，所以他們在業餘社會學家裡，肯定不算本領最大的）；可是與此同時，這些知識工具又不斷地使人陷入危險的境地，使他們簡單機械地用學究常識（sens commun savant）來代替常人常識中天真幼稚的信念（naive doxa），而所謂學究常識，也不過是些同樣幼稚的信念，使用各種技術術語，在科學話語的正規限制下，拙劣地模仿常識話語（我稱之為「戴夫洛斯效應」[Diafoirus effect]）。[49]

要想擺脫這種兩難選擇的困境可不太容易，要麼喪失任何科學建構工具，只能依靠自我啟迪，兩手空空，甘於無知；要麼不加思索、糊里糊塗地接受與社會關係的一定狀況維繫在一起的知覺範疇，多多少少直接從社會世界那裡照套搬來一些概念，只進行一些半吊子式的建構，就接受它們，當個勉勉強強的科學家，擁有點繡花枕頭般的科學。再沒有什麼比人類學的經驗更能強烈地感受到這種矛盾對立了。在人類學裡，由於文化傳統各有差異，以及因此造成的疏離感和陌生感，你不可能像在社會學裡那樣沉湎於無須任何

---

[49] 戴夫洛斯（Diafirus）是莫里哀（Moliére, 1622-1673）《醉心貴族的小市民》（*Le Bourgeois gentilhomme*）裡的一位大夫，他總是裝腔作勢地說些拉丁話，以為這就能體現出學者的氣質來，但卻錯誤百出。

仲介的直接理解的幻覺中。在這種情況下，你要不是一無所見，就是得被迫接受前輩留下的知覺範疇和思維方式（譬如人類學家中的法條主義 [legalism]），而你的前輩自己也不過是從另一個學術傳統（譬如羅馬法傳統）裡沿襲這些東西。所有這些都把我們引向某種結構性的保守主義，它會導致再生產出那種學者性的信念（doxa）。[50]

　　這就是指導具體研究的教學中所特有的二元對立：我們一方面既必須灌輸已被檢驗過的現實建構工具（問題框架、概念、技術、方法），又得培養一種出類拔萃的批判性情，培養無畏地質詢這些工具的傾向。譬如敢於批評法國國家統計局或其他機構制訂的職業分類名稱，這些東西從來也不是什麼天賜之物，而且頒布這些名稱也不是用於什麼超凡脫俗的目的。不用說，由於受教者的性情傾向是在社會中建構的，彼此不同，所以這種教學究竟能否成功，其可能性也是隨性情傾向的不同而發生很大的變化，所有的言傳身教、授業解惑，效果都不過如此。最有利於這種教學傳達的情況是，人們既熟練地掌握了科學文化，同時面對這種科學文化，他們時常在學術領域內體驗到一種疏離感，一種陌生感，從中又滋生出一定的反抗情緒，或是與這種文化保持一定的距離，不接受它的表面價值，或者更簡單地說吧，人們同時又結合了一種抵制，抵制這種由社會學中占社會支配地位的話語所提供的對社會世界冷漠超然、脫離現實的表象。西考雷爾就是這方面的一個很好的例子：他少年時與洛杉磯貧民區裡那夥「越軌者」終日廝混在一起，足以使他情不自禁地想要質疑官方的正統見解：究竟什麼是「越軌」？無疑，正是與那個領域水乳交融般的熟悉，再加上統計學和統計操作方面牢固的知識基礎，促使他提出了「越軌」統計中的問題，而這些問

---

50 這一點，在Bourdieu 1986a和1986c裡有更充分的論述。

題，卻是世上所有的方法論教科書看來都不太可能提得出來的問題
（Cicourel 1968）。

　　儘管有可能把徹底的質疑推向危險的極限，我還是想冒冒風
險，再次挑明，懶惰無為的思考可能在社會學中表現出哪些最具危
害性的形式。我總是考慮下面這個頗為矛盾的例子：馬克思學說的
批判思想，卻經常以一種無思的狀態發揮作用，這一點，不僅體現
在研究者的頭腦裡（這對馬克思的擁護者與批評者來說都適用），
也體現在他們所記述的現實中，在這些人看來，現實的記述只是一
種純粹的觀察問題。考察社會階級狀況，卻經常在調查時不進一步
反思一下這些社會階級是真的存在，還是子虛烏有的虛構之物，也
不思考一下它們的規模大小，或者看看它們彼此之間是否真的存在
對立。這些都是人們經常忽視的，那些旨在批判馬克思主義理論的
研究尤其如此。其中的原因就在於，人們不知不覺之中，把馬克思
學說產生的效應，特別是那些致力於「提高階級自覺意識」的黨派
團體和工會聯盟的活動的影響在現實中之表現，錯當成自己要研究
的客觀對象了。

　　我現在說的「理論效應」（theory effect），是階級理論可能已經
發揮的效應，而我們在經驗層面上測量的「階級意識」，從某種程
度上說也就是「理論效應」的體現。但這些只不過是特殊的例子，
背後是一種更普遍的現象。由於存在一類社會科學，存在著宣稱與
這種科學血肉相連、一脈同生的社會實踐，譬如民意測驗、傳媒諮
詢、公共關係等等，[51] 還有教學工作，乃至越來越多的政客、政府
官員、商人、新聞記者之類人的行為都與此相關，在社會世界內
部，越來越多的行動者在他們的實踐活動中，更重要的是在他們生

51　參見Champagne 1988, 1990，這些作品探討了法國「新興政治空間」裡社會科學
　　和偽社會科學的運用。

產社會世界表象、操縱管理這些表象的工作中，注入了學者的知
識，即便不說是科學的知識吧。其結果是，科學日益走向一種危險
的境地，漫不經心地記述現實實踐的結果，而這些結果原本宣稱是
脫胎於科學的。

最後一點，也是更微妙、更難以捉摸的一點，是這樣一個事
實，即屈從於思維的習慣定勢，雖然有些思維定勢在其他一些情況
下會發揮有力的斷裂作用，但一旦我們屈從於這些思維定勢，它們
也會把我們引向幼稚天真的結論，引向我們意料不到的境地。我可
以毫不猶豫地指出，馬克思主義在它最普遍的那些社會用途裡，經
常是學者手中各種預先構建的觀念中最突出的，因為它高高在上，
藐視一切懷疑。讓我們假設要開始研究「法律的」、「宗教的」或
是「專門職業的」意識形態。「意識形態」這個詞的涵義本身就標
誌著要擺脫行動者自稱的有關他們自己實踐的各種表象，標誌著我
們不應當從字面理解他們的判斷陳述，在這些判斷陳述中，包含著
他們自己的利益，如此等等。儘管「意識形態」這個詞具有驅除偶
像崇拜的巨大力量，但它卻使我們忘記了這樣一個事實，即一個人
要以這些被稱之為「意識形態」的東西作為研究對象，就必須破除
它的支配作用，而它的支配作用之所以能夠發揮作用，在很大程度
上正因為人們誤識它具有支配作用。因此，這使我們看不到必須把
以下這一事實引回科學模式之中：客觀的實踐表象的建構必須擺脫
原初的實踐經驗，或者如果你願意，你也可以說僅僅借助這種原初
經驗本身根本不能獲得這種原初經驗的「客觀真理」。馬克思使我
們撞開了信念（doxa）之門，撞開了這扇信守原初經驗的信念之
門。然而，在門的背後，等待我們的是陷阱，是自作聰明的人。那
些人對學者常識深信不疑，卻忘了回歸到原初經驗，回歸到學者在
建構科學對象時必須加上括弧、擱置一旁的那些原初經驗。「意識
形態」（的確，我們現在若換個名稱，倒可以更表述出及理解一些

問題）這個東西，無論對我們還是對它自己，並不表裡如一，正是這樣的誤識使它具有了符號效力。總而言之，這個概念本身並不足以克服日常常識，或克服習以為常的學究常識。我們同時還必須與各種斷裂手段劃清界線，只要這些手段否棄了它們以之為對立面建構起來的那些經驗。要建立更為完整的模式，就必須做到這一點。所謂更為完整的模式，就是既包括了原初的質樸無知，又相容了在這種質樸無知的掩蓋背後的客觀真理。而那些自作聰明的人，覺得自己比別人多一個心眼兒，卻往往在後面這種情況中，一頭栽進另一種幼稚無知而止步不前。（我這裡不禁想要指出，大批職業社會學家，都有個很關鍵的特徵，就是覺得比別人聰明，不管是去啟發別人還是被別人啟發，都想要扮演一種清明之士的角色，好像眾人皆醉唯我獨醒，他們可以以此萬分激動、自得其樂……而真正科學的嚴格方法要求學者所犧牲的東西，比起這些人所願意承受的，代價要遠高昂得多。）

當我們開始探討社會世界時，所遇到的困難和危險是無論怎麼估計也不會言過其實的。社會預先構建的觀念，其力量就在於它既銘刻於事物中，又扎根在思維裡。它把自己掩蓋在不證自明的外衣之下，卻不會有人注意到這種偽裝，因為從定義上說這種預先構建的觀念就是被人們視為理所當然的。事實上，斷裂所要求的，是每個學者轉換觀注方式。你可以說社會學的教誨首先就必須是「開啟新觀照、提供新眼光」——啟蒙思想家們有時就是這麼說的。社會學的任務就是去開闢，去創生，如果不能塑造一個「新人」，那至少也要培養一種「新的觀注方式」，一種社會學的眼光。若沒有真正的轉換，沒有思想的更新（metanoia），沒有精神的巨變，總之，沒有學者轉化整個觀照對社會世界的方式，這一切都無從實現。

我們所說的「認識論斷裂」[52]（即對日常生活中預先構建的觀念加上括弧，對一般能在完善這些構建方面發揮作用的原則加上括

弧），在許多情況下，已經預先設定了一種斷裂，也就是和那些表面上看起來是常識、令人感到習以為常，或者使人以為是探尋這些東西的精良的科學武器（占支配地位的實證主義傳統所欣賞和推崇的一切東西）的各種思維方式、概念類型、方法途徑統統劃清界線。你們一定能理解，當一個人像我一樣，認識到社會科學最重要的任務，從而也就是社會科學中指導具體經驗研究教學的最重要任務，就是要把思維途徑的轉換，觀注方式的巨變，以及與所有在社會秩序和科學秩序中支撐著那些預先建構的觀念的各種事物，以及這些觀念本身決裂，確定為科學實踐的根本規範，那麼他肯定總是處於懷疑之中，不去鑄造先知式的教誨權威，不去要求個人的皈依。

我已經盡力描述科學事業裡特有的社會矛盾。一旦清楚地意識到這一點，當我再去考慮一項等候我裁決的研究時，我總是被迫捫心自問，是否應該發動對預先建構的對象之批判，這些對象看起來總像是種集體性力量（coup de force），是種知識上的合縱連橫（Anschluss）；這種批判在我看來，是建構一個真正科學的對象必不可少的條件，但我這樣做，是否將自己的批判視角強加於人呢？這一難題格外不容易解開，因為在社會科學裡，錯誤的起源幾乎總是根植於社會建構的性情傾向裡，而不僅僅根植在社會恐懼和社會幻覺中，至少就我的經驗來說是這樣。所以在許多情況下，我們很難開誠布公、毫無保留地提出某種批判性意見，能夠超出科學實踐的範圍，觸及慣習中最深層的那些性情傾向，那些與不同的社會出身、種族出身，與以往的學術神聖化過程有著千絲萬縷的關聯的性

---

52 一看到「認識論斷裂」這個概念（就像看到「認識論框架」概念一樣），許多英美讀者就想起阿圖塞（或傅柯），但這些概念最初都來自巴舍拉，而布赫迪厄早在結構主義馬克思主義鼎盛以前，就很深入廣泛地使用了這個觀念（布赫迪厄賦予它至關重要的地位，參見Bourdieu, Chamboredon and Passeron 1973，此書初版於1968年）。

情傾向。這裡我想起了有些研究者身上經過誇張的忍辱謙遜（這更多地見於女性，見於我們有時所說的社會背景「卑微」的人們。）趾高氣揚也好，卑躬屈膝也罷，其實所具有的命定色彩都差不多。在我看來，正確的立場應該是把雄心與謙虛結合起來，雖然這看起來可能性很小。一定的雄心能使人心胸開闊、眼界高遠（à voir grand），而要使自己一頭扎進對象無限紛繁豐富的細節中，就不得不需要培養一種偉大的謙虛精神。如此說來，研究的指導者若真想盡心盡責，有時就非得承擔聽取告白的神父（confessor）或精神引導的導師（guru）之角色（在法國，我們稱之為「意識的導師」），把那些自視太高的人引回現實生活，而給那些沉湎於低三下四卻不用冒什麼風險的輕鬆生活裡的人灌輸更多的雄心，給他們提提神、打打氣。然而這種角色，不僅沒有什麼合法的依據，還有很大的危險。

實際上，初窺門徑的研究者能指望從經驗中得到的最有決定意義的幫助，就是鼓勵他們在擬定項目計畫時充分考慮計畫實現的各種現實條件。什麼條件呢？比方說目前可以支配的各種手段（特別是在研究者的社會經驗和科學訓練一定的情況下，他究竟能夠支配多少時間和什麼樣的特定能力許可權），比方說有多大可能接觸到提供資訊的人（被訪談人），得到資訊、數據、資料和資源等等。在許多情況下，竭盡心思後發現本不必如此，如釋一段重負後又不得不再心力交瘁。可是只有經過這些曲折坎坷，在一長段遙遙無期的社會分析工作終於宣告結束時，研究者和「他的」對象之間，才能創造理想的契合。

社會學的社會學，它最具體而微的形式，就是體現為分析社會學家的社會學，這種社會學可以分析、探討它的科研專案、宏圖大業、失敗挫折、勇往直前、畏畏縮縮等等。這並不是什麼閒情逸致（supplément d'ame），不是什麼顧影自憐的奢侈之想；相反，它能

夠使你自覺地意識到各種性情傾向，各種與你的社會出身、學術背景、性別歸屬維繫在一起的性情傾向。不管這些東西讓你歡喜還是使你不快，喚醒這種自覺意識都能給你提供一次機會，哪怕只是有限的一點機會，去把握、去控制那些性情傾向。雖然說社會的演講變幻莫測，「詭計多端」，防不勝防，有時候對自己置身其中的世界做一番社會學的考察，只不過是兜了一大圈，用一種十分微妙的迂迴方式，極其扭曲地滿足自己這種受抑制的衝動罷了。譬如有一位神學家，後來改行當社會學家，著手研究神學家，他也許會經歷某種回歸，又開始以神學家的口氣說話，或者更糟糕的是，拿社會學當武器，為他以前的神學觀點找理由，做辯解。這種現象同樣適用於一位哲學家出身的社會學家，他也會以類似的方式重蹈覆轍，在哲學社會學裡，用其他方式來繼續發動各種哲學爭論。

5 參與性對象化

　　我所說的參與性對象化（不要與參與性觀察混淆），[53] 無疑是所有研究操作中最艱難的一項，因為它要求研究者與他們所固守和追隨的那些隱藏最深、最不自覺的因素相決裂，而往往正是這些因素使那些研究者產生對被研究對象的「興趣」。也就是說，參與性對象化要求研究者全面擺脫與他們竭盡全力所要知曉的對象之間的關係，實際上，研究者往往對這方面所知最少。這項操作，最艱難，但也最為必要，因為正如我在《人：學術者》（Bourdieu 1988a）中竭力所做的那樣，在那本書裡所包含的對象化工作觸及了一個非

---

53 有關這個概念，參見《實踐感》（Bourdieu 1990a），《人：學術者》（Bourdieu 1988a），Bourdieu 1978a，以及本書〈反思社會學的論題〉之「作為社會分析的社會學」。

常特殊的對象。學者理解任何有可能成為對象的東西所依靠的那些原則本身，背後都有一些最強大有力的社會決定因素，這些因素就以一種隱蔽的方式深深地體現在《人：學術者》這本書所研究的對象之中：一方面，是與作為學術場域的一員並且與在這個場域中占據一個特定位置相聯繫的各種特定利益（旨趣）；另一方面，是社會構建的對學術場域和社會場域的各種感知範疇，這些教學理解的範疇，正像我以前所指出的那樣，可以為某種美學（例如，學院派藝術）或某種認識論（就像怨恨的認識論一樣，這種認識論心甘情願地做不得已而為之的事情，並對後者大加讚賞，好像他們所困守的這種處境是一種美德似的。這種認識論總將實證主義的刻板作派所要求的那種小心謹慎奉為圭臬，以此來反對科學的各種大膽創新）提供基礎。

　　這裡，我就不力圖面面俱到地闡述反思社會學能夠從這一分析中吸取的所有教益，我寧願只選擇一個在科學事業中隱藏最深的預設進行分析。對科學事業所進行的研究迫使我去揭示它，這樣做的直接結果就是我們對此一對象本身的知識有了進一步的改善，證明社會學的社會學是社會學必不可少的部分，而非可有可無的「奢侈品」。我在研究的第一階段，構建了一個模型，將學術空間看作一個與特定力量關係聯繫在一起的位置的空間，將之看作一個各種力量的場域，以及一個存在各種旨在維繫或改變這一力量場域的爭鬥的場域。我本可以就此打住，但自己以往在阿爾及利亞進行人類學研究時所從事的觀察，卻使我十分敏感於與學究觀點緊密聯繫的「認識論自我中心主義」。而且當時，我渾身感到窘迫不安，因為面對我依舊參與的遊戲，強行讓自己採取了一種外在觀察者的視角，這就使我陷入一種不忠誠的境地。受到這些感覺的驅使，我被迫回過頭來重新審視我的工作，審視我發表的作品。這樣，我就以一種特別敏銳的方式，領會當人們宣稱自己採取了一種不偏不倚的觀察

者立場時背後隱含的那些因素。由於這些因素掩蓋在研究程式絕對的非個性背後，所以既無所不在，又難以為人察覺，從而使研究者能夠採取一種近乎上帝的觀點，高高在上地對同時也是他競爭者的同儕品頭論足。通過把對高貴位置的索求轉化為研究的對象，把社會學變成了在場域內發生爭鬥時所使用的一種武器，而不是對這些爭鬥進行研究的知識工具。因此，認知主體本人，不論他是誰，往往無休止地用這種社會學武器來彼此爭鬥，而我則賦予自己各種手段，借助它們，在分析中重新引入對各種預設和偏見的自覺意識，而這些預設和偏見，都是與構建觀點空間的某個人所持有的偏頗狹隘觀點相聯繫的。

　　意識到客觀主義對象化的局限，使我發現，在社會世界，特別是在學術世界裡，存在著一整套制度，它們的效果就是使我們可以接受在有關世界的客觀真理與有關我們是什麼和我們在世界中做了什麼——這也包括成為研究對象的主體用「事情並非如此」的觀念來反對客觀主義的分析時的一切所作所為——的活生生的真理之間存在的鴻溝。在我所從事的這個研究中，具體來說，存在著集體性的防衛體系，因為在這樣的世界中，每個人都在爭奪壟斷一個市場，而這樣的市場裡，一個人的顧客也是他的競爭者，因此在這樣的世界中生活是非常艱難的。[54] 而這樣的集體性防衛體系，能夠通過使我們接受環境所提供的各種託詞和補償性的酬賞，來使我們安於現狀、隨波逐流。正是這種兼具客觀性和主觀性的雙重真理，構成了社會世界的整個真理。

　　我在這裡舉最後一個例子，來說明我的觀點，雖然是否應該這

---

54 這就是布赫迪厄（Bourdieu 1985d）所謂「有限生產的市場」（market of restricted production），這種市場與那種「普及市場」（generalized market）正相對照，在後者中，文化生產者所交付的作品是面向全體公眾的。

樣做，我多少有些猶豫。這個例子是我前一段時間對大選後的電視辯論所進行的研究，[55] 這個對象由於表面上可以輕而易舉地處理（有關這個對象的各方面情況，都借助直接的直覺被直接地呈現出來），因此反而顯示出一個社會學家可能碰到的許多棘手問題。我們怎樣才能超越那種明白易懂的描述呢？馬拉美（Mallarmé）一貫所說的「與世界渾然一體、水乳交融的存在」（faire pléonasme avec le monde）最容易接受這種描述。事實上，由於置身其中的行動者已經用自己的語言說明了他們的所作所為，並盡力從中產生了初步的意義（在等待大選結果時，存在著戲劇性的場面，並且存在參加的人對結果意義的爭鬥），所以，用一種不同的語言來重新陳述這些行為，或者僅僅簡單地（或者浮誇地）將意義認定是行動者有意識的意圖的產物，而且如果行動者有時間，如果他們不怕洩漏內幕，他們本人就會表述這些意義，這些看法都是危險的。因為行動者完全清楚地知道——至少在實踐中知道，而且今天越來越自覺地意識到——既然這種情境的要害就是向人們強加最能博得他人好感的有關自己位置的表象，那麼，在這一情境中當眾承認失敗，作為一種認識（或認可）他人成功的行為，事實上是不可能的。他們也知道，真正說來，數字及其意義並不是普遍有效的「事實」，而且「拒絕承認顯而易見的事實」（54%比46%要高）的策略儘管表面上看來注定要失敗，但仍然可以保持一定程度的有效性（甲政黨贏得了選舉，但乙政黨並不是徹底的失敗者：甲的勝利不像上一次選舉那樣乾淨俐落，或者領先的票數不如預想的那麼多，等等諸如此類

---

55 每次全國大選的當晚，法國各主要電視頻道都舉辦各自的特別節目，邀請著名的政治家、政治科學家、記者和政治評論家來解釋已經估計出來的大選結果，並就這一結果對法國政治變換的走向之意義，交換各自的看法。法國電視觀眾幾乎普遍收看這些節目，它們已日益成為有影響的政治活動手段。

的說法）。

　　但是這一點真的關係重大嗎？這裡，（科學）斷裂的問題就以特別顯著的方式提了出來，因為分析者本人就包括他的競爭者對象之列，這些人和他一起競爭對對象的解釋，並且也可能借助科學的權威。這一問題以特別尖銳的方式提出來，還因為，與在其他科學中所發生的情況相反，一個單純的描述，甚至一個經過構建的描述──即一個僅僅旨在捕捉所有與此相關的重要特徵的描述──也並不具有記錄霍皮人（Hopis）[56] 的祕密儀式或中世紀國王加冕的那些描述所具有的那種內在的價值：場景被兩千萬電視觀眾看在眼裡，有所理解（某種層面上的理解，並達到一定程度），而且錄影所記錄的資訊是任何實證主義的改寫都無法匹敵的。

　　事實上，只有當我們在實際研究中，構建出客觀關係的空間（結構）──我們所直接觀察到的那些溝通交流（互動）只是這一空間結構的表現──我們才能避免層出不窮的相互排斥的解釋。而詮釋學家本身就捲入了詮釋學家們彼此之間的爭鬥，以奪取對一種現象或一個結果有最終的發言權。我們的任務在於把握一個隱含的現實，這種現實通過揭示自身來掩蓋自身，這一現實向觀察者所提供的只有瑣屑無聊的互動方式，而這種方式恰恰掩飾了它的真相。所有這些意味著什麼？在我們眼前，有這樣一些人，他們分別被稱為記者阿瑪先生，歷史學家雷蒙先生，政治科學家 X 先生等等；正如我們所看到的，他們之間所交流的言談，表面上易於研究者對其進行「話語分析」，而且在他們交流言談過程中所發生的所有可見的「互動」，表面上也為他們自己進行的分析提供了所有必要的工具。但事實上，在電視螢幕上展現的場景（亦即行動者用來贏得鼇

---

56 譯註：霍皮人，一個北美印地安部落，他們的求雨儀式是人類學最廣為研究的
　　事例之一。

斷爭辯中最終定論的符號鬥爭之策略），其目的在於確定誰有社會認可的能力來講述有關爭論關鍵的真理，因此是涉入其中的行動者之間客觀力量關係的反映，或者更準確地說，是不同場域之間的客觀力量關係的反映，這些人就置身在這些場域中，並在其中占據不同等級的位置。換句話說，這種互動是各種等級化場域之間相互交織關係的生成物，它是可見的和純粹現象性的。

　　這種互動空間作為一種語言市場的情境來發揮作用，而且我們可以揭示出它的關鍵特性得以構成的各種原則。[57] 首先，它包含了一個預先構建的空間：參與者集團的社會構成是預先決定的。要想理解在電視螢幕上什麼可以說，特別是什麼不可以說，就必須知曉發言者群體的組成法則──誰被排斥在外，誰又自己主動不去參與。最徹底的監督控制就是不在場。因此，我們必須考慮不同類型的人（性別、年齡、職業、教育水平等）的代表比例（既就統計意義，又就社會意義而言），並藉此根據每個人在電視辯論中享用的時間，衡量他們的發言機會。我們所考察的這個語言市場的情境，其第二個特性如下：記者對他業已構建的遊戲空間施展某種形式的支配權（支配局勢，而非支配結構），在這個遊戲空間中，他發現自己處於裁判的角色，可以強加「客觀性」和「中立性」的規範。

　　不過，我們不能就此裹足不前，還需對之做進一步的分析。這種互動空間是幾個不同場域之間相互交織的關係得以實現的地點。參加電視辯論的人彼此爭奪，來強加所謂「不偏不倚」的解釋──也就是使觀眾認可他們的見解是客觀──時，行動者所掌握的資源，取決於他們在客觀上等級化了的場域中之成員資格，以及他們在各自場域中的位置。首先，我們面對政治場域（Bourdieu

---

57 Bourdieu 1990f和本書〈反思社會學的論題〉之「語言、性別與符號暴力」對語言市場的概念做了詳盡的闡述。

1981a）：由於政治家直接牽連在遊戲之中，遊戲因此與他們的利害直接相關，而且人們也是這麼看待他們的，所以政治家既被視為裁判者，也被視為被裁判者（juges et parties），從而總是受到人們的懷疑，認為他們所提出的解釋是涉及自身利害的，有偏見的，因而是不可信任的。這些政治家在政治場域中占據不同的位置：他們在這個空間中的位置，既取決於他們的黨派成員身分，也根據他們在黨內的位置，他們在地方或全國的知名度和聲望，他們對公眾的吸引力等等。下面，我們再來看看記者場域：記者可以而且必須採取一種客觀性和中立性的修辭手段，在需要的時候借助所謂的「政治專家」（politologist）的幫忙。接著，我們可以處理「政治科學」的場域，在這個場域，「活躍於各種媒介上的政治專家」即使在場域外贏得相當廣泛的尊敬，特別是在記者——他們在結構上往往支配這些記者——中間，但在場域內，他們並不占據十分光彩的位置。接下來，就是政治推銷的場域，以那些廣告人員和媒介顧問為代表，這些人用所謂「科學」的根據來掩飾他們對政客的評價。最後是大學場域本身，代表就是那些選舉史方面的專家，他們已經將評論選舉結果發展成一門專業。我們就這樣逐漸從結構上或法律上最「介入」的場域過渡到最超然的場域：學術場域是最具「事後英明」和「超然姿態」的場域。當這一場域要去產生一種盡可能有效的客觀性修辭手段，就像在大選後的新聞節目這個事例中所體現出來的那樣時，那麼它與其他場域相比，在結構上就享有一種優勢。

　　不同行動者的話語策略，特別是那些旨在產生一種客觀性門面的修辭效果，取決於不同場域之間符號力量的均衡和這些場域的成員資格賦予不同的參加者的特定資源。換句話說，在這場圍繞「中立」意見展開的特定符號爭鬥中，話語策略依賴於參加者所擁有的特定利益和不同資產，這些都是參加者借助他們在一個由看不見的關係構成的系統中的位置所獲得的，這些看不見的關係存在於他們

所運作的不同場域之間。例如相對於政治家和記者，政治專家憑藉
他的身分就具有了某種優勢，因為他更容易被人們信任，相信他具
有客觀性；而且還因為他可以選擇運用自己的專門技能，即他對大
選歷史的掌握，來對選舉結果做出比較。他可以和記者聯手，從而
強化了後者所聲稱的客觀性，並賦予合法性於這客觀性。所有這些
客觀關係的產物就是符號權力的關係，體現在以修辭策略形式出現
的互動中。大多數時候，正是這些客觀關係決定了：誰可以打斷他
人的談話，誰可以提問，誰可以長篇大論地發言而不被打斷，或者
不顧別人的打斷等，誰注定要採取否定他人的策略（否定他人的利
益和包含利益的策略），或合乎禮節地拒絕回答，或循規蹈矩地講
話等等。我們需要進一步分析，以指出如何通過將客觀結構引入分
析之中，使我們得以說明參加者的話語、修辭策略，他們之間相互
勾結或彼此敵對的關係，以及他們力圖採取的手段和產生的反應等
等方面的特殊之處——簡言之，說明話語分析堅信它可以僅憑話語
就可以理解的所有方面。

　　但為什麼在這個個案中分析特別艱難呢？這無疑是因為：社會
學家聲稱要作為客觀對象加以研究的人，同時也是與社會學家一起
爭奪對客觀性對象化的壟斷權的競爭者。事實上，根據社會學家所
研究的對象，他既在某種程度上遠離所觀察的行動者和他們的切身
利害，但也在某種程度上直接捲入了與他們的敵對衝突之中，結果
在一定程度上，禁不住要進入披著客觀性外衣的後設話語的遊戲
中。正像這裡的例子所表明的，正在被分析的遊戲，本身就包含了
針對其他所有話語——政治家興高采烈地歡呼選舉勝利的話語；記
者宣稱客觀地報導競選者之間差距的話語；聲稱通過察看過去或現
在的統計資料，比較選舉結果的差距和趨勢，選舉史方面的「政治
專家」和專業人員向我們提供對選舉結果的客觀解釋之話語——發
布的後設話語。一言以蔽之，這種後設話語通過借助話語的唯一力

量將自身置於遊戲之上，放在「後設」的位置，[58] 並力圖利用策略
（不同行動者發展這些策略，以確保他們自身的「真理」能占上
風，從而確保有權力講述有關遊戲的真理）的科學，以保證自身在
遊戲中的勝利。這裡依舊是政治社會學和「媒介政治技術」之間的
客觀關係，或者更準確地說，正是觀察者和被觀察者在各自場域
（這些場域在客觀上都已經等級化了）中所占據的位置之間的客觀
關係，決定了觀察者的感知，特別是通過在他身上強加表現他自身
的既得利益之各種盲點。

　　正如我們可以清楚地從這裡的個案中看到的，將社會學家與他
的對象之間的關係作為研究的對象，是與社會學家的某種傾向相決
裂的必要條件，這種傾向使社會學家陷入了他所研究的對象之中，
而這種傾向無疑是社會學家對研究對象的「旨趣」根源。在某種意
義上，一個人必須堅決拋棄某種使用科學來介入對象的方式，這種
使用方式使他能夠完成某種對象化的行為，這種對象化的觀點不僅
僅有失偏頗、而且充滿了化約論的錯誤——一個人可以在遊戲中，
針對其他遊戲者獲得這種觀點——並且應該採取把握全局的觀點，
人們可以通過從遊戲中抽身而退，將遊戲作為遊戲來把握，來獲得
這種觀點。只有以社會學為研究對象的社會學——和以社會學家為
研究對象的社會學——才可以使我們實實在在地把握我們可以通過
科學目的直接尋求的那些社會目標。在我們參與遊戲的事實中，深
刻地體現著那些推動我們進行對象構建的利益（或旨趣），只有當
我們盡可能徹底地將這種利益轉化為科學研究的對象，並且在研究
中懸擱這種利益及其所維持的那些表象，參與性對象化——它大概
是社會學藝術中最高級的形式——才能最終實現。

---

58 譯註：希臘文meta，有「在⋯⋯之上」的含義。

如何閱讀布赫迪厄

華康德

　　對於那些剛開始接觸布赫迪厄的讀者來說，面對他枝節繁多而內容廣泛的著作，要想找到一條捷徑，並不是一件輕鬆的事。從哪本書、哪篇文章開始呢？這是一個頗為棘手的問題。下述的閱讀策略反映了我個人的偏好，也是那些參加我組織的有關布赫迪厄的研討班的學生認為很有成效的方式（這裡只包括以英語形式出現的文本，而且相對於長篇作品，我寧可多選擇一些篇幅較短的文章）。書單的順序，是從側重（後設）理論方面和概念方面的論文開始，過渡到經驗內容更強的篇目。這一排列順序多少有些武斷，因為布赫迪厄很少區分認識論、理論和經驗研究。不過採用這種排列方式，還是可以用來大致向讀者指示這些論文所強調的不同方面。總的來說，建議讀者涉獵不同經驗領域的各類論文，交替閱讀偏重經驗取向和理論取向的篇章，並且，最關鍵的是，將布赫迪厄「轉譯」為讀者較熟知的語彙之前，用他本人的術語來理解他，因為他各種主張的論述風格和實質觀點是密不可分的。

　　首先可以從布赫迪厄的「社會空間和符號資本」（Bourdieu 1989e）開始，同時參考布魯貝克（Brubaker 1985）的出色概述；迪瑪奇奧（DiMaggio 1979）、加漢姆和威廉姆斯（Garnham and

Williams 1980）的文章也會有所幫助。然後可以讀讀〈論符號權力〉（On Symbolic Power, Bourdieu 1979b；重印收入《語言與符號權力》），這篇文章詳盡陳述了布赫迪厄本人的綱領與經典社會學和經典哲學（包括黑格爾、康德、涂爾幹、馬克思、韋伯、卡西爾、索緒爾、李維史陀等）的關係，並同時閱讀他在 1986 年進行的一次訪談（Honneth, Kocyba and Schwibs 1986；Bourdieu 1986a；兩者都重印收入 Bourdieu 1990h），後者可以幫助讀者更充分地將布赫迪厄的思想放在法國和國際思想場景中加以考慮。〈理論知識的三種形式〉（The Three Forms of Theoretical Knowledge, Bourdieu 1973c）雖說有些過時，但仍不失為一篇有用的文章，它總結了布赫迪厄心目中三種基本的理論化形式——主觀主義者的、客觀主義者的和實踐理論家的（超越前兩者）——各自的優劣。這篇文章可以幫助讀者閱讀《實作理論綱要》一書（Bourdieu 1977a）的導論。

　　然後，可以讀讀〈人與機器〉（Men and Machines, Bourdieu 1981c），在這篇言簡意賅的文章中，布赫迪厄概括地指出了他用哪些概念闡述了體現在身體上的社會行動（慣習、性情傾向）和體現在制度上的社會行動（場域或位置空間）之間的辯證關係，或「本體論的契合關係」，布赫迪厄提出這一理論，來克服行動與結構及微觀分析與宏觀分析的二元對立。〈資本的形式〉（The forms of Capital, Bourdieu 1986b）展現了布赫迪厄關於資本或權力的主要種類的觀念：經濟資本、文化資本、社會資本和符號資本，每一種資本的性質和效果，以及典型策略和資本轉化的困境。〈社會空間和集團的產生〉（Social Spaces and the Genesis of Groups, Bourdieu 1985a），是布赫迪厄論述社會空間概念和集團形成理論（包括符號權力和符號政治學在構成社會集體方面的作用）的主要文章。〈語言交流的（經濟）體系〉（The Economy of Linguistic Exchanges, Bourdieu 1977c）一文則進一步發展了這一模式，用它來分析語

言，為《語言與符號權力》（Bourdieu 1991e）開闢思想道路。湯普森（Thompson 1991）卓有成效地探討了布赫迪厄如何將他的語言社會學和政治社會學納入更為廣泛的實踐理論中。

　　分類體系方面的鬥爭，是文化權力和經濟權力之間的對應關係賴以建立的途徑。布赫迪厄關於這一問題的論述構成了《再生產》和《秀異》之間的聯繫，他和博東斯基於1981年發表的文章〈社會結構的變革和對教育要求的變革〉（Changes in Social Structure and Changes in the Demand for Education, Bourdieu and Boltanski 1977），簡捷有力地闡述了他在這方面的觀點，分析再生產和復原（reconversion）的階級策略系統的結構和運作方式。〈作為社會再生產策略的婚姻策略〉（Marriage Strategies as Strategies of Social Reproduction, Bourdieu 1977b）在親屬關係領域中運用了這一分析方式，並為研究集團的形成提供一個範例。布赫迪厄和聖·瑪丹在〈職業判斷的範疇〉（Categories of Professorial Judgment, Bourdieu and Saint Martin；收入 Bourdieu 1988a: 194-225）中的探討，為社會分類體系與學術分類體系之間的運作機制和相互強化過程提供了強有力的經驗說明，這一文章還貫穿了上述的許多論題。

　　〈科學場域的特殊性〉（The Specificity of the Scientific Field, Bourdieu 1975d）較早地對場域這一中心概念進行了詳盡的經驗闡述。在這篇文章中，布赫迪厄還為探討科學進步的社會學理論打下了基礎，並且間接地展現了他的社會學認識論。在〈文化生產的場域〉（The Field of Cultural Production, Bourdieu 1983d）一文中，他進一步發展了這兩個論題，並分析了十九世紀晚期法國文學界的形成過程和運作機制。這篇文章可以算是他如何研究文化與權力，怎樣運用場域、慣習、利益、結構性對應關係等概念的典範。〈法律的力量——邁向一門司法場域的社會學〉（The Force of Law: Toward a Sociology of the Juridical Field, Bourdieu 1987g）將布赫迪

厄的分析框架應用於法律領域，並扼要地提出一種社會學理論，用以研究正式編纂的規範法典之社會意義。〈純粹審美活動的歷史生成過程〉（The Historical Genesis of A Pure Aesthetics, Bourdieu 1987d）簡明地總結了藝術「觀注」方式的「發明創造」過程──它如何在藝術場域中得以制度化，並如何體現在審美慣習之中。在〈普遍性的法團主義〉（The Corporatism of the Universal: The Role of Intellectuals in the Modern World, Bourdieu 1989d）一文中，以類似的方式展現了布赫迪厄有關知識分子的歷史形成過程及其作用的觀念。

　　對經驗研究更感興趣的讀者也許願意從〈教學判斷的各種範疇〉開始，然後研讀布赫迪厄分析場域的一些個案，再回過頭來接觸更具概念性的文章。〈藝術家生活方式的發明〉（The Invention of the Artist's Life, Bourdieu 1987j）為布赫迪厄理論的潛力提供了一個很好的檢驗機會，因為讀者可以把這篇文章中的分析與對福樓拜的傳統文學分析或哲學分析──如沙特的研究（參看沙特所撰的四卷本的宏篇巨制──《家庭白癡》）相比較。〈體育社會學大綱〉（Program for a Sociology of Sport, Bourdieu 1988f）儘管從標題上看是一篇範圍狹隘的文章，但實際上它以少見的流暢易讀的風格體現了布赫迪厄所宣導的關係思維方式，而且可以讓讀者見識一下布赫迪厄的出色才華，看他怎樣在理論抽象性和經驗具體性之間不斷來回穿梭，並將表面看起來無甚關聯的現象領域和分析焦點有機地聯繫在一起：音樂家維瓦第（Vivaldi）、社會學的社會學、英式橄欖球、錄影、新康德主義哲學、小資產階級對文化的親善、在分類方面發生的鬥爭以及專門職業化，在這篇文章中，上述各種因素紛然雜陳，蔚為大觀。另外，這篇文章也扼要地闡述了「身體」和「信念」在布赫迪厄社會學中舉足輕重的地位。《1960年的阿爾及利亞》（Bourdieu 1979c）開篇〈經濟結構和時間結構〉（Economic

Structures and Temporal Structures），論述了兩種結構之間的相互構造關係，在〈世界的除魔〉（The Disenchantment of the World）這篇長文中也討論了這一問題，它也可以作為讀者初次閱讀布赫迪厄作品的選擇：因為其中大部分都是六〇年代中期撰寫的，所以它尚未採用布赫迪厄的全部概念工具，使得這篇文章多少較容易理解，不過從這篇文章仍然可以非常清晰地辨認出他獨具一格的社會學思考方式。有關布赫迪厄探討「構建對象」的問題，有兩篇行文明白曉暢、論述又很有力的文章可以作為他研究這一問題的範例，這兩篇都是分析民意調查的，一篇探討政治人物自發採用的分類圖式（〈高談闊論的遊戲〉[The Parlour Game], Bourdieu 1984a: 546-59），另一篇是〈法國知識分子的群星之薈〉（Hit Parade of French Intellectuals, Bourdieu 1988a: 256-70）。

　　一旦讀者理解消化了上述全部或部分論文，就該把《秀異》（Bourdieu 1984a；特別是第2、3、5至7章，以及〈結論〉和〈後記〉，最好是從〈後記〉開始）和《實踐感》（Bourdieu 1990a；大概是布赫迪厄最好和最重要的著作）放在一起閱讀。然後在這兩本書的基礎上，可以研究一下題為〈學究謬誤〉（Bourdieu 1990e）的論文，在讀者接觸《人：學術者》（1988a）之前，這篇文章提供了一個頗有啟發性的開端。此外，英文版中最深入淺出、易於理解的單本著作是《換句話說》（In Other Words: Essays Towards a Reflexive Sociology, Bourdieu 1990h；不過譯文有些缺陷），這是一本散論和談話的文集，它向讀者提供了大量理解布赫迪厄思想事業的指導，為我們開闢途徑，開啟了視窗。

引用及參考書目

華康德

出於方便考慮，我將布赫迪厄的著作單獨開列（順序是根據所引用布赫迪厄作品的該種語言形式之出版時間來確定——英語作品則根據最初出版的英譯本時間來確定）。這一部分只包括本書中引用的布赫迪厄作品，並非他作品的一個完整目錄。如果真要編纂這樣一個目錄，本身大概就是一本小冊子。事實上，這樣的小冊子已經有了，（Yvette Delsaut）經過艱苦的努力編纂完成了這樣一本小冊子（*Bibliographie des travaux de Pierre Bourdieu, 1958-1988*. Paris: Centre de Sociologie Européenne du Collége de France, 1988，共39頁，油印件）。布赫迪厄的《換句話說》（Cambridge: Polity Press, 1990，頁199-218）之附錄就是將這個小冊子縮編而成。也可參見布羅迪（Broady 1990）編纂的著作目錄。

布赫迪厄重要著作

1961

"Révolution dans la revolution," *Esprit* 1 (January): 27-40.

1962

a. [1958] *The Algerians*. Boston: Beacon Press.

b. "Célibat et condition paysanne," *Etudes rurales* 5/6 (April): 32-136.

c. "Les relations entre les sexes dans la société paysanne," *Les temps modernes* 195 (August): 307-31.

d. "La hantise du chômage chez l'ouvrier algérien. Prolétariat et système colonial," *Sociologie du travail* 4: 313-31.

1963

with Jean-Claude Passeron. "Sociologues des mythologies et mythologies de sociologies," *Les temps modernes* 211 (December): 998-1021.

with Alain Darbel, Jean-Pierre Rivet and Claude Seibel. *Travail et travailleurs en Algérie*. Paris and The Hague: Mouton.

1964

"The Attitude of the Algerian Peasant Toward Time," pp. 55-72, in *Mediterranean Countrymen*. Edited by Jesse Pitt-Rivers. Paris and The Hague: Mouton.

with Abdelmalek Sayad. *Le déracinement. La crise de l'agriculture traditionnelle en Algérie*. Paris: Editions de Minuit.

1965

"The Sentiment of Honour in Kabyle Society," pp. 191-241, in *Honour and Shame: The Values of Mediterranean Society*. Edited by J. G. Peristiany. London: Weidenfeld and Nicholson.

with Luc Boltanski, Robert Castel and Jean-Claude Chamboredon. *Un art moyen. Essai sur les usages sociaux de la photographie*. Paris: Editions de Minuit. Translated as *Photography: A Middle Brow Art*. Cambridge: Polity Press; Stanford: Stanford University Press,1990.

with Jean-Claude Passeron and Monique de Saint Martin. *Rapport pédagogique et communication.* Paris and the Hague: Mouton. Translated as *Academic Discourse: Linguistic Misunderstanding and Professorial Power.* Cambridge, U. K.: Polity Press; Stanford, Calif.: Stanford University Press, 1994.

1966

"Condition de classe et position de class," *European Journal of Sociology* 7.2: 201-23.

with Alain Darbel. "La fin d'un malthusianisme," pp. 135-54, in *Le partage des bénéfices, expansion et inégalités en France.* Edited by Darras. Paris: Editions de Minuit.

with Alain Darbel and Dominique Schnapper. *L'amour de l'art. Les musées d'art européens et leur public.* Paris: Editions de Minuit. Translated as *The Love of Art: European Art Museums and their Public.* Cambridge: Polity Press; Stanford: Stanford University Press, 1990.

1967

a. "Systems of Education and Systems of Thought," *Social Science Information* 14.3: 338-58.

b. Postface. pp. 136-67, in Erwin Panofsky, *Architecture gothique et pensée scolastique.* Translated by Pierre Bourdieu. Paris: Editions de Minuit.

with Jean-Claude Passeron. "Sociology and Philosophy in France Since 1945: Death and Resurrection of a Philosophy Without Subject," *Social Research* 34.1 (Spring): 162-212.

1968

a. "Outline of a Sociological Theory of Art Perception," *International Social Science Journal 10* (Winter): 589-612.

b. "Structuralism and Theory of Sociological Knowledge," *Social Research* 35.4 (Winter): 681-706.

1970

with O. Hahn. 1970. "La théorie," *VH 101* 2 (Summer): 12-21.

1971

a. [1966] "Intellectual Field and Creative Project," pp. 161-88, in *Knowledge and Control: New Directions for the Sociology of Education*. Edited by Michael F. D. Young. London: Collier Macmillan.

b. "Genèse et structure du champ religieux," *Revue française de sociologie* 12.3 (July-September): 294-334.

c. "Disposition esthétique et compétence artistique," *Les temps modernes* 295 (February): 1345-78.

d. "Champ du pouvoir, champ intellectuel et habitus de classe," *Scolies* 1: 7-26.

e. "Une interprétation de la théorie de la religion selon Max Weber," *European Journal of Sociology* 12: 3-21.

1972

Esquisse d'une théorie de la pratique.Précédée de trois études d'ethnologie kabyle. Geneva: Droz.

1973

a. [1962] "The Algerian Subproletariate," pp. 83-89, in *Man, State, and Society in the Contemporary Maghrib*. Edited by I. W. Zartman. London: Pall Mall Press.

b. [1971] "Cultural Reproduction and Social Reproduction," pp.71-112, in *Knowledge, Education, and Cultural Change*. Edited by Richard Brown. London: Tavistock.

c. "The Three Forms of Theoretical Knowledge," *Social Science Information* 12: 53-80.

d. [1970] "The Berber House," pp. 98-110, in *Rules and Meanings*. Edited by Mary Douglas. Harmondsworth: Penguin.

with Jean-Claude Chamboredon and Jean-Claude Passeron. [1968] *Le métier de sociologue. Préalables épistémologiques*. 2d ed. Paris and the Hague: Mouton. Translated as *The Craft of Sociology: Epistemological Preliminaries*. Berlin and New York: Walter de Gruyter, 1991.

1974

a. "Avenir de classe et causalité du probable," *Revue française de sociologie* 15.1 (January-March): 3-42.

b. [1966] "The School as a Conservative Force: Scholastic and Cultural Inequalities," pp. 32-46, in *Contemporary Research in the Sociology of Education*. Edited by John Eggleston. London: Methuen.

c. "Les fractions de la classe dominante et les modes d'appropriation de l'oeuvre d'art," *Social Science Information* 13.3: 7-32.

with Monique de Saint Martin. [1970] "Scholastic Excellence and the Values of the Educational System," pp. 338-71, in *Contemporary Research in the Sociology of Education*. Edited by John Eggleston. London: Methuen.

1975

a. "La critique du discours letter," *Actes de la recherche en sciences sociales* 5/6: 4-8.

b. "La lecture de Marx: quelques remarques critiques a propos de 'Quelques remarques critiques a propos de 'Lire le Capital'," *Actes de la recherche en sciences sociales* 5/6: 65-79.

c. "L'ontologie politique de Martin Heidegger," *Actes de la recherche en sciences sociales* 5/6: 109-56.

d. "The Specificity of the Scientific Field and the Social Conditions of the Progress of Reason," *Social Science Information* 14.6 (December): 19-47.

with Luc Boltanski. "Le fétichisme de la langue," *Actes de la recherche en sciences sociales* 2: 95-107.

with Yvette Delsaut. "Le couturier et sa griffe. Contribution a une théorie de la magie," *Actes de la recherche en sciences sociales* 1: 7-36.

with A. Casanova and M. Simon. "Les intellectuels dans le champ de la lutte des classes," *La nouvelle critique* 87 (October): 20-26.

1977

a. *Outline of A Theory of Practice*. Cambridge: Cambridge University Press.

b. [1972] "Marriage Strategies as Strategies of Social Reproduction," pp. 117-44, in *Family and Society: Selections from the Annales*. Edited by R. Foster and O. Ranum. Baltimore: The Johns Hopkins University Press.

c. "The Economy of Linguistic Exchanges," *Social Science Information* 16.6: 645-68.

d. "Remarques provisoires sur la perception sociale du corps," *Actes de la recherche en sciences sociales* 14: 51-54.

with Luc Boltanski. [1973] "Changes in Social Structure and Changes in the Demand for Education," pp. 197-227, in *Contemporary Europe: Social Structures and Cultural Patterns*. Edited by Scott Giner and Margaret Scotford Archer. London: Routledge and Kegan Paul.

with Jean-Claude Passeron. [1970] *Reproduction in Education, Society and Culture*. London: Sage. Paperback edition with a new preface published 1990.

1978

a. "Sur l'ob jectivation participante. Réponses a quelques objections," *Actes de la recherche en sciences sociales* 20/21: 67-69.

b. "Classement, déclassement, reclassement," *Actes de la recherche en sciences sociales* 24: 2-22. Translated as the epilogue to Bourdieu and Passeron 1979.

c. "Sport and Social Class," *Social Science Information* 17.6: 819-840.

d. "Capital symbolique et classes sociales," *L'arc* 72: 13-19. Reprinted in translation in Bourdieu 2002.

with Monique de Saint Martin. "Le patronat," *Actes de la recherche en sciences sociales* 20/21: 3-82.

1979

a. "Les trois états du capital culturel," *Actes de la recherche en sciences sociales* 30: 3-6.

b. [1977] "Symbolic Power," *Critique of Anthropology* 13/14 (Summer): 77-85.

c. *Algeria 1960*. Cambridge: Cambridge University Press.

d. "The Sense of Honor," pp. 95-132, in *Algeria 1960*. Cambridge: Cambridge University Press.

e. [1971] "Public Opinion Does Not Exist," pp. 124-30, in *Communication and Class Struggle*, vol. 1. Edited by A. Matelart and S. Siegelaub. New York: International General/IMMRC.

with Jean-Claude Passeron. [1964] *The Inheritors: French Students and their Relation to Culture*. Chicago: The University of Chicago Press.

1980

a. [1977] "The Production of Belief: Contribution to an Economy of Symbolic Goods," *Media, Culture and Society* 2 (July): 261-93.

b. *Questions de sociologie*. Paris: Editions de Minuit.

c. "Le capital social," *Actes de la recherche en sciences sociales* 31: 2-3.

d. "Le mort saisit le vif. Les relations entre l'histoire incorporée et l'histoire réifiée," *Actes de la recherche en sciences sociales* 32/33: 3-14.

e. "Sartre," *London Review of Books* 2.20 (October 20): 11-12.

f. "Le Nord et le Midi: contribution a une analyse de l'effet Montesquieu," *Actes de la recherche en sciences sociales* 35: 21-25.

g. "L'identité et la représentation. Eléments pour une reflexion critique sur l'idée de région," *Actes de la recherche en sciences sociales* 35: 63-72.

h. "Les intellectuels sont-ils hors-jeu?" pp. 61-66, in *Questions de sociologie*. Paris: Editions de Minuit.

i. "Comment libérer les intellectuels libres?" pp. 67-78, in *Questions de sociologie*. Paris: Editions de Minuit.

1981

a. "La représentation politique. Eléments pour une théorie du champ politique," *Actes de la recherche en sciences sociales* 37 (February-March): 3-24. Reprinted in translation in Bourdieu 1991e.

b. "Epreuve scolaire et consécration sociale. Les classes préparatoires aux Grandes écoles," *Actes de la recherche en sciences sociales* 39: 3-70.

c. "Men and Machines," pp. 304-17, in *Advances in Social Theory and Methodology: Toward an Integration of Micro-and Macro-Sociologies*. Edited by Karin Knorr-Cetina and Aaron V. Cicourel. London and Boston: Routledge and Kegan Paul.

d. "Retrouver la tradition libertaire de la gauche," *Libération* (December 23): 8-9.

e. Preface. Pp. 7-12, in Paul F. Lazarsfeld, Marie Jahoda and Hans Zeisel, *Les chômeurs de Marienthal*. Paris: Editions de Minuit.

with Luc Boltanski. [1975] "The Educational System and the Economy: Titles and Jobs," pp. 141-51, in *French Sociology: Rupture and Renewal Since 1968*. Edited by Charles C. Lemert. New York: Columbia University Press.

1982

a. *Leçon sur la leçon*. Paris: Editions de Minuit. Translated as "Lecture on the Lecture," in Bourdieu 1990h.

b. *Ce que parler veut dire. L'économie des échanges linguistiques*. Paris: Arthème Fayard.

with Monique de Saint Martin. "La sainte famille. L'épiscopat francais dans le champ du pouvoir," *Actes de la recherche en sciences sociales* 44/45: 2-53.

1983

a. "The Philosophical Establishment," pp. 1-8, in *Philosophy in France Today*. Edited by Alan Montefiore. Cambridge: Cambridge University Press.

b. "Vous avez dit 'populaire'?" *Actes de la recherche en sciences sociales* 46: 98-105. Reprinted in translation in Bourdieu 1991e.

c. "Les sciences sociales et la philosophie," *Actes de la recherche en sciences sociales* 47/48: 45-52.

d. "The Field of Cultural Production, or the Economic World Reversed," *Poetics 12* (November): 311-56.

e. [1982] "Erving Goffman, Discoverer of the Infinitely Small," *Theory, Culture, and Society* 2.1: 112-13.

1984

a. [1979] *Distinction: A Social Critique of the Judgement of Taste*. Cambridge, Mass.: Harvard University Press; London: Routledge and Kegan Paul.

b. Prefazione. Pp. 5-6, in Anna Boschetti, *L'impresa intellectuale. Sartre e "Les Temps Modernes"*. Bari: Edizioni Dedalo.

with Didier Eribon. "Université: Les rois sont nus," *Le nouvel observateur* (November 2-8): 86-90.

1985

a. [1984] "Social Space and the Genesis of Groups," *Theory and Society* 14.6 (November): 723-44. Reprinted in Bourdieu 1991e.

b. [1984] "Delegation and Political Fetishism," *Thesis Eleven* 10/11 (November): 56-70. Reprinted in Bourdieu 1991e.

c. "The Genesis of the concepts of 'Habitus' and 'Field'," *Sociocriticism* 2.2: 11-24.

d. [1971] "The Market of Symbolic Goods," *Poetics* 14 (April): 13-44.

e. "Les intellectuels et les pouvoirs," pp. 93-94, in *Michel Foucault, une histoire de la vérité*. Paris: Syros.

f. "A Free Thinker: 'Do Not Ask Me Who I Am'," *Paragraph* 5 (March): 80-87.

g. "Existe-t-il une littérature belge? Limites d'un champ et frontières politiques," *Etudes de lettres* (Lausanne)4: 3-6.

h. "Les professeurs de l'Université de Paris a la veille de Mai 68," pp. 177-84, in *Le personnel de l'enseignement supérieur en France au 19ème et 20ème siècle*. Edited by Christophe Charle and Régine Ferré. Paris: Editions du CNRS.

with Bernd Schwibs. "Vernunft ist eine historische Errungenschaft, wie die Sozialversicherung," *Neue Sammlung* 3: 376-94.

with Roger Chartier and Robert Darnton. "Dialogue a propos de l'histoire culturelle," *Actes de la recherche en sciences sociales* 59: 86-93.

1986

a. [1985] "From Rules to Strategies," *Cultural Anthropology* 1.1 (February): 110-20.

b. [1983] "The Forms of Capital," pp. 241-58, in *Handbook of Theory and Research for the Sociology of Education*. Edited by John G. Richardson. New York: Greenwood Press.

c. "Habitus, code et codification," *Actes de la recherche en sciences sociales* 64: 40-44. Reprinted in Bourdieu 1990h.

d. "La science et l'actualité," *Actes de la recherche en sciences sociales* 61: 2-3.

e. "D'abord défendre les intellectuels," *Le Nouvel Observateur* (September 12-18): 82.

f. "Nécessiter," *L'Herne* (June, special issue on Francis Ponge): 434-37.

1987

a. *Choses dites*. Paris: Editions de Minuit.

b. "What Makes a Social Class? On the Theoretical and Practical Existence of Groups," *Berkeley Journal of Sociology* 32: 1-18.

c. [1986] "The Biographical Illusion," *Working Papers and Proceedings of the Center for Psychosocial Studies* 14.Chicago: Center for Psychosocial Studies.

d. "The Historical Genesis of a Pure Aesthetics," *The Journal of Aesthetics and Art Criticism*. Special issue on "Analytic Aesthetics" ed. Richard Schusterman, pp. 201-10. Reprinted in Bourdieu 1993.

e. "Scientific Field and Scientific Thought," Comparative Study of Social Transformation, CSST Working Paper. Ann Arbor: The University of Michigan.

f. "Variations et invariants. Eléments pour une histoire structurale du champ des Grandes écoles," *Actes de la recherche en sciences sociales* 70: 3-30.

g. [1986] "The Force of Law: Toward a Sociology of the Juridical Field," *Hastings Journal of Law* 38: 209-48.

h. "Legitimation and Sturctured Interests in Weber's Sociology of Religion," pp. 119-36, in *Max Weber, Rationality, and Modernity*. Edited by Sam Whimster and Scott Lash. London: Allen and Unwin.

i. "L'institutionalisation de l'anomie," *Cahiers du Musée national d'art moderne* 19/20 (June): 6-19.

j. [1975] "The Invention of the Artist's Life," *Yale French Studies* 73: 75-103.

k. "Für eine Realpolitik der Vernunft," pp. 229-34, in *Das Bildungswesen der Zukunft*. Edited by S. Muller-Rolli. Stuttgart: Ernst Klett.

l. "Revolt of the Spirit," *New Socialist* 46 (February): 9-11.

m. "L'assassinat de Maurice Halbwachs," *La liberté de l'esprit, Visages de la Resistance* 16 (Fall): 161-68.

with Monique de Saint Martin. "Agrégation et ségrégation. Le champ des Grandes écoles et le champ du pouvoir," *Actes de la recherche en sciences sociales* 69: 2-50.

et al. *Eléments d'une analyse du marché de la maison individuelle*. Paris: Centre de Sociologie Européenne. Mimeo. 104pp.

1988

a. [1984] *Homo Academicus*. Cambridge: Polity Press; Stanford: Stanford University Press.

b. *L'ontologie politique de Martin Heidegger*. Paris: Editions de Minuit. Translated as *The Political Ontology of Martin Heidegger*. Cambridge: Polity Press; Stanford: Stanford University Press, 1991.

c. "On Interest and the Relative Autonomy of Symbolic Power," *Working Papers and Proceedings of the Center for Psychosocial Studies* 20. Chicago: Center for Psychosocial Studies. Reprinted as "A Reply to Some Objections," in Bourdieu 1990h.

d. "Flaubert's Point of View," *Critical Inquiry* 14 (Spring): 539-62.

e. "Vive la crise!For Heterodoxy in Social Science," *Theory and Society* 17.5 (September): 773-88.

f. "Program for a Sociology of Sport," *Sociology of Sport Journal* 5.2 (June): 153-61.

g. "Penser la politique," *Actes de la recherche en sciences sociales* 71/72: 2-3.

h. "La vertu civile," *Le Monde*, September 16, pp.1-2.

i. "A Long Trend of Change," Review of M. Lewin's *The Gorbatchev Phenomenon*. *The Times Literary Supplement*, August 12-18, 875-76.

j. Preface. Pp. i-v, in *Brigitte Mazon, Aux Origines de l'Ecole des hautes études en sciences sociales. Le rôle du mécénat americain (1920-1960)*. Paris: Les Editions du Cerf.

1989

a. *La noblesse d'Etat. Grands corps et Grandes écoles*. Paris: Editions de Minuit.

b. "Reproduction interdite. La dimension symbolique de la domination économique," *Etudes rurales* 113/114 (January-June): 15-36.

c. "How Schools Help Reproduce the Social Order," *Current Contents/Social and Behavioral Science* 21.8 (February 20): 16.

d. "The Corporatism of the Universal: The Role of Intellectuals in the Modern World," *Telos* 81 (Fall): 99-110.

e. [1988] "Social Space and Symbolic Power," *Sociological Theory* 7.1 (June): 18-26.

f. "On the Possibility of a Field of World Sociology," Keynote address to the Russell Sage Conference on "Social Theory in a Changing Society", The University of Chicago, April. Reprinted in Bourdieu and Coleman 1991.

with Patrick Champagne. "L'opinion publique," pp. 204-206, in *50 idées qui ébranlérent le monde. Dictionnaire de la glasnost*. Edited by Youri Afanassiev and Marc Ferro. Paris: Payot.

with Roger Chartier. "Gens a histoire, gens sans histoires," *Politix* 6 (Spring): 53-60.

with Loïc Wacquant. "For a Socioanalysis of Intellectuals: On 'Homo Academicus'," *Berkeley Journal of Sociology* 34: 1-29.

1990

a. [1980] *The Logic of Practice*. Cambridge: Polity Press; Stanford: Stanford University Press.

b. "Droit et passé-droit. Le champ des pouvoirs territoriaux et la mise en oeuvre des règlements," *Actes de la recherche en sciences sociales* 81/82: 86-96.

c. with the collaboration of Salah Bouhedja, Rosine Christin and Claire Givry. "Un placement de père de famille. La maison individuelle: spécificité du produit et logique du champ de production," *Actes de la recherche en sciences sociales* 81/82: 6-35.

d. with the collaboration of Salah Bouhedja and Claire Givry. "Uncontrat sous contrainte," *Actes de la recherche en sciences sociales* 81/82: 34-51.

e. "The Scholastic Point of View," Cultural Anthropology 5.4 (November): 380-91.

f. "Principles for Reflecting on the Curriculum," *The Curriculum Journal* 1.3 (December): 307-14.

g. "Animadversiones in Mertonem," pp. 297-301, in *Robert K. Merton: Consensus and Controversy*. Edited by Jon Clark, Celia Modgil and Sohan Modgil. London: The Falmer Press.

h. *In Other Words: Essays Toward a Reflexive Sociology*. Cambridge: Polity Press; Stanford: Stanford University Press.

i. "La domination masculine," *Actes de la recherche en sciences sociales* 84: 2-31.

j. "Les conditions sociales de la circulation des idées," *Romanistische Zeitschrift für Literaturgeschichte* 14.1/2: 1-10.

with Rosine Christin. "La construction du marché. Le champ administratif et la production de la 'politique du logement'," *Actes de la recherche en sciences sociales* 81/82: 65-85.

with Monique de Saint Martin. "Le sens de la propriété. La genèse sociale des systèmes de préférence," *Actes de la recherche en sciences sociales* 81/82: 52-64.

1991

a. "Aspirant philosophe. Un point de vue sur le champ universitaire dans les années 50," pp. 15-24, in *Les enjeux philosophiques des années 50*. Paris: Centre Georges Pompidou.

b. "Un analyseur de l'inconscient," Preface to Abdelmalek Sayad, *L'immigration, ou les paradoxes de l'altérité*. Brussels: Editions De Boeck.

c. "Que faire de la sociologie? Entretien avec Pierre Bourdieu," *CFDT Aujourd'hui* 100: 134-57.

d. "Espace social et espace symbolique: Introduction a une lecture japonaise de 'La distinction'," *Nichifutsu Bunka* 54 (March): 43-54.

e. *Language and Symbolic Power*. Edited and with an introduction by John B. Thompson. Cambridge: Polity Press; Cambridge, Mass.: Harvard University Press.

f. "The Peculiar History of Scientific Reason," *Sociological Forum* 5.2 (Spring): 3-26.

g. *The Political Ontology of Martin Heidegger*. Stanford, Calif.: Stanford University Press.

ed. with James S. Coleman. *Social Theory for a Changing Society*. Boulder, Colo.: Westview Press.

with E. Balibar, T. Ben Jelloun, S. Breton, M. Harbi, A. Laabi, E. Terray and K. Titous. "Contre la guerre," *Libération* (February 21): 13.

with W. Hiromatsu and H. Imamura. "Pour une *Realpolitik* de la raison," *Gendai Shiso* (March): 182-203.

with Loïc Wacquant. "Das Feld des Machts und die technokratische Herrachaft," pp. 67-100, in *Pierre Bourdieu, Intellektuellen und die Macht*. Edited by Irene Dölling. Hamburg: VSA Verlag.

1992

a. *Les règles de l'art: genèse et structure du champ littéraire.* Paris: Éditions du Seuil.

b. with Löic Wacquant. *Réponses: pour une anthropologie réflexive.* Paris: Éditions du Seuil.

1993

a. *The Field of Cultural Production: Essays on Art and Literature.* Edited by Randal Johnson. New York: Columbia University Press.

b. *Sociology in Question.* London: Sage.

c. with Alain Accardo ... [et al.]. *La misère du monde.* Paris: Éditions du Seuil.

1994

a. with Jean-Claude Passeron and Monique de Saint Martin. *Academic Discourse: Linguistic Misunderstanding and professorial Power.* Cambridge: Polity Press; Stanford, Calif.: Stanford University Press.

b. *Raisons pratiques: sur la théorie de l'action.* Paris: Seuil.

c. with Hans Haacke. *Libre échange.* Paris: Seuil: Presses du réel.

1995

with Hans Haacke. *Free Exchange.* Stanford, Calif.: Stanford University Press.

1996

a. *The Rules of Art: Genesis and Structure of the Literary Field.* Cambridge: Polity Press; Stanford, Calif.: Stanford University Press.

b. *Sur la télévision: suivi de L'emprise du journalisme.* Paris: Raisons d'agir éditions.

c. *The State Nobility: Elite Schools in the Field of Power.* Oxford: Polity Press; Stanford, Calif.: Stanford University Press.

1997

Les usages sociaux de la science: pour une sociologie clinique du champ scientifique. Paris : INRA.

1998

a. *Practical reason: On the Theory of Action.* Cambridge, U. K.: Polity.

b. *On Television.* New York: The New Press.

c. *Contre-feux: propos pour servir à la résistance contre l'invasion néo-libérale.* Paris: Editions Liber.

d. *Acts of Resistance: Against the New Myths of Our Time.* Cambridge, U. K.: Polity Press.

e. *La domination masculine.* Paris: Seuil.

f. *Méditations pascaliennes.* Paris: Seuil.

1999

with Alain Accardo... [et al.]. *The Weight of the World: Social Suffering in Contemporary Society.* Oxford: Polity Press.

2000

a. *Les structures sociales de l'économie.* Paris: Seuil

b. *Pascalian Meditations.* Stanford, Calif.: Stanford University Press.

2001

a. *Langage et pouvoir symbolique.* Edited and with an introduction by John B. Thompson. Paris: Éditions Fayard: Édition du Seuil.

b. *Masculine Domination.* Stanford, Calif.: Stanford University Press.

c. *Contre-feux 2: pour un mouvement social européen.* Paris: Raisons d'agir.

2002

a. *Practice, Class, and Culture: Selected Essays by Pierre Bourdieu.* Edited and with an introdction, notes and glossary by Löic Wacquant. Cambridge: Polity Press.

b. "For a Politics of Morals in Politics," in *Practice, Class, and Culture: Selected Essays by Pierre Bourdieu.* Edited and with an introdction, notes and glossary by Löic Wacquant. Cambridge: Polity Press.

2003

Firing Back: Against the Tyranny of the Market 2. London; New York: Verso.

2004

Science of Science and Reflexivity. Chicago: University of Chicago Press.

2005

a. *She'elot be-sotsyol Social Structures ogyah.* Tel Aviv: Resling.

b. *The Social Structures of the Economy.* Cambridge, U. K.; Malden, M.A.: Polity.

c. *Pierre Bourdieu and Democratic Politics: The Mystery of Ministry.* Edited by Loïc Wacquant. Cambridge, U. K.; Malden, M. A.: Polity.

2007

a. *Sketch for a self-analysis.* Cambridge: Polity Press.

b. *Skitsah le-analizah 'atsmit.* Tel Aviv: ha-kibuts ha-me'uhad.

c. *Ha-Shelitah ha-gavrit.* Tel Aviv: Resling.

2008

a. *The Bachelor's Ball: The Crisis of Peasant Society in Bearn.* Cambridge: Polity Press.

b. *Political Interventions: Social Science and Political Action.* Texts selected and introduced by Franck Poupeau and Thierry Discepolo. London: Verso.

引用及參考書目

Abbott, Andrew. 1988. *The System of Professions: An Essay on the Division of Expert Labor.* Chicago: The University of Chicago Press.

Abrams, Philip. 1982. *Historical Sociology.* Ithaca, N. Y.: Cornell University Press.

Accardo, Alain. 1983. *Initiatio à la sociologie de l'illusionnisme social. Lire Bourdieu.* Bordeaux: Editions Le Mascaret.

Accardo, Alain, and Philippe Corcuff, eds. 1986. *La sociologie de Pierre Bourdieu. Textes choisis et commentés.* Bordeaux: Editions Le Mascaret.

Acciaiolo, Gregory L. 1981. "Knowing What You Are Doing: Pierre Bourdieu's 'Outline of a Theory of Practice.'" *Canberra Anthropology* 4, no. 1 (April): 23-51.

Adair, Philippe. 1984. "La sociologie phagocytée par l'économique. Remarques critiques à propos de 'Ce que parler veut dire.'" *Sociologie du travail* 26, no. 1: 105-14.

Addelson, Katharine Pyne. 1990. "Why Philosophers Should Become Sociologists (and Vice Versa)." pp. 119-47 in *Symbolic Interaction and Cultural Studies.* Edited by Howard S. Becker and Michael M. McCall. Chicago: The University of Chicago Press.

Alexander, Jeffrey C. 1980-82. *Theoretical Logic in Sociology.* 4 vols. Berkeley and Los Angeles: University of California Press.

——. 1987a. "The Centrality of the Classics." pp. 11-57 in *Social Theory Today.* Edited by Anthony Giddens and Jonathan Turner. Cambridge: Polity Press.

——. 1987b. *Twenty Lectures: Sociological Theory Since World War II.* New York: Columbia University Press.

——. 1988. "The New Theoretical Movement." pp. 77-101 in *Handbook of Sociology.* Edited by Neil J. Smelser. Newbury Park: Sage Publications.

——, ed. 1985. *Neo-Functionalism.* Newbury Park: Sage Publications.

Alexander, Jeffrey C., Bernhard Giesen, Richard Munch, and Neil J. Smelser, eds. 1987. *The Micro-Macro Link.* Berkeley and Los Angeles: University of California Press.

Alvim, Rosilène and José Sergio Leite Lopes. 1990. "Familles ouvrières, familles d'ouvrières." *Actes de la recherche en sciences sociales* 84: 78-84.

Ansart, Pierre. 1990. "Le structuralisme génétique," "Classements et distinction," "Les champs symboliques," "Reproduction et stratégies." Chapters 1, 5, 9, and 13 in *Les sociologies contemporaines.* Paris: Editions du Seuil.

Archer, Margaret. 1983. "Process Without System." *Archives européennes de sociologie* 24, no. 1: 196-221.

Arliaux, Michel. 1985. "Review of *Homo Academicus.*" *Revue française de sociologie* 26, no. 4: 713-19.

Aron, Raymond. 1981. *Le spectateur engagé.* Paris: Gallimard.

Aronowitz, Stanley, and Henri Giroux. 1985. *Education Under Siege: The Conversative, Liberal, and Radical Debate Over Schooling.* London: Routledge and Kegan Paul.

Ashmore, Malcom. 1989. *The Reflexive Thesis: Wrighting Sociology of Scientific Knowledge.* Chicago: The University of Chicago Press.

Atkinson, Paul. 1990. *The Ethnographic Imagination: Textual Constructions of Reality.* London and New York: Routledge.

Auerbach, Erich. 1953. *Mimesis: The Representation of Reality in Western Literature.* Princeton: Princeton University Press.

Austin, J. L. 1962. *How to Do Things with Words.* New York: Oxford University Press.

Bachelard, Gaston. 1938. *La formation de l'esprit scientifique. Contribution à une psychanalyse de la connaissance objective.* Paris: Libraire Philosophique J. Vrin (4th ed. 1965).

——. 1949. *Le rationalisme appliqué.* Paris: Presses Universitaires de France (3rd ed. 1966).

———. 1984 [1934]. *The New Scientific Spirit.* New York: W. W. Norton.

Balazs, Gabrielle. 1983. "Les facteurs et les formes de l'expérience du chômage." *Actes de la recherche en sciences sociales* 50: 69-83.

Balazs, Gabrielle, and Jean-Pierre Faguer. 1991. "'Que deviendrontils?' Les effets sociaux de la caméra." *Actes de la recherche en sciences sociales* 86/87: 92-98.

Baldwin, John B. 1988. "Habit, Emotion, and Self-Conscious Action." *Sociological Perspectives* 31, no. 1 (January): 35-58.

Bancaud, Alain. 1989. "Une 'constance mobile': la haute magistrature." *Actes de la recherche en sciences sociales* 76/77: 30-48.

Barnard, Henri. 1990. "Bourdieu and Ethnography: Reflexivity, Politics and Praxis." pp. 58-85 in *An Introduction to the Work of Pierre Bourdieu: The Practice of Theory.* Edited by R. Harker et al. London: Macmillan.

Becker, Gary. 1976. *The Economic Approach to Human Behavior.* Chicago: The University of Chicago Press.

Becker, Howard S., and John Walton. 1986 [1975]. "Social Science and the Work of Hans Haacke." pp. 103-19 in Howard S. Becker, *Doing Things Together: Selected Papers.* Evanston: Northwestern University Press.

Beeghley, Leonard. 1984. "Illusion and Reality in the Measurement of Poverty." *Social Problems* 31 (February): 322-33.

Beisel, Nicola. 1990. "Class, Culture, and Campaigns against Vice in Three American Cities, 1872-1892." *American Sociological Review* 55, no. 1 (February): 44-62.

Bellah, Robert N. 1973. "Introduction." pp. ix-lv in Emile Durkheim. *On Morality and Society.* Chicago: The University of Chicago Press.

Bentley, G. Carter. 1987. "Ethnicity and Practice." *Comparative Studies in Society and History* 29, no. 1: 24-55.

Benveniste, Emile. 1969. *Le vocabulaire des institutions indo-européennes.* Paris: Editions de Minuit.

Berelson, Bernard, and G. A. Steiner. 1964. *Human Behavior.* New York:

Harcourt Brace Jovanovich.

Berger. Bennett. 1981. *The Survival of a Counterculture: Ideological Work and Daily Life Among Rural Communards*. Berkeley and Los Angeles: University of California Press.

————. 1986. "Taste and Domination." *American Journal of Sociology* 91, no. 6 (May): 1445-53.

————. 1989. "Structuralisme et volontarisme dans la sociologie de la culture." *Sociologie et sociétés* 21, no. 2 (October): 177-94.

————. 1991. "Structure and Choice in the Sociology of Culture." *Theory and Society* 20, no. 1: 1-20.

————, ed. 1990. *Authors of their Own Lives: Intellectual Autobiographies by Twenty American Sociologists*. Berkeley and Los Angeles: University of California Press.

Berger, Peter. 1966. *Invitation to Sociology: A Humanistic Perspective*. Harmondsworth: Pelican.

Berger, Peter, and Thomas Luckmann. 1966. *The Social Construction of Reality: A Treatise in the Sociology of Knowledge*. Harmondsworth: Penguin.

Best, Joel, ed. 1989. *Images of Issues: Typifying Contemporary Social Problems*. New York: Aldine de Gruyter.

Bidet, Jacques. 1979. "Questions to Pierre Bourdieu." *Critique of Anthropology* 13-14 (Summer): 203-208.

Blasius, Jorg, and Joachim Winkler. 1989. "Gibt es die 'Feinen Unterschiede'? Eine Empirische Überprüfung der Bourdieuschen Theorie." *Kölner Zeitschrift für Soziologie und Socialpsychologie* 41, no. 1 (March): 72-94.

Bloor, David. 1976. *Knowledge and Social Imagery*. London: Routledge and Kegan Paul.

Blumer, Herbert. 1969. *Symbolic Interactionism*. Englewood Cliffs, N. J.: Prentice-Hall.

Bohn, Cornelia. 1991. *Habitus und Kontext: Ein kritischer Beitrag zur Socialtheorie Bourdieus*. Darmstadt: Westdeutscher Verlag.

Boltanski, Luc. 1974. "Erving Goffman et le temps du soupçon." *Social Science Information* 12, no. 3: 127-47.

——. 1975. "La constitution du champ de la bande dessinée." *Actes de la recherche en sciences sociales* 1: 37-59.

——. 1979. "Taxinomies sociales et luttes de classes. La mobilisation de 'la classe moyenne' et l'invention des 'cadres.'" *Actes de la recherche en sciences sociales* 29: 75-105.

——. 1980. "L'université les entreprises et la multiplication des salariés bourgeois (1960-1975)." *Actes de la recherche en sciences sociales* 34: 17-44.

——. 1984. "How a Social Group Objectified Itself: 'Cadres' in France, 1936-45." *Social Science Information* 23, no. 3: 469-92.

——. 1987 [1982]. *The Making of a Class: "Cadres" in French Society.* Cambridge: Cambridge University Press.

Boltanski, Luc, with Yann Daré and Marie-Ange Schiltz. 1984. "La dénonciation." *Actes de la recherche en sciences sociales* 51: 3-40.

Bon, François, and Yves Schemeil. 1980. "La rationalisation de l'inconduite: Comprendre le statut du politique chez Pierre Bourdieu." *Revue française de sociologie* 30, no. 6: 1198-230.

Bonvin, François. 1982. "Une seconde famille. Un collège d'enseignement privé." *Actes de la recherche en sciences sociales* 30: 47-64.

Boschetti, Anna. 1985. "Classi reali e classi costruite." *Rassegna Italiana di Sociologia* 26, no. 1 (January-March): 89-99.

——. 1988 [1985]. *The Intellectual Enterprise: Sartre and 'Les temps modernes.'* Evanston: Northwestern University Press.

Bourgois, Philippe. 1989. "In Search of Horatio Alger: Culture and Ideology in the Crack Economy." *Contemporary Drug Problems* (Winter): 619-49.

Bredo, E., and W. Feinberg. 1979. "Meaning, Power, and Pedagogy." *Journal of Curriculum Studies* 11, no. 4: 315-32.

Brint, Steven, and Jerome Karabel. 1989. *The Diverted Dream: Community Colleges and the Promise of Educational Opportunity in America, 1950-*

1985. New York: Oxford University Press.

Broady, Donald. 1990. *Sociologi och epistemology. Om Pierre Bourdieus forfattarskap och den historiska epistemologin.* Stockholm: HLS Forlag.

Broady, Donald, and Mikäel Palme. 1990. "The Field of Institutions of Higher Learning in Sweden." Paper presented to the Colloque sur la comparaison des institutions de formation des dirigeants en Europe, Paris, Maison des sciences de l'homme, November 8-9 (forthcoming in the conference proceedings).

Broady, Donald, and Olle Persson. 1989. "Bourdieu i USA. Bibliometriska noteringar." *Sociologisk Forskning* (Stockholm) 26, no. 4: 54-73.

Brown, Richard Harvey. 1990. *Social Science as Civic Discourse: Essays on the Invention, Legitimation, and Uses of Social Theory.* Chicago: The University of Chicago Press.

Brubaker, Rogers. 1985. "Rethinking Classical Sociology: The Sociological Vision of Pierre Bourdieu." *Theory and Society* 14, no. 6 (November): 745-75.

——. 1989a. "Social Theory as Habitus." Paper presented at the Conference on "The Social Theory of Pierre Bourdieu," Center for Psychosocial Studies, Chicago, March. (Forthcoming in Calhoun, LiPuma, and Postone 1992).

——. 1989b. "Review of Pierre Bourdieu, 'Choses dites.'" *Contemporary Sociology* 18, no. 5 (September): 783-84.

Brubaker, Rogers, and Loïc Wacquant. Forthcoming. "Rethinking the Puzzle of Structure and Agency." *Annual Review of Sociology* 20.

Bryant, C. G. A. 1985. *Positivism in Social Theory and Research.* New York: Saint Martin's Press.

Bürger, Peter 1990. "The Problem of Aesthetic Value." pp. 23-34 in *Literary Theory Today.* Edited by Peter Collier and Helga Geyer-Ryan. Ithaca, N. Y.: Cornell University Press.

Burke, Kenneth. 1989. *On Symbols and Society.* Edited and with an introduction by Joseph R. Gusfield. Chicago: The University of Chicago Press.

Caillé, Alain. 1981. "La sociologie de l'intérêt est-elle interessante?" *Sociologie du travail* 23, no. 3: 257-74.

———. 1987a *Critique de Bourdieu*. Cours, séminairies et travaux, no. 8. Lausanne: Université de Lausanne, Institut d'anthropologie et de sociologie.

———. 1987b. "Valeurs des biens et valeur des personnes: champs, marché et légitimite." *Bulletin du M.A.U.S.S.* 24 (December): 129-44.

Calhoun, Craig J. 1979. "The Radicalism of Tradition: Community Strength or 'Venerable Disguise and Borrowed Language'?" *American Journal of Sociology* 88, no. 5: 886-914.

———. 1982. *The Question of Class Struggle*. Chicago: The University of Chicago Press.

———. 1990. "Putting the Sociologist in the Sociology of Culture: The Self-Reflexive Scholarship of Pierre Bourdieu and Raymond Williams." *Contemporary Sociology* 19, no. 4 (July): 500-505.

———. 1992. "Habitus, Field of Power and Capital: The Question of Historical Specificity." in Calhoun, LiPuma, and Postone 1993.

Calhoun, Craig J., Edward LiPuma, and Moishe Postone, eds. 1993. *Bourdieu: Critical Perspectives*. Cambridge: Polity Press.

Camic, Charles. 1986. "The Matter of Habit." *American Journal of Sociology* 91, no. 5: 1039-87.

Caro, Jean-Yves. 1980. "La sociologie de Pierre Bourdieu: éléments pour une théorie du champ politique." *Revue française de science politique* 6 (December).

———. 1982. *Les économistes distingués*. Paris: Presses de la Fondation Nationale des Sciences Politiques.

Casanova, Pascale. 1990. "Au bon plaisir de Pierre Bourdieu." Radio program broadcast on France Culture, 23 June 1990.

Cassirer, Ernst. 1923 [1910]. *Substance and Function: Einstein's Theory of Relativity*. Chicago: Open Court.

———. 1936. "The Influence of Language upon the Development of Scientific Thought." *The Journal of Philosophy* 33: 309-27.

Certeau, Michel de. 1984. "Foucault and Bourdieu." pp. 45-60 in *The Practice of Everyday Life*. Berkeley and Los Angeles: University of California Press.

Chamboredon, Jean-Claude. 1975. "Sociologie de la sociologie et intérêts sociaux des sociologues." *Actes de la recherche en sciences sociales* 2: 2-20.

Chamboredon, Jean-Claude, and Jean-Louis Fabiani. 1977. "Les albums pour enfants. Le champ de l'édition et les définitions sociales de l'enfance." *Actes de la recherche en sciences sociales* 13: 60-79; 14: 55-74.

Champagne, Patrick. 1979. "Jeunes agriculteurs et vieux paysans. Crise de la succession et apparition du troisième age." *Actes de la recherche en sciences sociales* 26/27: 83-107.

———. 1984. "La manifestation. La production de l'évènement politique." *Actes de la recherche en sciences sociales* 52/53: 18-41.

———. 1988. "Le cercle politique. Usages sociaux des sondages et nouvel espace politique." *Actes de la recherche en sciences sociales* 71/72: 71-97.

———. 1990. *Faire l'opinion. Le nouvel espace politique*. Paris: Editions de Minuit ("Le sens commun").

Champagne, Patrick, Rémi Lenoir, Dominique Merllié, and Louis Pinto. 1989. *Introduction à la pratique sociologique*. Paris: Dunod.

Chancer, Lynn S. 1987. "New Bedford, Massachusetts, March 6, 1983-March 22, 1984: The 'Before' and 'After' of a Group Rape." *Gender and Society* 1, no. 3 (September): 239-60.

Chapoulie, Jean-Michel. 1979. "La compétence pédagogique des professeurs comme enjeu de conflits." *Actes de la recherche en sciences sociales* 30: 65-85.

Charle, Christophe. 1978. "Les milieux d'affaires dans la structure de la classe dominante vers 1900." *Actes de la recherche en sciences sociales* 20/21: 83-96.

———. 1983. "Le champ universitaire parisien à la fin du 19ème siècle." *Actes de la recherche en sciences sociales* 47/48: 77-89.

———. 1987. *Les élites de la République, 1880-1900*. Paris: Fayard.

———. 1990. *Naissance des "intellectuels," 1880-1900*. Paris: Editions de Minuit

("Le sens commun").

———. 1991. *Histoire sociale de la France au XIXème siècle*. Paris: Editions du Seuil.

Chartier, Roger. 1988a. *Cultural History: Between Practices and Representations*. Cambridge: Polity Press; Ithaca, N. Y.: Cornell University Press.

———. 1988b. "L'histoire culturelle." pp. 90-94 in *L'histoire en France*. Paris: Editions La Découverte.

Chomsky, Noam. 1967. "General Properties of Language." pp. 73-88 in *Brain Mechanisms Underlying Speech and Language*. Edited by I. L. Darley. New York and London: Grune and Straton.

Cicourel, Aaron V. 1968. *The Social Organization of Juvenile Justice*. Chicago: Wiley.

———. 1974. *Cognitive Sociology*. New York: Free Press.

———. 1985. "Raisonnement et diagnostic: le rôle du discours et de la compréhension clinique en médecine." *Actes de la recherche en sciences sociales* 60: 79-88.

———. In press. "Habitus and the Developmental Emergence of Practical Reasoning." In *Sozialer Sian und Geschmack*, edited by Gunther Gerbauer and Christoph Wulff. Berlin.

Clark, Terry N. 1973. *Prophets and Patrons*. Cambridge, Mass.: Harvard University Press.

Clifford, James, and George E. Marcus, eds. 1986. *Writing Culture: The Poetics and Politics of Ethnography*. Berkeley and Los Angeles: University of California Press.

Coenen, Harry. 1989. "Praxeologie en strukturatietheorie: preliminaire opmerkingen bij een vergelijking." *Antropologische Verkenningen* 8, no. 2 (Summer): 8-17.

Coleman, James S. 1986. "Social Theory, Social Research and a Theory of Action." *American Journal of Sociology* 91, no. 6 (May): 1309-335.

———. 1990a. "Columbia in the Fifties." pp. 75-103 in *Authors of Their Own*

Lives: Intellectual Autobiographies by Twenty American Sociologists. Edited by Bennett Berger. Berkeley and Los Angeles: University of California Press.

——. 1990b. *Foundations of Social Theory.* Cambridge, Mass.: Belknap Press of Harvard University Press.

Collectif 'Révoltes Logiques.' 1984. *L'empire do sociologue.* Paris: Editions La Découverte.

Collins, Jim. 1992. "Determination and Contradiction: An Appreciation and Critique of the Work of Pierre Bourdieu on Language and Education." in Calhoun, LiPuma, and Postone 1993.

Collins, Randall. 1979. *The Credential Society.* New York: Academic Press.

——. 1981a. "Cultural Capitalism and Symbolic Violence." pp. 173-82 in *Sociology Since Mid-Century: Essays in Theory Cumulation.* New York: Academic Press.

——. 1981b. "On the Microfoundations of Macrosociology." *American Journal of Sociology* 86: 984-1014.

——. 1985. *Three Sociological Traditions.* New York: Oxford University Press.

——. 1987. "Interaction Ritual Chains, Power, and Property." pp. 193-206 in *The Micro-Macro Link,* edited by Jeffrey C. Alexander et al. Berkeley and Los Angeles: University of California Press.

——. 1988. *Theoretical Sociology.* San Diego: Harcourt Brace Jovanovich.

——. 1988-89. "For a Sociological Philosophy." *Theory and Society* 17, no. 5: 669-702.

——. 1989. "Review of *Homo Academicus." American Journal of Sociology* 95, no. 2 (September): 460-63.

Connell, R. W. 1983. "The Black Box of Habit on the Wings of History: Reflections on the Theory of Reproduction." pp. 140-61 in *Which Way is Up? Essays on Sex, Class, and Culture.* London: George Allen and Unwin.

Connerton, Paul. 1989. *How Societies Remember.* Cambridge: Cambridge University Press.

Cookson, Peter W., Jr., and Carolyn Hoges Persell. 1985a. *Preparing for Power:*

America's Elite Boarding Schools. New York: Basic Books.

——. 1985b. "English and American Residential Secondary Schools: A Comparative Study of the Reproduction of Social Elites." *Comparative Education Review* 29, no. 3 (August): 283-98.

Corbin, Alain. 1986 [1982]. *The Foul and The Fragrant.* Cambridge: Harvard University Press.

——. 1990. *Le village des cannibales.* Paris: Aubier.

Corson, David. 1991. "Language, Power, and Minority Education." *Language and Education* 5: in press.

Coser, Lewis A. 1990. "Sociological Theories in Disarray." *Contemporary Sociology* 18, no. 4 (July): 477-79.

Coulon, Alain. 1991. "Le métier d'étudiant. Approches ethnométhodologique et institutionnelle de l'entrée dans la vie universitaire." University of Paris VIII, Department of Education, Thèse de doctorat d'Etat.

Cournot, A. 1912 [1851]. *Essai sur les fondements de nos connaissances et sur les caractères de la critique philosophique.* Paris: Hachette.

Crow, G. 1989. "The Use of the Concept of Strategy in Recent Sociological Literature." *Sociology* 23, no. 1 (February): 1-24.

Dahl, Robert. 1961. *Who Governs? Democracy and Power in an American City.* New Haven: Yale University Press.

Dal Lago, Alessandro. 1985. "Il sociologo non temperato." *Rassegna Italiana di Sociologia* 26, no. 1 (January—March): 79-89.

Darnton, Robert. 1984. *The Great Cat Massacre and Other Episodes in French Cultural History.* New York: Vintage.

Davidson, Arnold I., ed. 1989. "Symposium on Heidegger and Nazism." *Critical Theory* 15, no. 2 (Winter): 407-88.

Davis, Nathalie Zemon. 1975. *Society and Culture in Early Modern France.* Stanford: Stanford University Press.

DeGeorge, Richard, and Fernande DeGeorge, eds. 1972. *The Structuralists from Marx to Lévi-Strauss.* New York: Doubleday.

Delsaut, Yvette. 1976. "Le double mariage de Jean Célisse." *Actes de la recherche en sciences sociales* 4: 3-20.

——. 1988a. "Carnets de socioanalyse, 1: *L' inforjetable.*" *Actes de la recherche en sciences sociales* 74: 83-88.

——. 1988b. "Carnets de socioanalyse, 2: Une photo de classe." *Actes de la recherche en sciences sociales* 75: 83-96.

Dennis, Shirley. 1986. "A Critical Review and Appropriation of Pierre Bourdieu's Analysis of Social and Cultural Reproduction." *Journal of Education* 16, no. 2 (Spring): 96-112.

Derrida, Jacques. 1990. *L'institution philosophique.* Paris: Galilée.

de Saint Martin, Monique. *See* Saint Martin, Monique de

Desrosières, Alain. 1978. "Marché matrimonial et structure des classes sociales." *Actes de la recherche en sciences sociales* 20/21: 97-107.

Detleff, Müller, Fritz Ringer, and Brian Simon, eds. 1987. *The Rise of Modern Educational Systems.* Cambridge: Cambridge University Press.

Dewey, John. 1958. *Art as Experience.* New York: Capricorn.

Dezalay, Yves. 1989. "Le droit des familles: du notable à l'expert. La restructuration du champ des professionnels de la restructuration des entreprises." *Actes de la recherche en sciences sociales* 76/77: 2-28.

Dezalay, Yves, Austin Sarat, and Susan Silbey. 1989. "D'une demarché contestataire à un savoir méritocratique. Esquisse d'une histoire sociale de la sociologie juridique américaine." *Actes de la recherche en sciences sociales* 78: 79-93.

DiMaggio, Paul. 1979. "Review Essay on Pierre Bourdieu." *American Journal of Sociology* 84, no. 6 (May): 1460-474.

——. 1982. "Cultural Capital and School Success: The Impact of Status Culture Participation on the Grades of U. S. High School Students." *American Sociological Review* 47: 189-201.

——. 1990. "Cultural Aspects of Economic Action and Organization." pp. 113-36 in *Beyond the Marketplace: Rethinking Economy and Society.* Edited by

Roger Friedland and A. F. Robertson. New York: Aldine de Gruyter.

———. 1991a. "Social Structure, Institutions, and Cultural Goods: The Case of the United States." pp. 133-55 in *Social Theory for a Changing Society*. Edited by Pierre Bourdieu and James S. Coleman. Boulder, Colo.: Westview Press.

———. 1991b. "Cultural Entrepreneurship in Nineteenth-Century Boston: The Creation of an Organizational Base for Higher Culture in America." pp. 374-97 in *Rethinking Popular Culture: Contemporary Perspectives in Cultural Studies*. Edited by Chandra Mukerji and Michael Schudson. Berkeley and Los Angeles: University of California Press.

DiMaggio, Paul, and Walter W. Powell. 1991. Introduction. pp. 1-38 in *The New Institutionalism in Organizational Analysis*. Edited by Walter W. Powell and Paul J. DiMaggio. Chicago: The University of Chicago Press.

DiMaggio, Paul, and Michael Useem. 1978. "Social Class and Arts Consumption: The Origins and Consequences of Class Differences in Exposure to the Arts in the Americas." *Theory and Society* 5, no. 2 (March): 141-61.

Dobry, Michel. 1986. *Sociologie des crises politiques*. Paris: Presses de la Fondation nationale des Sciences Politiques.

Don, Yehuda, and Victor Karady, eds. 1989. *Social and Economic History of Central European Jewry*. New Brunswick: Transaction Publishers.

Douglas, Mary. 1981. "Good Taste: Review of Pierre Bourdieu, 'La distinction.'" *Times Literary Supplement* (London), February 13: 163-69.

Dreyfus, Hubert L. 1991. *Being-in-the-World: A Commentary on Heidegger's Being and Time, Division I*. Cambridge, Mass: MIT Press.

Dreyfus, Hubert L., and Paul Rabinow. 1983. *Michel Foucault: Beyond Structuralism and Hermeneutics*. 2d ed. Chicago: The University of Chicago Press.

Dumézil, Georges. 1987. *Entretiens avec Didier Eribon*. Paris: Gallimard.

Dumont, Martine. 1984. "Le succès mondain d'une fausse science: la physiognomonie de Johann Kaspar Lavater." *Actes de la recherche en sciences sociales* 54: 2-30.

Dupréel, Eugène. 1978. *Les Sophistes: Protagoras, Gorgias, Prodicus, Hippias.* Paris: Editions Griffon (Bibliothèque Scientifique).

Durkheim, Emile. 1921. *De la méthode dans les sciences sociales.* Paris: Librairie F. Alcan.

——. 1956 [1938]. *Education and Sociology.* Glencoe, Ill.: The Free Press.

——. 1965 [1912]. *The Elementary Forms of the Religious Life.* New York: The Free Press.

——. 1966 [1895]. *The Rules of the Sociological Method.* New York: Free Press.

Durkheim, Emile, and Marcel Mauss. 1963 [19031. *Primitive Classification.* Edited by Rodney Needham. Chicago: The University of Chicago Press.

Eagleton, Terry. 1991. "From Adorno to Bourdieu." pp. 125-58 in *Introduction to Ideology.* London: Verso.

Earle, William James. 1988. "Bourdieu's 'Habitus.'" Unpublished paper, Department of Philosophy, Baruch College, City University of New York.

Eder, Klaus. 1989. *Klassenlage, Lebensstil und kulturelle Praxis: Beiträge zur Auseinandersetzung mit Pierre Bourdieus Klassentheorie.* Frankfurt: Suhrkamp Verlag.

Eldridge, John. 1990. "Sociology in Britain: A Going Concern." pp. 157-78 in *What Has Sociology Achieved.* Edited by Christopher G. A. Bryant and Henk A. Becker. New York: Saint Martin's Press.

Elias, Norbert. 1978a. *What is Sociology?* New York: Columbia University Press.

——. 1978b. *The Civilizing Process.* Oxford: Oxford University Press.

——. 1983. *The Court Society.* Oxford: Oxford University Press.

——. 1987a [1983]. *Involvement and Detachment.* Oxford and New York: Basil Blackwell.

——. 1987b. *Die Gesellshaft der Individuen.* Frankfurt: Surkamp Verlag.

Elias, Norbert, and Eric Dunning. 1986. *Quest for Excitement: Sport and Leisure in the Civilizing Process.* Oxford: Basil Blackwell.

Elster, Jon. 1984a. *Sour Grapes*. Cambridge: Cambridge University Press.

——. 1984b. *Ulysses and the Sirens*. Cambridge: Cambridge University Press.

——. 1986. *Rational Choice*. New York: New York University Press.

——. 1990. "Marxism, Functionalism and Game Theory." pp. 97-118 in *Structures of Capital: The Social Organization of the Economy*. Edited by Sharon Zukin and Paul DiMaggio. Cambridge: Cambridge University Press.

Empson, W. 1935. *Some Versions of the Postorals*. London: Chatto and Windus.

Encrevé, Pierre, and Michel de Fornel. 1983. "Le sens en pratique. Construction de la référence et structure sociale de l'interaction dans le couple questionlréponse." *Actes de la recherche en sciences sociales* 46: 3-30.

Eribon, Didier. 1989. *Michel Foucault*. Paris: Flammarion. English Translation published by Harvard University Press, 1990.

Ernaux, Annie. 1984. *La place*. Paris: Gallimard.

Eyerman, R., T. Svensson, and T. Soderqvist, eds. 1987. *Intellectuals, Universities, and the State*. Berkeley and Los Angeles: University of California Press.

Fabiani, Jean-Louis. 1983. "Les programmes, les hommes et les oeuvres. Professeur de philosophie en classe et en ville au tournant du siècle." *Actes de la recherche en sciences sociales* 47/48: 3-20.

——. 1989. *Les philosophes de la Republique*. Paris: Editions de Minuit ("Le sens commun").

Faguer. Jean-Pierre. 1991. "Les effets d'une 'education totale.' Un collège jésuite, 1960." *Actes de la recherche en sciences sociales* 86/87: 25-43.

Farias, Victor. 1989 [1987]. *Heidegger and Nazism*. Edited and with a foreword by Joseph Margolis and Paul Bunell. Philadelphia: Temple University Press.

Farkas, George, Robert P. Grobe, Daniel Sheehan, and Yuan Shuan. 1990. "Cognitive and Noncognitive Determinants of School Achievement: Gender, Ethnicity, and Poverty in an Urban School District." *American Sociological Review* 55: 127-42.

Featherstone, Mike. 1987a. "Leisure, Symbolic Power and the Life Course." pp.

113-38 in *Leisure, Sport and Social Relations*. Edited by J. Home et al. London: Routledge and Kegan Paul.

——. 1987b. "Consumer Culture, Symbolic Power and Universalism." pp. 17-46 in *Mass Culture, Popular Culture and Social Life in the Middle East*. Edited by C. Stauth and S. Zubaida. Boulder, Colo.: Westview Press.

Ferry, Luc, and Alain Renault. 1990 [1986]. "French Marxism (Pierre Bourdieu)." pp. 153-84 in *French Philosophy of the Sixties: An Essay on Anti-Humanism*. Amherst: University of Massachussetts Press.

Filloux, Jean-Claude. 1970. Introduction. pp. 5-68 in Emile Durkheim, *La science sociale et l'action*. Paris: Presses Universitaires de France.

Fine, Michelle. 1991. *Framing Dropouts*. Albany: State University of New York Press.

Fiske, Alan Page. 1991. *Structure of Social Life: The Four Elementary Forms of Human Relations*. New York: The Free Press.

Flaubert, Gustave. 1987 [1870]. *A Sentimental Education*. Oxford: Oxford University Press.

Foley, Douglas E. 1989. "Does the Working Class Have a Culture in the Anthropological Sense of the Term?" *Cultural Anthropology* 4, no. 2 (May): 137-62.

Fornel, Michel de. 1983. "Légitimité et actes de langage." *Actes de la recherche en sciences sociales* 46: 31-38.

Foster, Steven W. 1986. "Reading Pierre Bourdieu." *Cultural Anthropology* 1, no. 1: 103-10.

Foucault, Michel. 1977a [1975]. *Discipline and Punish*. New York: Pantheon.

——. 1977b. *Language, Counter-memory, Practice; Selected Essays and Interviews*. Ithaca, N. Y.: Cornell University Press.

——. 1980. *Power/Knowledge: Selected Interviews and Other Writings, 1972-1977*. New York: Pantheon.

——. 1988. *Michel Foucault: Politics, Philosophy, Culture: Interviews and Other Writings*. Edited by Lawrence D. Kritzman. London: Routledge.

Fournier, Marcel, and Michèle Lamont, eds. 1989. "La culture comme capital." Special issue of *Sociologie et sociétés* 21, no. 2 (October).

Fox, Robin. 1985. *Lions of the Punjab: Culture in the Making.* Berkeley: University of California Press.

Frank, Arthur. 1980. "Review of *Outline of A Theory of Practice.*" *Contemporary Sociology* 9, no. 2 (March): 256-57.

Friedrichs, Robert. 1970. *A Sociology of Sociology.* New York: The Free Press.

Friedson, Elliott. 1986. *Professional Powers: A Study of the Institutionalization of Formal Knowledg*e. Chicago: The University of Chicago Press.

Frow, J. 1987. "Accounting for Tastes: Some Problems in Bourdieu's Sociology of Culture." *Cultural Studies* 1, no. 1: 59-73.

Gal, S. 1988. "Language and Political Economy." *Annual Review of Anthropology* 18: 345-67.

Gamboni, Dario. 1983a. *Un iconoclasme moderne. Théorie et pratiques contemporaines du vandalisme artistique.* Lausanne: Editions d'En bas.

——. 1983b. "Mépris et méprises. Eléments pour une étude de l'iconoclasme contemporain." *Actes de la recherche en sciences sociales* 49: 2-28.

——. 1989. *La plume et le pinceau. Odilon Redon et la littérature.* Paris: Editions de Minuit.

Gans, Herbert. 1975. *High Culture and Low Culture: An Analysis and Evaluation of Taste.* New York: Harper.

——. 1989. "Sociology in America: The Discipline and the Public." *American Sociological Review* 54, no. 1 (February): 1-16.

Garcia, Marie-France. 1986. "La construction sociale d'un marché parfait: le marché au cadran de Fontaines-en-Sologne." *Actes de la recherche en sciences sociales* 65: 2-13.

Garfinkel, Harold. 1967. *Studies in Ethnomethodology.* Englewood Cliffs, N. J.: Prentice-Hall.

Garnham, Nicholas. 1986. "Extended Review: Bourdieu's 'Distinction.'" *The Sociological Review* 34, no. 2 (May): 423-33.

Garnham, Nicholas, and Raymond Williams. 1980. "Pierre Bourdieu and the Sociology of Culture." *Media, Culture, and Society* 2, no. 3 (Summer): 297-312.

Garrigou, Alain. 1988. "Le secret de l'isoloir." *Actes de la recherche en sciences sociales* 71/72: 22-45.

Gartman, David. 1991. "Culture as Class Symbolization or Mass Reification: A Critique of Bourdieu's *Distinction. American Journal of Sociology* 97, no. 2 (September): 421-47.

Gaxie, Daniel. 1990. "Au-dela des apparences... Sur quelques problèmes de mesure des opinions." *Actes de la recherche en sciences sociales* 81/82: 97-113.

Gaxie, Daniel, and P. Lehinge. 1984. *Enjeux municipaux*. Paris: Presses Universitaires de France.

Gebauer, Gunther, and Christoph Wulff. In press. *Sozialer Sinn und Geschmack*. Berlin.

Geertz, Clifford. 1974. *The Interpretation of Cultures*. New York: Basic Books.

———. 1987. *Works and Lives: The Anthropologist as Author*. Stanford: Stanford University Press.

Gerhards, Jürgen, and Helmut K. Anheier. 1989. "The Literary Field: An Empirical Investigation of Bourdieu's Sociology of Art." *International Sociology* 4, no. 2: 131-46.

Gerth, Hans, and C. Wright Mills, eds. 1946. *From Max Weber: Essays in Sociology*. New York: Oxford University Press.

Giddens, Anthony. 1977. "Positivism and Its Critics." pp. 28-89 in *Studies in Social and Political Theory*. New York: Basic Books.

———. 1979. *Central Problems in Social Theory: Action, Structure, and Contradiction in Social Analysis*. Berkeley and Los Angeles: University of California Press.

———. 1984. *The Constitution of Society: Outline of the Theory of Structuration*. Cambridge: Polity Press.

——. 1986a. "Action, Subjectivity, and the Constitution of Meaning." *Social Research* 53, no. 3 (Fall): 529-45.

——. 1986b. "The Politics of Taste." *Partisan Review* 53, no. 2: 300-305.

——. 1987. "A Reply to My Critics." pp. 249-301 in *Social Theory and Modern Societies: Anthony Giddens and His Critics*. Edited by David Held and John B. Thompson. Cambridge: Cambridge University Press.

——. 1990a. "Structuration Theory and Sociological Analysis." pp. 297-315 in *Anthony Giddens: Consensus and Controversy*. Edited by Jon Clark, Celia Modgil, and Sohan Modgil. London: Farmer Press.

——. 1990b. *The Consequences of Modernity*. Cambridge: Polity Press; Stanford: Stanford University Press.

Giddens, Anthony, and Jonathan Turner, eds. 1987. *Social Theory Today*. Cambridge: Polity Press; Stanford: Stanford University Press.

Ginsburg, Faye. 1988. *Contested Lives: The Abortion Debate in an American Community*. Berkeley and Los Angeles: University of California Press.

Giroux, Henry. 1982. "Power and Resistance in the New Sociology of Education: Beyond Theories of Social and Cultural Reproduction." *Curriculum Perspectives* 2, no. 3: 1-13.

——. 1983. *Theory and Resistance in Education: A Pedagogy for the Opposition*. New York: Bergin and Garvey.

Goffman, Erving. 1961. *Asylum: Essays on the Social Situation of Mental Patients and Other Inmates*. Harmondsworth: Penguin Books.

——. 1981. *Forms of Talk*. Philadelphia: University of Pennsylvania Press.

Goldmann, Lucien. 1975 [1964]. *Towards a Sociology of the Novel*. London: Tavistock.

Goodwin, Marjorie Harness. 1990. *He-Said-She-Said: Talk as Social Organization Among Black Children*. Bloomington: Indiana University Press.

Gorder, K. L. 1980. "Understanding School Knowledge: A Critical Appraisal of Basil Bernstein and Pierre Bourdieu." *Educational Theory* 30, no. 4: 335-46.

Gouldner, Alvin W. 1970. *The Coming Crisis of Western Sociology*. New York:

Basic Books.

———. 1979. *The Future of Intellectuals and the Rise of the New Class*. Oxford: Oxford University Press.

Gramsci, Antonio. 1971. *Selections from the Prison Notebooks*. New York: International Publishers.

Granovetter, Mark. 1985. "Economic Action and Social Structure: The Problem of Embeddedness." *American Journal of Sociology* 91: 481-510.

———. 1990. "The Old and New Economic Sociology." pp. 89-112 in *Beyond the Marketplace: Rethinking Economy and Society*. Edited by Roger Friedland and A. F. Robertson. New York: Aldine de Gruyter.

Greenacre, M. J. 1984. *Theory and Application of Correspondence Analysis*. New York: Academic Press.

Grignon, Claude. 1977. "Sur les relations entre les transformations du champ religieux et les transformations de l'espace politique." *Actes de la recherche en sciences sociales* 16: 3-34.

Grignon, Claude, and Jean-Claude Passeron. 1989. *Le savant et le populaire*. Paris: Editions du Seuil.

Groethusen, Bernard. 1977. *Origines de l'esprit bourgeois en France*. Paris: Gallimard.

———. 1983. *Jean-Jacques Rousseau*. Paris: Gallimard.

Grossetti, Michel. 1986. "Métaphore économique et économie des pratiques." *Recherches sociologiques* 17, no. 2: 233-46.

Guillemin, Alain. 1982. "Aristocrates, propriétaires et diplômés. La lutte pour le pouvoir local dans le département de la Manche, 1830-1875." *Actes de la recherche en sciences sociales* 42: 33-60.

Guiraud, Pierre. 1965. *Le français populaire*. Paris: Presses Universitaires de France.

Gusfield, Joseph. 1981. *The Culture of Public Problems: Drinking-Driving and the Symbolic Order*. Chicago: The University of Chicago Press.

Habermas, Jürgen. 1986. *Autonomy and Solidarity: Interview with Jürgen*

Habermas. Edited by Peter Dews. London: Verso.

Halbwachs, Maurice. 1972. *Classes sociales et morphologie*. Paris: Editions de Minuit.

Hall, Stuart. 1977. "The Hinterland of Science: Ideology and the 'Sociology of Knowledge.'" pp. 9-32 in *On Ideology*. Edited by the Center for Contemporary Cultural Studies. London: Hutchinson.

Hanks, William F. 1987. "Discourse Genres in a Theory of Practice." *American Ethnologist* 14, no. 4 (November): 668-92.

——. 1990. *Referential Practice: Language and Lived Space Among the Maya*. Chicago: The University of Chicago Press.

Hareven, Tamara K. 1990. "A Complex Relationship: Family Strategies and the Processes of Economic Change." pp. 215-44 in *Beyond the Marketplace: Rethinking Economy and Society*. Edited by Roger Friedland and A. F. Robertson. New York: Aldine de Gruyter.

Harker, Richard K. 1984. "On Reproduction, Habitus and Education." *British Journal of Sociology of Education* 5, no. 2 (June): 117-27.

Harker, Richard, Cheleen Mahar, and Chris Wilkes, eds. 1990. *An Introduction to the Work of Pierre Bourdieu: The Practice of Theory*. New York: Saint Martin's Press.

Haveman, Robert. 1987. *Poverty Policy and Poverty Research: The Great Society and the Social Sciences*. Madison: University of Wisconsin Press.

Heinich, Nathalie. 1987. "Arts et sciences a l'âge classique: professions et institutions culturelles." *Actes de la recherche en sciences sociales* 66/67: 47-78.

Henley, Nancy. 1977. *Body Politics*. Englewood Cliffs, N. J.: Prentice-Hall.

Héran, François. 1987. "La seconde nature de l'habitus. Tradition philosophique et sens commun dans le langage sociologique." *Revue française de sociologie* 28, no. 3 (July-September): 385-416.

Hirschman, Albert. 1987. "Interests." pp. 882-87 in *The New Palgrave: Dictionary of Economics*. Edited by John Eatwell et al. London: Macmillan.

——. 1991. *The Rhetoric of Reaction: Perversity, Futility, Jeopardy.* Cambridge, Mass.: Belknap Press of Harvard University Press.

Hoffman, Stanley. 1986. "Monsieur Taste." *New York Review of Books* 33, no. 6 (April): 45-48.

Hoggart, Richard. 1967. *The Uses of Literacy: Aspects of Working-Class Life.* London: Chatto and Windus.

Honneth, Axel. 1986. "The Fragmented World of Symbolic Forms: Reflections on Pierre Bourdieu's Sociology of Culture." *Theory, Culture, and Society* 3: 55-66.

Honneth, Axel, Hermann Kocyba, and Bernd Schwibs. 1986. "The Struggle for Symbolic Order: An Interview with Pierre Bourdieu." *Theory, Culture, and Society* 3: 35-51.

Hughes, Everett C. 1984 [1961]. "Ethnocentric Sociology." pp. 473-77 in *The Sociological Eye: Selected Papers.* New Brunswick: Transaction Books.

Hunt, Lynn. 1984. *Politics, Culture, and Class in the French Revolution.* Berkeley and Los Angeles: University of California Press.

Hunt, Lynn, ed. 1989. *The New Cultural History.* Berkeley and Los Angeles: University of California Press.

Husserl, Edmund. 1982 [1913]. *Ideas Pertaining to a Pure Phenomenology and to a Phenomenological Philosophy. First Book: General Introduction to a Pure Phenomenology.* The Hague: Martinus Nijhoff.

Les idées de mai. 1970. Paris: Gallimard ("Idées").

Ingram, D. 1982. "The Possibility of Communication Ethic Reconsidered: Habermas, Gadamer and Bourdieu on Discourse." *Man and World* 15: 149-61.

Inglis, Fred. 1988. "The Conflict of the Faculties." *The Times Higher Education Supplement*, October 30, 18-19.

Inglis, R. 1979. "Good and Bad Habitus: Bourdieu, Habermas and the Condition of England." *The Sociological Review* 27, no. 2: 353-69.

Jackson, Michael. 1983. "Knowledge and the Body." *Man* 18, no. 2: 327-45.

———. 1989. *Paths Toward a Clearing: Radical Empiricism and Ethnographic Inquiry*. Bloomington: Indiana University Press.

Jacoby, Russell. 1987. *The Last Intellectuals: American Culture in the Age of Academe*. New York: Noonday Press.

Jameson, Fredric. 1990. *Postmodernism or, The Cultural Logic of Capitalism*. Durham: Duke University Press.

Jauss, Hans Robert. 1982. *Toward an Aesthetic of Reception*. Minneapolis: University of Minnesota Press.

Jay, Martin. 1990. "Fieldwork and Theorizing in Intellectual History: A Reply to Fritz Ringer." *Theory and Society* 19, no. 3 (June): 311-22.

Jenkins, Richard. 1982. "Pierre Bourdieu and the Reproduction of Determinism." *Sociology* 16, no. 2 (May): 270-81.

———. 1986. "Review of 'Distinction.'" *Sociology* 20, no. 1 (February): 103-105.

———. 1989. "Language, Symbolic Power and Communication: Bourdieu's 'Homo Academicus.'" *Sociology* 23, no. 4 (November): 639-45.

Joppke, Christian. 1986. "The Cultural Dimension of Class Formation and Class Struggle: On the Social Theory of Pierre Bourdieu." *Berkeley Journal of Sociology* 31: 53-78.

Kaplan, Abraham. 1964. *The Conduct of Inquiry: Methodology for Behavioral Science*. San Francisco: Chandler.

Karabel, Jerome. 1984. "Status Group Struggle, Organizational Interests, and the Limits of Institutional Autonomy: The Transformation of Harvard, Yale, and Princeton, 1918-1940." *Theory and Society* 13: 1-40.

———. 1986. "Community Colleges and Social Stratification in the 1980s." pp. 13-30 in *The Community College and Its Critics*. Edited by L. S. Zwerling. San Francisco: Jossey-Bass.

Karabel, Jerome, and A. H. Halsey, eds. 1977. *Power and Ideology in Education*. New York: Oxford University Press.

Karady, Victor. 1983. "Les professeurs de La République. Le marché scolaire, les réformes universitaires et les transformations de la fonction professorale à la fin du l9ème siècle." *Actes de la recherche en sciences sociales* 47/48: 90-112.

——. 1985. "Les Juifs de Hongrie sous les lois antisémites. Etude d'une conjoncture sociologique, 1938-1943." *Actes de la recherche en sciences sociales* 56: 3-30.

——. 1988. "Durkheim et les débuts de l'ethnologie universitaire." *Actes de la recherche en sciences sociales* 74: 23-32.

Karady, Victor, and Wolfgang Mitter, eds. 1990. *Bildungswesen und Sozialstruktur in Mitteleuropa im 19. und 20. Jahrhundert.* Cologne: Bohlau Verlag.

Karp, Ivan. 1986. "Agency and Social Theory: A Review of Anthony Giddens." *American Ethnologist* 13, no. 1 (February): 131-37.

Katsilis, John, and Richard Rubinson. 1990. "Cultural Capital, Student Achievement, and Educational Reproduction in Greece." *American Sociological Review* 55: 270-79.

Katz, Michael B. 1989. *The Undeserving Poor: From the War on Poverty to the War on Welfare.* New York: Pantheon.

Kauppi, Niilo. 1991. *Tel Quel: La constitution sociale d'une avant-garde.* Helsinki: The Finnish Society of Sciences and Letters.

——. 1993. "Textual Strategies or Strategies with Texts? 'Tel Quel' or the Social Conditions of Possibility of an Avant Garde." In *Tracing the Semiotic Boundaries of Politics.* Edited by Pertti Ahonen. Berlin: Mouton de Gruyter.

Kauppi, Niilo, and Pekka Sulkunen, eds. 1992. *Vanguards of Modernity: Society, Intellectuals, and the University.* Publications of the Research Unit for Contemporary Culture 32. Jyväskylä, Finland: University of Jyväskylä.

Kestenbaum, Victor. 1977. *The Phenomenological Sense of John Dewey: Habit and Meaning.* Atlantic Highlands, N. J.: Humanities Press.

Knorr-Cetina, Karin. 1981. "The Micro-Sociological Challenge of Macro-Sociology: Towards a Reconstruction of Social Theory and Methodology." pp. 1-47 in *Advances in Social Theory and Methodology: Toward an Integration of Micro- and Macro-Sociologies.* Edited by Karen Knorr-Cetina and Aaron V. Cicourel. London and Boston: Routledge and Kegan Paul.

Kot, A., and B. Lautier. 1984. "Métaphore économique et magie sociale chez Pierre Bourdieu." pp. 70-86 in *L'empire du sociologue*. Paris: Editions La Découverte.

Koyré, Alexandre. 1966. *Etudes d'histoire de la pensée scientifique*. Paris: Presses Universitaires de France.

Kraus, Karl. 1976a. *In These Great Times: A Karl Kraus Reader*. Edited and translated by Harry Zohn. Chicago: The University of Chicago Press.

——. 1976b. *Half Truths and One-and-a-Half Truths. Selected Aphorisms*. Edited and translated by Harry Zohn. Chicago: The University of Chicago Press.

Kuhn, Thomas. 1970. *The Structure of Scientific Revolutions*. 2d ed. Chicago: The University of Chicago Press.

Labov, William. 1973. *Language in the Inner City: Studies in the Black English Vernacular*. Philadelphia: University of Pennsylvania Press.

——, ed. 1980. *Locating Language in Time and Space*. New York: Academic Press.

Lacroix, Bernard. 1981. *Durkheim et le politique*. Paris: Presses de la Fondation nationale des sciences politiques.

Lagrave, Rose-Marie. 1990. "Recherches féministes ou recherches sur les femmes?" *Actes de la recherche en sciences sociales* 83: 27-39.

Lakomski, G. 1984. "on Agency and Structure: Pierre Bourdieu and J. C. Passeron's theory of Symbolic Violence." *Curriculum Inquiry* 14, no. 2: 151-63.

Laks, Bernard. 1983. "Langage et pratiques sociales. Etude sociolinguistique d'un groupe d'adolescents." *Actes de la recherche en sciences sociales* 46: 73-97.

Lamb, Stephen. 1989. "Cultural Consumption and the Secondary School Plans of Australian Students." *Sociology of Education* 62: 95-108.

Lamont, Michèle. 1989. "Slipping the World Back In: Bourdieu on Heidegger."

Contemporary Sociology 18, no. 5 (September): 781-83.

Lamont, Michèle, and Annette P. Lareau. 1988. "Cultural Capital: Allusions, Gaps, and Glissandos in Recent Theoretical Developments." *Sociological Theory* 6, no. 2 (Fall): 153-68.

Lardinois, Roland. 1985. "Peut-on classer la famille hindoue." *Actes de la recherche en sciences sociales* 57/58: 29-46.

Lareau, Annette. 1987. "Social Class and Family-School Relationships: The Importance of Cultural Capital." *Sociology of Education* 56: 73-85.

Larson, Magali Sarfatti. 1977. *The Rise of Professionalism: A Sociological Analysis*. Berkeley and Los Angeles: University of California Press.

Lash, Scott. 1990. "Modernization and Postmodernization in the Work of Pierre Bourdieu." pp. 237-65 in *Sociology of Postmodernism*. London: Routledge.

Lash, Scott, and John Urry. 1987. *The End of Organized Capitalism*. Cambridge: Polity Press.

Latour, Bruno, and Paolo Fabbri. 1977. "La rhétorique de la science. Pouvoir et devoir dans un article de science exacte." *Actes de la recherche en sciences sociales* 13: 81-95.

Latour, Bruno, and Steve Woolgar. 1979. *Laboratory Life: The Social Construction of Scientific Facts*. London: Sage.

Laumann, Edward O., and David Knoke. 1988. *The Organizational State*. Madison: University of Wisconsin Press.

Lave, Jean. 1989. *Cognition in Practice: Mind, Mathematics and Culture in Everyday Life*. Cambridge: Cambridge University Press.

Lebart, Ludovic, Alain Morineau, and Kenneth M. Warwick. 1984. *Multivariate Descriptive Statistical Analysis: Correspondence Analysis and Related Techniques for Large Matrices*. New York: John Wiley and Sons.

Lee, Orville III. 1988. "Observations on Anthropological Thinking about the Culture Concept: Clifford Geertz and Pierre Bourdieu." *Berkeley Journal of Sociology* 33: 115-30.

Lemert, Charles C. 1986. "French Sociology: After the 'Patrons,' What?"

Contemporary Sociology 15, no. 5 (September): 689-92.

———. 1990. "The Habits of Intellectuals: Response to Ringer." *Theory and Society* 19, no. 3 (June): 295-310.

———, ed. 1982. *French Sociology Since 1968: Rupture and Renewal*. New York: Columbia University Press.

Lenoir, Rémi. 1978. "L'invention du 'troisième âge' et la constitution du champ des agents de gestion de La vieillesse." *Actes de la recherche en sciences sociales* 26/27: 57-82.

———. 1980. "La notion d'accident du travail: un enjeu de luttes." *Actes de la recherche en sciences sociales* 32/33: 77-88.

———. 1985. "L'effondrement des bases sociales du familialisme." *Actes de la recherche en sciences sociales* 57/58: 69-88.

Lepenies, Wolf. 1988. *Between Literature and Science: The Rise of Sociology*. Cambridge: Cambridge University Press; Paris: Editions de la Maison des sciences de l'homme.

Levi, Giovanni. 1989. "Les usages de la biographie." *Annales: économies, sociétés, civilisations*, no. 6 (November-December): 1325-336.

Levine, Donald N. 1985. *The Flight from Ambiguity: Essays in Social and Cultural Theory*. Chicago: The University of Chicago Press.

Levine, Lawrence W. 1988. *High-Brow/Low-Brow: The Emergence of Cultural Hierarchy in America*. Cambridge: Harvard University Press.

Lévi-Strauss, Claude. 1970 [1955]. *Tristes tropiques*. New York: Atheneum.

Lévi-Strauss, Claude, and Didier Eribon. 1988. *De près et de loin*. Paris: Odile Jacob. Translated as *Conversations with Claude Lévi-Strauss*. Chicago: The University of Chicago Press, 1991.

Lewin, Moishe. 1985. *The Making of the Soviet System: Essays in the Social History of Interwar Russia*. New York: Pantheon.

Lichterman, Paul. 1989. "Revisiting a Gramscian Dilemma: Problems and Possibilities in Bourdieu's Analysis of Culture and Politics." Paper presented at the Annual Meeting of the American Sociological Association, San

Francisco.

Lieberson, Stanley. 1984. *Making It Count: The Improvement of Social Research and Theory.* Berkeley and Los Angeles: University of California Press.

Lienard, Georges, and Emile Servais. 1979. "Practical Sense: On Bourdieu." *Critique of Anthropology* 13-14 (Summer): 209-19.

Loirand, Gildas. 1989. "De La chute au vol. Genèse et transformations du parachutisme sportif." *Actes de la recherche en sciences sociales* 79: 37-49.

Lord, Albert B. 1960. *The Singer of the Tales.* Cambridge: Cambridge University Press.

Luhmann, Niklas. 1982. "The Economy as a Social System." In *The Differentiation of Society.* New York: Columbia University Press.

Luker, Kristin. 1984. *Abortion and the Politics of Motherhood.* Berkeley and Los Angeles: University of California Press.

McAllester Jones, Mary. 1991. *Gaston Bachelard, Subversive Humanist: Texts and Readings.* Madison: University of Wisconsin Press.

MacAloon, John J. 1988. "A Prefatory Note to Pierre Bourdieu's 'Program for a Sociology of Sport.'" *Sociology of Sport Journal* 5, no. 2 (June): 150-52.

McCleary, Dick. 1989. "Extended Review: Bourdieu's 'Choses dites.'" *The Sociological Review* 37, no. 2 (May): 373-83.

Maccoby, Eleanor E. 1988. "Gender as a Social Category." *Developmental Psychology* 24, no. 6 (November): 755-65.

McLeod. Jay. 1987. *Ain't No Makin' It: Leveled Aspirations in a Low-Income Neighborhood.* Boulder, Colo.: Westview Press.

Mallin, S. 1979. *Merleau-Ponty's Philosophy.* New Haven: Yale University Press.

March, James C. 1978. "Bounded Rationality, Ambiguity, and the Engineering of Choice." *Bell Journal of Economics* 9: 587-608.

Marcus, George E., and Dick Cushman. 1982. "Ethnographies as Texts." *Annual Review of Anthropology* 11: 25-69.

Marcus, George E., and Michael M. J. Fisher. 1986. *Anthropology as Cultural*

Critique: An Experimental Moment in the Human Sciences. Chicago: The University of Chicago Press.

Maresca, Sylvain. 1981. "La représentation de la paysannerie. Remarques ethnographiques sur le travail de représentation des dirigeants agricoles." *Actes de la recherche en sciences sociales* 38: 3-18.

——. 1983. *Les dirigeants paysans*. Paris: Editions de Minuit ("Le sens commun").

Marin, Louis. 1988 [1981]. *Portrait of the King*. Minneapolis: University of Minnesota Press.

Margolis, Joseph, and Paul Burrell, eds. 1990. *Heidegger and Nazism*. Philadelphia: Temple University Press.

Martin, Bill, and Ivan Szelenyi. 1987. "Beyond Cultural Capital: Toward a Theory of Symbolic Domination." pp. 16-49 in *Intellectuals, Universities and the State*, edited by R. Eyerman, T. Svensson, and T. Soderqvist. Berkeley and Los Angeles: University of California Press.

Marx, Karl. 1971. *Die Grundrisse*. Edited by David McLelland. New York: Harper and Row.

Mary, André. 1988. "Métaphores et paradigmes dans le lricolage de la notion d'habitus." *Cahiers du LASA* 8-9.

Mauger, Gérard, and Claude Fossé-Polliak. 1983. "Les loubards." *Actes de la recherche en sciences sociales* 50: 49-67.

Mauss, Marcel. 1950a [1902-1903]. "Esquisse d'une théorie générale de la magie." pp. 1-141 in *Sociologie et anthropologie*. Paris: Presses Universitaires de France. Translated as *A General Theory of Magic*. New York: Norton 1975.

——. 1950b [1936]. "Les techniques du corps." pp. 365-86 in *Sociologie et anthropologie*. Paris: Presses Universitaires de France. Translated as "Techniques of the Body." *Economy and Society* 2: 70-88.

——. 1950c. *Sociologie et anthropologie*. Paris: Presses Universitaires de France.

Mäzlish, Bruce. 1989. *A New Science: The Breakdown of Connections and the Birth of Sociology*. New York: Oxford University Press.

Mazon, Brigitte. 1988. *Aux origines de l'Ecole des hautes études en sciences sociales. Le rôle du mécenat américain (1920-1960)*. Paris: Les Editions du Cerf.

Medick, Hans, and David Warren, eds. 1984. *Interest and Emotion: Essays on the Study of Family and Kinship*. Cambridge: Cambridge University Press; Paris: Editions de La Maison des sciences de l'homme.

Mehan, Hugh, and Houston Wood. 1975. *The Reality of Ethnomethodology*. New York: Wiley.

Merleau-Ponty, Maurice. 1962 [1945]. *Phenomenology of Perception*. Atlantic Highlands, N. J.: Humanities Press.

——. 1963 [1949]. *The Structure of Behaviour*. Boston: Beacon Press.

Merllié, Dominique. 1983. "Une nomenclature et sa mise en oeuvre: les statistiques sur l'origine sociale des étudiants." *Actes de la recherche en sciences sociales* 50: 3-47.

——. 1990. "Le sexe de l'écriture. Note sur la perception sociale de la féminité." *Actes de la recherche en sciences sociales* 83: 40-51.

Merton, Robert K. 1968. *Social Theory and Social Structure*. New York: Free Press.

——. 1975. "Structural Analysis in Sociology." pp. 21-52 in *Approaches to the Study of Social Structure*. Edited by Peter M. Blau. New York: The Free Press.

——. 1980. "On the Oral Transmission of Knowledge." pp. 1-35 in *Sociological Traditions from Generation to Generation*. Edited by R. K. Merton and Mathilda White Riley. Norwood: Ablex.

——. 1987. "Three Fragments from a Sociologist's Notebooks: Establishing the Phenomenon, Specified Ignorance, and Strategic Research Materials." *Annual Review of Sociology* 13: 1-28.

Miller, Max. 1989. "Die kultureble Dressur des Leviathans und ihre epistemologischen Reflexe." *Soziologische Revue* 12, no. 1 (January): 19-24.

Miller, Don, and Jan Branson. 1987. "Pierre Bourdieu: Culture and Praxis." pp.

210-25 in *Creating Culture: Profiles in the Study of Culture*. Edited by Diane J. Austin-Broos. Sydney: Allen and Unwin.

Mills, C. Wright. 1959. *The Sociological Imagination*. New York: Oxford University Press.

Miyajima, Takashi. 1990. "The Logic of Bourdieu's Sociology: On Social Determinism, Autonomy, and the Body" (in Japanese). *Gendai Shisso* 18, no. 3: 220-29.

Miyajima, Takashi, Hidenori Fujita, Yuichi Akinaga, Kenji Haschimoto, and Kokichi Shimizu. 1987. "Cultural Stratification and Cultural Reproduction" (in Japanese). *Tokyo Daigaku Kyoiku Gakubu Kiyo* (Annals of the Faculty of Education of Tokyo): 51-89.

Monnerot, Jules. 1945. *Les faits sociaux ne sont pas des choses*. Paris: Callimard. Morgan, David H. 1989. "Strategies and Sociologists: A Comment on Crow." *Sociology* 23, no. 1 (February): 25-29.

Mortier, Freddy. 1989. "Actietheoretische analyse van rituelen volgens de praxeobogie van Pierre Bourdieu." *Antropologische Verkenningen* 8, no. 2 (Summer): 40-48.

Muel-Dreyfus, Francine. 1977. "Les Instituteurs, les paysans et l'ordre républicain." *Actes de la recherche en sciences sociales* 17/18: 37-64.

Müller, Hans Peter. 1986. "Kultur, Ceschmack und Distinktion. Crundzüge der Kultursoziologie Pierre Bourdieus." *Kölner Zeitschrift für Soziologie und Sozialforschung*, supplement, 162-70.

Münch, Richard. 1989. "Code, Structure, and Action: Building a Theory of Structuration from a Parsonian Point of View." pp. 101-17 in *Theory Building in Sociology: Assessing Theory Cumulation*. Edited by Jonathan H. Turner. Newbury Park: Sage Publications.

Murphy, R. 1982. "Power and Autonomy in the Sociology of Education." *Theory and Society* 11: 179-203.

Murphy, Raymond. 1983. "The Struggle for Scholarly Recognition: The Development of the Closure Problematic in Sociology." *Theory and Society*

12: 631-58.

Nash, Roy. 1986. "Educational and Social Inequality: The Theories of Bourdieu and Boudon with Reference to Class and Ethnic Differences in New Zealand." *New Zealand Sociology* 1, no. 2 (November): 121-37.

Needham, Rodney. 1963. Introduction. pp. vii-xlviii in Emile Durkheim and Marcel Mauss, *Primitive Classification*. Chicago: The University of Chicago Press.

Nisbet, Robert. 1976. *Sociology as an Art Form*. New York: Oxford University Press.

Oakes, Jeannie. 1985. *Keeping Track: How Schools Structure Inequality*. New Haven: Yale University Press.

O'Brien, Mary. 1981. *The Politics of Reproduction*. London: RoutLedge and Kegan Paul.

Offerlé, Michel. 1988. "Le nombre de voix: électeurs, partis et électorat socialistes a La fin du 19ème siècle en France." *Actes de la recherche en sciences sociales* 71/72: 5-21.

Ollman, Bertell. 1976. *Alienation: Marx's Conception of Man in Capitalist Society*. Cambridge: Cambridge University Press.

Olson, Mancur. 1965. *The Logic of Collective Action*. Cambridge, Mass.: Harvard University Press.

O'Neill, John. 1972. *Sociology as a Skin Trade: Essays Towards a Reflexive Sociology*. New York: Harper and Row.

Ortiz, Renato. 1983. "A procura de uma sociologia da pratica." pp. 7-36 in Pierre Bourdieu. *Sociologia*. Sao Paulo: Atica.

Ortner, Sherry. 1984. "Theory in Anthropology Since the 1960s." *Comparative Studies in Society and History* 26: 126-66.

Ory, Pascal, and Jean-François Sirinelli. 1986. *Les intellectuels en France, de l'Affaire Dreyfus à nos jours*. Paris: Armand Colin.

Österberg, Dag. 1988. "Bourdieu's Doctrine of Habitus and the Socio-Cultural Fields." pp. 173-80 in *Metasociology: An Inquiry into the Origins and*

Validity of Social Thought. Oslo: Norwegian University Press.

Ostrow, James M. 1981. "Culture as a Fundamental Dimension of Experience: A Discussion of Pierre Bourdieu's Theory of the Human Habitus." *Human Studies* 4, no. 3 (July-September): 279-97.

——. 1990. *Social Sensitivity: An Analysis of Experience and Habit.* Stony Brook: State University of New York Press.

Paradeise, Catherine. 1981. "Sociabilité et culture de cLasse." *Revue française de sociologie* 21, no. 4 (October-December).

Parsons, Talcott. 1937. *The Structure of Social Action.* Glencoe, Ill: The Free Press.

Parsons, Talcott, and Neil J. Smelser. 1956. *Economy and Society: A Study in the Integration of Economic and Social Theory.* London: Routledge and Kegan Paul.

Passeron, Jean-Claude. 1986. "La signification des théories de la reproduction socio-culturelle." *International Social Science Journal* 38, no. 4 (December): 619-29.

Pels, Dick. 1989. "inleiding." pp. 7-21 in Pierre Bourdieu, *Opstellen over smaak, habitus en het veldbegrip.* Amsterdam: Van Gennep.

Peneff, Jean. 1988. "The Observers Observed: French Survey Researchers at Work." *Social Problems* 35, no. 5 (December): 520-35.

Pepper, Stephen C. 1942. *World Hypotheses.* Berkeley and Los Angeles: University of California Press.

Perinbanayagam, R. 5. 1985. *Signifying Acts: Structure and Meaning in Everyday Life.* Carbondale: Southern Illinois University Press.

Perrot, Martyne, and Martin de la Soudrière. 1988. "Le masque ou la plume? Les enjeux de l'écriture en sciences sociales." *Informations sur les sciences sociales* 27, no. 3 (September): 439-60.

Phillips, Bernard S. 1988. "Toward a Reflexive Sociology." *The American Sociologist* 19, no. 2: 138-51.

Pialoux, Michel. 1978. "Jeunes sans avenir et marché du travail temporaire."

Actes de la recherche en sciences sociales 26/27: 19-47.

Pinell, Patrice. 1987. "Fléau moderne et médecine d'avenir: la cancerologie française entre les deux guerres." *Actes de la recherche en sciences sociales* 68: 45-76.

Pinçon, Michel. 1985. "Un patronat paternel." *Actes de la recherche en sciences sociales* 57/58: 95-102.

———. 1987. *Désarrois ouvriers*. Paris: L'Harmattan.

Pinçon, Michel, and Monique Pinçon-Rendu. 1989. *Dans les beaux quartiers*. Paris: Editions du Seuil.

Pinto, Louis. 1975. "L'armée, le contingent et les classes." *Actes de la recherche en sciences sociales* 3: 18-41.

———. 1984a. *L'intelligence en action: Le Nouvel Observateur*. Paris: Anne-Marie Métaihié.

———. 1984b. "La vocation de l'universel. La formation de l'intellectuel vers 1900." *Actes de la recherche en sciences sociales* 55: 23-32.

———. 1987. *Les philosophes entre le lycée et l'avant-garde. Les métamorphoses de la philosophic dans la France d'aujourd'hui*. Paris: L'Harmattan.

Platt, Robert. 1989. "Reflexivity, Recursion and Social Life: Elements for a Post-modern Sociology." *The Sociological Review* 37, no. 4 (November): 636-67.

Pociello, Christian. 1981. *Le Rugby ou la guerre des styles*. Paris: Anne-Marie Métaihié.

Pollak, Michael. 1979. "Paul Lazarsfeld, fondateur d'une multinationale scientifique." *Actes de la recherche en sciences sociales* 25: 45-59.

———. 1980. "Paul Lazarsfeld: A Sociointellectual Portrait." *Knowledge* 2, no. 2 (December): 157-77.

———. 1981. "Une sociologie en actes des intellectuels: les combats de Karl Kraus." *Actes de la recherche en sciences sociales* 36/37: 87-103.

———. 1988. *Les homosexuels et le SIDA: sociologie d'une épidémie*. Paris: Anne-Marie Métailié.

Pollak, Michael, with Marie-Ange Schiltz. 1987. "Identité sociale et gestion d'un risque de santé. Les homosexuels face au SIDA." *Actes de la recherche en sciences sociales* 68: 77-102.

Pollner, Melvin. 1991. "Left of Ethnomethodology: The Rise and Decline of Radical Reflexivity." *American Sociological Review* 56, no. 3 (June): 370-80.

Ponton, Rémi. 1977. "Les images de la paysannerie dans he roman rural à la fin du 19ème siècle." *Actes de la recherche en sciences sociales* 17/18: 62-71.

Poulantzas, Nicos. 1973 [1968]. *Political Power and Social Classes.* London: New Left Books.

Powell, Walter W., and Paul DiMaggio, eds. 1991. *The New Institutionalism in Organizational Analysis.* Chicago: The University of Chicago Press.

Pudal, Bernard. 1988. "Les dirigeants communistes. Du 'fils du peuple' à 'l'instituteur des masses.'" *Actes de la recherche en sciences sociales* 71/72: 46-70.

——. 1989. *Prendre parti. Pour une sociologie historique du PCF.* Paris: Presses de la Fondation nationale des sciences politiques.

Quine, Willard Van Orman. 1969. *Ontological Relativity and Other Essays.* New York: Columbia University Press.

Rabinow, Paul. 1977. *Reflections on Fieldwork.* Berkeley and Los Angeles: University of California Press.

——. 1982. "Masked I Go Forward: Reflections on the Modern Subject." pp. 173-85 in *A Crack in the Mirror: Reflexive Perspectives in Anthropology.* Edited by Jay Ruby. Philadelphia: University of Pennsylvania Press.

Rabinow, Paul, and William H. Sullivan, eds. 1979. *Interpretive Social Science: A Reader.* Berkeley and Los Angeles: University of California Press.

Rancière, Jacques. 1984. "L'éthique de la sociologie." pp. 13-36 in *L'empire du sociologue.* Edited by Collectif 'Révoltes Logiques.' Paris: Editions La Découverte.

Rasmussen, David. 1981. "Praxis and Social Theory." *Human Studies* 4, no. 3 (July-September): 273-78.

Rébérioux, Madeleine. 1988. "L'histoire sociale." pp. 95-99 in *L'histoire en France*. Paris: Editions La Découverte.

Récanati, R. 1982. *Les énoncés performatifs*. Paris: Editions de Minuit.

Richer, Laurent, ed. 1983. *L'activité désintéressée: fiction ou réalité juridique*. Paris: Economica.

Ricoeur, Paul. 1977. "Phenomenology and the Social Sciences." *The Annals of the Phenomenological Society* 2: 145-59.

Riemer, Jeffrey M. 1977. "Varieties of Opportunistic Research." *Urban Life* 5, no. 4 (January): 467-77.

Ringer, Fritz. 1990. "The Intellectual Field, Intellectual History, and the Sociology of Knowledge." *Theory and Society* 19, no. 3 (June): 269-94.

————. 1991. *Fields of Knowledge: French Academic Culture in Comparative Perspective, 1890-1920*. Cambridge: Cambridge University Press.

Rioux, Jean-Pierre, and Jean-François Sirinelli, eds. 1991. *La guerre d'Algérie et les intellectuels français*. Brussels: Editions Complexe.

Rittner, Volker. 1984. "Geschmack und Natürlichkeit." *Kölner Zeitschrift für Soziologie und Sozialforschung* 36, no. 2: 372-78.

Ritzer, George. 1990a. "Metatheory in Sociology." *Sociological Forum* 5, no. 1 (March): 3-17.

————, ed. 1990b. *Frontiers of Social Theory: The New Syntheses*. New York: Columbia University Press.

Robinson, Robert V., and Maurice A. Gamier. 1985. "Class Reproduction among Men and Women in France: Reproduction Theory on its Home Ground." *American Journal of Sociology* 91, no. 2 (September): 250-80.

Robbins, Derek. 1988. "Bourdieu in England." Typescript. School for Independent Study, North-East London Polytechnic.

————. 1991. *The Work of Pierre Bourdieu: Recognizing Society*. Milton Keynes: Open University Press.

Rogers, Susan Carol. 1991. *Shaping Modern Times in Rural France: The Transformation and Reproduction of an Averyronnais Community*. Princeton:

Princeton University Press.

Rosaldo, Renato. 1989. *Culture and Truth: The Remaking of Social Analysis*. Boston: Beacon Press.

Ross, George. 1991. "Where Have All the Sartres Gone? The French Intelligentsia Born Again." pp. 221-49 in *Searching for the New France*. Edited by James F. Hollifield and George Ross. London and New York: Routledge.

Rossi, Peter H. 1989. *Down and Out in America: The Origins of Homelessness*. Chicago: The University of Chicago Press.

Rouse, Joseph. 1987. *Knowledge and Power: Toward a Political Philosophy of Science*. Ithaca, N. Y.: Cornell University Press.

Rupp, Jan C. C., and Rob de Lange. 1989. "Social Order, Cultural Capital and Citizenship. An Essay Concerning Educational Status and Educational Power Versus Comprehensiveness of Elementary Schools." *The Sociological Review* 37, no. 4 (November): 668-705.

Ryan, Jake, and Charles Sackrey, eds. 1984. *Strangers in Paradise: Academics from the Working Class*. Boston: South End Press.

Sack, Hans-Cerhard. 1988. "The Relationship Between Sport Involvement and Life-Style in Youth Culture." *International Review for the Sociology of Sport* 23, no. 3: 213-32.

Sacks, Harvey, and Emmanuel A. Schegloff. 1979. "Two Preferences in the Organization of Reference to Persons in Conversation and their Interaction." pp. 15-21 in *Everyday Language: Studies in Ethnomethodology*. Edited by George Psathas. New York: Irvington Press.

Sahlins, Marshall. 1985. *Islands of History*. Chicago: The University of Chicago Press.

——. 1989. "Post-structurahisme, anthropologie et histoire." *L'ethnographie* 105 (Spring): 9-34.

Saint Martin, Monique de. 1971. *Les fonctions sociales de l'enseignement scientifique*. Paris and The Hague: Mouton and De Cruyter.

——. 1980. "Une grande famille." *Actes de la recherche en sciences sociales* 31:

4-21.

——. 1985. "Les stratégies matrimoniales dans l'aristocratie. Notes provisoires." *Actes de la recherche en sciences sociales* 59: 74-77.

——. 1989a. "La noblesse et les 'sports' nobles." *Actes de la recherche en sciences* sociales 80: 22-31.

——. 1989b. "Structure du capital, différenciation selon les sexes et 'vocation' intellectuelle." *Sociologie et sociétés* 21, no. 2 (October): 9-25.

——. 1990a. "Une 'bonne' éducation: Notre Dame des Oiseaux." *Ethnologie française* 20, no. 1: 62-70.

——. 1990b. "Les 'femmes écrivains' et le champ littéraire." *Actes de la recherche en sciences sociales* 83: 52-56.

Sanchez de Horcájo, J. J. 1979. *La cultura, reproducio o cambia: el analysis sociologico de P. Bourdieu.* Monograph 23. Madrid: Centro de Investigaciones Sociologicas.

Sanjek, Roger, ed. 1990. *Fieldnotes: The Makings of Anthropology.* Ithaca, N. Y.: Cornell University Press.

Sartre, Jean-Paul. 1981-91. T*he Family Idiot: Gustave Flaubert, 1821-1857.* 4 vols. Chicago: The University of Chicago Press.

——. 1987. Preface. pp. 7-64 in Paul Nizan, *Aden, Arabie.* New York: Columbia University Press.

Saussure, Ferdinand de. 1974 [1960]. *Course in General Linguistics.* London: Fontana.

Sayad, Abdelmalek. 1977. "Les trois 'âges' de l'emigration algérienne en France." *Actes de la recherche en sciences sociales* 15: 59-79.

——. 1979. "Les enfants illégitimes." *Actes de la recherche en sciences sociales* 25: 61-81; 26/27: 117-132.

——. 1985. "Du message oral au message sur cassette: la communication avec l'absent." *Actes de la recherche en sciences sociales* 59: 61-72.

——. 1991. *L'immigration, ou Ies paradoxes de l'altérité.* Brussels: Editions De Boeck.

Schatzki, Theodore Richard. 1987. "Overdue Analysis of Bourdieu's Theory of Practice." *Inquiry* 30, nos. 1-2 (March): 113-36.

Schegloff, Emmanuel. 1987. "Between Macro and Micro: Contexts and Other Connections." pp. 207-34 in the *Micro-Macro Link*. Edited by Jeffrey C. Alexander et al. Berkeley and Los Angeles: University of California Press.

Scheler, Max. 1963. *Ressentiment*. Introduction by Lewis A. Coser. New York: The Free Press.

Schemrer, Jutta. 1990. "L'érosion de l'image de Lénine." *Actes de la recherche en sciences sociales* 85: 54-69.

Schiltz, M. 1982. "Habitus and Peasantisation in Nigeria: A Yoruba Case Study." *Man* 17, no. 4: 728-46.

Schmidt, James. 1985. *Maurice Merleau-Ponty: Between Phenomenology and Structuralism*. New York: Saint Martin's Press.

Schneider, Joseph W. 1985. "Social Problems Theory: The Constructionist View." *Annual Review of Sociology* 11: 209-29.

Schon, Donald. 1983. *The Reflective Practicioner: How Professionals Think in Action*. New York: Basic Books.

Schorske, Carl E. 1981 [1961]. *Fin-de-Siècle Vienna: Politics and Culture*. New York: Vintage.

Schudson, Michael. 1978. *Discovering the News*. New York: Basic Books.

Schutz, Alfred. 1970. *On Phenomenology and Social Relations*. Edited and with an introduction by Helmut R. Wagner. Chicago: The University of Chicago Press.

Schwenk, Otto G. 1989. "Wohlfahrsstaat, Klasse und Kultur. Eine Prüfung der Argumente Pierre Bourdieus im Lichte empirischer Befünde zum Wirken des Wohlfahrtsstaat." *Soziologenkorrespondenz* 13: 155-79.

Scott, James C. 1985. *Weapons of the Weak: Everyday Forms of Peasant Resistance*. New Haven: Yale University Press.

——. 1990. *Domination and the Arts of Resistance: Hidden Transcripts*. New Haven: Yale University Press.

Scott, Joan. 1988. *Gender and the Politics of History*. New York: Columbia University Press.

Searle, John R. 1983. *Intentionality: An Essay in the Philosophy of Mind*. Cambridge: Cambridge University Press.

Sewell, William H., Jr. 1980. *Work and Revolution in France: The Language of Labor from the Old Regime to 1848*. Cambridge: Cambridge University Press.

———. 1987. "Theory of Action, Dialectic and History: Comment on Coleman." *American Journal of Sociology* 93, no. 1 (July): 166-72.

———. 1992. "A Theory of Structure: Duality, Agency, and Transformation." *American Journal of Sociology* 98, no. 1 (Forthcoming)

Sharrock, Wes, and Bob Anderson. 1986. *The Ethnomethodologists*. London: Tavistock.

Shusterman, Richard, ed. 1989. *Analytic Aesthetics*. Oxford and New York: Basil Blackwell.

Sica, Alan. 1989. "Social Theory's 'Constituency.'" *The American Sociologist* 20, no. 3 (Fall): 227-41.

Simon, Herbert. 1957. *Models of Man*. New York: Wiley.

Skocpol, Theda R. 1979. *States and Social Revolutions: A Comparative Analysis of France, Russia, and China*. Cambridge: Cambridge University Press.

Smelser, Neil J., ed. 1988. *Handbook of Sociology*. Newbury Park, Calif.: Sage Publications.

Snook, Ivan. 1990. "Language, Truth and Power: Bourdieu's 'Ministerium.'" pp. 160-80 in *An Introduction to the Work of Pierre Bourdieu*, edited by Richard Harker, Cheleen Mahar, and Chris Wilkes. New York: Saint Martin's Press, 1990.

Snyders, George. 1976. *Ecole, classe et culture de classe. Une relecture critique de Baudelot-Establet, Bourdieu-Passeron et Illich*. Paris: Presses Universitaires de France.

Spector, Malcom, and John I. Kitsuse. 1987. *Constructing Social Problems*. New York: Aldine de Cruyter.

Spencer, J. 1989. "Anthropology as a Kind of Writing." *Man* 24, no. 1: 145-64.

Staub-Bernasconi, Silvia. 1989. "Theoretiker und Praktikerinnen sozialer Arbeit: Essay über symbolische Macht und die Bewegungsgesetze des Bildungscapitals." *Schweizerische Zeitschrift für Sociologie* 14, no. 3 (December): 445-68.

Steinrücke, Margareta. 1989. "Notiz zum Begriff der Habitus bei Bourdieu." *Das Argument* 30, no. 1 (January-February): 92-95.

Stinchcombe, Arthur. 1986. "The Development of Scholasticism." pp. 45-52 in *Approaches to Social Theory*. Edited by Siegwart Lidenberg, James S. Coleman, and Stefan Nowak. New York: Russell Sage Foundation.

Strawson, Peter F. 1959. *Individuals: An Essay in Metaphysics*. London: Methuen.

Suaud, Charles. 1978. *La vocation. Conversion et reconversion des prêtres ruraux*. Paris: Editions de Minuit ("Le sens commun").

——. 1982. "Conversions religieuses et reconversions économiques." *Actes de la recherche en sciences sociales* 44/45: 72-94.

——. 1989. "Espace des sports, espace social et effets d'âge. La diffusion du tennis, du squash et du golf dans l'agglomération nantaise." *Actes de la recherche en sciences sociales* 79: 2-20.

Sudnow, David. 1978. *Ways of the Hand: The Organization of Improvised Conduct*. Cambridge: Harvard University Press.

Sulkunen, Pekka. 1982. "Society Made Visible: On the Cultural Sociology of Pierre Bourdieu." *Acta Sociologica* 25, no. 2: 103-15.

Swartz, David. 1977. "Pierre Bourdieu: The Cultural Transmission of Social Inequality." *Harvard Educational Review* 47 (November): 545-54.

——. 1981. "Classes, Educational Systems and Labor Markets." *European Journal of Sociology* 22, no. 2: 325-53.

Swedberg, Richard. 1990. *Economics and Sociology: Redefining Their Boundaries*. Princeton: Princeton University Press.

Swedberg, Richard, Ulf Himmelstrand, and Göran Brulin. 1987. "The Paradigm of Economic Sociology: Premises and Promises." *Theory and Society* 16, no. 2: 169-214.

Szelenyi, Ivan. 1988. *Socialist Entrepreneurs: Enbourgeoisement in Rural Hungary*. Cambridge: Polity Press; Madison: University of Wisconsin Press.

Sztompka, Piotr. 1986. *Robert K. Merton: An Intellectual Profile*. New York: Saint Martin's Press.

——. 1991. *Society in Action: The Theory of Social Becoming*. Chicago: The University of Chicago Press; Cambridge: Polity Press.

Terdiman, Richard. 1985. *Discourse/Counterdiscourse: The Theory and Practice of Symbolic Resistance*. Ithaca, N. Y.: Cornell University Press.

Terray, Emmanuel. 1990. *La politique dans la caverne*. Paris: Editions du Seuil.

Thapan, Meenakshi. 1988. "Some Aspects of Cultural Reproduction and Pedagogic Communication." *Economic and Political Weekly*, March 19, 592-96.

Thévenot, Laurent. 1979. "Une jeunesse difficile. Les fonctions sociales du flou et de la rigueur dans les classements." *Actes de la recherche en sciences sociales* 26/27: 3-18.

Thompson, F. P. 1963. *The Making of the English Working Class*. Harmondsworth: Penguin.

Thompson, John B. 1984. "Symbolic Violence: Language and Power in the Sociology of Pierre Bourdieu." pp. 42-72 in *Studies in the Theory of Ideology*. Cambridge: Polity Press.

——. 1991. Editor's introduction. In Pierre Bourdieu, *Language and Symbolic Power*. Cambridge: Polity Press; Cambridge: Harvard University Press.

Tiles, Mary. 1984. *Bachelard: Science, and Objectivity*. Cambridge: Cambridge University Press.

Tilly, Charles. 1986. *The Contentious French: Four Centuries of Popular Struggles*. Cambridge: Harvard University Press.

——. 1990. *Coercion, Capital, and European States, AD. 990-1990*. New York: Basil Blackwell.

Timms, Edward. 1986. *Karl Kraus-Apocalyptic Satirist: Culture and*

Catastrophe in Habsburg Vienna. New Haven: Yale University Press.

Traweek, Susan. 1989. *Beamtimes and Lifetimes: The World of High-Energy Physicists*. Cambridge: Harvard University Press.

Turner, Jenny. 1990. "Academicus Unchained." *City Limits*, January 4-11.

Turner, Jonathan. 1987. "Analytic Theorizing." pp. 156-94 in *Social Theory Today*. Edited by Anthony Giddens and Jonathan Turner. Cambridge: Polity Press.

Tyler, Stephen A. 1987. *The Unspeakable: Discourse, Dialogue, and Rhetoric in the Postmodern World*. Madison: University of Wisconsin Press.

Urry, John. 1990. *The Tourist Gaze: Leisure and Travel in Contemporary Society*. Newbury Park, Calif.: Sage Publications.

Van Maanen, John. 1988. *Tales of the Field: On Writing Ethnography*. Chicago; The University of Chicago Press.

Van Parijs. Philippe. 1981. "Sociology as General Economics." *European Journal of Sociology* 22, no. 2: 299-324.

Verboven, Dick. 1989. "Bourdieu in breder perspectief: parallellen en divergenties tussen de praxeologische benaderingen van Leuven en Gent." *Antropologische Verkenningen* 8, no. 2 (Summer): 1-7.

Verdès-Leroux, Jeannine. 1976. "Pouvoir et assistance: cinquante ans de service social." *Actes de la recherche en sciences sociales* 2/3: 152-72.

——. 1978. *Le travail social*. Paris: Editions de Minuit ("Le sens commun").

——. 1981. "Une institution totale auto-perpétuée: le Parti Communiste Français." *Actes de la recherche en sciences sociales* 36/37: 33-63.

Verger, Annie. 1982. "L'artiste saisi par l'école. Classements scolaires et 'vocation' artistique." *Actes de la recherche en sciences sociales* 42: 19-32.

——. 1987. "L'art d'estimer l'art. Comment classer l'incomparable." *Actes de la recherche en sciences sociales* 66/67: 105-21.

Vernier, Bernard. 1985. "Stratégies matrimoniales et choix d'objet incestueux. Dôt, diplôme, liberté sexuelle, prénom." *Actes de la recherche en sciences sociales* 57/58: 3-27.

——. 1989. "Fétichisme du nom, echanges affectifs intra-familiaux et affinités électives." *Actes de la recherche en sciences sociales* 78: 2-17.

Vervaëck, Bart. 1989. "Over lijnen, cirkels en spiralen: een kritiek op Pierre Bourdieu." *Antropologische Verkenningen* 8, no. 2 (Summer): 8-17.

Viala, Alain. 1985. *Naissance de l'écrivain. Sociologie de la literature à l'âge classique.* Paris: Editions de Minuit ("Le sens commun").

——. 1988. "Prismatic Effects." *Critical Inquiry* 14, no. 3 (Spring): 563-73.

Villette, Michel. 1976. "Psychosociologie d'entreprise et rééducation morale." *Actes de la recherche en sciences sociales* 4: 47-65.

Wacquant, Loïc 1987. "Symbolic Violence and the Making of the French Agriculturalist: An Inquiry Into Pierre Bourdieu's Sociology." *Australian and New Zealand Journal of Sociology* 23, no. 1 (March): 65-88.

——. 1989a. "Corps et âme: notes ethnographiques d'un apprenti-boxeur." *Actes de la recherche en sciences sociales* 80: 36-67.

——. 1989b. "Toward a Reflexive Sociology: A Workshop with Pierre Bourdieu." *Sociological Theory* 7, no. 1 (Spring): 26-63.

——. 1989c. "Portraits académiques. Autobiographie et censure scienti-fique dans la sociologie américaine." *Revue de l'Institut de Sociologie* 1/2: 143-54.

——. 1990a. "Sociology as Socio-Analysis: Tales of 'Homo Academicus.'" *Sociological Forum* 5, no. 4 (Winter): 677-89.

——. 1990b. "Exiting Roles or Exiting Role Theory? Critical Notes on Ebaugh's 'Becoming An Ex.'" *Acta Sociologica* 33, no. 4 (Winter): 397-404.

——. 1992. "Bourdieu in America: Notes on the Transatlantic Importation of Social Theory." Forthcoming in Calhoun, LiPuma, and Postone 1992.

Wacquant, Loïc, and Craig Jackson Calhoun. 1989. "Intérêt, rationalité et culture. A propos d'un récent débat sur la théorie de l'action." Actes de la recherche en sciences sociales 78: 41-60.

Wallace, Walter L. 1988. "Toward a Disciplinary Matrix in Sociology." pp. 23-76 in *Handbook of Sociology.* Edited by Neil J. Smelser. Newbury Park: Sage Publications.

Weber, Max. 1949. *The Methodology of the Social Sciences*. Edited by Edward A. Shils and Henry A. Finch. Clencoe, Ill.: The Free Press.

Weber, Max. 1978 [1918-20]. *Economy and Society*. Berkeley and Los Angeles: University of California Press.

Weis, Lois, ed. 1988. *Class, Race, and Gender in American Education*. Albany: State University of New York Press.

Wexler, Philip. 1987. *The New Sociology of Education*. London: Routledge.

Wiley, Norbert. 1990. "The History and Politics of Recent Sociological Theory." pp. 392-415 in *Frontiers of Social Theory: The New Syntheses*. Edited by George Ritzer. New York: Columbia University Press.

Willis, Paul. 1977. *Learning to Labour: How Working-Class Kids Get Working-Class Jobs*. New York: Columbia University Press.

———. 1983. "Cultural Production and Theories of Reproduction." In *Race, Class, and Education*. Edited by L. Barton and S. Walker. London: Croom-Helm.

Wilson, Elizabeth. 1988. "Picasso and pâté de foie gras. Pierre Bourdieu's Sociology of Culture." *Diacritics* 18, no. 2 (Summer): 47-60.

Winckler, Joachim. 1989. "'Monsieur le Professeur!' Anmerkungen zur Soziologie Pierre Bourdieus." *Sociologia Internationalis* 27, no. 1: 5-18.

Winkin, Yves. 1990. "Goffman et les femmes." *Actes de la recherche en sciences sociales* 83: 57-61.

Wippler, Reinhard. 1990. "Cultural Resources and Participation in High Culture." pp. 187-204 in *Social Institutions: Their Emergence, Maintenance, and Effects*. Edited by Michael Hechter, Karl-Dieter Opp, and Reinhard Wippler. New York: Aldine Publishing Company.

Wittgenstein, Ludwig. 1977. *Vermischte Bemerkungen*. Frankfurt: Suhrkamp Verlag.

———. 1980. *Remarks on the Philosophy of Psychology*. Oxford: Basil Blackwell.

Wolfe, Alan. 1989a. *Whose Keeper? Social Science and Moral Obligation*. Berkeley and Los Angeles: University of California Press.

——. 1989b. "Market, State, and Society as Codes of Moral Obligation." *Acta Sociologica* 32, no. 3: 221-36.

Woolard, K. 1985. "Language Variation and Cultural Hegemony: Towards an Integration of Sociolinguistics and Social Theory." *American Ethnologist* 12: 738-48.

Woolf, Stuart, ed. 1991. *Domestic Strategies: Work and Family in France and Italy, 1600-1800*. Cambridge: Cambridge University Press; Paris: Editions de la Maison des sciences de l'homme.

Woolf, Virginia. 1987 [1927]. *To the Lighthouse*. New York: Harvest/HBJ Books.

Woolgar, Steve, ed. 1988. *Knowledge and Reflexivity: New Frontiers in the Sociology of Knowledge*. London: Sage.

Wrong, Dennis. 1961. "The Oversocialized Conception of Man." *American Sociological Review* 26: 183-93.

Yamamoto, Tetsuji. 1988. *Power/Practices/Discourse: Foucault, Bourdieu, Illich*. Tokyo: Discours.

Zarca, Bernard. 1979. "Artisanat et trajectoires sociales." *Actes de la recherche en sciences sociales* 29: 3-26.

Zelizer, Viviana. 1988. "Beyond the Polemics on the Market: Establishing a Theoretical and Empirical Agenda." *Sociological Forum* 3, no. 4 (Fall): 614-34.

Zolberg, Vera. 1986. "Taste as a Social Weapon." *Contemporary Sociology* 15, no. 4 (July): 511-15.

——. 1990. *Constructing a Sociology of the Arts*. Cambridge: Cambridge University Press.

Zukin, Sharon, and Paul DiMaggio, eds. 1990. *Structures of Capital: The Social Organization of the Economy*. Cambridge: Cambridge University Press.

Zukerman, Harriet. 1988. "The Sociology of Science." pp. 511-74 in *Handbook of Sociology*. Edited by Neil J. Smesler. Newbury Park, Calif.: Sage.

麥田人文 122

布赫迪厄社會學面面觀
An Invitation to Reflexive Sociology

作　　　者	皮耶·布赫迪厄（Pierre Bourdieu）　華康德（Loïc Wacquant）	
譯　　　者	李猛　李康	
校　　　閱	鄧正來　高嘉謙	
導　　　讀	黃厚銘	
選書企畫人	胡金倫	
責 任 編 輯	胡金倫	
校　　　對	余思	
主　　　編	王德威（David D. W. Wang）	

國 際 版 權	吳玲緯　蔡傳宜		
行　　　銷	艾青荷　蘇莞婷　黃家瑜		
業　　　務	李再星　陳玫潾　陳美燕　杻幸君		
編 輯 總 監	劉麗真		
總 經 理	陳逸瑛		
發 行 人	涂玉雲		

出　　　版　麥田出版
　　　　　　台北市104民生東路二段141號5樓
　　　　　　電話：(886)2-2500-7696　傳真：(886)2-2500-1966、2500-1967
發　　　行　英屬蓋曼群島商家庭傳媒股份有限公司城邦分公司
　　　　　　台北市民生東路二段141號11樓
　　　　　　客服服務專線：(886)2-2500-7718、2500-7719
　　　　　　24小時傳真服務：(886)2-2500-1990、2500-1991
　　　　　　服務時間：週一至週五09:30-12:00·13:30-17:00
　　　　　　郵撥帳號：19863813　戶名：書虫股份有限公司
　　　　　　讀者服務信箱E-mail：service@readingclub.com.tw
麥 田 網 址　http://ryefield.com.tw
香港發行所　城邦（香港）出版集團有限公司
　　　　　　香港灣仔駱克道193號東超商業中心1樓
　　　　　　電話：(852) 2508-6231　傳真：(852) 2578-9337
　　　　　　E-mail：hkcite@biznetvigator.com
馬新發行所　城邦（馬新）出版集團【Cite(M) Sdn. Bhd. (458372U)】
　　　　　　41, Jalan Radin Anum, Bandar Baru Sri Petaling, 57000 Kuala Lumpur, Malaysia.
　　　　　　電話：+603-9057-8822　傳真：+603-9057-6622
　　　　　　電郵：cite@cite.com.my

印　　　刷　前進彩藝有限公司
一 版 一 刷　2008年8月
二 版 一 刷　2016年9月

定價：520元
著作權所有·翻印必究（Printed in Taiwan.）
ISBN 978-986-173-450-7

城邦讀書花園
www.cite.com.tw
書店網址：www.cite.com.tw

國家圖書館出版品預行編目資料

布赫迪厄社會學面面觀／皮耶・布赫迪厄（Pierre Bourdieu），
　華康德（Loïc Wacquant）著；李猛, 李康譯. - - 初版. - -
　臺北市：麥田, 城邦文化出版：家庭傳媒城邦分公司發行,
　2008.12
　　面；　　公分. - -（麥田文學；122）
　參考書目：面
　譯自：An Invitation to Reflexive Sociology
　ISBN 978-986-173-450-7（平裝）

　1. 布赫迪厄（Bourdieu, Pierre, 1930-2002）　2. 學術思想
3. 社會學　4. 方法論

540.2　　　　　　　　　　　　　　　　　　97020990